冶金行业专利
质量提升实务

宋卫华　强丽慧　冯　硕　李　娜　编著

北　京
冶金工业出版社
2023

内 容 简 介

　　本书主要内容是基于专利审查视角，围绕如何提升冶金行业的专利质量，从冶金行业的专利现状、专利质量提升策略、现有技术检索及专利技术挖掘、高质量专利撰写及争辩实务，以及冶金技术专利运营及纠纷应对五个方面进行了系统而深入的研究，给出的策略及指导建议切实可行；同时结合大量实际案例进行评析，使本书具有较高的理论价值和实践指导意义。

　　本书可供冶金行业内科研人员、专利管理人员、生产人员，以及其他从事金属材料研究、开发、管理及生产的人员、专利代理人等参考。

图书在版编目（CIP）数据

　　冶金行业专利质量提升实务／宋卫华等编著 . —北京：冶金工业出版社，2023. 10

　　ISBN 978-7-5024-9661-6

　　Ⅰ . ①冶… 　Ⅱ . ①宋… 　Ⅲ . ①冶金工业—专利—质量控制—研究—中国 　Ⅳ . ①F426. 32

　　中国国家版本馆 CIP 数据核字（2023）第 210813 号

冶金行业专利质量提升实务

出版发行	冶金工业出版社		电　　话	(010)64027926
地　　址	北京市东城区嵩祝院北巷 39 号		邮　　编	100009
网　　址	www. mip1953. com		电子信箱	service@ mip1953. com

责任编辑　卢　敏　姜恺宁　美术编辑　吕欣童　版式设计　郑小利
责任校对　李欣雨　责任印制　禹　蕊
北京建宏印刷有限公司印刷
2023 年 10 月第 1 版，2023 年 10 月第 1 次印刷
710mm×1000mm　1/16；17.25 印张；333 千字；265 页
定价120.00 元

投稿电话　（010）64027932　**投稿信箱**　tougao@cnmip. com. cn
营销中心电话　（010）64044283
冶金工业出版社天猫旗舰店　yjgycbs. tmall. com
（本书如有印装质量问题，本社营销中心负责退换）

前　　言

当前，我国经济已进入高质量发展阶段，需要构建支撑高质量发展的现代产业体系。冶金工业是国民经济与国防建设的重要基础原材料产业，冶金工业发展水平代表着国家工业化发展水平。技术创新与进步为冶金工业的高质量发展提供了强力支撑和动力。专利与技术创新密切相关，高质量技术创新的重要成果之一便是高质量专利。全面提升冶金行业的专利质量，培育更多的高质量专利，对实现冶金行业核心技术的精准扶持、优化专利战略布局、提高原始创新能力、促进技术成果转化以及推动行业技术发展具有重要意义。

冶金工业是国家的重要基础产业，但很多冶金企业均未对专利进行统一战略规划，专利管理力度有待加强，整体的专利申请质量有待进一步提升。分析表明，近几年冶金领域发明专利的授权比例仅34%~47%，发明专利有效比例不足33%，高质量专利申请数量较少。因此，加大专利申请保护力度，在重点技术方面尽快开展专利申请和布局工作，积极开展专利运营工作，实现知识产权价值，提高创新能力，扩大企业的市场竞争优势，充分发挥专利技术的商业价值，是冶金行业当下势在必行的重要任务。

为了帮助冶金行业的创新主体持续提升自主创新能力，建设高质量知识产权工作体系，利用知识产权高质量发展助力冶金行业的高质量发展，提高冶金行业的知识产权工作水平，进一步提升专利申请质量，我们特编写了本书。

全书分为5章，分别是冶金行业的专利现状、冶金行业专利质量提升策略、现有技术检索及专利技术挖掘、基于审查视角的高质量专利撰写及争辩实务，以及冶金技术专利运营及纠纷应对。本书由宋卫华编制大纲，并进行书稿审校；冯硕编写第 1 章；李娜编写第 2 章和第 5 章；宋卫华编写第 3 章，第 4 章 4.1 节、4.2.1～4.2.3 节；强丽慧编写第 4 章 4.2.4～4.2.5 节、4.3 节。

　　在本书编写过程中，得到了国家知识产权局专利审查协作北京中心机械部和材料部、北京科技大学、首钢集团等多位专家和老师的帮助，在此深表感谢。

作　者

2023 年 4 月

目　　录

1　冶金行业的专利现状

冶金工业是我国经济发展的支柱产业，具有悠久的发展历史，其运行状况与我国社会经济的发展息息相关，占据战略性重要地位。近年来，我国冶金工业的整体产能已经位居世界前列，逐步从进口大国转变为出口大国。然而产能的过度增长也带来一些突出问题，我国正处于经济转型的关键时期，随着科技的不断进步，环保压力不断增大，高端制造需求不断突出，而低端产业产能过剩，我国冶金行业布局与国家整体经济发展产生了诸多矛盾，冶金行业面临迫切的创新和转型的改革需求。作为驱动创新发展的杠杆，知识产权特别是专利技术的发展不仅可以体现整个产业领域技术的先进性，也是衡量整个产业领域技术创新性的重要指标。对冶金行业专利分布现状与技术创新发展趋势进行分析，可以为冶金行业结构优化升级提供理论依据和方向指引，为冶金行业知识产权建设提供有效路径，具有重要的研究与应用价值。

本章基于中国专利 CNTXT 数据库以及全球专利 DWPI 数据库对冶金行业专利信息进行了归类和整理，重点介绍了冶金行业国内外专利技术发展趋势以及专利申请的热点方向，国内专利授权状况以及主要创新主体，并从宏观和微观两个角度对我国冶金行业专利申请质量进行了深入分析，从而全面了解我国冶金行业专利申请的整体质量，明确专利质量提升的方向，为我国冶金行业的升级和转型提供参考，促进我国冶金行业尽快实现绿色、可持续、健康的高速发展。

1.1　专利申请现状

专利申请数量一定程度上反映了专利技术发展趋势，是评价行业技术发展现状的重要指标。为进一步掌握冶金行业各个细分领域的专利技术发展脉络，本节对冶金行业专利申请按照国际专利 IPC（international patent classificatiom）分类号的小类进行划分，并对每一小类涉及的专利申请数量按照在中国申请趋势及全球申请趋势进行具体分析。

分析主要涉及的 IPC 分类号小类含义如下。

C21B：铁或钢的冶炼；

C21C：生铁的加工处理，例如精炼、熟铁或钢的冶炼，熔融态下铁类合金的处理；

C21D：改变黑色金属的物理结构，黑色或有色金属或合金热处理用的一般设备，使金属具有韧性，例如通过脱碳或回火；

C22B：金属的生产或精炼，原材料的预处理；

C22C：合金；

B22C：铸造造型；

B22D：金属铸造，用相同工艺或设备的其他物质的铸造；

B22F：金属粉末的加工，由金属粉末制造制品，金属粉末的制造，金属粉末的专用装置或设备。

本章中出现的专利术语解释如下。

件：同一项发明创造可能在多个国家或地区提出多个专利申请，CNTXT 数据库以及 DWPI 数据库将这些相关的多个申请作为一条记录收录。在进行专利申请数量统计时，对于数据库中以一族（这里的"族"指的是同族专利中的"族"）数据的形式出现的一系列专利文献，计算为"1 件"。一般情况下，专利申请的件数对应于技术的数目。

在中国申请：申请人在中国国家知识产权局提出的专利申请。

全球申请：申请人在全球范围内的各国知识产权局提出的专利申请。

核心专利：指某个技术领域的重点专利，在进行产品制造时规避不开的专利技术，通过分析核心专利，有助于从专利角度形成某一技术领域的技术发展脉络。

专利被引频次：专利文献被在其后申请的其他专利文献引用的次数。

专利族、同族专利：同一项发明创造在多个国家或地区申请专利而产生的一组内容相同或基本相同的专利文献出版物，称为一个专利族或同族专利。从技术角度看，属于同一专利族的多件专利申请可视为同一项技术。

多边专利：申请人就同一项发明创造向多个国家或地区进行专利申请。通常是专利申请人认为该技术本身比较有价值，需要在多个国家或地区进行申请，欲获得多个地域的独占实施权。通常根据公开号中的地区数量（大于或等于 2）和分布来判断是否为多边专利。

日期规定：依照最早优先权日确定每年的专利申请数量，无优先权日以申请日为准。

图表数据约定：数据检索截至 2023 年 4 月，由于我国规定发明专利申请自申请日起最晚 18 个月公布，且发明专利申请的审查会有一定的滞后时间，造成2021 年或 2022 年部分专利申请数据以及授权数据不完整，会对近两年专利申请及授权趋势造成一定影响。

1.1.1 C21B 技术领域

钢或铁的冶炼是冶金行业发展的基础领域，就目前的钢或铁冶炼技术而言，存在能源消耗量大、环境污染严重、资源严重浪费等突出问题，也是钢或铁的冶炼领域的研发重点。

通过在 CNTXT 数据库中对 C21B 分类号下 2008—2022 年的专利申请数据进行检索和统计，共得到专利申请 24261 件，在 DWPI 数据库中对 C21B 分类号下 2008—2022 年的专利申请数据进行检索和统计，共得到专利申请 36946 件，进而可得到 2008—2022 年 C21B 领域全球以及在中国专利申请数量趋势（图 1-1）。

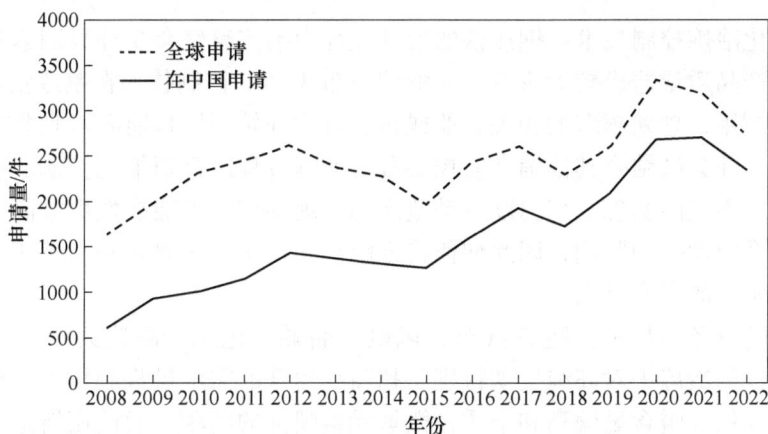

图 1-1　C21B 领域全球以及在中国专利申请数量趋势

分析可知，在钢或铁的冶炼领域，2008—2022 年中国专利申请总数量占全球专利申请总数量的 65.7%，但该领域专利申请数量在整个冶金行业占比较低；2012 年前无论全球还是中国专利申请数量均呈快速发展的趋势，2012 年中国专利申请数量达到第一阶段峰值（1440 件），全球专利申请数量达到第一阶段峰值（2626 件），这一阶段中国专利申请数量约占全球专利申请数量的 53.8%，技术优势并不明显。2012 年后钢或铁的冶炼领域专利申请数量虽然整体呈增加趋势，但发生了较大振荡，其中 2015 年、2018 年专利申请量下跌幅度较大，这与我国近年来对钢铁企业的产能、规模和数量进行的多次整改密切相关。2019 年后随着国家相关政策的稳定，钢或铁的冶炼领域中国专利申请数量加速增长，2021 年中国专利申请数量已经占全球专利申请数量的 84.8%，取得了较高的优势地位。

通过对近年来的全球以及中国专利申请进行具体分析可知，在钢或铁的冶炼领域的专利申请热点主要集中在以下几个方向：

钢或铁的冶炼中涉及的节能环保技术：钢或铁的冶炼环节存在较高的污染，同时冶炼过程中会造成较大能源消耗与资源浪费。随着社会经济发展，钢或铁的整体冶炼需求逐渐增加，冶炼中的节能环保已经成为一个不容忽视的问题。在环境污染日益严重的情况下，相关企业或研发机构普遍对冶炼中的节能环保技术进行了研发投入，获得了转炉冶金纯净钢技术等可以有效实现节能减排的多项专利技术。但我国相关专利技术的研发与发达国家相比还存在一定的差距，无论是对基础资源的合理规范化应用，还是对冶炼设备的升级方面，都还具备较大的提升空间。因此如何在节约资源的同时有效降低成本、实现绿色生产以及自身利益的最大化，是我国现阶段钢或铁的冶炼中节能环保技术的普遍需求，是未来的重点研发趋势。

智能化冶炼控制技术：钢或铁的冶炼过程中冶炼温度会受外界因素影响产生波动，对产品质量造成较大影响。而随着分布式 PLC 控制技术在钢或铁的冶炼环节的普通应用，越来越多的相关企业或研发机构开始使用智能 PLC 监控冶炼炉的温度变化，并尝试结合其他辅助监控手段对冶炼过程进行精细化控制。智能化冶炼控制技术不但能实现冶炼温度波动范围的合理调控，也能在发生故障时及时降低对整体系统运行的影响，因此如何将智能控制系统深入整合到冶炼工艺中，成为冶炼技术中的研发重点。

铁浴熔融还原技术：随着汽车、风电、船舶、化工、高速列车等行业的发展，钢或铁的冶炼中对高纯生铁特别是超高纯生铁的需求量日趋增大，但铸造生铁普遍存在钛、磷含量偏高和杂质、微量元素超标的问题，而使用铸造高纯生铁及超高纯生铁会造成生产成本增加。采用铁浴熔融还原技术，能够控制冶炼过程中非金属杂质的含量，增加钢铁纯度。特别对于我国企业来说，由于国内的优质原料有限，我国每年从澳大利亚、巴西等国进口大量铁矿石，严重制约了国内钢铁企业的生产与供应关系，而铁浴熔融还原技术在使用国内低品位的原料的条件下，仍能生产出高质量钢铁产品，成为近年来相关企业专利申请的热点方向。

新型氢气还原技术：钢铁冶炼行业是二氧化碳的主要排放源之一，在全球范围内，目前冶炼 1t 铁水，排放二氧化碳约 1.58t，造成了严重的环境污染与能源浪费。因此，为了实现钢铁行业的碳达峰和碳中和目标，采用氢气直接还原铁矿石的工艺，是彻底解决以高炉为代表的生铁冶炼工序的高二氧化碳排放问题的有效方法。而现有气基直接还原铁技术的还原剂国外主要以天然气催化裂解产生的还原气为主，还原气为 CO 和 H_2，其中 H_2 体积分数最高达到 55%；国内则以煤制气为主，虽然以上技术均为气基直接还原铁，但是仍然处于"碳冶金"范畴，仍然存在大量二氧化碳的排放，且当加热铁矿石的热量来自氢气燃烧放热时，还将会造成还原气氛中水蒸气的分压较高，进而使氢气与氧化铁的反应向反方向移动，影响铁矿石的还原率。因此，有必要研究新型氢气直接还原铁矿石的系统和技术来应对现有技术的不足。

新型废钢熔炼技术：废钢炉料一般经挤压成块后熔炼使用，里面不可避免地含有大量油污、油漆以及其他一些可燃性物质，直接投炉熔炼，不但钢水质量受影响，还会产生大量的烟雾。新型废钢熔炼技术一方面加强废钢预处理，使得废钢表面杂质碳化；一方面在熔炼过程中加强成分调控，提高熔炼效率，同时节约生产成本。

1.1.2 C21C 技术领域

对于生铁的加工处理、熔融态下铁类合金的处理领域，通过在 CNTXT 数据库中对 C21C 分类号下 2008—2022 年的专利申请数据进行检索和统计，共得到专利申请 29114 件，在 DWPI 数据库中对 C21C 分类号下 2008—2022 年的专利申请数据进行检索和统计，共得到专利申请 42245 件，进而得到 C21C 领域全球以及在中国专利申请数量趋势（图 1-2）。

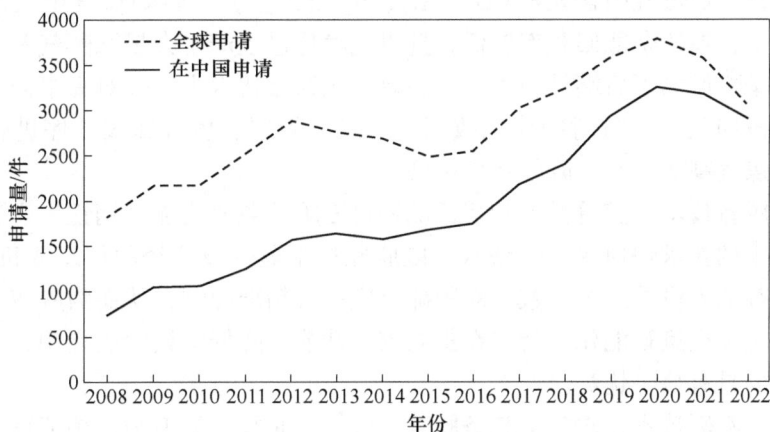

图 1-2 C21C 领域全球以及在中国专利申请数量趋势

可见在生铁的加工处理、熔融态下铁类合金的处理领域，2008—2022 年中国专利申请总数量占全球专利申请总数量的 68.9%，由于生铁的加工处理、熔融态下铁类合金的处理与钢或铁的冶炼工艺密切相关，因此 C21C 领域国内的专利申请总数量及其申请量变化趋势与钢或铁的冶炼领域比较近似。从整体趋势上来看，前期无论全球还是中国专利申请数量同样呈快速发展的趋势，中国专利申请数量在 2013 年达到第一阶段峰值（1638 件），全球专利申请数量在 2012 年达到第一阶段峰值（2874 件），这一阶段中国专利申请数量约占全球专利申请数量的56.9%。而无论是全球专利申请数量还是中国专利申请数量在 2014—2017 年均有轻微下滑，出现了技术研发的瓶颈期。2017 年后全球专利申请数量特别是中国专利申请数量都有较大程度的回升，2021 年中国专利申请数量已经占全球专利申请数量的 88.7%，这是我国相关企业及研发机构不断进行技术创新所取得的阶段性成就。

　　通过对近年来的全球以及中国专利申请进行具体分析可知,在生铁的加工处理、熔融态下铁类合金的处理领域的专利申请热点主要集中在以下几个方向。

　　转炉智能检测技术:转炉炼钢是钢铁生产中最重要的环节之一,主要用于生产碳钢、合金钢及铜和镍的冶炼,一方面,转炉在工作时需要对其内部的元素成分,如磷、碳含量进行监测,从而保证产品的生产质量满足加工需求;另一方面,转炉温度也需要进行实时动态预测,以更有针对性地完成转炉冶炼任务,有助于提高钢铁的生产效率,而上述检测过程一般通过专用的智能检测设备来完成,因此转炉智能检测技术的提升成为国内外相关企业和研发机构的迫切需求。

　　高效煤气回收技术:炼钢脱碳会产生大量转炉煤气,温度可达 1400 ~ 1600℃,且转炉煤气中含大量 CO、CO_2、N_2 及烟尘,而转炉煤气中大部分物理热白白浪费,系统余能回收率较低,且煤气净化过程产生大量水蒸气及尘泥,造成二次污染,增加了后端处理工序。高效煤气回收技术主要针对高中低温段煤气进行全阶段回收,通过对净化回收系统、煤气管网、煤气回收工序进行研发改进,实现煤气高效回收,降低环境污染。

　　智能脱硫技术:随着低硫和超低硫钢材需求的急速增加,钢铁生产过程中对于脱硫技术的要求快速提高。铁水智能脱硫技术通过设置经验模型或机理模型,获取脱硫剂加入量等工艺参数,对脱硫反应进行精准控制,从而为脱硫工艺提供数据可视化和决策智能化支持,在提高钢材性能、降低炼钢脱硫费用、生产高品质钢等方面具有显著优势。

　　真空炉脱碳技术:真空炉具备脱碳、脱气、脱氧、去夹杂、调节钢水温度和化学成分等一系列功能,具有处理周期短、生产能力大、夹杂去除效果好等一系列优点,在炼钢生产中获得了广泛应用,尤其在生产超低碳钢、高品质纯净钢方面表现出了显著的优越性。但随着市场要求超低碳钢中碳含量越来越低,对真空炉深脱碳能力的要求越来越高,比如高级别钢要求成品碳含量通常在 15×10^{-6} 以内甚至 10×10^{-6} 以内。而传统真空炉脱碳方式容易造成钢水出现较大温降,而且喷粉装置直接接触钢液易被焊死或堵塞,脱碳效率降低以及钢水降温较大,导致生产成本增加。如何在短时间内得到超低碳含量的钢水的同时节约生产成本,是真空炉脱碳技术的研发重点。

　　优化底吹工艺技术:合理的底吹工艺有利于稳定控制转炉终点的 C、T、O,减少夹杂物数量,促进渣钢平衡,改善熔池成分和温度的均匀性,减少钢铁料消耗;而不合理的底吹工艺会加剧对底吹喷嘴和周边耐材的冲刷和侵蚀,降低转炉炉底的使用寿命。优化底吹工艺技术通过对转炉钢水湍流行为、死区分布和混匀时间的仿真模拟,对模型参数进行计算,从而实现对转炉底吹工艺的优化,优化后的底吹工艺对于钢水的搅拌能力更强,钢水的流动性更好。

1.1.3 C21D 技术领域

金属热处理领域属于冶金行业重点研发领域，相关专利申请数量也位居前列。通过对 CNTXT 数据库中 C21D 分类号下 2008—2022 年的专利申请数据进行检索和统计，共得到专利申请 96427 件，在 DWPI 数据库中对 C21D 分类号下 2008—2022 年的专利申请数据进行检索和统计，共得到专利申请 157863 件，进而得到 C21D 领域全球以及在中国专利申请数量趋势（图 1-3）。

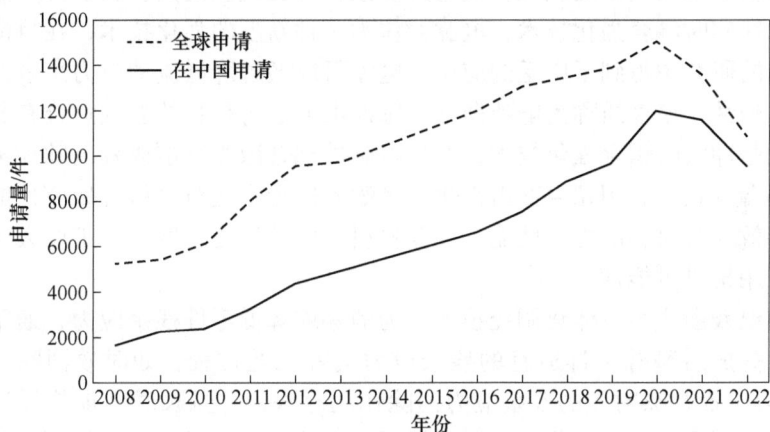

图 1-3　C21D 领域全球以及在中国专利申请数量趋势

可见在金属热处理领域，无论是全球专利申请数量还是中国专利申请数量在 2020 年前均处于稳定上升趋势，2020 年全球 C21D 领域专利申请量达到 15064 件，中国 C21D 领域专利申请量达到 11993 件，充分体现了各国冶金行业对于金属热处理领域研发的重视程度，也体现了金属热处理领域仍然处于冶金行业研发活跃热点。而对于中国专利申请，其总数量占全球专利申请总数量的 61.1%，相较于其他领域占比较低，说明我国在金属热处理领域并未取得明显的技术优势。

通过对近年来的全球以及中国专利申请进行具体分析可知，在金属热处理领域的专利申请热点主要集中在以下几个方向。

退火炉自动控制技术：采用退火炉进行连续退火处理是目前带钢退火处理的主要方式。在进行退火炉连续退火处理过程中，带钢特别是薄规格带钢会产生"瓢曲"缺陷，该缺陷一旦发生，就会严重危害机组的高速、稳定运行，而且会给机组产能、能耗等方面带来较大损失。因此针对退火炉自动控制技术，相关企业和研发机构进行了大量专利技术的研发，主要结合智能化控制系统，通过退火炉内的速度控制、张力控制及冷区温度控制，在保证带钢力学性能的同时，成功解决了带钢在炉内跑偏及瓢曲问题，实现无人化"自动退火"，减少水、电、煤等资源消耗，提高生产节奏，发挥机组产能，防止人工操作不当造成的额外损失。

激光在线退火技术：要使板材获得高质量，关键在于对板材进行退火处理，然而连续退火炉开机后不能随意进行停炉。一旦出现意外断电停炉，就会因为炉胆由里到内热胀冷缩不一致而造成退火炉断裂。退火炉设备不仅投资大，还存在热效率低下、换炉胆麻烦等一系列问题。激光在线退火技术可实现板材表面退火温度灵活调节，操作简单，工作效率大大提高，可急停急开，并可根据不同板材的退火温度要求快速制定激光在线退火参数，可更优质提高轧制板材质量。

电脉冲实时耦合强化技术：电脉冲作为一种新型的强化技术，在目前材料成型及强化的研究中得到了广泛的应用。电流可以通过降低流动应力来改善材料的成型性与塑性，该性质称为电致塑性，脉冲电流还对材料的裂纹愈合有着重要的作用。电脉冲实时耦合强化技术，通过电脉冲耦合激光冲击或者电脉冲耦合超声冲击等耦合方式，利用超声冲击强化或者激光冲击强化对材料抗疲劳性能的提升作用，有效提升材料的力学性能，加深材料表面纳米化程度，为工业大面积均匀强化的应用提供可能性。

超低温残余应力一体化调控技术：为消除或降低零件残余应力，通常的做法是在成型完成后额外安排适宜的残余应力消除工艺过程，如时效消除、机械拉伸/压缩等。而加热时效的残余应力消除作用有限，并且长时间加热保温容易引起超低温成型零件组织弱化，从而降低零件性能；振动时效为了保证零件各部分材料受振均匀，只能应用于简单形状的零件，且技术和装备门槛高；机械拉伸/压缩是对零件施加一定的永久拉伸/压缩塑性变形量，消除弹性应变从而降低残余应力，亦只能应用于简单形状的零件。而超低温残余应力一体化调控技术是将零件置于冷热循环条件下，使局部在急冷急热作用下产生微塑性变形，从而降低残余应力，在合适的工艺参数下可降低20%～90%的残余应力。该方法不受零件形状限制，设备相对简单，且加热保温时间短，对材料组织弱化不明显。因此，如何设计一种超低温成形与残余应力消除相结合的工艺路线，在有效降低零件残余应力的同时，最大限度地保存超低温成型微观组织，对于高强合金薄壁构件的精确成型具有重要意义。

取向硅钢热处理技术：取向硅钢被广泛应用于变电、发电和用电等国民经济各个领域，鉴于能源日趋紧张和电力工业节能降耗的迫切需求，不断改善取向硅钢性能，降低其铁损，成为硅钢热处理技术的竞争焦点。通过低温回复退火、优化炉台结构等方式，可使取向硅钢热处理加热过程中整个钢卷的性能更加稳定，铁损性能和原来相比有明显提高。

1.1.4　C22B 技术领域

对于金属的生产或精炼领域，通过对 CNTXT 数据库中 C22B 分类号下

2008—2022 年的专利申请数据进行检索和统计，共得到专利申请 55369 件，在 DWPI 数据库中对 C22B 分类号下 2008—2022 年的专利申请数据进行检索和统计，共得到专利申请 93650 件，进而得到 C22B 领域全球以及在中国专利申请数量趋势（图 1-4）。

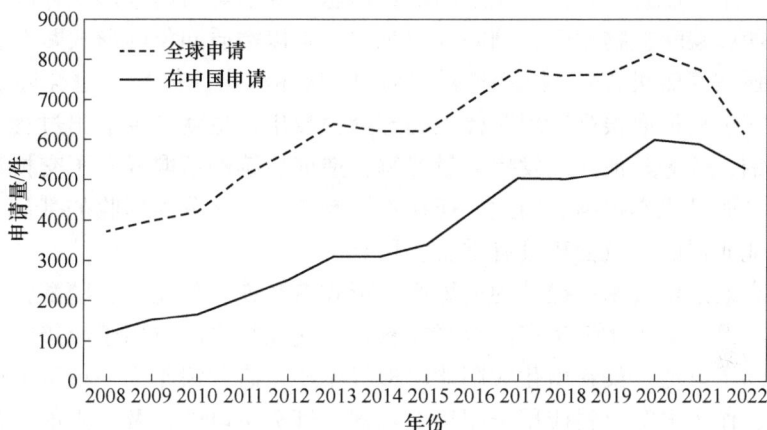

图 1-4 C22B 领域全球以及在中国专利申请数量趋势

由图可知，2008—2022 年金属的生产或精炼领域中国专利申请总数量占全球专利申请总数量的 59.1%，相对于冶金行业其他领域占比并不高。从整体申请趋势上看，无论是全球专利申请趋势还是中国专利申请趋势均呈现阶梯形发展，2012 年之前全球专利申请数量以及中国专利申请数量均处于缓慢上升阶段，2013 年达到第一阶段峰值，中国专利申请达到 3104 件，全球专利申请达到 6414 件；随后金属的生产或精炼领域专利申请数量呈现爆发式增长，2017 年达到第二阶段峰值，中国专利申请达到 5049 件，全球专利申请达到 7731 件，说明此阶段金属的生产或精炼领域出现了较为重大的技术突破，促进了专利技术的研发速度。2018 年后金属的生产或精炼领域专利申请数量又进入了缓慢增长时期，2020 年达到第三阶段峰值，中国专利申请达到 6004 件，全球专利申请达到 8151 件，然而专利申请数量增速相对于前一阶段减慢，出现了技术瓶颈期。

通过对近年来全球以及中国专利申请进行具体分析可知，在生产或精炼领域专利申请热点主要集中在以下几个方向。

锂电池回收技术：随着消费电子和电动汽车市场的快速扩张，锂电池的需求量大幅增加，通常锂电池的有效寿命为 3～5 年，随着锂电池的大量使用，废旧锂电池数量也在大幅增加。废旧锂离子电池具有很高的经济价值，其含有大量有价值的金属组分，如钴、镍、铜、锰、锂等，均比天然矿石中的金属含量更高；同时废旧锂电池中有害的重金属和有机电解质也会造成严重的环境污染。因此，废旧锂电池的回收不仅可以保护环境且能缓解战略金属资源紧张的局面。然而现有的锂电池回收需要昂贵的装备，对设备要求高，导致生产规模小、运营成本高，如何简化回收方法并使得锂电池中的有价元素能够全面回收成为当前研发热点。

稀土元素提取技术：稀土元素的赋存形态主要以类质同象形式存在于铁质物相、磷酸盐和碳酸盐物相中，例如其中钪主要是以类质同象的形式赋存在含铁的物相中。强酸固然可以实现各种物相晶格的破坏溶出，但稀土也会随之进入液相。因此该过程提取很难实现对稀土的选择性浸出，也就是说溶出过程也会导致铁、铝、钠、硅等其他元素发生大量溶解，造成后续的萃取或离子交换法的分离过程复杂，而且成本提高。因此如何在不影响其他元素分离回收的基础上，实现稀土和其他元素的有效分离具有重要实用意义。

镍矿高效冶炼技术：镍矿的冶炼产品形式有镍铁、氧化镍、硫酸镍、硫化镍等。其中，镍铁是不锈钢生产的重要原料，硫化镍被广泛应用于超级电容器电极材料、锂离子电池、染料敏化太阳能电池等生产。硫化镍作为一种重要的过渡金属硫化物，作为电极材料应用于超级电容器、锂离子电池以及太阳能电池的研究更是受到重大关注。在未来几年甚至几十年，高效生产物美价廉的硫化镍产品至关重要。镍矿高效冶炼技术被认为是冶炼能耗低、发展潜力较大的工艺，具备较高的经济效益和工业化发展前景。

重金属中和渣回收技术：有色冶炼行业的污酸中和过程会产生大量固体废弃物，通常被称为中和渣。中和渣因含有砷、铜、铅、镉、铬等重金属有害元素而利用困难，其处置方法有固化/稳定化处置、高温熔融处置、回收有价金属和作为熔剂造渣等。随着现代富氧熔池熔炼工艺水平的提高，富氧底吹等熔炼技术对原料的包容性越来越强，这使得有色冶炼中和渣作为石灰石熔剂替代品成功应用在生产实践中，并且具有较强的工业应用前景。因此，研究一种新的方法实现含重金属中和渣的高效化处理十分必要。

砷、锑分离技术：砷、锑属于同一主族（VA）元素，化学性质较为相似，分离难度较大。另外，砷、锑往往相互伴生在一起，这使得锑冶炼过程产出大量含砷、锑的副产物，典型物料如砷碱渣、砷锑烟尘等，这些物料不仅含大量的砷，还含有价值可观的锑，具有较高的经济价值，但由于砷、锑性质相似，采用常规的沉淀法、挥发法等方法难以有效分离砷、锑，导致这些物料的资源化难度较大，因而对砷锑物料的处置一直是业内的技术创新方向。

1.1.5　C22C 技术领域

合金制造领域同样属于冶金行业的重点研发领域，其相关专利申请数量占整个冶金行业的比例最高。通过在 CNTXT 数据库中对 C22C 分类号下 2008—2022

年的专利申请数据进行检索和统计，共得到专利申请 122548 件，在 DWPI 数据库中对 C22C 分类号下 2008—2022 年的专利申请数据进行检索和统计，共得到专利申请 245859 件，进而得到 C22C 领域全球以及在中国专利申请数量趋势（图 1-5）。

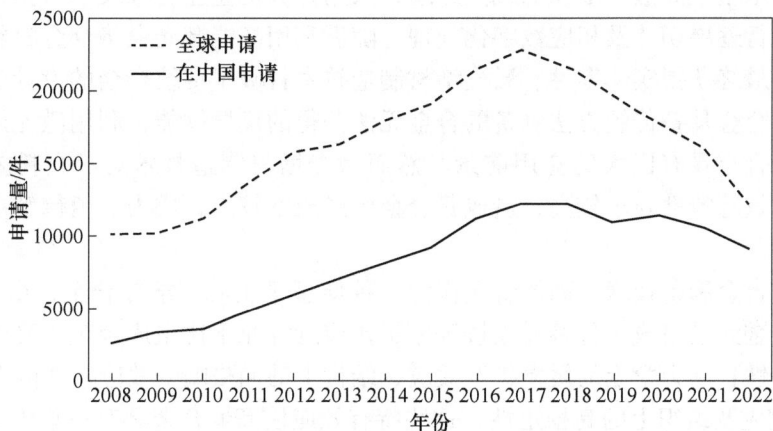

图 1-5　C22C 领域全球以及在中国专利申请数量趋势

如图可知，2008—2022 年合金制造领域中国专利申请总数量占全球专利申请总数量的 49.8%，说明该领域国外研发更为活跃，国内相关企业和研发机构还具备较大技术提升空间。合金制造领域无论是全球专利申请数量还是中国专利申请数量在 2017 年前均处于稳定上升趋势，2017 年全球 C22C 领域专利申请量达到峰值 22775 件，中国 C22C 领域专利申请量达到峰值 12252 件，出现了技术爆发期。2017 年后，合金制造领域全球专利申请数量急剧下滑，至 2021 年该领域全球专利申请数量只有 16042 件，仅占峰值的 70.4%。与此同时，中国专利申请数量也逐年下滑，至 2021 年该领域中国专利申请数量为 10550 件，占峰值的 86.1%，主要原因在于近年来受全球大环境影响，合金原材料价格普遍上涨，生产成本的提升导致生产和研发需求受到一定抑制，技术创新处于停滞状态。

通过对近年来全球以及中国专利申请进行具体分析可知，在合金制造领域的专利申请热点主要集中在以下几个方向。

铜铬合金制备技术：接触线是一种传输电力用电缆，作为电气化铁路接触网的重要组成分布，接触线通过与电力机车受电弓滑板直接接触将电能从牵引变电所传输给机车，直接影响铁路机车的运行安全和速度，是保证电气化铁路正常运营的关键构件。随着高速铁路的快速发展，运行速度越来越快，对接触线的要求越来越高。一方面，要求材料具备更高的强度，满足架设线张力的需求；另一方面要求接触线材料具备优异的抗拉强度、电导率。铜铬合金性能稳定，在强度满足需求的基础上，导电性能明显提高，可以降低高速铁路的运行成本，因此，如何制备产品质量稳定可靠、材料强度和高导电性优化组合的铜铬合金成为合金制造领域研发热点。

合金激光增材制造技术：激光增材制造技术是一种先进的合金快速成型技术，该技术基于离散－堆积的成型原理，采用计算机建立三维模型数据，并对三维模型进行逐层切片及相应数字化处理，随后利用高能激光束将合金材料逐层熔化堆积，最终获得实体零件。激光增材制造技术打破了传统合金的设计理念，其制备出的合金具备传统方法制备的合金无法获得的优异性能，利用激光增材制造技术制备合金具有巨大的应用前景。然而激光增材制造技术对合金粉末的球形度、氧含量等特性要求较高，造成其合金生产成本较高，成为其亟待解决的技术壁垒。

高熵合金制备技术：高熵合金作为一种新型多主元固溶体合金，由 5 种或 5 种以上合金元素组成，各种元素按等原子比或近等原子比组成合金，高熵合金具有以下特性：动力学上的缓慢扩散效应、结构上的晶格畸变效应、性能上的"鸡尾酒"效应及组织上的高稳定性。这些特有效应使高熵合金具有一些传统合金无法获得的优异性能，因此高熵合金设计具有极大的发展潜力，可广泛应用在航空航天、汽车、生物医疗等领域。高熵合金制备专利技术的研发主要集中在如何降低高熵合金生产成本及增加成分选择范围方面。

镁锂合金制备技术：氢能由于分布广泛、储量丰富、能量密度高、无污染等优点，被认为是未来可替代化石能源最具潜力的能源载体。在众多的固态储氢材料中，镁和锂分别拥有较高的理论储氢容量，因此镁锂合金制备技术极具发展前景。虽然镁在氢化后的热力学稳定性较高，锂的化学活性很高，但镁吸放氢动力学性能较差，锂存在储氢条件苛刻等缺点，是镁锂合金制备技术的研发突破重点。

单晶高温合金制备技术：单晶高温合金因为其优异的高温力学性能，一直以来是航空发动机涡轮叶片的首选材料。单晶高温合金在 <001> 方向与最大受力方向一致时能取得最好的综合力学性能。现有技术中多采用选晶法制取单晶高温合金，选晶法制备单晶高温合金已经有 40 多年的历史，工艺上比较成熟，成本也较低。但是利用选晶法并不能精准控制单晶的三维取向；而采用籽晶法等新型高温合金制备技术制备单晶高温合金时，精度高、能控制单晶的三维取向，是当前的研发热点。

1.1.6　B22C 技术领域

铸造造型领域专利申请数量在冶金行业各领域中处于中间水平，通过在 CNTXT 数据库中对 B22C 分类号下 2008—2022 年的专利申请数据进行检索和统计，共得到专利申请 55454 件，在 DWPI 数据库中对 B22C 分类号下 2008—2022 年的专利申请数据进行检索和统计，共得到专利申请 70280 件，进而得到 B22C 领域全球以及在中国专利申请数量趋势（图 1-6）。

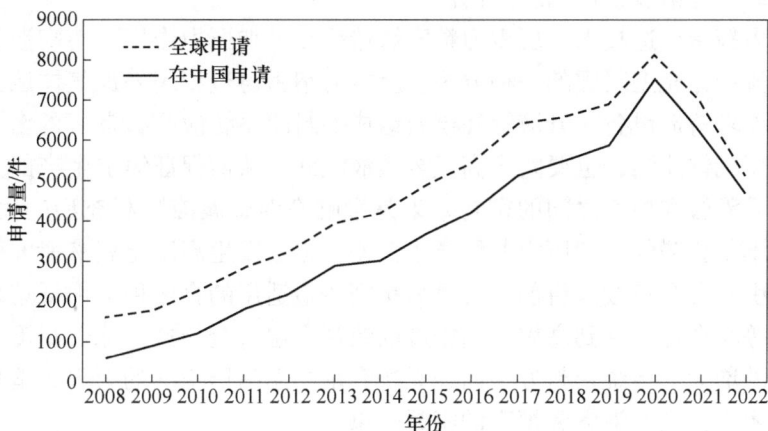

图 1-6　B22C 领域全球以及在中国专利申请数量趋势

由图可知，2008—2022 年在铸造造型领域中国专利申请总数量占全球专利申请总数量的 78.9%，2020 年铸造造型领域中国专利申请已经达到 7512 件，占全球专利申请总数量的 92.3%，我国正处于由铸造大国转变为铸造强国的转型阶段，铸件总产量已经连续 20 年居世界首位，专利申请数量的增长也代表了铸造造型领域国内的整体研发技术水平已经逐渐处于世界行业引导地位。从整体申请趋势上来看，申请量整体呈持续上升趋势，存在小幅波动，特别是 2019 年后专利申请量出现了明显的高速增长时期，这与"十三五"期间国家加大对基础建设的投入、鼓励行业发明创新紧密相关。

通过对近年来全球以及中国专利申请进行具体分析可知，在铸造造型领域的专利申请热点主要集中在以下几个方向。

砂型 3D 打印技术：传统铸造方法需要依靠木模、金属模等来翻制砂型进行铸造，在小批量个性化产品的制造上，生产柔性差，制造周期长，资源浪费多。同时广泛应用于铸造行业的树脂、水玻璃等黏结剂又存在着毒性大、废弃物排放多、落砂溃散困难等问题。砂型 3D 打印技术生产清洁，废弃物排放少；以逐层堆积材料的方式制造产品原型，其制造过程柔性高、生产周期短、材料利用率高，兼具铸造技术优势与成形技术优势，符合制造业绿色发展要求。

陶瓷型壳优化技术：在熔模铸造过程中，陶瓷型壳制备是核心工序之一，其性能直接影响铸件的冶金质量、尺寸精度和表面质量。陶瓷型壳一般由面层、过渡层和背层组成，其中陶瓷型壳面层与金属液直接发生接触，铸件表面夹杂、粘砂、凹坑、麻点等缺陷的形成与陶瓷型壳质量紧密相关，因此如何降低金属液与陶瓷型壳之间的界面相互作用强度，改善铸件表面质量，就成为陶瓷型壳优化技术首要考虑的问题。目前已经有改善陶瓷型壳浆料，在陶瓷型壳中添加有机纤维，无机纤维等诸多技术创新方向。

反重力精密铸造技术：反重力精密铸造是在外加压力作用下使高温金属液逆重力方向流动并充型凝固的一种方法。反重力精密铸造利用外加气体压力这一工艺特点，要求铸造设备、升液管和模壳组成的封闭系统应具备良好的密封性，既要防止高压气体泄漏，也要防止高温金属液泄漏，从而保证铸造生产的安全性和可靠性。升液管和模壳之间的密封效果是影响高温金属液顺利充型的关键因素，密封性差不仅会漏气，使压力曲线产生偏差，也会发生高温金属液泄漏而导致废品，甚至引发安全事故。目前，反重力精密铸造适用的合金种类由低熔点低密度的铝、镁等轻合金扩展到高熔点高密度的镍基高温合金，这意味着温度的升高和作用压力的增大，传统密封方法已经无法满足高温高压工况的要求，迫切需要创新密封技术，提高升液管和模壳的密封效果。

铸造缺陷的仿真模拟技术：砂型铸造工艺因易于实现、成本低廉，被广泛应用于铸造生产。传统的砂型铸造研发过程当中采用试铸的方式验证铸造工艺方案设计的合理性及可行性，然而铸造工艺方案的反复修改和试铸会浪费大量的人力、物力和财力，研发效率低，造成资源浪费。利用计算机模拟软件开展铸造缺陷的仿真模拟，可根据模拟所得最佳铸造工艺方案开展试制工作，并对试制铸件进行分析，验证模拟分析结果可靠性的同时，建立铸造缺陷控制分析模型，提高产品合格率，缩短研发周期，节约人力、物力，降低开发成本。

冷冻砂型铸造技术：在较高温度下的砂型保持性较差，接触高温熔体部位的型砂往往"一触即溃"，抗冲击性差，外表层型砂也常因黏结剂的升华、融化现象而影响基础性能和形状尺寸特征。冷冻砂型铸造技术是一种用水做砂型铸造用黏结剂，在低温环境下冻结型砂成形砂型，经浇注熔体后获得铸件的铸造技术。冷冻砂型中熔体过冷度高，凝固过程中熔体温度梯度大，金属铸件经细晶强化后，组织致密，力学性能好。砂型在高温熔体冲击下，自然溃散，浇注过程中无强烈刺激性气体产生。冷冻砂型铸造技术可以大幅度提高铸件冷却效率，控制铸件的应力与变形，细化组织，提高铸件性能，并且能够显著减少铸型材料用量，减少废料排放，符合冶金行业智能化和绿色化的发展方向。

1.1.7　B22D 技术领域

金属铸造领域专利申请数量在冶金行业各领域中仅次于合金制造领域，通过在 CNTXT 数据库中对 B22D 分类号下 2008—2022 年的专利申请数据进行检索和统计，共得到专利申请 111622 件，在 DWPI 数据库中对 B22D 分类号下 2008—

2022 年的专利申请数据进行检索和统计，共得到专利申请 153936 件，进而得到 B22D 领域全球以及在中国专利申请数量趋势（图 1-7）。

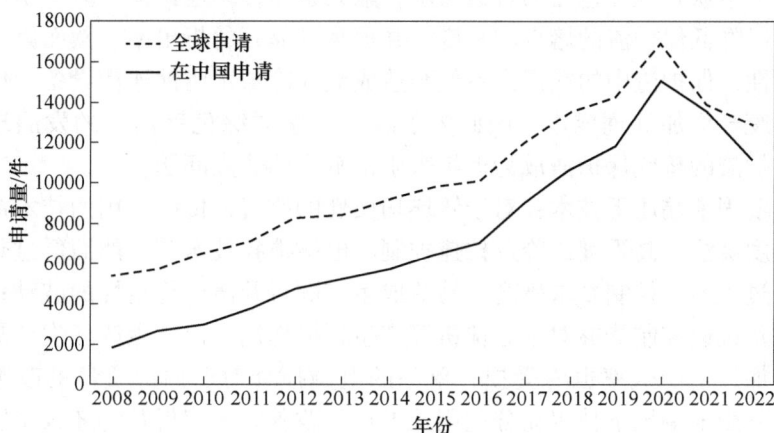

图 1-7　B22D 领域全球以及在中国专利申请数量趋势

由图可知，2008—2022 年在铸造造型领域中国专利申请总数量占全球专利申请总数量的 72.5%，远高于冶金行业其他领域，特别是 2020 年 B22C 领域中国专利申请达到 15082 件，占全球专利申请总数量的 89.3%，充分说明在金属铸造领域，国内的相关企业和研发机构的科研创新水平已经具备较强的国际竞争力，金属铸造相关工艺装备及产品质量已经达到世界先进水平。从整体申请趋势上来看，2016 年前专利申请量较为平缓，2016 年后专利申请量增长幅度明显，说明金属铸造领域技术创新仍然处于快速发展期，随着我国铸造行业向着高质量和高效益方向发展，智能铸造、绿色铸造成为行业发展的新趋势。

通过对近年来全球以及中国专利申请进行具体分析可知，在金属铸造领域的专利申请热点主要集中在以下几个方向。

半固态成型技术：传统技术中采用熔融液体金属进行铸造成型，在原料转移的过程中可能会造成金属液氧化的危害，生产工艺复杂，易产生湍流和飞溅，铸件制品组织结构的致密性难以提高，稳定性差，易于出废料废品，出现含气、冷隔、欠铸缺陷。半固态成型技术是指将非全液态混合浆料直接进行成型加工，半固态成型技术可以细分为流变压铸、流变锻造、流变轧制、流变挤压等。半固态成型首先需要对金属熔体进行强烈的电磁、机械搅拌、压铸或者其他处理，以获得具有一定比例固相或晶胚的半固态浆料，并迫使浆料中的初生固相呈近球形；然后直接将该半固态金属浆液通过压铸、挤压、轧制成型，生产过程充型稳定，不易发生湍流和飞溅，可以有效减少铸件内的气孔，提高零件的致密性。随着工业应用日渐成熟，半固态成型技术因其流程短、节能低耗等优势，近年来成为研究的重点方向，在航空航天、汽车制造、模具工业等领域得到广泛的应用。

无氟环保型连铸保护渣技术：减少生产污染、降低生产成本、提高生产效率是新形势下钢铁企业绿色化的普遍需求，氟元素是传统连铸保护渣中不可或缺的组元，可以降低保护渣的熔点和黏度，并提高枪晶石的析出率。然而氟元素具有较高的毒性，保护渣中的氟元素不但会造成酸性冷却水腐蚀连铸设备，也会造成大量废水废气增加处理成本，因此为了践行国家"绿色钢铁"的发展理念，研发含氟保护渣的替代保护渣成为近年来亟待解决的热点问题。

连铸凝固末端压下技术：对于铸坯均质性的改善，传统采用的技术措施主要有低过热度浇注、高强度二冷及拉速控制、电磁搅拌技术等。然而低过热度浇注对于浇注过程温度控制要求极高，易造成生产顺行及浇注稳定性的波动；高强度二冷技术及拉速控制能够对中心偏析等产生积极作用，但产生铸坯裂纹缺陷的概率大幅增加，生产效率也将受损；单一的电磁搅拌对于内部质量的改善相对有限。连铸凝固末端压下技术充分利用压下对于改善铸坯偏析及铸坯致密度的积极作用及叠加效应，实现了铸坯在高生产效率条件下内部质量的大幅有效提升；为变钢种、变温度、变冷却及变拉速浇注条件下高质量铸坯的稳定输出创造了积极条件，大大增强了钢种及浇注条件适用性。

定向凝固技术：定向凝固作为高温合金加工的主要手段，是一种调控合金组织，减小横向晶界，提高合金综合力学性能的重要方法。但定向凝固技术存在可加工定向凝固试样尺寸小，达工业级尺寸较为困难，且采用液态金属提供固液界面前沿的温度梯度价格昂贵等问题。定向凝固部分加热方式，如电磁感应加热，会在固液界面前沿形成强对流，使固液界面成为非平界面，影响合金的定向凝固组织形态。因此，如何降低定向凝固技术生产成本，改变定向凝固过程中的温度梯度和调控固液界面形态，增大定向凝固组织形成尺寸，提升定向凝固组织轴向力学性能，尤其是室温断裂韧性是当前定向凝固技术的研发热点。

结晶器智能监测技术：结晶器是连铸设备中非常重要的部件，被称为连铸设备的"心脏"，高效连铸要求更高的浇注速度、连铸机作业率、连浇率，因此结晶器的性能对于提高连铸生产率，维持连铸过程正常生产，以及保证铸坯质量都起到至关重要的作用。结晶器的波动情况会影响凝固坯壳的均匀生长，当初生的凝固坯壳存在局部凝固厚度过小的区域时，在钢液射流的冲击下会形成铸坯的表面裂纹，直接影响连铸生产效率及铸坯的质量；同时结晶器的波动情况也是对内部钢液流场和自由液面状态是否正常的反映，尤其是当结晶器波动过大时，其内部钢液流场和自由液面存在异常流动，会引起卷渣和空气卷吸，造成连铸坯内夹杂物的增加和钢液的二次氧化。结晶器智能监测技术针对现场结晶器波动及其相关数据进行智能采集，对于获得良好的铸坯质量、提高连铸生产效率以及生产洁净钢均具有重要的意义。

1.1.8　B22F 技术领域

粉末冶金是近年来飞速发展的冶金制备技术之一，其相较于传统冶金技术具备结构复杂、精度高、一致性高、节材节能、成分均匀等优势。通过在 CNTXT 数据库中对 B22F 分类号下 2008—2022 年的专利申请数据进行检索和统计，共得到专利申请 70231 件，在 DWPI 数据库中对 B22D 分类号下 2008—2022 年的专利申请数据进行检索和统计，共得到专利申请 128221 件，进而得到 B22F 领域全球以及在中国专利申请数量趋势（图1-8）。

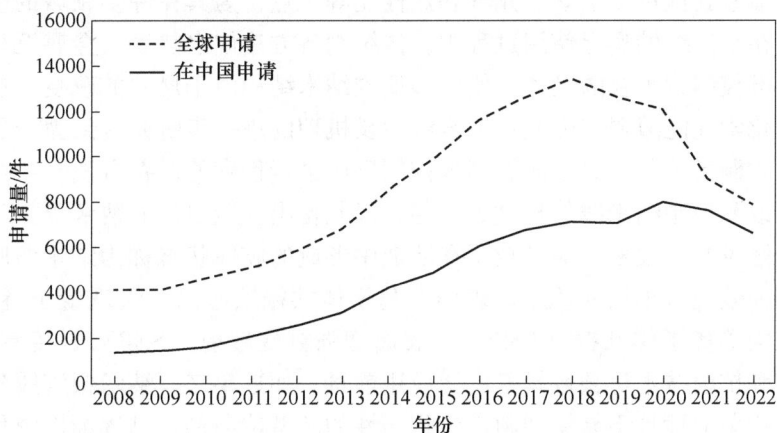

图 1-8　B22F 领域全球以及在中国专利申请数量趋势

由图可知，2008—2022 年在粉末冶金领域中国专利申请总数量占全球专利申请总数量的 54.7%，相较于冶金行业其他领域差距较大。我国的粉末冶金技术起步较晚，2013 年之前专利申请数量并不突出。2013—2018 年，随着世界各国加大对粉末冶金技术的研发投入，粉末冶金技术有了突破性发展，在汽车零部件、家电、机械、能源等产业领域得到了广泛应用，2018 年全球专利申请数量达到阶段峰值 7098 件。我国相关企业及研发机构面对粉末冶金技术突破的广阔需求，在研发方向上也逐步加大投入，2020 年国内专利申请量达到 7962 件，与其他国家粉末冶金技术的差距逐步缩小。但 2018 年后，下游市场如汽车制造等出现行业疲软，粉末冶金原料特别是雾化铁粉价格上涨，受上述因素综合影响，粉末冶金技术整体研发热度受到一定影响，专利申请量出现了停滞和缓慢下降。

通过对近年来全球以及中国专利申请进行具体分析可知，在粉末冶金领域的专利申请热点主要集中在以下几个方向。

增材制造成型技术：传统粉末冶金成型中，对产品成型外形有较多的约束，无法满足实际应用中复杂形状的要求。而增材制造成型可以直接做到比较高的精度以及比较高的表面质量、内在质量，也是目前非常具有竞争力的工业技术。增材制造成型包括激光选区烧结/熔化（SLS/SLM）、电子束选区熔化（EBM）、激光近净成型（LENS）等不同方向，融合了计算机辅助设计、材料加工与成型技术，以数字模型文件为基础，通过软件与数控系统将专用的金属材料、非金属材料以及医用生物材料，按照挤压、烧结、熔融、光固化、喷射等方式逐层堆积，制造出实体物品。增材制造成型技术可最大限度减少表面磨损，延长部件的使用寿命，相较于传统工艺更具成本效益，并且提供了更大的材料灵活性。

纳米线制备技术：固有尺寸（如直径为 10 ~ 100nm，长度为几微米）的金属纳米线凭借着其优良的电学、光学和热性能等优点，为其在许多领域的应用提供了机会。在纳米线的实际使用过程中，传统制备方法如水热法、金属沉积法等不能做到精准控制纳米线的尺寸，使许多低维纳米结构由于尺寸的改变，造成其特有的物理化学性能减弱。因此对纳米线生长机理的进一步研究应致力于更精确地理解和优化制备工艺，研发能够精准控制反应进行程度的制备方法，从而有助于进一步修改和控制纳米线的长度和直径，以制备出性能更好的纳米线。

纳米溶胶制备技术：纳米粒子在溶液中形成的胶体状态称为纳米溶胶，具有独特的表面效应、小尺寸效应、表面等离子体共振效应以及宏观量子隧道效应，在局部表面等离子体共振（LSPR）、表面增强拉曼散射（SERS）、传感、催化、生物医学和抗菌技术等领域具备广泛应用前景。如近年来，纳米银溶胶作为一种具有较高抗菌活性且不易使细菌产生耐药性的新型抗菌剂，已逐渐广泛使用；纳米金溶胶以其良好的导电性、稳定性、生物相容性、催化活性等成为目前应用最为广泛的纳米结构。目前纳米溶胶制备最为广泛使用的简单合成方法是还原合成法，而还原剂纳米粒子化学还原合成法会有一定的化学残留，影响纳米粒子的应用范围，进一步寻找工艺简单、易于掌握的纳米溶胶制备技术，具有重要实际意义。

多孔金属膜制备技术：多孔金属膜在分离过滤、气体传感、催化、电化学、表面增强光谱、化工制药等行业的过滤工段应用尤其广泛。使用多孔金属作为分离膜与有机膜和陶瓷膜相比有许多优点：具有良好的导热性，具有较好的散热能力，减小分离膜的热应力，从而提高分离膜的使用寿命；具有较高的机械强度，可在较高的压力下使用，可以用增大压差的方法提高渗透速率，增大膜的分离能力；易于与其他设备连用，多孔金属膜是金属材质，具有良好的焊接性能，使膜组件易于连接；应用范围广，在过滤过程中多孔金属膜吸附量高、支撑性强、过滤面积大、可在线清洗、重复利用。制备多孔金属膜的传统方法主要有粉末冶金法、纤维烧结法、溶体发泡法、熔体吹气法、渗流铸造法、金属沉积法、中空球烧结法、自蔓延高温合成法、泡沫浸渍法等。但传统制备方法存在着膜层厚度不均、烧结后开裂、喷涂中产生大量粉尘污染等问题，因此需要研发工艺简单易操作、金属的孔径可以调控、绿色环保的多孔金属膜制备方法。

球形粉末制备技术：传统打印金属粉末必须满足粉末球形度高、流动性好、粒径细小等要求。目前制备金属球形粉末的方法主要有雾化法、等离子体法、等离子熔丝法、旋转电极法等。在金属注射成型技术中，传统方法制备的金属粉末与黏结剂经过密炼混合后，是经过普通的机械破碎技术获得小颗粒喂料，制备的颗粒尺寸较大、形状不规则，且颗粒内部均匀度不足。当应用于精密零部件的打印时，存在精密度不足、孔隙率大、流动性差的问题，会在后续的脱脂和烧结过程中产生不可弥补的缺陷。因此如何制备分布均匀、粒径分布范围窄、球形度高、流动性好、硬度高的球形粉末成为诸多企业和相关研发机构的研究重点。

1.2 专利授权情况分析

专利申请数量往往代表了某一行业领域的技术创新的活跃程度，由于专利申请获得授权后才可享有法律赋予的专利权，因此授权专利数量反映了某一行业领域技术创新质量的优劣程度，不同创新主体拥有的授权专利数量也充分反映了该创新主体在某一领域的综合技术竞争实力。

根据我国的专利审查制度，我国对实用新型和外观设计专利申请只进行初步审查而不进行实质审查，经初步审查没有发现驳回理由的即可授予专利权并予以登记和公告，实用新型专利权及外观设计专利权自公告之日起生效。对于发明专利申请，则是先予以公开后，经过初步审查及实质审查两个审查阶段没有发现驳回理由的授予专利权并予以登记和公告。因此，本节选取了更能反映技术创新质量的发明专利申请授权数量进行分析，对我国冶金行业发明专利按照国际专利IPC分类号的小类进行划分，并对每一小类涉及的发明专利申请数量及发明专利授权数量进行统计，分析其不同的发展趋势，并具体分析冶金行业不同领域创新主体分布情况。

1.2.1 C21B 技术领域

在钢或铁的冶炼领域，通过在 CNTXT 数据库中对 C21B 分类号下 2008—2022 年的发明专利申请数据及授权数据进行检索和统计，共得到发明专利申请12210 件，其中发明专利授权数量为 5424 件，平均授权率为 44.4%，进而得到C21B 领域中国发明专利申请数量及授权数量的发展趋势（图1-9）。

由图可知，虽然 C21B 领域发明专利申请数量整体呈逐渐增多的趋势，但发明专利授权数量并非逐年递增，而是出现了较大波动，其中 2013 年、2014 年、2016 年发明专利授权数量较多，分别达到 486 件、497 件、475 件；2008 年、2018 年发明专利授权数量较少，分别为 217 件和 305 件，其余年份发明专利授权

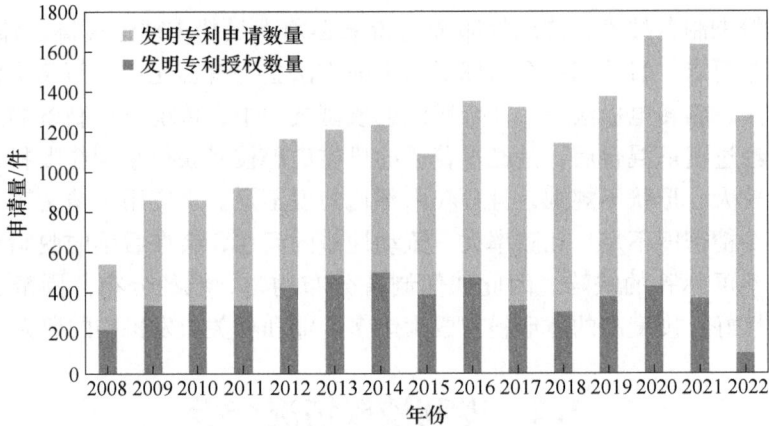

图 1-9　C21B 领域中国发明专利申请数量及授权数量发展趋势

数量在 350 件上下浮动。从不同年份授权率上来看，2017 年前授权率处于较高水平，基本维持在 55% 以上，其中 2008 年、2013 年、2014 年授权率较高，达到了 67% 以上；而 2017 年后授权率出现了明显下滑，基本维持在 35% 左右。说明在钢或铁的冶炼领域，虽然随着相关企业和研发机构对于技术创新的投入和重视程度逐年递增，发明专利申请数量相应提升，但发明专利质量并没有得到明显的改善，无论是授权专利数量还是授权率均有所下滑，对于提高相关企业和研发机构的创新竞争力显然存在不利影响。

　　进一步在 CNTXT 数据库中对钢或铁的冶炼领域 2008—2022 年已授权发明专利的申请人、发明人、专利被引频次进行分析统计，得到钢或铁的冶炼领域主要创新主体及核心专利分布情况，按照发明专利授权数量对主要申请人进行排序如下：

　　国内大学 A：该大学是中国近代史上第一个矿冶学科的创建地，其采矿、冶金、金属热处理、金属压力加工等学科均为优势学科，其冶金工程、材料科学与工程、矿业工程均为世界一流建设学科与国家重点一级学科。该学校共获得 C21B 领域已授权发明专利 168 件，其中处于有效状态的为 121 件，处于无效状态的为 47 件。核心专利包括：CN101492750A（基于工业相控阵雷达的高炉料面测量与控制系统，公开日为 2009 年 7 月 29 日）、CN101713007A（一种提钒尾渣深度还原直接生产海绵铁的工艺方法，公开日为 2010 年 5 月 26 日）、CN101892332A（一种熔渣节能保温剂，公开日为 2010 年 11 月 24 日）、CN106987673A（一种选冶联合从含钛铌铁精矿中富集铌的方法，公开日为 2017 年 7 月 28 日）、CN102719676A（一种还原气氛窑炉中快速还原铜渣生产铁铜合金的方法，公开日为 2012 年 10 月 10 日）、CN101555533A（一种以水煤浆为燃料的氧气高炉炼铁工艺，公开日为 2019 年 10 月 14 日）、CN102816883A（一种雷达、视频、激光系统组合的测量高炉料面的装置，公开日为 2012 年 12 月 12 日）、CN103789477A（一种用高磷状赤铁矿和高炉灰生产直接还原铁的方法，公开日为 2014 年 5 月 14 日）。

国内企业 A：该企业集雄厚的专业技术实力、工程实施能力于一体，在钢铁、基础建设、能源领域协调发展。该企业共获得 C21B 领域已授权发明专利 164 件，其中处于有效状态的为 125 件，处于无效状态的为 39 件。核心专利包括：CN101962695A（高炉槽上原燃料智能供应系统的控制方法，公开日为 2011 年 2 月 2 日）、CN101985669A（炉顶料罐称重的差压补偿自修正方法，公开日为 2011 年 3 月 16 日）、CN101604146A（高炉供料自动控制系统，公开日为 2009 年 12 月 16 日）、CN102329909A（一种从钢铁厂粉尘中提取铁粒和锌粉的方法，公开日为 2012 年 1 月 25 日）、CN101871654A（热风炉自动寻优燃烧智能控制系统，公开日为 2010 年 10 月 27 日）、CN103555867A（一种钢渣转化为再生资源的系统及其方法，公开日为 2014 年 2 月 5 日）、CN102220444A（高炉喷煤系统分配器喷煤支管防堵控制系统，公开日为 2011 年 10 月 19 日）、CN101701271A（高炉炉顶布料装置，公开日为 2010 年 5 月 5 日）。

国内大学 B：该机构始建于 1923 年，是教育部直属重点大学、国家双一流建设高校，先后研发出我国第一块超级钢以及钒钛磁铁矿冶炼技术、钢铁工业节能技术等高水平科研成果，其材料科学与工程、冶金工程专业均为国家重点学科。目前共获得 C21B 领域已授权发明专利 142 件，其中处于有效状态的为 123 件，处于无效状态的为 19 件。核心专利包括：CN102851425A（一种高铁赤泥铁、铝、钠高效分离综合利用的方法，公开日为 2013 年 1 月 2 日）、CN104131128A（一种基于铝热自蔓延 – 喷吹深度还原制备钛铁合金的方法，公开日为 2014 年 11 月 5 日）、CN102154531A（一种用含钛高炉渣生产人造金红石的方法，公开日为 2011 年 8 月 17 日）、CN103820590A（一种矿焦混装的钒钛磁铁矿高炉冶炼方法，公开日为 2014 年 5 月 28 日）、CN101984088A（利用转炉渣和铝渣制备预熔精炼渣的方法，公开日为 2011 年 3 月 9 日）、CN107151752A（基于铝热自蔓延梯度还原与渣洗精炼制备钛合金的方法，公开日为 2017 年 9 月 12 日）、CN106086281A（一种闪速炼铁与煤制气的一体化装置及方法，公开日为 2016 年 11 月 9 日）、CN107099718A（基于铝热自蔓延梯度还原与渣洗精炼制备钨铁合金的方法，公开日为 2017 年 8 月 29 日）。

国内企业 B：该机构成立于 1948 年，是具备采矿、选矿、炼铁、炼钢、冶金机械、建设、技术研发、设计、自动化多种技术的大型钢铁企业集团，具备年产 1600 万吨钢的生产基地，是全球最大的集装箱钢板供应企业。该机构共获得 C21B 领域已授权发明专利 103 件，其中处于有效状态的为 86 件，处于无效状态的为 17 件。核心专利包括：CN102031319A（一种高炉铁水含硅量的预报方法，公开日为 2011 年 4 月 27 日）、CN102719574A（一种转炉钢渣安定性改质剂及其使用方法，公开日为 2012 年 10 月 10 日）、CN103320559A（一种高炉铁水硫含量预报方法，公开日为 2013 年 9 月 25 日）、CN103468840A（一种高炉护炉料及其制备使用方法，公开日为 2013 年 12 月 25 日）、CN107287367A（一种利用高铁赤泥回收铁的方法，公开日为 2017 年 10 月 24 日）、CN103451342A（一种提高高炉热风温度装置及方法，公开日为 2013 年 12 月 18 日）、CN102409118A（一种含铁、碳粉尘的循环再利用工艺及设备，公开日为 2012 年 4 月 11 日）、CN106282445A（一种回收高炉渣余热的装置及回收方法，公开日为 2017 年 1 月 4 日）。

国内企业 C：该机构成立于 1964 年，属于冶金工业部直属科研院所，是以钢铁钒钛技术开发为主的冶金研究机构，在铁矿冶炼、加工工艺、综合利用方面独具优势。该机构共获得 C21B 领域已授权发明专利 95 件，其中处于有效状态的为 62 件，处于无效状态的为 33 件。核心专利包括：CN101260444A（高炉炼铁方法，公开日为 2008 年 9 月 10 日）、CN102220440A（提高钒收得率的钒钛磁铁矿高炉冶炼方法，公开日为 2011 年 10 月 19 日）、CN103484590A（一种含钒钢渣冶炼富钒生铁的方法，公开日为 2014 年 1 月 1 日）、CN102094097A（一种电铝热法冶炼钒铁合金的生产工艺，公开日为 2011 年 6 月 15 日）、CN106399604A（一种提钛尾渣脱氯脱碳的方法，公开日为 2017 年 2 月 15 日）、CN103361453A（一种钒钛磁铁矿高炉冶炼方法，公开日为 2013 年 10 月 23 日）、CN104862441A（一种分离回收钒钛磁铁矿中铁、钒、钛的方法，公开日为 2015 年 8 月 26 日）。

可见在钢或铁的冶炼领域，已授权发明专利的专利权人主要为国内企业及有较强科研实力的大学，国外申请人占比较少，说明该领域国内企业和研发机构具有较强的研发实力，取得了较高的优势地位。

1.2.2　C21C 技术领域

在生铁的加工处理、熔融态下铁类合金的处理领域，通过在 CNTXT 数据库中对 C21C 分类号下 2008—2022 年的发明专利申请数据及授权数据进行检索和统计，共得到发明专利申请 19559 件，其中发明专利授权数量为 8358 件，平均授权率为 42.7%，进而得到 C21C 领域中国发明专利申请数量及授权数量的发展趋势（图 1-10）。

由图可知，生铁的加工处理、熔融态下铁类合金的处理领域发明专利申请数量及发明专利授权数量均基本保持了逐渐增多的整体趋势，2011 年前发明专利授权数量保持在每年 400 件左右，2012—2018 年发明专利授权数量保持在每年 500 件以上，2019 年、2020 年、2021 年发明专利授权数量大幅增长，分别达到

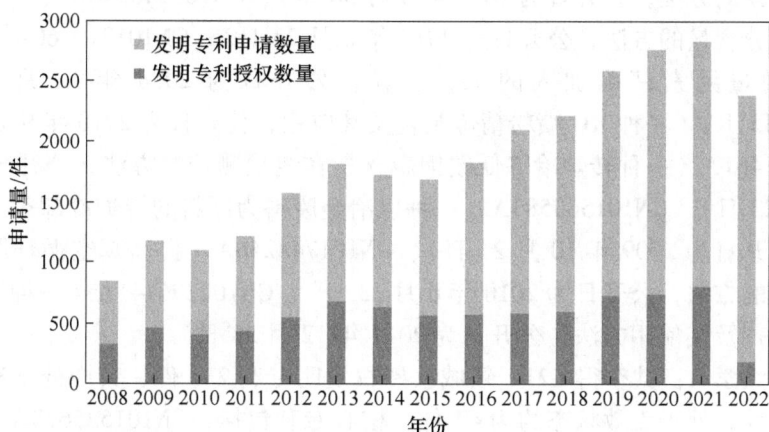

图 1-10　C21C 领域中国发明专利申请数量及授权数量发展趋势

737 件、748 件、811 件，说明 C21C 领域发明专利质量基本保持了稳定的发展态势。从不同年份授权率上来看，2008 年以及 2009 年授权率处于较高水平，分别达到了 63% 以及 65%，2010—2015 年授权率跌至 55% 左右，2016 年以后授权率逐渐下跌至 40% 以下，说明 C21C 领域发明专利申请质量虽然没有出现明显下滑，但还有一定的提升空间。

进一步在 CNTXT 数据库中对生铁的加工处理、熔融态下铁类合金的处理领域 2008—2022 年已授权发明专利的申请人、发明人、专利被引频次进行分析统计，得到生铁的加工处理、熔融态下铁类合金的处理领域主要创新主体及核心专利分布情况，按照发明专利授权数量对主要申请人进行排序如下。

国内企业 C：共获得 C21C 领域已授权发明专利 349 件，其中处于有效状态的为 265 件，处于无效状态的为 84 件。核心专利包括：CN101696462A（一种半钢冶炼低磷钢的生产方法，公开日为 2010 年 4 月 21 日）、CN101956040A（洁净钢生产方法，公开日为 2011 年 1 月 26 日）、CN102071277A（一种转炉脱磷炼钢方法，公开日为 2011 年 5 月 25 日）、CN103525972A（一种含钒铁水的转炉提钒方法，公开日为 2014 年 1 月 22 日）、CN101555537A（一种半钢炼钢的方法，公开日为 2009 年 10 月 14 日）、CN102312036A（一种炼钢造渣的方法，公开日为 2012 年 1 月 11 日）、CN103060513A（一种冶炼帘线钢的方法和一种连铸帘线钢的方法，公开日为 2013 年 4 月 24 日）、CN103205524A（一种半钢冶炼低硫钢的方法，公开日为 2013 年 7 月 17 日）。

国内企业 B：共获得 C21C 领域已授权发明专利 349 件，其中处于有效状态的为 324 件，处于无效状态的为 25 件。核心专利包括：CN102719593A（一种冶炼超低碳钢的方法，公开日为 2012 年 10 月 10 日）、CN101993973A（一种生产高纯度纯铁的方法，公开日为 2011 年 3 月 30 日）、CN101748236A（一种控制钢水中钛成分含量的方法，公开日为 2010 年 6 月 23 日）、CN101319260A（用于控制钢中微量元素精确加入的工艺方法，公开日为 2008 年 12 月 10 日）、CN101824511A（一种 RH 喷粉精炼装置及其应用，公开日为 2010 年 9 月 8 日）、CN103361461A（一种转炉冶炼低碳钢磷含量在线预测控制方法，公开日为 2013 年 10 月 23 日）、CN101560583A（一种以冶金废料为原料的转炉冷却剂及其制造方法，公开日为 2009 年 10 月 21 日）、CN101748246A（提高真空循环脱气炉插入管寿命的方法，公开日为 2010 年 6 月 23 日）、CN102296141A（一种转炉炼钢终渣改质剂及其使用方法，公开日为 2011 年 12 月 28 日）。

国内大学 A：共获得 C21C 领域已授权发明专利 231 件，其中处于有效状态的为 184 件，处于无效状态的为 47 件。核心专利包括：CN101525678A（一种在氧气顶吹转炉中用石灰石代替石灰造渣炼钢的方法，公开日为 2009 年 9 月 9 日）、CN102002556A（一种含稀土氧化物的炼钢精炼渣及制备和使用方法，公开日为 2011 年 4 月 6 日）、CN102251070A（一种利用 CO_2 实现转炉高效提钒的方法，公开日为 2011 年 11 月 23 日）、CN101921895A（单嘴精炼炉冶炼超洁净钢工艺，公开日为 2010 年 12 月 22 日）、CN103468874A（一种采用氩氧炉冶炼低碳 TWIP 钢的生产方法，公开日为 2013 年 12 月 25 日）、CN104911295A（一种转炉少渣料加入的冶炼方法，公开日为 2015 年 9 月 16 日）、CN102643946A（采用超音速氧枪喷粉脱磷的转炉炼钢方法及超音速氧枪，公开日为 2012 年 8 月 22 日）、CN103103309A（一种辅助预报转炉炼钢终点的方法，公开日为 2013 年 5 月 15 日）。

国内企业 D：该公司成立于 1955 年，是国务院国资委直管的国有重要骨干企业，具备矿山采掘、炼铁、炼钢、轧钢等一系列先进的钢铁生产工艺设备，年生产规模近 4000 万吨，居世界钢铁企业第四位；该公司共获得 C21C 领域已授权发明专利 170 件，其中处于有效状态的为 104 件，处于无效状态的为 66 件。核心专利包括：CN101603111A（一种铁水脱硫用搅拌器，公开日为 2009 年 12 月 16 日）、CN102010928A（基于干法除尘工艺的转炉氧枪吹炼控制方法，公开日为 2011 年 4 月 13 日）、CN102154533A（铁水机械搅拌脱硫用喷气式搅拌器，公开日为 2011 年 8 月 17 日）、CN102776313A（利用低温低硅铁水在转炉中冶炼高磷钢的方法，公开日为 2012 年 11 月 14 日）、CN103333981A（一种利用石灰石作为造渣料冶炼高硅铁水的方法，公开日为 2013 年 10 月 2 日）、CN102168160A（使锰矿直接还原合金化的转炉炼钢工艺，公开日为 2011 年 8 月 31 日）、CN103014229A（用于转炉倾动变频系统的主从控制方法，公开日为 2013 年 4 月 3 日）、CN101338348A（一种铁水脱硫渣稀渣剂，公开日为 2009 年 1 月 7 日）。

国内企业 E：该公司是中国最具竞争力的钢铁企业之一，年产钢能力为 2000

万吨左右，连续 4 年跻身世界 500 强企业，专业生产高技术含量、高附加值的钢铁产品。该企业共获得 C21C 领域已授权发明专利 157 件，其中处于有效状态的为 122 件，处于无效状态的为 35 件。核心专利包括：CN101538636A（钢包炉用氮气进行氮合金化工艺，公开日为 2009 年 9 月 23 日）、CN102747181A（9Ni 钢的冶炼方法，公开日为 2012 年 10 月 24 日）、CN101519710A（一种合金结构钢非金属夹杂物控制方法，公开日为 2009 年 9 月 2 日）、CN101545028A（一种多功能真空精炼工艺，公开日为 2009 年 9 月 30 日）、CN102002554A（一种钢包精炼炉快速脱硫精炼方法，公开日为 2011 年 4 月 6 日）、CN102199684A（超低氧含钛铁素体不锈钢的生产方法，公开日为 2011 年 9 月 28 日）、CN101768656A（一种真空精炼超低碳铁素体不锈钢的方法，公开日为 2010 年 7 月 7 日）、CN102191356A（大线能量焊接用厚钢板的夹杂物控制方法，公开日为 2011 年 9 月 21 日）。

可见在生铁的加工处理、熔融态下铁类合金的处理领域，已授权发明专利的专利权人同样主要为国内企业及大学，说明我国在该方向的技术创新已经可以占据主导地位，且在国内市场的专利布局也已经具备较强的优势。

1.2.3 C21D 技术领域

在金属热处理领域，通过在 CNTXT 数据库中对 C21D 分类号下 2008—2022 年的发明专利申请数据及授权数据进行检索和统计，共得到发明专利申请 62599 件，其中发明专利授权数量为 27273 件，平均授权率为 43.6%，进而得到 C21D 领域中国发明专利申请数量及授权数量的发展趋势（图 1-11）。

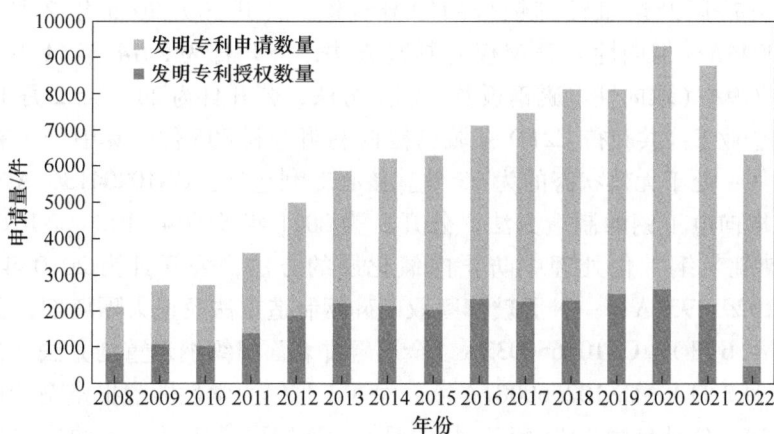

图 1-11 C21D 领域中国发明专利申请数量及授权数量发展趋势

由图可知，金属热处理领域发明专利申请数量及发明专利授权数量均基本保持了阶梯形增长的整体趋势，2011 年前发明专利授权数量保持在每年 1000 件左右，2012—2015 年发明专利授权数量均稳定保持在每年 2000 件左右，迈入第一个增长阶段；2016 年之后发明专利授权数量达到每年 2300 件以上，2020 年发明专利授权数量达到 2614 件，发明专利申请质量比较稳定。从不同年份授权率来看，2013 年之前授权率较高，达到 60% 以上，其中 2009 年授权率最高，达到了 66.3%，2014—2019 年授权率跌至 45% 左右，2020 年以后授权率逐渐下跌至 40% 以下，可知金属热处理领域整体发明专利申请质量略优于冶金行业其他领域。

进一步在 CNTXT 数据库中对金属热处理领域 2008—2022 年已授权发明专利的申请人、发明人、专利被引频次进行分析统计，得到金属热处理领域主要创新主体及核心专利分布情况，按照发明专利授权数量对主要申请人进行排序如下。

日本公司 J：该公司是世界大型钢铁企业集团之一，世界 500 强企业之一，多项技术代表世界钢铁行业最高水平，年产钢铁 2700 万吨，在高张力钢板、表面处理钢板、不锈钢、钢管、电磁钢等研发方向上处于世界先进水平。该公司共获得 C21D 领域已授权发明专利 1034 件，其中处于有效状态的为 837 件，处于无效状态的为 197 件。核心专利包括：CN103261453A（钢带的连续退火方法以及熔融镀锌方法，公开日为 2013 年 8 月 21 日）、CN104136637A（无取向性电磁钢板的制造方法，公开日为 2014 年 11 月 5 日）、CN106661658A（高强度热浸镀锌钢板的制造方法，公开日为 2017 年 5 月 10 日）、CN110536971A（无方向性电磁钢板的制造方法、马达铁芯的制造方法和马达铁芯，公开日为 2019 年 12 月 3 日）、CN104379776A（钢带的连续退火方法、钢带的连续退火装置、熔融镀锌钢带的制造方法以及熔融镀锌钢带的制造装置，公开日为 2015 年 2 月 25 日）、CN104160044A（取向性电磁钢板的制造方法，公开日为 2014 年 11 月 19 日）、CN106414779A（取向性电磁钢板及其制造方法，公开日为 2017 年 2 月 15 日）。

国内企业 E：共获得 C21D 领域已授权发明专利 806 件，其中处于有效状态的为 711 件，处于无效状态的为 95 件。核心专利包括：CN102041367A（薄带连铸冷轧无取向电工钢的制造方法，公开日为 2011 年 5 月 4 日）、CN101812571A（电工钢热轧带钢常化处理中防止内氧化层的方法，公开日为 2010 年 8 月 25 日）、CN102952931A（一种无玻璃膜取向硅钢制造方法及退火隔离剂，公开日为 2013 年 3 月 6 日）、CN101660033A（金属辊件表面组织纳米重构方法，公开日为 2010 年 3 月 3 日）、CN102560081A（一种基于带钢力学性能预报模型的加热炉节能控制方法，公开日为 2012 年 7 月 11 日）、CN103225017A（一种棒线材方坯加热炉模型控制方法及装置，公开日为 2013 年 7 月 31 日）、CN103014285A（具有优良磁性能的镜面取向硅钢制造方法及退火隔离剂，公开日为 2013 年 4 月 3 日）。

国内企业 B：共获得 C21D 领域已授权发明专利 615 件，其中处于有效状态的为 544 件，处于无效状态的为 71 件。核心专利包括：CN101748257A（一种取向硅钢的生产方法，公开日为 2010 年 6 月 23 日）、CN102102141A（改善取向硅钢板组织均匀性的热轧工艺，公开日为 2011 年 6 月 22 日）、CN104726668A（一种高效生产高磁感取向硅钢的方法，公开日为 2015 年 6 月 24 日）、CN102560048A（一种普通取向硅钢的制备工艺，公开日为 2012 年 7 月 11 日）、CN102102142A（一种降耗型 GO 取向硅钢的生产方法，公开日为 2011 年 6 月 22 日）、CN103276189A（一种低抗拉强度焊丝钢的制作方法，公开日为 2013 年 9 月 4 日）、CN103882211A（冷轧无取向电工钢薄带的退火方法，公开日为 2014 年 6 月 25 日）。

日本公司 N：该公司是日本最大的钢铁公司，成立于 1897 年，其粗钢产量每年达 3200 万吨，为日本第一，主营产品包括圆钢、合金钢、不锈钢、钢管、炼铁设备等。该公司共获得 C21D 领域已授权发明专利 594 件，其中处于有效状态的为 495 件，处于无效状态的为 99 件。核心专利包括：CN103097557A（方向性电磁钢板及其制造方法，公开日为 2013 年 5 月 8 日）、CN104099458A（方向性电磁钢板的制造方法，公开日为 2014 年 10 月 15 日）、CN103314120A（热锻压成形体的制造方法及热锻压成形体，公开日为 2013 年 9 月 18 日）、CN103052723A（方向性电磁钢板及其制造方法，公开日为 2013 年 4 月 17 日）、CN103717761A（取向性电磁钢板及取向性电磁钢板的制造方法，公开日为 2014 年 4 月 9 日）、CN103069020A（油井用电焊钢管以及油井用电焊钢管的制造方法，公开日为 2013 年 4 月 24 日）、CN103168106A（钢板及钢板制造方法，公开日为 2013 年 6 月 19 日）。

国内大学 B：共获得 C21D 领域已授权发明专利 507 件，其中处于有效状态的为 429 件，处于无效状态的为 78 件。核心专利包括：CN103834791A（一种钢板连续辊式淬火冷却系统，公开日为 2014 年 6 月 4 日）、CN102399950A（一种中厚板淬火工艺的控制方法，公开日为 2012 年 4 月 4 日）、CN102409158A（一种中厚板辊式淬火机自动控制系统，公开日为 2012 年 4 月 11 日）、CN103834792A（一种钢板连续辊式淬火工艺方法，公开日为 2014 年 6 月 4 日）、CN104451082A（一种晶粒尺寸小于 100nm 的 304 奥氏体不锈钢的制备方法，公开日为 2015 年 3 月 25 日）、CN101560597A（消除铁素体不锈钢冷轧板带吕德斯应变的柔性化退火方法，公开日为 2009 年 10 月 21 日）、CN101591729A（预测板带钢热变形中奥氏体动态再结晶组织演变的方法，公开日为 2009 年 12 月 2 日）、CN102363835A（一种钢管的中频感应热处理装置及其热处理方法，公开日为 2012 年 2 月 29 日）。

由此可见，金属热处理领域国外申请人在中国发明专利授权数量占据较大优势，除日本公司 J、公司 N 发明专利授权数量占比较高外，韩国公司 P（353件）、日本公司 K（270件）等也取得了大量已授权发明专利，在金属热处理领域具有较强的技术竞争实力。

1.2.4　C22B 技术领域

在金属的生产或精炼领域，通过在 CNTXT 数据库中对 C22B 分类号下 2008—2022 年的发明专利申请数据及授权数据进行检索和统计，共得到发明专利申请 40224 件，其中发明专利授权数量为 18465 件，平均授权率为 45.9%，与冶金行业其他技术领域相比处于较高水平，进而得到 C22B 领域中国发明专利申请数量及授权数量的发展趋势（图 1-12）。

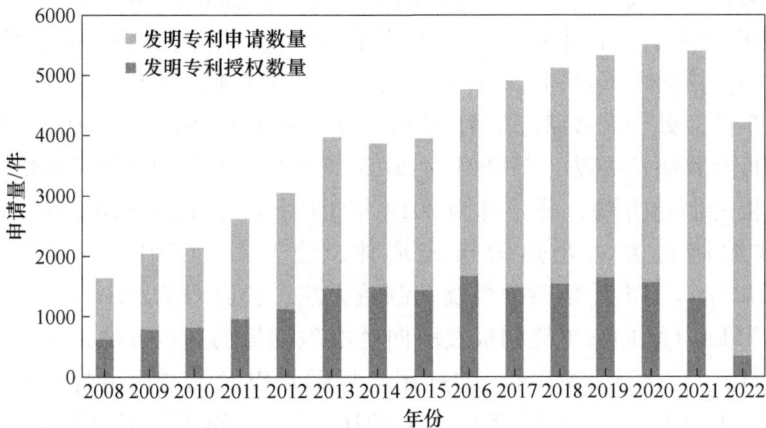

图 1-12　C22B 领域中国发明专利申请数量及授权数量发展趋势

由图可知，2012 年前金属的生产或精炼领域发明专利授权数量随着发明专利申请数量的增长不断增多，处于稳定增长时期，2012 年发明专利申请授权数量达到了 1137 件。2013—2020 年，发明专利授权数量增长速度变缓，除 2016 年发明专利申请授权数量达到了峰值（1693 件）外，其余年份发明专利申请授权数量维持在每年 1400~1500 件。说明随着发明专利申请量的不断增多，发明专利授权数量并没有随之快速增长，发明专利质量的提升并不明显。从不同年份授权率上来看，2016 年之前授权率较高，稳定维持在 55% 以上，2017 年之后授权率逐渐下跌至 40% 左右，发明专利申请质量有所下降。

进一步在 CNTXT 数据库中对金属的生产或精炼领域 2008—2022 年已授权发明专利的申请人、发明人、专利被引频次进行分析统计，得到金属的生产或精炼领域主要创新主体及核心专利分布情况，按照发明专利授权数量对主要申请人进行排序如下。

　　国内大学 Z：该大学前身为创建于 1952 年的中南矿冶学院，是教育部直属重点大学，其材料科学与工程、冶金工程、矿业工程学科均为世界一流学科建设学科，也是国家重点学科。该大学共获得 C22B 领域已授权发明专利 1012 件，其中处于有效状态为 759 件，处于无效状态的为 153 件。主核心专利包括：CN101775498A（一种铜阳极泥的预处理方法，公开日为 2010 年 7 月 14 日）、CN101413054A（一种高铁含铝物料的综合利用技术，公开日为 2009 年 4 月 22 日）、CN101298638A（一种从红土镍矿浸出液分离富集镍钴的方法，公开日为 2008 年 11 月 5 日）、CN101550488A（PCB 酸性氯型铜蚀刻液废水制备高纯阴极铜的方法，公开日为 2009 年 10 月 7 日）、CN101413055A（一种由红土镍矿直接制取镍铁合金粉的工艺，公开日为 2009 年 4 月 22 日）、CN101509072A（盐酸全闭路循环法从红土镍矿中提取有价金属的方法，公开日为 2009 年 8 月 19 日）、CN101413057A（低品位及复杂铁矿高效分选方法，公开日为 2009 年 4 月 22 日）。

　　国内大学 B：共获得 C22B 领域已授权发明专利 420 件，其中处于有效状态为 365 件，处于无效状态的为 55 件。核心专利包括：CN102115816A（一种综合利用红土镍矿的方法，公开日为 2011 年 7 月 6 日）、CN104818378A（复杂难选铁矿石的预富集－三段悬浮焙烧－磁选处理方法，公开日为 2015 年 8 月 5 日）、CN102952952A（一种从冶炼铜渣中直接还原回收铜铁的方法，公开日为 2013 年 3 月 6 日）、CN101260478A（一种加压电渣炉冶炼高氮钢的方法，公开日为 2008 年 9 月 10 日）、CN104357660A（一种清洁生产五氧化二钒的方法，公开日为 2015 年 2 月 18 日）、CN101967563A（一种利用含钒钛转炉渣的湿法提钒方法，公开日为 2011 年 2 月 9 日）。

　　国内大学 K：该大学是国防科技工业局与云南省共建重点大学，其冶金工程、矿物加工工程均为国家级一流专业建设点，设有真空冶金国家工程实验室。该大学共获得 C22B 领域已授权发明专利 370 件，其中处于有效状态的为 293 件，处于无效状态的为 77 件。核心专利包括：CN101225476A（从铅冰铜中回收铜的工艺，公开日为 2008 年 7 月 23 日）、CN103602834A（一种选择性氧化－还原法回收砷锑烟尘中砷、锑的方法，公开日为 2014 年 2 月 26 日）、CN101831559A（一种高结合率碳酸盐脉石型氧硫混合铜矿的选冶方法，公开日为 2010 年 9 月 15 日）、CN103602835A（一种置换－还原法处理砷锑烟尘回收砷、锑的方法，公开日为 2014 年 2 月 26 日）、CN101348859A（一种从含金硫铁矿中综合回收金铁硫资源的方法，公开日为 2009 年 1 月 21 日）、CN101358286A（用转炉处理铜浮渣的方法，公开日为 2009 年 2 月 4 日）、CN101555551A（从铜冶炼渣中综合回收 Fe、Cu、Si 的方法，公开日为 2009 年 10 月 14 日）。

　　国内公司 C：共获得 C22B 领域已授权发明专利 292 件，其中处于有效状态的为 201 件，处于无效状态的为 81 件。主核心专利包括：CN103526051A（一种钒钛矿中铁、钒和钛的分离方法，公开日为 2014 年 1 月 22 日）、CN101649392A（钛精矿的造球方法和球团黏结剂，公开日为 2010 年 2 月 17 日）、CN101294242A（一种从高铬钒钛磁铁矿中提取多种金属元素的方法，公开日为 2008 年 10 月 29 日）、CN102115821A（冶炼钒铁的方法，公开日为 2011 年 7 月 6 日）、CN105018721A（一种从钒钛磁铁矿中分离铁、钒、钛的方法，公开日为 2015 年 11 月 4 日）、CN101294243A（铁精矿烧结混合料制粒方法，公开日为 2008 年 10 月 29 日）、CN101665871A（生产碳化钛渣的方法，公开日为 2010 年 3 月 10 日）。

国内院所 K：该研究所成立于 1958 年，设有湿法冶金清洁生产技术国家工程实验室。该研究所共获得 C22B 领域已授权发明专利 282 件，其中处于有效状态的为 225 件，处于无效状态的为 57 件。核心专利包括：CN102382982A（一种液 – 液 – 液三相体系萃取分离稀土离子的方法，公开日为 2012 年 3 月 21 日）、CN102002589A（从贵金属催化剂浸出液中三相萃取一步分离铂钯铑的方法，公开日为 2011 年 4 月 6 日）、CN102127655A（一种氢氧化钠溶液常压分解钒渣的方法，公开日为 2011 年 7 月 20 日）、CN103540745A（一种胺类萃取杂多酸杂质制备高纯钒的方法，公开日为 2014 年 1 月 29 日）、CN103952565A（一种钒渣铵盐浸取制备偏钒酸铵的方法，公开日为 2014 年 7 月 30 日）、CN103031433A（一种钛铁精矿流态化氧化焙烧 – 流态化还原焙烧系统及焙烧工艺，公开日为 2013 年 4 月 10 日）、CN102127654A（一种使用氢氧化钠熔盐分解含铬钒渣的方法，公开日为 2011 年 7 月 20 日）。

1.2.5　C22C 技术领域

在合金制造领域，通过在 CNTXT 数据库中对 C22C 分类号下 2008—2022 年的发明专利申请数据及授权数据进行检索和统计，共得到发明专利申请 119332 件，其中发明专利授权数量为 55111 件，平均授权率为 46.2%，高于冶金行业其他技术领域，进而得到 C22C 领域中国发明专利申请数量及授权数量的发展趋势（图 1-13）。

由图可知，合金制造领域发明专利授权数量随着发明专利申请数量的变化也出现了较大幅度的波动，2011 年前发明专利授权数量保持在每年 2000 件左右，2012—2019 年发明专利授权数量进入了逐步增长阶段，2019 年发明专利授权数量达到峰值（5144 件），之后随着发明专利申请数量的下滑，2020 年后发明专利授权数量出现了明显的下跌趋势。从不同年份授权率上来看，2014 年之前授权率较高，稳定维持在 60% 左右，2015 年之后授权率基本能够保持在 40% 以上，可知相较于冶金行业其他领域，合金制造领域整体发明专利申请授权率较高，发

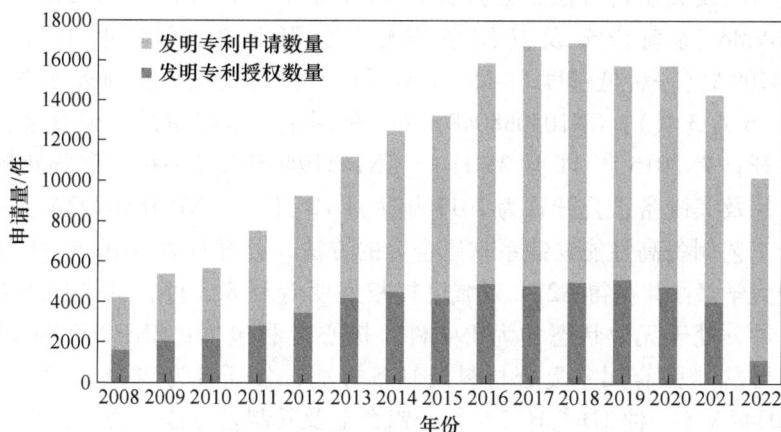

图 1-13 C22C 领域中国发明专利申请数量及授权数量发展趋势

明专利申请质量相对较好。

进一步在 CNTXT 数据库中对合金制造领域 2008—2022 年已授权发明专利的申请人、发明人、专利被引频次进行分析统计，得到合金制造领域主要创新主体及核心专利分布情况，按照发明专利授权数量对主要申请人进行排序如下。

日本公司 J：共获得 C22C 领域已授权发明专利 1082 件，其中处于有效状态的为 976 件，处于无效状态的为 106 件。核心专利包括：CN102459677A（耐硫化物应力破裂性优良的油井用高强度无缝钢管及其制造方法，公开日为 2012 年 5 月 16 日）、CN101932744A（加工性优良的高强度热镀锌钢板及其制造方法，公开日为 2010 年 12 月 29 日）、CN106164313A（高屈强比高强度冷轧钢板及其制造方法，公开日为 2016 年 11 月 23 日）、CN103502496A（加工性和材质稳定性优良的高强度钢板及其制造方法，公开日为 2014 年 1 月 8 日）、CN105940134A（高强度冷轧钢板及其制造方法，公开日为 2016 年 9 月 14 日）、CN107148486A（高强度钢板、高强度热镀锌钢板、高强度热镀铝钢板和高强度电镀锌钢板，以及它们的制造方法，公开日为 2017 年 9 月 8 日）、CN104105810A（焊接热影响部的低温韧性优良的高张力钢板及其制造方法，公开日为 2014 年 10 月 15 日）、CN105452509A（高强度高杨氏模量钢板及其制造方法，公开日为 2016 年 3 月 30 日）。

国内大学 A：共获得 C22C 领域已授权发明专利 990 件，其中处于有效状态的发明专利为 759 件，处于无效状态的发明专利为 231 件。核心专利包括：CN104694808A（具有弥散纳米析出相强化效应的高熵合金及其制备方法，公开日为 2015 年 6 月 10 日）、CN105671392A（一种氮强化的 TiZrHfNb 基高熵合金及其制备方法，公开日为 2016 年 6 月 15 日）、CN104018040A（一种汽车用高成形性铝合金材料及其制备方法，公开日为 2014 年 9 月 3 日）、CN103602872A（一种 TiZrNbVMo 高熵合金及其制备方法，公开日为 2014 年 2 月 26 日）、CN104674109A（一种低密度 Fe-Mn-Al-C 系冷轧汽车用钢板及制备方法，公开日为 2015 年 6 月 3 日）、CN105088048A（一种用于污水降解的高熵合金及其制备方法，公开日为 2015 年 11 月 25 日）、CN103194659A（一种弥散强化铜基粉末冶金刹车片及其制备，公开日为 2013 年 7 月 10 日）、CN101886192A（一种采用粉末冶金工艺制备高性能铁镍系软磁合金的方法，公开日为 2010 年 11 月 1 日）。

国内大学 Z：共获得 C22C 领域已授权发明专利 873 件，其中处于有效状态的为 679 件，处于无效状态的为 194 件。核心专利包括：CN105779804A（一种泡沫骨架结构增强金属基复合材料及制备方法，公开日为 2016 年 7 月 20 日）、CN108330344A（一种 3D 打印 7××× 铝合金及其制备方法，公开日为 2018 年 7 月 27 日），CN101724764A（一种生物医用 β-钛合金的制备工艺，公开日为 2010 年 6 月 9 日）、CN105112754A（三维网络金刚石骨架增强金属基复合材料及制备方法，公开日为 2015 年 12 月 2 日）、CN101824575A（一种超细晶碳化钨/钴系硬质合金及其制备方法，公开日为 2010 年 9 月 8 日）、CN101906555A（一种含 Mn 的抗蠕变轧制锌合金板带材及其制备方法，公开日为 2010 年 12 月 8 日）、CN101250635A（一种高性能粉末冶金 Mo-Ti-Zr 钼合金的制备方法，公开日为 2008 年 8 月 27 日）、CN105838945A（一种抗再结晶的超强高韧耐蚀铝合金及其制备方法，公开日为 2016 年 8 月 10 日）。

国内大学 B：共获得 C22C 领域已授权发明专利 867 件，其中处于有效状态的为 764 件，处于无效状态的为 103 件。核心专利包括：CN101880831A（一种高强度高韧性低合金耐磨钢及其制造方法，公开日为 2010 年 11 月 10 日）、CN107177786A（一种 LNG 储罐用高锰中厚板的设计及其制造方法，公开日为 2017 年 9 月 19 日）、CN101768703A（一种低屈强比 X80 级管线钢及其制造方法，公开日为 2010 年 7 月 7 日）、CN104120304A（一种基于铝热自蔓延 – 喷吹深度还原制备钛铝合金的方法，公开日为 2014 年 10 月 29 日）、CN103484736A（一种超高强 6000 系铝合金及其制备方法，公开日为 2014 年 1 月 1 日）、CN101333614A（一种含镁高硅铝合金的结构材料件及其制备方法，公开日为 2008 年 12 月 31 日）、CN102127719A（屈服强度 500MPa 级海洋平台结构用厚钢板及制造方法，公开日为 2011 年 7 月 20 日）、CN104357700A（一种多孔钛及其制备方法，公开日为 2015 年 2 月 18 日）。

公司 N：共获得 C22C 领域已授权发明专利 670 件，其中处于有效状态的为 566 件，处于无效状态的为 104 件。核心专利包括：CN103842542A（耐冲击特性优良的高强度热浸镀锌钢板及其制造方法、和高强度合金化热浸镀锌钢板及其制造方法，2014 年 6 月 4 日）、CN102939399A（热压印成型体、热压印用钢板的制造方法及热压印成型体的制造方法，发公开日为 2013 年 2 月 20 日）、CN103717773A（弯曲性优异的高强度镀锌钢板及其制造方法，公开日为 2014 年 4 月 9 日）、CN104395489A（油井管用钢及其制造方法，公开日为 2015 年 3 月 4 日）、CN103097566A（延展性和拉伸凸缘性优异的高强度钢板、高强度镀锌钢板以及它们的制造方法，公开日为 2013 年 5 月 8 日）、CN104204253A（油井用不锈钢及油井用不锈钢管，公开日为 2014 年 12 月 10 日）、CN103038381A（钢板及其制造方法，公开日为 2013 年 4 月 10 日）、CN103842543A（耐延迟断裂特性优良的高强度热浸镀锌钢板及其制造方法，公开日为 2014 年 6 月 4 日）。

　　由此可知，在合金制造领域，同样存在国外申请人在中国发明专利授权数量占据较大优势的趋势，需要引起国内相关企业和研发机构的重视，提早进行专利布局，以避免专利壁垒以及可能存在的专利纠纷。

1.2.6　B22C 技术领域

　　在铸造造型领域，通过在 CNTXT 数据库中对 B22C 分类号下 2008—2022 年的发明专利申请数据及授权数据进行检索和统计，共得到发明专利申请 24012 件，其中发明专利授权数量为 8220 件，平均授权率为 34.2%，低于冶金行业其他技术领域，进而得到 B22C 领域中国发明专利申请数量及授权数量的发展趋势（图 1-14）。

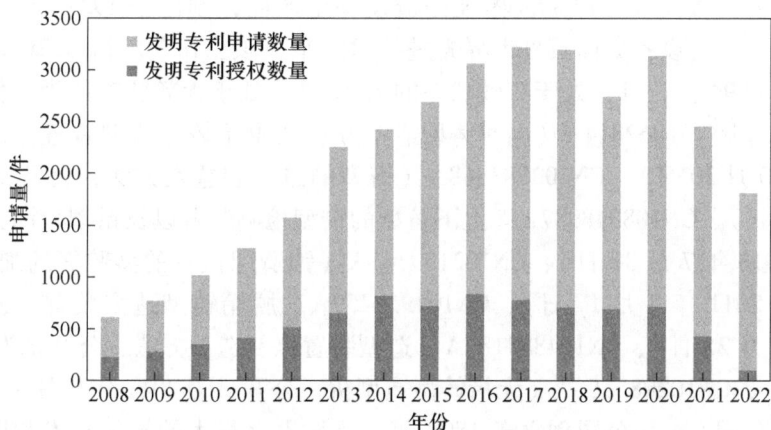

图 1-14　B22C 领域中国发明专利申请数量及授权数量发展趋势

　　由图可知，铸造造型领域发明专利授权数量较少，2010 年前发明专利授权数量每年仅有不到 300 件，2011 年后随着发明专利申请量的增多发明专利授权数量有一定的提升，2016 年发明专利授权数量达到峰值（833 件），但是与冶金行业其他领域相比仍然存在较大差距。2017 年后发明专利授权数量跌至 700 件以下，说明发明专利质量下滑比较明显。从不同年份授权率上来看，2012 年之前授权率稳定维持在 50% 左右，但是与冶金行业其他领域相比仍然相对较低。2013年之后授权率逐渐下跌至 30% 左右，下跌幅度较为明显，说明铸造造型领域发明专利整体质量不高，创新力度也低于冶金行业其他领域。

进一步在 CNTXT 数据库中对铸造造型领域 2008—2022 年已授权发明专利的申请人、发明人、专利被引频次进行分析统计，得到铸造造型领域主要创新主体及核心专利分布情况，按照发明专利授权数量对主要申请人进行排序如下。

国内公司 G：该公司主导产业为铸铁、铸钢、机械制造、化工、钢结构等，该公司共获得 B22C 领域已授权发明专利 94 件，其中处于有效状态的为 86 件，处于无效状态的为 8 件。核心专利包括：CN105215294A（芯撑，公开日为 2016年 1 月 6 日）、CN106180547A（一种 STMMA 与 EPS 混料制作消失模板材的方法，公开日为 2016 年 12 月 7 日）、CN106734964A（用于铸造细长油管类铸件的铸型及铸造方法，公开日为 2017 年 5 月 31 日）、CN106001459A（砂箱，公开日为 2016 年 10 月 12 日）、CN107774917A（设置冷铁的 3D 打印砂芯及 3D 打印砂芯上冷铁的固定方法，公开日为 2018 年 3 月 9 日）、CN105834371A（砂芯夹持定位装置，公开日为 2016 年 8 月 10 日）、CN105081219A（一种反升式消失模浇注系统，公开日为 2015 年 11 月 25 日）、CN105598380A（一种铸造型模用内冷铁砂芯结构及其使用方法，公开日为 2016 年 5 月 25 日）。

日本公司 X：该公司是世界级铸造设备生产商，创建于 1934 年，在铸造、表面处理、环境设备方面具备世界先进技术水平，该公司共获得 B22C 领域已授权发明专利 94 件，其中处于有效状态的为 91 件，处于无效状态的为 3 件。核心专利包括：CN101862814A（同时铸型造型方法和脱箱铸型造型装置，公开日为 2010 年 10 月 20 日）、CN102083568A（铸型的造型装置及方法，公开日为 2011年 6 月 1 日）、CN108348987A（上下铸型的错型检测装置以及错型检测方法，公开日为 2018 年 7 月 31 日）、CN102159341A（铸造用模具的型腔面的加工方法，公开日为 2011 年 8 月 17 日）、CN101954459A（脱箱铸型造型装置，公开日为2011 年 1 月 26 日）、CN104884187A（造型装置以及造型方法，公开日为 2015 年9 月 2 日）、CN102085566A（无箱铸型造型机，公开日为 2011 年 6 月 8 日）。

美国公司 G：该公司创立于 1892 年，是世界上最大的提供技术和服务的跨国公司，世界 500 强企业之一，在冶金工业、矿山开采、增材制造等领域均具备雄厚实力，该公司共获得 B22C 领域已授权发明专利 78 件，其中处于有效状态的为 66 件，处于无效状态的为 12 件。主核心专利包括：CN103170577A（感应搅拌、超声修改的熔模铸件和产生设备，公开日为 2013 年 6 月 26 日）、CN110072648A（用于制作铸造部件的具有打印管的一体化铸造芯壳结构，公开日为 2019 年 7 月 30日）、CN110072645A（一体化铸造芯壳结构，公开日为 2019 年 7 月 30 日）、

CN110520230A（制造具有开放末梢铸件的涡轮翼型件及其末梢构件的方法，公开日为 2019 年 11 月 29 日）、CN110072646A（制作铸造部件的具有模脚和/或缓冲器的多件式一体化芯壳结构，公开日为 2019 年 7 月 30 日）、CN110072647A（用于制作具有薄根部件的铸造部件的一体化铸造芯壳结构，公开日为 2019 年 7 月 30 日）、CN110087797A（用于制作具有位于不可接近位置的冷却孔的铸造部件的一体化铸造芯壳结构，公开日为 2019 年 8 月 2 日）。

国内研究所 A：该研究所成立于 1953 年，致力于国内钢铁冶金工业的科研创新，在高温合金、钛合金、特种合金、钢铁、铝合金等材料领域具备较强研发实力，设有高温结构材料重点实验室、国家金属腐蚀控制工程研究中心。该研究所共获得 B22C 领域已授权发明专利 71 件，其中处于有效状态的为 55 件，处于无效状态的为 16 件。核心专利包括：CN102974767A（一种复合高效陶瓷型芯脱除工艺及其专用设备，公开日为 2013 年 3 月 20 日）、CN101480696A（一种高温合金薄壁铸件的制备方法，公开日为 2009 年 7 月 15 日）、CN103817290A（一种大尺寸薄壁钛合金桶体结构的精密铸造制备方法，公开日为 2014 年 5 月 28 日）、CN101607301A（一种可溶型芯及其制备方法，公开日为 2009 年 12 月 23 日）、CN105268916A（一种单晶涡轮导向叶片的制备工艺，公开日为 2016 年 1 月 27 日）、CN102266906A（一种易脱除陶瓷型芯的制备方法，公开日为 2011 年 12 月 7 日）、CN101767185A（一种基于定量设置反变形量的设计铸件模型的方法，公开日为 2010 年 7 月 7 日）。

国内公司 M：该公司成立于 2003 年，以高端铸造装备以及高品质铝合金铸件生产为两大业务，拥有丰富的装备和铸件生产核心技术。该公司共获得 B22C 领域已授权发明专利 67 件，其中处于有效状态的为 63 件，处于无效状态的为 4 件。核心专利包括：CN101347820A（冷芯盒造型制芯机，公开日为 2009 年 1 月 21 日）、CN103567394A（一种制芯机，公开日为 2014 年 2 月 12 日）、CN101462152A（射砂机构及应用该射砂机构的砂芯成型方法，公开日为 2009 年 6 月 24 日）、CN102626772A（一种在线制芯工艺及装置，公开日为 2012 年 8 月 8 日）、CN103769547A（用于限位组芯浇注装置的自浮式压铁，公开日为 2014 年 5 月 7 日）、CN104399906A（一种射芯机的定量加砂机构及定量加砂方法，公开日为 2015 年 3 月 11 日）、CN101462154A（插入式热芯盒用水冷射嘴结构，公开日为 2009 年 6 月 24 日）、CN103406498A（一种制芯机定量加砂方法及装置，公开日为 2013 年 1 月 12 日）。

由此可知，铸造造型领域已授权发明专利的专利权人除国内企业及研发机构外，国外企业也占据了较大比例，且国外企业已授权发明专利主要集中在芯壳制备、铸型的造型装置等高端制备方向，需要国内的相关企业和研发机构及时提高相关研发方向的投入和产出能力。

1.2.7 B22D 技术领域

在金属铸造领域，通过在 CNTXT 数据库中对 B22D 分类号下 2008—2022 年的发明专利申请数据及授权数据进行检索和统计，共得到发明专利申请 48725 件，其中发明专利授权数量为 20176 件，平均授权率为 41.4%，进而得到 B22D 领域中国发明专利申请数量及授权数量的发展趋势（图 1-15）。

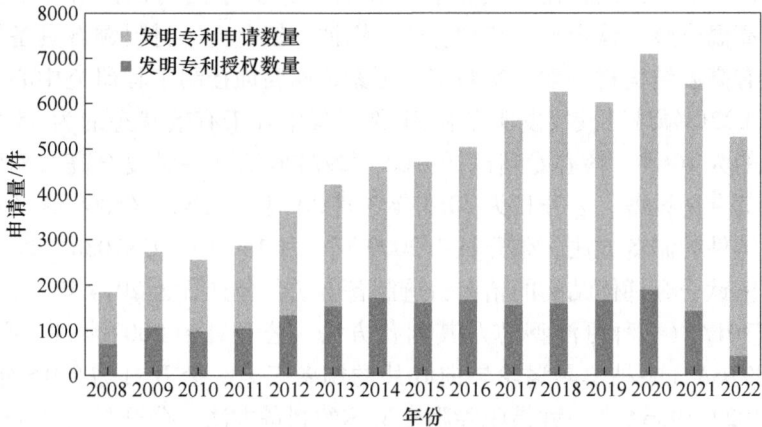

图 1-15 B22D 领域中国发明专利申请数量及授权数量发展趋势

由图可知，金属铸造领域发明专利授权数量均基本保持了逐渐增多的整体趋势，2011 年前发明专利授权数量保持在每年 1000 件左右，2012 年后发明专利授权数量迅速增长，达到每年 1600 件以上，其中 2014 年、2020 年金属铸造领域发明专利授权数量较多，分别达到 1722 件、1886 件。从不同年份授权率上来看，2016 年前授权率均能保持在 50% 以上，与冶金行业其他领域相比较整体处于较高水平，2017 年后授权率跌至 40% 左右，说明金属铸造领域整体发明专利质量比较稳定。

进一步在 CNTXT 数据库中对金属铸造领域 2008—2022 年已授权发明专利的申请人、发明人、专利被引频次进行分析统计，得到金属铸造领域主要创新主体及核心专利分布情况，按照发明专利授权数量对主要申请人进行排序如下。

国内大学 B：共获得 B22D 领域已授权发明专利 404 件，其中处于有效状态的为 329 件，处于无效状态的为 75 件。核心专利包括：CN101332493A（一种静磁场作用下的气膜快速连铸装置及方法，公开日为 2008 年 12 月 31 日）、CN104384469A（一种钢连铸结晶器内初凝坯壳厚度的预测系统及方法，公开日为 2015 年 3 月 4 日）、CN101786146A（一种在线控制炼钢连铸的方法，公开日为 2010 年 7 月 28 日）、CN104399924A（一种用于大方坯连铸的拉矫机渐变曲率凸型辊及使用方法,公开日为 2015 年 3 月 11 日)、CN101664793A(基于红外热成像的连铸坯实时温度场在线预测方法,公开日为 2010 年 3 月 10 日)、CN102430732A(内外双向冷却连铸镁合金和铝合金锭坯装置与工艺,公开日为 2012 年 5 月 2 日)、CN102274936A(一种基于双辊薄带连铸技术的无取向硅钢板的制造方法,公开日为 2011 年 12 月 14 日)。

国内企业 E:共获得 B22D 领域已授权发明专利 389 件,其中处于有效状态的为 314 件,处于无效状态的为 75 件。核心专利包括:CN101844215A(一种基于双冷却模式的板坯连铸动态二冷控制方法,公开日为 2010 年 9 月 29 日)、CN102126006A(连铸轻压下辊缝控制方法,公开日为 2011 年 7 月 20 日)、CN103302255A(一种薄带连铸 700MPa 级高强耐大气腐蚀钢制造方法,公开日为 2013 年 9 月 18 日)、CN102039384A(高耐磨结晶器或结晶辊表面复合涂层及其制造方法,公开日为 2011 年 5 月 4 日)、CN101612653A(高铝钛稀土钢用连铸保护渣,公开日为 2009 年 12 月 30 日)、CN101530896A(超低碳钢用高拉速连铸保护渣,公开日为 2009 年 9 月 16 日)、CN102019377A(一种结晶器内钢液流动状态的检测装置及方法,公开日为 2011 年 4 月 20 日)。

国内大学 A:共获得 B22D 领域已授权发明专利 247 件,其中处于有效状态的为 185 件,处于无效状态的为 62 件。核心专利包括:CN101875106A(一种定向凝固高铌钛铝基合金的制备方法,公开日为 2010 年 11 月 3 日)、CN101966564A(一种白铜管材热冷组合铸型水平连铸设备及其工艺,公开日为 2011 年 2 月 9 日)、CN101391294A(一种悬挂锥桶式半固态金属浆料制备及输送装置,公开日为 2009 年 3 月 25 日)、CN102069172A(一种铝冷却板的复合铸造方法,公开日为 2011 年 5 月 25 日)、CN102861902A(一种复合搅拌半固态浆料连续制备装置,公开日为 2013 年 1 月 9 日)、CN102225461A(一种陶瓷颗粒选择性增强铝基复合材料的制备方法,公开日为 2011 年 10 月 26 日)、CN103121092A(一种基于末端电磁搅拌的连铸大方坯轻压下工艺,公开日为 2013 年 5 月 29 日)、CN104057049A(连铸坯凝固末端大压下的连铸机扇形段及其大压下方法,公开日为 2014 年 9 月 24 日)。

国内企业 B:共获得 B22D 领域已授权发明专利 184 件,其中处于有效状态的为 167 件,处于无效状态的为 17 件。核心专利包括:CN101992281A(一种连铸坯壳厚度测量方法及其装置,公开日为 2011 年 3 月 30 日)、CN103506586A(一种改善高碳钢小方坯中心缩孔的连铸方法,公开日为 2014 年 1 月 15 日)、CN102126000A(连铸机钢水罐吹氩自动控制方法及装置,公开日为 2011 年 7 月 20 日)、CN101683685A(一种微合金化宽厚连铸板坯生产技术,公开日为 2010 年 3 月 31 日)、CN105312525A(一种减轻 40Cr 冷镦钢盘条锭型偏析的方法,公开日为 2016 年 2 月 10 日)、CN102274949A(一种轧辊辊头、辊颈断裂再熔铸修复方法，公开日为 2011 年 12 月 14 日）、CN102935496A（一种便携式连铸坯表面测温装置及测温方法，公开日为 2013 年 2 月 20 日）。

国内大学 H：该大学是工业和信息化部直属全国重点大学、国家"双一流"大学，创建于 1920 年，拥有金属精密热加工国家级重点实验室、特种环境复合材料技术国家级重点实验室，其材料科学与工程学科为国家重点一级学科。该大学共获得 B22D 领域已授权发明专利 142 件，其中处于有效状态的为 107 件，处于无效状态的为 35 件。核心专利包括：CN101564763A（钛铝基合金飞机发动机叶片的熔模精密铸造方法，公开日为 2009 年 10 月 28 日）、CN102019401A（一种小型钛合金或钛铝合金复杂铸件的铸造成形方法，公开日为 2011 年 4 月 20 日）、CN101244454A（金属型底漏式真空吸铸钛基合金的精密铸造方法，公开日为 2008 年 8 月 20 日）、CN103862005A（一种制备金属基复合材料或者半固态浆料的装置及其使用方法，公开日为 2014 年 6 月 18 日）、CN102935506A（连续悬浮式冷坩埚定向凝固铸造装置，公开日为 2013 年 2 月 20 日）、CN101569924A（一种高强韧高致密度铝硅合金的高压差压铸造方法，公开日为 2009 年 11 月 4 日）、CN102228964A（一种采用纺丝法制备 Ni-Mn-Ga 铁磁形状记忆合金连续纤维的方法，公开日为 2011 年 11 月 2 日）、CN102039390A（冶金铸机双摆角式辊缝测量装置，公开日为 2011 年 5 月 4 日）。

由此可知，国内知名大学在金属铸造领域的发明专利授权数量占据较大优势，具备较强的技术创新实力，国内相关企业可积极寻求与大学在金属铸造领域的技术交流与合作，建立产学研一体化平台以实现技术相互促进。

1.2.8　B22F 技术领域

在粉末冶金领域，通过在 CNTXT 数据库中对 B22F 分类号下 2008—2022 年的发明专利申请数据及授权数据进行检索和统计，共得到发明专利申请 54532 件，其中发明专利授权数量为 25741 件，平均授权率为 47.2%，远高于冶金行业其他技术领域，进而得到 B22F 领域中国发明专利申请数量及授权数量的发展趋势（图 1-16）。

由图可知，2013 年前粉末冶金领域发明专利授权数量较少，低于每年 1500 件。2014 年后发明专利授权数量增长幅度较高，说明技术研发处于快速发展阶段。2016 年发明专利授权数量达到峰值（2702 件），2017 年之后发明专利授权数量基本稳定保持在每年 2500 件左右，发明专利质量较为稳定。从不同年份授权率上来看，2016 年之前授权率稳定维持在 60% 以上，说明粉末冶金领域作为冶金行业起步较晚的新兴领域，技术创新质量优于冶金行业其他领域；2017 年之后授权率逐渐下跌至 45% 左右，但相对于冶金行业其他领域仍然保持了较高水平。

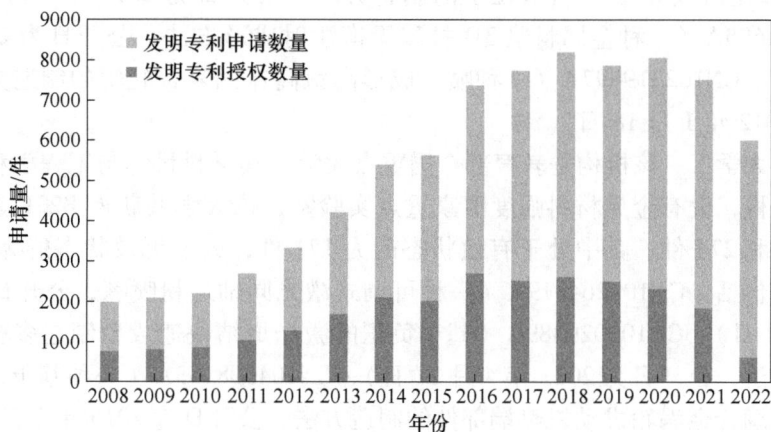

图 1-16 B22F 领域中国发明专利申请数量及授权数量发展趋势

进一步在 CNTXT 数据库中对铸造造型领域 2008—2022 年已授权发明专利的申请人、发明人、专利被引频次进行分析统计，得到粉末冶金领域主要创新主体及核心专利分布情况，按照发明专利授权数量对主要申请人进行排序如下。

国内大学 Z：共获得 B22F 领域已授权发明专利 467 件，其中处于有效状态的为 345 件，处于无效状态的为 122 件。核心专利包括：CN108941560A（一种消除 Rene104 镍基高温合金激光增材制造裂纹的方法，公开日为 2018 年 12 月 7 日）、CN101524754A（一种钛铝合金靶材快速热压烧结成型工艺，公开日为 2009 年 9 月 9 日）、CN103357889A（一种高长宽比银纳米线的制备方法及应用，公开日为 2013 年 10 月 23 日）、CN101596601A（用于高效率制备微细金属及合金粉末的雾化喷嘴，公开日为 2009 年 12 月 9 日）、CN101332515A（一种纤维状铁镍合金粉末的制备方法，公开日为 2008 年 12 月 31 日）、CN106424713A（一种铜碳复合材料及其制备方法，公开日为 2017 年 2 月 22 日）、CN108465807A（一种高强度 Al-Mg-Sc 合金粉末其制备方法、在 3D 打印中的应用及其 3D 打印方法，公开日为 2018 年 8 月 31 日）。

国内大学 A：共获得 B22F 领域已授权发明专利 461 件，其中处于有效状态的为 307 件，处于无效状态的为 154 件。核心专利包括：CN102335742A（一种复杂形状生物医用多孔钛钼合金植入体的制备方法，公开日为 2012 年 2 月 1 日）、CN103801697A（一种金属浆料 3D 打印无模凝胶成形方法，公开日为 2014 年 5 月 21 日）、CN103801696A（一种利用 3D 打印模具制备粉末冶金复杂形状零件的方法，公开日为 2014 年 5 月 21 日）、CN103240412A（一种近终形制备粉末超合金的方法，公开日为 2013 年 8 月 14 日）、CN101850424A（一种大量制备微细球形钛铝基合金粉的方法，公开日为 2010 年 10 月 6 日）、CN102672169A（一种金/二氧化钛核壳结构纳米粒子的制备方法，公开日为 2012 年 9 月 19 日）、CN103801695A（一种金属料浆 3D 打印无模注射成形方法，公开日为 2014 年 5 月 21 日）、CN102319897A（一种喷射成形高钒高速钢复合轧辊的制造方法，公开日为 2012 年 1 月 18 日）。

国内大学 X：该机构是教育部全国重点大学，其材料科学与工程学科为双一流建设学科，设有金属材料强度国家重点实验室，该大学共获得 B22F 领域已授权发明专利 274 件，其中处于有效状态的为 171 件，处于无效状态的为 103 件。核心专利包括：CN101264519A（一种可调式激光同轴送粉喷嘴，公开日为 2008 年 9 月 17 日）、CN102029389A（基于负压的激光烧结快速成型制造多孔组织的装置及方法，公开日为 2011 年 4 月 27 日）、CN104308153A（一种基于选区激光熔化的高熵合金涡轮发动机热端部件的制造方法，公开日为 2015 年 1 月 28 日）、CN103521769A（一种基于多材料粒子高速喷射成形的增材制造方法，公开日为 2014 年 1 月 22 日）、CN105618756A（一种金属 3D 打印加支撑结构的装置，公开日为 2016 年 6 月 1 日）、CN104368814A（一种激光金属直接成形高熵合金涡轮发动机热端部件的方法，公开日为 2015 年 2 月 25 日）、CN105014094A（一种基于外延生长的核 – 壳结构的银 – 金纳米片及其制备方法和应用，公开日为 2015 年 11 月 4 日）。

美国公司 G：共获得 B22F 领域已授权发明专利 230 件，其中处于有效状态的为 189 件，处于无效状态的为 41 件。核心专利包括：CN104755197A（增材制造方法和设备，公开日为 2015 年 7 月 1 日）、CN106077677A（用冷冻研磨纳米粒状颗粒涂覆的方法，公开日为 2016 年 11 月 9 日）、CN103878374A（具有近表面冷却微通道的构件及用于提供这种构件的方法，公开日为 2014 年 6 月 25 日）、CN105705278A（单晶合金构件的分层制造，公开日为 2016 年 6 月 22 日）、CN101992296A（用于具有可调容积和角部的热等静压容器的装置和方法，公开日为 2011 年 3 月 30 日）、CN105458272A（制品以及用于在制品中制备成形的冷却孔的方法，公开日为 2016 年 4 月 6 日）、CN104511590A（用于 3D 打印用于涡轮护罩的表面的图案的方法，公开日为 2015 年 4 月 15 日）。

国内大学 H：该大学是教育部直属重点大学，其材料科学与工程学科为双一流建设学科，设有材料成型与模具技术国家重点实验室，该大学共获得 B22F 领域已授权发明专利 225 件，其中处于有效状态的为 187 件，处于无效状态的为 38 件。核心专利包括：CN101607311A（一种三束激光复合扫描金属粉末熔化快速成形方法，公开日为 2009 年 12 月 23 日）、CN102266942A（直接制造大型零部件的选区激光熔化快速成型设备，公开日为 2011 年 12 月 7 日）、CN105499569A（一种用于高能束增材制造的温度场主动调控系统及其控制方法，公开日为 2016 年 4 月 20 日）、CN102328081A（一种高功率激光快速成形三维金属零件的方法，公开日为 2012 年 1 月 25 日）、CN104001915A（一种高能束增材制造大尺寸金属零部件的设备及其控制方法，公开日为 2014 年 8 月 27 日）、CN105583401A（一种制备用于 3D 打印的复合粉末的方法、产品以及应用，公开日为 2016 年 5 月 18 日）、CN104117672A（一种制备/成形非晶合金及其复合材料的方法，公开日为 2014 年 10 月 29 日）、CN103990798A（一种用于激光增材制造的高温粉床系统，公开日为 2014 年 8 月 20 日）。

可见粉末冶金领域发明专利授权数量较多的申请人以国内知名大学以及国外企业为主，具备较强的技术创新能力和研发实力，且整体发明专利质量也优于冶金行业其他领域，而国内相关企业在粉末冶金领域的发明专利申请及授权数量并不突出，具备较大的提升空间。

1.3　专利宏观质量分析

本节选取发明专利占比、法律状态两个评价指标从多角度深入分析冶金行业专利申请的宏观质量。

1.3.1　发明专利占比

由于实用新型专利保护客体只有产品，且经初步审查即可授权，保护期限只有 10 年；而发明专利需要经过初步审查以及实质审查才能授予专利权，保护客体涵盖了产品和方法，保护期限也较长，为 20 年，因此发明专利的创造性以及技术水平一般高于实用新型专利，实用新型专利更注重技术的实用价值。由此可知，发明专利申请比例高的领域创新程度更高。

对冶金行业发明专利以及实用新型专利按照国际专利 IPC 分类号的小类进行划分，并对每一小类涉及的发明专利申请数量及实用新型专利申请数量进行统计，得到图 1-17。

由图可知，冶金行业发明专利占比最高的领域为合金制造领域（C22C），发明专利占比为 97.3%，远高于其他领域，且该领域平均授权率也高于冶金行业其他领域，说明该领域技术水平较高，对专利申请创造性的要求也更高。粉末冶金领域（B22F）发明专利占比 77%，位于冶金行业第二位，该领域申请人主要以国内知名大学及国外企业为主，其专利质量以及技术水平均处于较优水平。铁或钢的冶炼领域（C21C）发明专利占比 50%，生铁的加工处理、熔融态下铁类合金的处理领域（C21B）发明专利占比 67%，金属热处理领域（C21D）发明专利占比 65%，金属的生产或精炼领域（C22B）发明专利占比 71%，以上领域发明专利占比均处于冶金行业平均水平，其专利质量还有一定的提升空间。铸造造型领域（B22C）发明专利占比 43%，金属铸造领域（B22D）发明专利占比 42%，

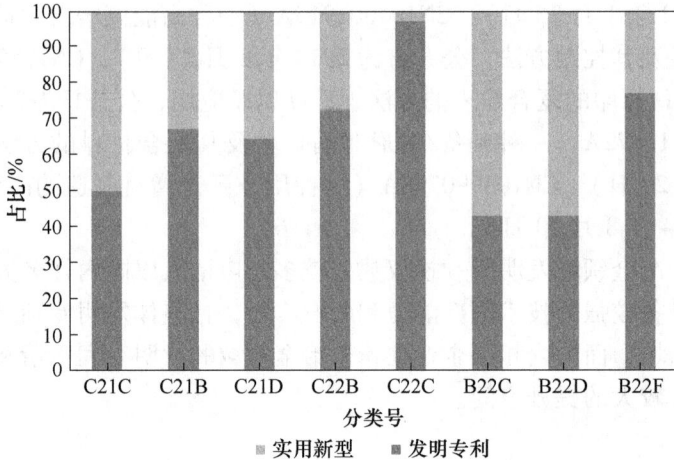

图 1-17　冶金行业各分支领域发明专利以及实用新型申请量占比

均低于冶金行业平均水平。这说明铸造造型领域及金属铸造领域相对冶金行业其他领域创新程度并不高，拥有的高水平自主知识产权较少，与其他领域以及国外相比，核心竞争力还有一定差距。实用新型专利申请数量占比较大还存在其他突出问题，一是实用新型专利保护客体的范围较小，在与国内外相关创新主体产生专利纠纷时处于不利地位；二是实用新型专利重复授权多且法律稳定性差，在专利复审委员会的实用新型无效案件审理中，实用新型专利权被宣告无效或部分无效的占请求量的 2/3 左右，因此铸造造型领域及金属铸造领域实用新型专利数量占比过多会造成整个行业专利稳定性变差，有效竞争力退化。国内企业在专利申请时可重点关注上述问题并加以改进，对核心技术申请稳定性较高的发明专利进行全面保护，并对已授权的实用新型专利进行稳定性分析和排查，避免专利无效或侵权隐患。由此可见，我国的冶金行业在技术研发和相关的专利申请保护方面还有很长的路要走。

1.3.2　法律状态

　　法律状态不仅反映了专利质量的优劣程度，也侧面反映出创新主体对技术创新的重视程度，对冶金行业发明专利以及实用新型专利按照国际专利 IPC 分类号的小类进行划分，并对每一小类涉及的发明专利法律状态及实用新型专利法律状态进行了统计，得到图 1-18。

　　由图可知，冶金行业各分支领域之间发明专利以及实用新型有效率差别较大，其中金属铸造领域（B22D）实用新型专利有效率为 86%，在冶金行业各分支领域中实用新型专利有效率最高；其次是铸造造型领域（B22C）实用新型专利有效率为 72%，粉末冶金领域（B22F）实用新型专利有效率为 72%，金属热

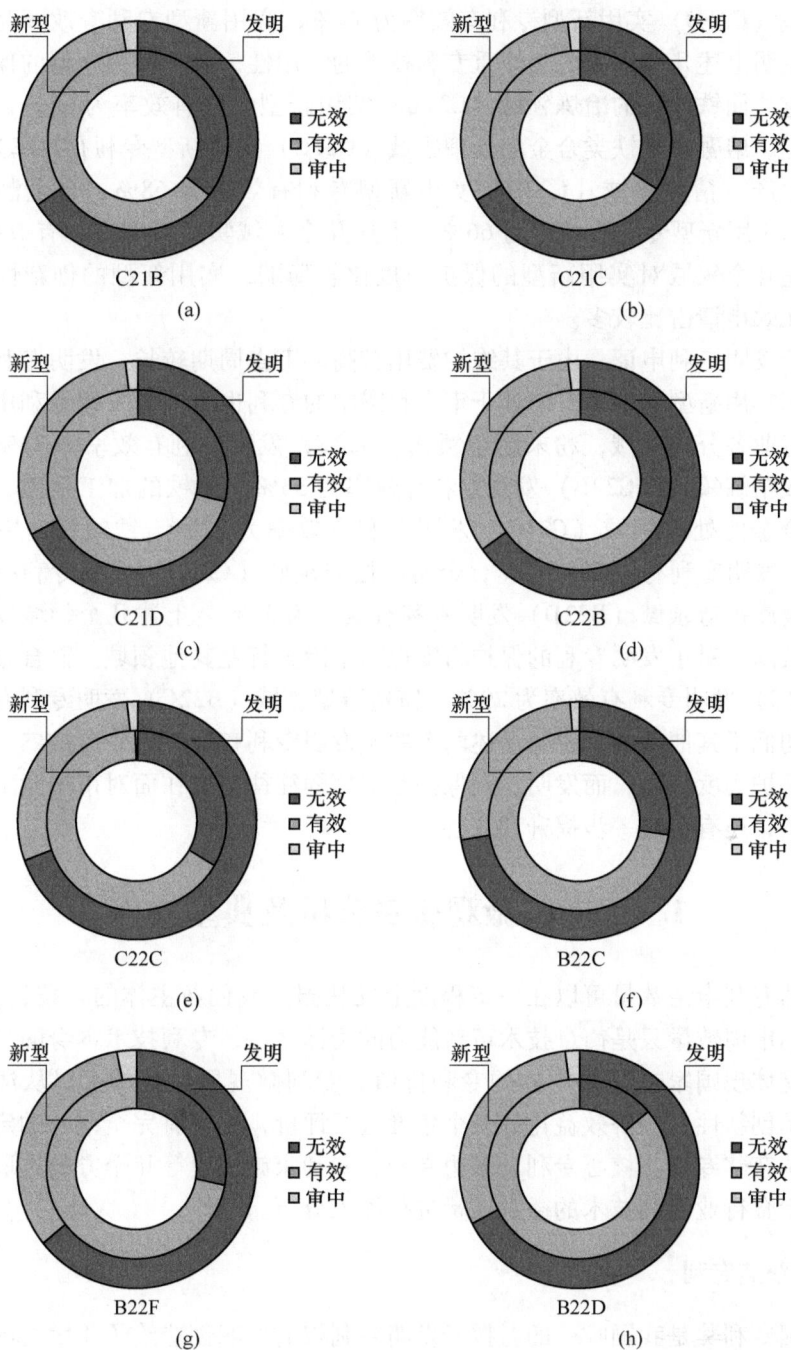

图 1-18　冶金行业各分支领域发明专利以及实用新型法律状态

（a）C21B 技术领域；（b）C21C 技术领域；（c）C21D 技术领域；（d）C22B 技术领域；
（e）C22C 技术领域；（f）B22C 技术领域；（g）B22F 技术领域；（h）B22D 技术领域

处理领域（C21D）实用新型专利有效率为71%，实用新型专利有效率高于其他领域，说明上述几个领域更为注重专利技术的实用性，对于实用新型的保护力度较为侧重。而铁或钢的冶炼领域（C21B）实用新型专利有效率为64%，生铁的加工处理、熔融态下铁类合金的处理领域（C21C）实用新型专利有效率为66%，金属的生产或精炼领域（C22B）实用新型专利有效率为68%，合金制造领域（C22C）实用新型专利有效率为66%，上述几个领域实用新型专利有效率较低，说明上述几个领域对实用新型的保护力度比较薄弱，实用新型的创新性高度不高，且无效申请占比较多。

对于发明专利申请，由于其维护费用较高、审查周期较长，发明专利有效率一般低于实用新型有效率，而处于审查状态中的专利也主要为发明专利申请。对于冶金行业各分支领域，粉末冶金领域（B22F）发明专利有效率为33%，金属的生产或精炼领域（C22B）发明专利有效率为33%，生铁的加工处理、熔融态下铁类合金的处理领域（C21C）发明专利有效率为32%，铁或钢的冶炼领域（C21B）发明专利有效率为32%，金属热处理领域（C21D）发明专利有效率为31%，金属铸造领域（B22D）发明专利有效率为31%，上述几个领域发明专利有效率较高，对于发明专利的保护力度也高于冶金行业其他领域。而合金制造领域（C22C）发明专利有效率为29%，铸造造型领域（B22C）发明专利有效率为26%，均低于其他领域，说明上述两个领域发明专利布局并不十分成熟，对发明专利的保护力度较弱，而发明专利保护意识薄弱往往造成在面对市场竞争时处于不利地位，还有待进一步提升和完善。

1.4　专利微观质量分析及典型案例

虽然专利申请数量可以在一定程度上反映国家或创新主体的科技创新实力，但是专利申请数量只是衡量技术革新能力的指标之一，专利技术本身的微观质量才真正能体现国家或创新主体的专利价值。专利微观质量分析可以从法律稳定性、技术创新性、经济效益化等多个角度进行评价，并没有完全统一的定义。本节主要从获奖专利、核心专利、多边专利、专利家族规模等几个方向选取典型案例，对冶金行业专利技术的微观质量进行深入分析。

1.4.1　获奖专利

中国专利奖是我国唯一的对授予发明专利权的发明创造给予奖励的政府部门奖，也是中国专利领域的最高荣誉。中国专利奖由国家知识产权局以及世界知识产权组织共同主办，且获奖专利得到了联合国世界知识产权组织（WIPO）的认可。由于中国专利奖的评奖标准不仅强调项目的专利技术水平和创新高度，也注重其在市场转化过程中的运用情况，并对获奖专利保护状况及管理情况设定一定要求。因此本节选取的冶金行业中国专利奖获奖专利不仅代表了冶金行业较高的技术水平和创新性，也具备了较强的市场竞争力以及突出的经济效益或社会效益。本节选取的中国专利奖获奖专利能从诸多的专利申请中脱颖而出，主要是具备了如下几个特点。

1.4.1.1 申请文件撰写清晰准确

通过对冶金行业中国专利奖获奖专利进行分析可知，获奖专利尤其注重申请文件的撰写，具体体现在：权利要求的保护范围清楚且概括合理，权利要求书中包含了发明所作出的主要技术贡献，说明书对于专利背景技术能够进行深入细致的分析而不是浮于表面，对发明要解决的技术问题认定准确，技术效果充分且详尽，并能够提供翔实的具体实施方式。这对于其他专利申请提升专利质量，获得预期授权范围并在确权中处于优势地位，凸显高质量专利的市场价值具有重要借鉴意义。

以下选取一些案例进行具体说明。

【奖项】第十五届中国专利奖

【公开号】CN101812579A

【发明名称】一种适合生产各种高强钢的柔性的带钢处理线

【申请人】宝山钢铁股份有限公司

【发明人】李俊、梁轩、胡广魁、王劲、向顺华等

【公开日】2010 年 8 月 25 日

该发明的目的在于提供一种适合生产各种高强钢的柔性的带钢处理线，该处理线可以采用冷轧硬化的轧硬材和热轧酸洗板生产出高强度的冷轧板、热镀纯锌板、镀层合金化热镀锌板和电镀锌、镍板，可有效利用资源、节省投资，将冷轧板和热镀锌板及合金化热镀锌板的生产集成在一条机组上，并且通过采用连接通道，还可以生产电镀 Zn、Ni 板；还可以生产超高强度等级的冷轧板和热镀锌板及合金化热镀锌板；而且，通过采用热镀锌前的酸洗工艺或电镀 Fe、Ni 工艺，该生产工艺及设备完全消除了高强钢特别是超高强钢热镀锌可镀性不好的缺点，从而可以保证高强度热镀锌及其镀层合金化热镀锌产品良好的表面质量。带钢处理线设置如下：依次为开卷清洗、加热、均热、缓冷工位，然后并行设置高氢喷气冷却工位、水淬冷却工位；高氢喷气冷却工位后设置再加热、过时效工位，其后再接最终冷却、平整、精整工位及涂油、卷取工位；水淬冷却工位后接设酸洗工位、电镀工位和再加热工位；再加热工位后还接设热镀锌工位及镀层合金化退火工位，然后通过设连接通道接所述的最终冷却工位；再加热工位后设可移动的旁通通道与过时效工位连通，生产连退产品时该可移动的旁通通道投入，生产热镀锌及镀层合金化热镀锌产品时该可移动的旁通通道退出，退出的两个接口处都

进行密封；再加热工位与酸洗工位和电镀工位之间也设连接通道；开卷清洗工位通过连接通道与电镀工位连通；缓冷工位通过固定的旁通通道与水淬冷却工位连通。该处理线还设钝化及其他后处理工位，其分别通过设连接通道接热镀锌工位和电镀工位、平整及精整工位。

该发明的多功能处理线相比于其他的冷轧带钢处理线，具有多功能、多品种的特点，能以最少的投资获得包括热镀、普冷及电镀等多种高强钢产品，以满足目前汽车工业对各种高强钢品种的需要。由于该柔性处理线可以专门生产各种高强度钢，因此生产各种高强钢的接续和过渡更便利，而其他机组则无需为生产少量超高强钢而大量增加投资，从而解放了其他机组，使得整体生产成本大大降低。

【评析】由于现有技术中已经存在成熟的带钢处理线及相关处理工位，该发明专利首先在其说明书的背景技术部分采用了较多的篇幅对现有技术进行了详尽的介绍，重点对于现有技术中的带钢处理线的优缺点进行了深入分析，随之引出了其发明目的与要解决的技术问题；在具体实施方式部分，选取了 8 个实施例的具体带钢处理工艺，并对每个实施例的实施效果进行了比较说明。虽然实施例中带钢处理工艺并没有使用到全部的带钢处理线工位，但权利要求中对带钢处理线所有工位首先进行了概括性撰写方式，即"一种适合生产各种高强钢的柔性的带钢处理线，其设置如下：依次为开卷清洗、加热、均热、缓冷工位，然后并行设置高氢喷气冷却工位、水淬冷却工位"；然后对具体工位位置关系及功能进行了限定，重点突出了其创新点，即"再加热工位后还接设热镀锌工位及镀层合金化退火工位，然后通过设连接通道接所述的最终冷却工位；再加热工位后设可移动的旁通通道与过时效工位连通，生产连退产品时该可移动的旁通通道投入，生产热镀锌及镀层合金化热镀锌产品时该可移动的旁通通道退出，退出的两个接口处都进行密封；再加热工位与酸洗工位和电镀工位之间也设连接通道；开卷清洗工位通过连接通道与电镀工位连通；缓冷工位通过固定的旁通通道与水淬冷却工位连通"，采用了较短的独立权利要求对说明书技术方案进行了准确概括；对于其他非必要的工位及生产设施，采用从属权利要求的撰写方式，提高了独立权利要求的保护效果。

【奖项】第十九届中国专利奖

【公开号】CN101633999A

【发明名称】一种奥氏体不锈钢及其钢管和钢管的制造方法

【申请人】山西太钢不锈钢股份有限公司

【发明人】方旭东、范光伟、王立新、赵建伟、田晓青等

【公开日】2010 年 1 月 27 日

该发明提供一种同时具备高温蠕变强度及高温下耐腐蚀性能的奥氏体不锈钢

及其奥氏体不锈钢管,同时提供这种钢管的制造方法。方法具体包括:(1)冶炼:将铁水作为主原料,冶炼成符合本奥氏体不锈钢管的钢水;(2)将钢水浇注成钢锭或连铸坯;(3)棒材加工:将钢锭或连铸坯轧制或锻造成圆钢,将圆钢切割成管坯;(4)制备毛管:将管坯经加热后,采用穿孔或挤压后制成毛管;(5)钢管深加工:将毛管冷拉拔或冷轧成荒管,荒管经退火、酸洗后,最少再经一次冷轧或冷拉拔与退火及酸洗后制成成品。

该发明生产出的无缝钢管,具有良好的抗高温蠕变性能、优异的耐高温蒸汽腐蚀性能、好的抗热疲劳性能以及抗高温氧化性能等,适用于制作长期在高温、高压及腐蚀环境中使用的承压部件或者抗氧化部件,特别适合于高参数、大容量的超超临界火力发电锅炉中过热器和再热器,解决超超临界电站锅炉用关键材料严重短缺的问题。

【评析】该发明专利为冶金领域常见的涉及组合物发明的典型案例,首先在说明书背景技术中介绍了奥氏体不锈钢钢管的应用领域以及现有奥氏体不锈钢制备缺陷,随后在说明书发明内容部分概括了奥氏体不锈钢与奥氏体不锈钢管的较佳成分质量百分配比,每种成分配比含量限定准确,特别是对每种成分作用机理进行了详细说明,突出其创新点:"Nb 添加到合金中,目的在于和 C、N 形成 Nb(CN)化合物,化合物在使用过程中产生沉淀硬化弥散作用从而提高了材料的抗蠕变性能,在制管后期运用二次析出的细小 Nb(CN)钉扎晶界的作用从而细化奥氏体不锈钢晶粒,使材料抗高温蒸汽腐蚀性能和抗热温疲劳性能大幅度提高。"成分限定清楚后对不锈钢管制造方法的具体制造步骤按照工艺生产顺序进行了清晰的说明;在具体实施方式部分,针对奥氏体不锈钢与奥氏体不锈钢管的成分选取了不同组分的 4 个实施例,对不锈钢管制造方法的具体制造步骤及工艺参数进行了进一步的详细说明;最后针对不同实施例的常温力学性能、高温瞬时性能、高温持久性能均给出了详细的实验数据,充分证明了其实施例的优越性能。而在权利要求书中,该发明对于奥氏体不锈钢与奥氏体不锈钢管成分采取了先在独立权利要求中限定成分大范围,再采用从属权利要求限定成分小范围的撰写方式,而将奥氏体不锈钢管的制造方法作为并列的独立权利要求,既充分保护了其奥氏体不锈钢管的产品组成,又对其制造方法进行了相应的限定,保护范围清晰全面。

【奖项】第二十一届中国专利奖

【公开号】CN104294146A

【发明名称】一种用于钢铝复合板的热轧基板及生产方法

【申请人】武汉钢铁(集团)公司

【发明人】刘祥东、陈宇、王立辉、田德新、胡宽辉等

【公开日】2015 年 1 月 21 日

　　该发明提供一种在保证满足用户对钢铝层叠复合材料的工艺复合性能、弯管成型性能、焊接性能的前提下，用同一种成分而生产出不同抗拉强度级别，以满足用户需求，并有效合理利用资源，减少甚至消除带出品，且利于钢铁冶炼生产组织的用于钢铝复合板的热轧基板及生产方法。方法步骤包括：（1）转炉冶炼并经 RH 真空处理，真空脱碳后根据钢种成分目标值加锰合金，并常规进行二次成分微调；（2）出钢后进行连铸，其间采用超低碳连铸保护渣；（3）对铸坯加热，加热温度控制在：1200～1300℃；（4）进行粗轧，控制粗轧结束温度在1040～1120℃；（5）根据抗拉强度级别进行柔性化工艺：当抗拉强度 R_m 在340～370MPa 时，控制精轧终轧温度在850～880℃；采用层流冷却至卷取温度；卷取温度在520～550℃；卷取后空冷至室温；当抗拉强度 R_m 在310～340MPa时，控制精轧终轧温度在880～910℃；采用层流冷却至卷取温度；卷曲温度在560～590℃进行卷取；卷取后空冷至室温；当抗拉强度 R_m 在280～310MPa 时，控制精轧终轧温度在910～940℃；采用层流冷却至卷取温度；卷曲温度在600～630℃；卷取后空冷至室温。

　　该发明形成了钢铝复合用热轧基板系列，其工艺窗口覆盖能力强，实物质量及生产控制稳定，并可根据不同强度需求，采用统一的冶炼工艺进行柔性化工业生产，极大地降低了冶炼工艺成本，提高了产品冶炼效率和合同交付效率，具有可观的经济效益和生产贡献价值。可广泛用于汽车水箱用冷却基管材料以及防腐、装饰、传热材料等领域，具有显著的经济效益和社会效益。

　　【评析】该发明专利首先在说明书背景技术中充分列举了热轧基板现有技术，包括期刊论文、国内外专利技术等，对现有技术的不足进行了深入分析；在发明内容部分，采取了总分形式撰写，先总结了需要保护的钢铝复合板的热轧基板成分及制备方法，再对成分中具体元素的作用以及生产方法原理进行了详细说明；在具体实施方式部分，采取了6组实施例和对比例的工艺参数及实施效果进行对比，突出了实施例的工艺效果。而由于该发明的创新点在于根据抗拉强度级别进行柔性化工艺，该发明的权利要求书采取了在方法权利要求中同时限定多组并列技术方案的撰写方式，即："当抗拉强度 R_m 在340～370MPa 时，控制精轧终轧温度在850～880℃；采用层流冷却至卷取温度；卷取温度在520～550℃；卷取后空冷至室温；当抗拉强度 R_m 在310～340MPa 时，控制精轧终轧温度在880～910℃；采用层流冷却至卷取温度；卷曲温度在560～590℃进行卷取；卷取后空冷至室温；当抗拉强度 R_m 在280～310MPa 时，控制精轧终轧温度在910～940℃；采用层流冷却至卷取温度；卷曲温度在600～630℃；卷取后空冷至室温"，将整个柔性化工艺作为一个整体技术方案，而没有将技术特征割裂，体现了热轧基板制造中柔性化工艺适应多种需求、简化合理、有效节约资源的技术效果。

1.4.1.2 突出的社会经济效益

获奖专利技术不仅增强了创新主体的核心竞争力，也可以创造可观的直接经济效益和社会效益，在社会科技及经济进步中发挥巨大的作用。

以下选取一些案例进行具体说明。

【奖项】第十八届中国专利奖（金奖）

【公开号】CN102021328A

【发明名称】一种从白钨矿中提取钨的方法

【申请人】中南大学

【发明人】赵中伟、李江涛、李洪桂

【公开日】2011 年 4 月 20 日

该发明的目的是提供一种白钨矿的分解方法，该方法腐蚀性低、无挥发性，实现了白钨矿的高效分解，解决分解过程中钨矿被包裹影响分解率、分解渣难以过滤洗涤造成钨的损失等问题。方法具体包括：配制磷酸和硫酸混合溶液，控制 P_2O_5 质量含量在 15% ~ 25%，SO_4^{2-} 浓度在 0.10 ~ 0.20g/mL，温度控制在 50 ~ 80℃，然后加入白钨矿进行反应，液固比 6 : 1 ~ 12 : 1，并加入二水石膏作为晶种，其加入量/矿的质量比为 1 : 1000 ~ 1 : 10，反应时间为 2 ~ 8h，反应结束后过滤所得的滤液经碱性离子交换、碱性溶剂萃取或铵盐沉淀法提取钨后，补入所消耗的磷酸和硫酸返回浸出。

该发明所处理的白钨矿杂质磷含量没有严格要求，白钨矿选矿过程中不必再设专门除磷工序，节约了除磷试剂成本及钨的损失；只需要经离子交换、溶剂萃取或铵盐沉淀法等简单的后处理方式提取，简化了操作，降低了成本；实现了白钨矿的一步高效常压浸出，节省了资源和能源消耗，而且其分解率可达98% 以上；实现了磷酸和硫酸的循环利用，过程中 P_2O_5 损失可降低到 5% 以下；硫酸消耗量仅为矿物中 Ca 含量的理论消耗量，极大降低了浸出成本和废水排放量。

【评析】该发明专利基于我国湖南省钨矿资源虽然位居全国第一，但是主要为白钨矿，采用传统的氢氧化钠分解提取钨的方法，会由于分解白钨矿的热力学驱动力太小而不能进行，钨冶炼主要消耗的资源是产量较少的黑钨矿，严重制约了我国钨工业的可持续发展的背景而提出。中南大学科研团队这一发明技术，采用配制磷酸和硫酸混合溶液，然后加入白钨矿进行反应，并加入二水石膏作为晶种，反应结束后过滤所得的滤液经碱性离子交换、碱性溶剂萃取或铵盐沉淀法提取钨后，补入所消耗的磷酸和硫酸返回浸出，在钨矿碱浸出新理论的基础上，实现了以往难处理的白钨矿的完全分解，钨产出率达到98% 以上，同时废水排放量相对传统方法减少80%。而目前该技术得到了广泛应用，成为国内钨矿冶炼的主流方向，在中国五矿集团、厦门钨业等企业的生产应用中，能够低成本地制备高纯钨产品，相关企业已经建立高质量钨粉及碳化钨生产线，产品远销国内外，不仅实现了我国钨资源的高效利用，同时也减少环保压力，降低了 1/3 的钨产品生产成本，产生了显著的环保和经济效益。

【奖项】第十六届中国专利奖

【公开号】CN102586547A

【发明名称】一种低成本洁净钢的生产方法

【申请人】鞍钢股份有限公司

【发明人】唐复平、李镇、王晓峰、费鹏、孟劲松等

【公开日】2012 年 7 月 18 日

该发明的目的是提供一种钢中单元素 S 控制在 $5 \times 10^{-6} \sim 20 \times 10^{-6}$，P 控制在 $20 \times 10^{-6} \sim 60 \times 10^{-6}$，总氧控制到 $3 \times 10^{-6} \sim 15 \times 10^{-6}$，夹杂物的当量直径为 $0.5 \sim 10 \mu m$ 的高质量钢材，且有效降低成本的一种低成本洁净钢的生产方法。生产方法具体包括以下步骤：（1）铁水初脱硫：在高炉出铁铁水沟内及兑铁间内兑铁过程初脱硫，以高炉出铁或兑铁过程中向铁水中加入一种铁水脱硫球体，保证初脱硫后铁水中以重量百分比计 S≤0.01%；（2）铁水预处理脱硫：使用喷粉脱硫方式进行铁水深脱硫，并采用扒渣机扒净脱硫渣，经铁水深脱硫后保证入转炉前铁水中以重量百分比计 S≤0.0015%；（3）脱磷控硫：在转炉冶炼过程中脱磷控硫，保证出钢过程中 P≤0.014%，S≤0.004%；（4）快速成渣脱磷：在转炉出钢过程快速成渣脱磷，转炉终点 C 控制在 0.02%～0.10%，氧的活度值 α 控制在 $600 \times 10^{-6} \sim 1000 \times 10^{-6}$，在转炉出钢过程中通过合金流槽加入一种脱磷球体，并同时进行吹氩搅拌；（5）RH 精炼过程钢水纯净化：在 RH 精炼处理后期真空度在 66.7～500Pa 时加入净化球体；（6）连铸采用全程保护浇注。

该发明的工艺简单、方便易于操作，特点在于在高炉出铁铁水沟内、兑铁间内兑铁过程中、转炉炉后出钢过程中以及 RH 精炼后期分别加入不同的块状球体，从而实现快速脱硫、脱磷、成渣去除钢液中的细小夹杂物，而且不仅达到显著降低钢中 P、S 含量，同时对精炼过程残存在钢中的细小非金属夹杂物的数量及尺寸分布进行有效的控制。与传统工艺相比，该方法所用原料廉价，吨钢成本可以降低 5～10 元。

【评析】目前国际生洁净钢研发和生产水平较高的主要是日本、韩国、欧美等国家，而我国企业的洁净钢生产一直存在铁水预处理、连铸、精炼等工艺水平达不到指标要求的问题，洁净钢生产成本较高，使企业生产压力增加，企业受成本影响一直无法实现大规模生产。鞍钢股份有限公司的低成本洁净钢生产技术，在高炉出铁铁水沟内及兑铁间内兑铁过程初脱硫，以高炉出铁或兑铁过程中向铁水中加入铁水脱硫球体，使用喷粉脱硫方式进行铁水深脱硫，在转炉冶炼过程中脱磷控硫，在转炉出钢过程快速成渣脱磷，随后进行 RH 精炼过程钢水纯净化，

在洁净钢产品实现生产高效率的同时，又使生产成本可控，在技术投放应用后，随着市场需求的拉动，鞍钢洁净钢产能逐年上升，从 2005 年的年产 600 万吨已上升到年产 1500 万吨左右，同时鞍钢脱硫烟尘排放量降低到 120mg/m³，转炉烟尘排放量降低到 150mg/m³，精炼烟尘排放量降低到 120mg/m³，吨钢综合能耗达到 788kg 标煤，实现了生产成本可控，同时产品质量跟国际接轨。

【奖项】第二十三届中国专利奖

【公开号】CN110699099A

【发明名称】一种利用化工废弃物制备高强度炼铁用焦炭的方法

【申请人】东南大学和鞍钢股份有限公司

【发明人】武吉、庞克亮、梁财、谭啸、张允东等

【公开日】2020 年 1 月 17 日

该发明目的在于提供一种利用化工废弃物制备高强度炼铁用焦炭的方法，利用预研磨，混料，加压造粒，表面喷涂，滚动黏结，烘干硬化，高温炼焦手段制备高强度炼铁用焦炭，尤其是利用含碳废弃物黏结剂在加热炼焦过程中析出液相对焦粉的黏结作用，以及表面黏连的焦粉在加热过程中减少造粒物料表面的烧损，实现焦粉等化工废弃物高价值再利用，改善焦炭强度质量，实现炼铁高炉原料供应。方法具体步骤如下：（1）预研磨处理：分别将焦粉、煤粉、黏结剂通过粉碎研磨机研磨过筛至1mm及以下；（2）混料处理：通过混料机将研磨后的焦粉、煤粉混合 0.5~4h，混料中煤粉质量占比为 30%~80%，焦粉质量占比为 20%~70%，干料混合完成后，依次添加质量占比为 1%~5% 的水和 1%~8% 的黏结剂，继续混料 0.5~4h；（3）加压造粒：利用造粒设备对混匀好的物料进行加压造粒，施加压力 5~20MPa，成型物料最短轴径≥25mm；（4）表面喷涂：造粒后的物料表面喷涂占物料质量比为 1%~2% 的液态焦油，焦油灰分≤0.5%，水分≤5.0%；（5）滚动黏结：将表面喷涂焦油的粒状物料置于装有焦粉的旋转圆盘中，随着粒状物料在旋转圆盘中的匀速滚动，通过表面喷涂黏结剂使焦粉黏连在粒状物料外表面；（6）烘干硬化：将表面黏结焦粉的粒状物料置于烘箱中 40~70℃烘干，表面板结、硬化；（7）高温炼焦：将烘干硬化后的物料置于密封的石墨坩埚中，石墨坩埚置于高温干馏装置中，或物料直接置于氮气气氛保护的高温干馏装置中，高温干馏装置升温至 850~1150℃，保温 5~21h。

该发明将化工废弃物再加工重新制备出适用于高炉炼铁要求的高强度焦炭，利用煤干馏过程中膨胀收缩原理，在煤干馏收缩过程中液态黏结剂及细颗粒焦粉渗入半焦膨胀收缩缝，与原料中的焦粉形成亲和性，减少焦炭气孔率，同时干馏过程中颗粒物料表面固结的焦粉很大程度降低焦炭的烧损，改善焦炭质量强度及焦粉利用价值，满足高炉用焦炭的质量要求。

【评析】该发明专利主要针对在炼焦、推焦、熄焦及转运焦过程中产生的大

量焦粉尘，由于这些焦粉尘粒度小，用于炼铁生产会影响高炉的透气性，因此钢铁、焦化企业一般利用布袋除尘将这些废弃物收集处理，作为普通燃料，利用价值低，经济性欠缺。东南大学和鞍钢股份有限公司利用化工废弃物制备高强度炼铁用焦炭技术，聚焦于焦粉高附加值再利用方法，进而在保证高炉原料需求的同时，提高焦粉利用的经济性能，为实现绿色低碳发展、促进冶金行业废物资源化绿色化技术进步提供有力支撑。

1.4.1.3　显著的技术创新性

专利制度是技术创新的重要保障，不仅对技术创新具有重要的激励作用，也能放大技术所带来的创新价值，形成正向反馈。而中国专利奖获奖专利则对技术创新性提出了更高的要求，具备衡量创新性的更高标准。

以下选取一些案例进行具体说明。

【奖项】第二十届中国专利奖

【公开号】CN103469106A

【发明名称】直接用连铸坯生产大厚度齿条钢板及其制造方法

【申请人】江阴兴澄特种钢铁有限公司

【发明人】苗丕峰、李国忠、吴小林、李经涛、刘观猷等

【公开日】2013 年 12 月 25 日

该发明的目的在于提供一种具有高的强度、良好的塑性和高的低温韧性，且生产工艺简便、成本低廉的直接用连铸坯生产大厚度齿条钢板及其制造方法。制备方法具体包括：冶炼原料依次经 KR 铁水预处理、转炉冶炼、LF 精炼、RH 精炼和连铸，冶炼出高纯净度钢水和连铸出厚度在 370mm 或以上的连铸坯；连铸坯加罩缓冷，缓冷完成后对每块连铸坯表面进行带温清理；将连铸板坯加热至 1180 ~ 1280℃保温 2 ~ 3h，连铸板坯保温完成之后，对其进行高压水除鳞处理，然后进行两阶段轧制；第一阶段轧制，即粗轧阶段，开轧温度在 1050 ~ 1150℃，总压缩比 340%，采用强压下轧制，单道次的压下率 315%；第二阶段轧制，即精轧，开轧温度在 870 ~ 930℃，总压缩比 330%，轧制完成之后实施空冷和矫直；矫直后的钢板在冷床上空冷至适于调运的最高温度然后进行堆缓冷，时间 348h，或 550 ~ 650℃下保温 24 ~ 72h 后缓慢冷却；将缓冷至室温的钢板进行调质处理即获得大厚度成品齿条钢板。

该发明直接使用连铸坯制造的大厚度齿条钢板具有高的强度、良好的塑性和高的低温韧性。这一优良的性能组合在钢板的整个厚度截面上都稳定地保持，充分满足了复杂和恶劣工作条件对大截面材料性能均匀性的要求。且省去了使用模铸钢锭作为坯料在轧制过程中的开坯过程，也省去了用复合坯进行轧制的板坯复合加工过程，简化了生产工艺。同时，较使用模铸钢锭来生产齿条钢板成材率显著提高，使得大厚度齿条钢板的制造成本显著降低，克服了现有技术的不足，在

工业化生产时具有明显的成本优势。

【评析】该发明专利主要针对现有技术中生产大厚度齿条钢板主要采用传统的模铸钢锭作为坯料来制造，不仅生产工艺复杂而且成材率也低，使得制造成本显著增加；同时，也因为模铸钢锭的芯部质量（例如偏析和疏松）较差，使得用钢锭生产的大厚度齿条钢板的芯部性能难以得到保证的问题。江阴兴澄特种钢铁有限公司的大厚度齿条钢板制备技术，创新性地采用了经 KR 铁水预处理、转炉冶炼、LF 精炼、RH 精炼和连铸，冶炼出高纯净度钢水和连铸出厚度在 370mm 或以上的连铸坯；并采用连铸坯直接生产大厚度齿条钢板，不但克服了技术偏见，也降低了生产成本，其产品质量达到国际先进水平，弥补了国内齿条钢板生产技术的空白，使得江阴兴澄特种钢铁有限公司成为国内外唯一一家获得船级社认证和生产许可使用连铸坯制造大厚度齿条钢板的企业。

【奖项】第二十二届中国专利奖

【公开号】CN107502836A

【发明名称】一种提高低温韧性的厚壁大口径高钢级管线钢及其制造方法

【申请人】南京钢铁股份有限公司

【发明人】翟冬雨、姜金星、杜海军、员强鹏、殷杰、张媛钰等

【公开日】2017 年 12 月 22 日

该发明所要解决的技术问题是，如何保证轧件芯部形成了细小均匀的贝氏体、针状铁素体组织，保证强度、韧性的要求，满足了产品对超低温落锤的要求。其制备的提高低温韧性的厚壁大口径高钢级管线钢，成分采用低碳、低磷、低硫设计更有利于铸坯芯部组织，有效降低了产品脆性，采用 Nb、Cr、Mo、Cu、Ni 的成分设计组合，有利提高产品在轧制过程中的析出强度，有利于细化组织晶粒，提高产品的韧性。制造方法包括以下步骤：（1）采用厚度为 320mm 断面的铸坯，铸坯加热温度为 1150～1170℃，加热时间以铸坯厚度为单位 10.3～13min/cm，均热时间 45～90min；确保了铸坯表面、芯部温度均匀，通过低温加热制度，有效控制了原始晶粒度的尺寸，为强化组织性能提供了保证。（2）2 道次除鳞，包括粗轧除鳞 1 道，精轧第 2 道除鳞 1 道；除鳞道次的优化，为了保证轧制温度与表面质量，设计 2 道次除鳞，粗轧除鳞 1 道，精轧第 2 道除鳞 1 道，既保证了表面质量同时减少了不必要的温度损失，保证了道次压下率。（3）提高粗轧末道次压下率，粗轧末道次压下率大于 25%，待温坯厚度为钢板厚度的 3.5～4.0 倍。（4）采用低温轧制，二阶段轧制温度设定 810～830℃，终轧温度 800～830℃。（5）采用奇道次轧制工艺；可以有效减少冷却时间。（6）设定 Ar_3 温度点为 725.73℃，采用低入水温度，入水温度 750～770℃；由于芯部温度大于表面温度，低入水温度保证了轧件的芯部温度大于 Ar_3 温度点，芯部组织更加均匀，强度韧性更加优良。（7）层流冷却共 12 组水，前 4 组按最大流量冷却，

流量 $300 \sim 350 \mathrm{m^3/h}$，后 8 组采用小流量冷却，流量 $200 \sim 300 \mathrm{m^3/h}$，返红温度 $330 \sim 420 ℃$；通过层流冷却系统改善组织晶粒度，减少马奥岛组织的数量，更利于生成贝氏体、针状铁素体。

该发明采用低温加热制度，低入水、低返红的轧制工艺，有效降低了组织晶粒度，通过强冷消除带状组织的不利因素，有效提高析出元素的强化作用，提高了产品的力学性能，满足了产品低温韧性的要求；坯料加热温度采用低温加热制度，减少除鳞道次，增加了道次压下率，奇道次轧制、低入水、低返红，有效降低了轧制成品的晶粒度，成功解决了宽厚管线钢低温落锤的制造难点，提高了钢材轧制后的力学性能，满足了客户要求，大幅度提高经济效益。

【评析】 该发明专利的研发背景主要是国内石油输送用厚壁大口径管线钢面临生产缺口，而常规方法生产大口径管线钢难以满足低温服役要求，无法形成细小贝氏体、真状铁素体组织，无法有效消除芯部的带状组织及实现强度、韧性更高的均匀的细晶组织，无法突破改善该品种低温韧性的壁垒。南京钢铁股份有限公司的厚壁大口径高钢级管线钢生产技术，对铸坯进行 2 道次除鳞，并提高粗轧末道次压下率，同时先采用低温轧制，再采用奇道次轧制工艺，使得管线钢满足了低温韧性的要求，成功解决了厚壁大口径管线钢低温落锤的制造难点，管线钢产品入选国家级绿色设计产品，面向市场后已经累计供应 400 万吨以上，为国家输油、输气能源建设项目做出了突出贡献。

【奖项】 第十七届中国专利奖

【公开号】 CN102021482A

【发明名称】 一种冷轧热镀锌双相钢及其制造方法

【申请人】 宝山钢铁股份有限公司

【发明人】 张红

【公开日】 2011 年 4 月 20 日

该发明的目的是提供一种冷轧热镀锌双相钢板，因为热镀锌工艺的特殊性，对于 1180MPa 级的冷轧热镀锌双相钢板，成分设计至关重要，冷轧热镀锌双相钢的生产是在镀锌线上完成的，要经过 460℃ 左右的锌池，因此首先要添加足够量的合金元素，进一步提高基板的淬透性，满足镀锌线的冷却速度；其次要考虑基板的可镀性，Si、Mn 元素过多时在退火过程中易在表面形成富集，影响镀锌时基板的浸润性，造成漏镀等镀锌缺陷，这就需要用 Cr、Mo 元素部分替代 Si、Mn 等元素，减少其添加量。

同时该发明为达到 1180MPa 级的强度，选取基板为冷轧板，基板的制造方法包括：氧气顶吹转炉中冶炼，并在加热钢包中精炼，然后通过连铸铸成板坯，按常规热轧和酸连轧。镀层分有热镀锌及锌铁合金化热镀锌，热镀锌退火工艺中在加热区采用直燃工艺，使得高 Si 含量下也能得到满意的镀锌表面质量，且针对基板成分采用相应优化的冷却、镀锌工艺，得到微观组织为在韧性的铁素体基体上加上高强度的马氏体和少量贝氏体，得到的钢种具有抗拉强度高（大于1180MPa）、屈强比低、可冲压成型、强度和韧性匹配好、初始加工硬化速率高、无屈服延伸、避免了成型后零件表面起皱等优良性能。可用于一些汽车结构件、防撞件等，并考虑了基板的可焊性。

【评析】该发明专利是国内首个高强度热镀锌双相钢板生产技术，由于双相钢在低变压区屈服强度提高很快，无屈服延伸和室温时效，弯曲性能良好，冲制成型时不易开裂，故在现代汽车生产环节中，钢材使用量的70%~80%会选用双相钢。宝山钢铁股份有限公司的热镀锌双相钢板生产技术，采用了氧气顶吹转炉中冶炼，并在加热钢包中精炼，然后通过连铸铸成板坯，按常规热轧和酸连轧，最后进行热镀锌退火工艺，极大地提高了热镀锌双相钢生产质量，成材率也有明显提高，填补了国内汽车用双相钢板的产品空白，目前已广泛供应菲亚特、奇瑞等轿车生产厂家使用，年产能达万吨以上。

由上述中国专利奖获奖专利的分析可知，获奖专利主要集中在生铁的加工处理、熔融态下铁类合金的处理、金属铸造、金属热处理、合金制造等领域，上述领域不仅仅是我国冶金行业的传统优势型研发领域，在专利成果应用与转化、市场布局与竞争方面也取得了优异的成绩。而中国专利奖获奖创新主体主要以国内大学以及知名大型冶金企业为主，国内大学以及知名大型冶金企业具备较强的研发实力，也具备较强的知识产权保护意识，这为上述创新主体取得高质量专利申请奠定了基础，也为政府和企业制定冶金行业产业发展规划和技术创新投入提供相应的参考。

1.4.2 核心专利

核心专利反映了某一领域最为重要的专利技术，一般以专利被引证频次的高低来作为评价核心专利的评价指标，专利被引证频次越高，说明该专利技术被其他专利技术作为基础技术加以改进的程度越高，其在某一领域作为技术发展路径节点的重要程度也更高。本节选取了冶金行业专利申请按照国际专利 IPC 分类号的小类进行划分后，每一小类被引证频次最高的核心专利，重点分析其对分领域技术发展方向的重要作用。

【公开号】CN101775451A

【发明名称】一种钒钛磁铁矿高炉冶炼方法

【IPC 分类号】C21B5/00

【公开日】2010 年 7 月 14 日

【被引证频次】48 次

钒和钛作为微合金元素能提升和改善钢材性能用于钢铁行业，作为催化剂用于化工行业，作为合金元素用于航天工业，因此，钒和钛是现代化工业不可缺少的重要金属元素。而钒钛磁铁铁矿属多种有价金属伴生铁矿，其储量非常巨大，是提取钒钛等有价元素主要原料。

该发明的目的在于提供一种钒钛磁铁矿高炉冶炼方法，该方法可有效减少吨铁渣量，吨铁综合焦比降低；高炉炉渣熔化性温度降低，流动性好，铁渣分离良好，且得到的生铁质量良好。方法具体包括，将钒钛磁铁矿烧结成烧结矿、烧结球团矿和焦炭及溶剂作为成高炉炉料分批次加入高炉中，在高炉内将钒钛磁铁矿还原成含钒和钛的铁水；通过热风炉从高炉风口向高炉内鼓风和吹氧，定期排除铁渣和向铁包内出铁；钒钛磁铁矿占高炉入炉含铁原料的30%～60%；高炉含铁原料中各成分的重量含量为：烧结矿占40%～65%，烧结球团矿占30%～50%，高品位块矿占5%～10%；高炉含铁原料的TFe含量在47%～60%之间，烧结矿二元碱度CaO/SiO$_2$控制在1.6～2.5之间，烧结矿中MgO含量在1.0%～2.0%之间；烧结球团矿二元碱度CaO/SiO$_2$控制在0.6～1.0之间，烧结球团矿中MgO含量在3.0%～6.0%之间；高炉炉渣二元碱度CaO/SiO$_2$控制在1.05～1.20之间，在烧结矿和烧结球团矿中加入溶剂白云石矿使得高炉渣中MgO重量含量控制在7.5%～9.0%；将氧化锰矿或烧结锰矿粉，以及萤石均匀掺入喷吹煤中，并随煤粉喷吹到高炉内，使炉渣中MnO重量含量控制在1.0%～4.5%之间，渣中CaF$_2$重量含量控制在0.50%～2.0%之间，采用高炉富氧操作，富氧率控制在2.5%～4.0%之间；高品位块矿为铁含量不低于65%的原生块状铁矿。

技术优势：该发明使得高炉入炉铁品位提高，减少吨铁渣量，吨铁综合焦比降低20～50kg；吨铁综合成本降30～50元。高炉炉渣熔化性温度降低，流动性好，铁渣分离良好，渣中TFe含量降低50%，具备良好的推广前景。

【公开号】CN101343677A
【发明名称】一种低硅低碳深冲/拉延钢的生产方法
【IPC分类号】C21C5/28
【公开日】2009年1月14日
【被引证频次】55次

低硅低碳钢主要用在有较高深冲要求的结构件上，如结构形状复杂的汽车结构件、各种结构复杂的其他元器件，如压缩机外壳、钢质杯等，所有这些结构件一般以冷轧退火后的平整件交货，少量以热轧状态交货，其应用范围广，要求其具有很好的深冲性能。

该发明的目的在于提供一种可缩短工艺流程、降低生产成本、生产工艺过程稳定、可实现多炉连浇及可提高产品延伸率及n值、r值的低硅低碳深冲/拉延钢的生产方法。生产方法具体包括：采用CSP薄板坯连铸连轧工艺流程生产低硅低碳深冲/拉延钢，即高炉铁水→转炉冶炼→LF炉精炼→RH炉真空处理→CSP薄板坯连铸连轧→酸洗→冷连轧→退火→平整→分卷包装入库。在转炉出钢过程中向钢包钢水中加入脱氧剂如金属铝块对钢水进行初脱氧，向钢水中加入调渣剂对钢包顶渣进行改性，同时对钢包钢水进行吹氩处理，向 LF 炉中加入低碳低硅高碱度还原性渣，控制渣中二元碱度 $R = 1.5 \sim 3.5$，造还原渣快速脱硫，向钢水中加入低碳低硅钢包顶渣改性剂；由 LF 精炼后的钢水进入 RH 真空炉进行真空处理，经 RH 炉真空处理后的钢水用 CSP 薄板坯连铸连轧的连铸机将钢水连铸成铸坯。

技术优势：该发明取消了铁水预处理工艺，放宽了转炉对铁水的硫含量和废钢的硫含量要求，节约该工序的生产成本。在 CSP 连铸过程中中间包水口不结瘤，生产工艺稳定，且可规模化生产，可实现多炉连浇，如一个中间包龄可达 15 ~ 25 炉；成品夹杂物总量明显减少，保证了产品性能的稳定。

【公开号】CN104313265A

【发明名称】通过快速电容器放电形成金属玻璃

【IPC 分类号】C21D1/34

【公开日】2015 年 1 月 28 日

【被引证频次】189 次

非晶态材料是工程材料的新种类，其具有来自熔融状态非晶态材料的高强度、弹性、耐蚀性和加工性等特性。通常通过以"足够快的"冷却速率将熔融合金从晶相的熔化温度之上冷却到非晶相的"玻璃化温度"之下来处理和形成非晶态材料，以避免合金晶体的成核和生长。

该发明提供了一种用于使用快速电容器放电加热（RCDF）对非晶态材料进行成型的方法。方法具体包括：提供由金属玻璃形成合金所成型的金属玻璃的样品；对金属玻璃样品施加电能以均匀地加热所述样品到处理温度，所述处理温度高于所述金属玻璃的玻璃化温度，采用至少两个连接至样品的相对端的电极进行施加电能的步骤，并在金属玻璃样品中生成电场，其中，所生成动态电场的电磁透入深度与金属玻璃样品的半径、宽度、厚度和长度相比较大；一旦加热到处理温度就将金属玻璃样品成型为非晶态成品，以及将成品冷却到金属玻璃的玻璃化温度以下的温度。

技术优势：该发明使用快速电容器放电加热，使得非晶态材料样品可以以 104 ~ 107℃/s 的加热速率被均匀加热并同时成型非晶态材料。这样样品可以以更大的 ΔT 被热塑成型为非晶态，所制备非晶态材料具有 $1 \sim 10^4 Pa \cdot s$ 的更低工艺黏性，其为非晶态材料的处理中所使用的黏性范围。该发明对施加负载的要求更低，并且具备更短的循环时间，并且将进一步提高非晶态材料寿命。

【公开号】CN101921916A

【发明名称】从废烟气脱硝催化剂中回收金属氧化物的方法

【IPC 分类号】C22B7/00
【公开日】2010 年 2 月 3 日
【被引证频次】103 次

随着我国火电行业的发展与烟气脱硝项目的推进，SCR 烟气脱硝催化剂的使用量将进一步扩大，国内生产企业对烟气脱硝催化剂的研发与生产力度也随之加强。然而，一方面虽然目前 SCR 烟气脱硝催化剂已经国产化，但钨、钒、钛等金属都是从国外进口，成本非常昂贵；另一方面催化剂属于消耗物，随着国内火电厂 SCR 烟气脱硝技术的进一步应用，将有越来越多的废弃催化剂产生。伴随着环保法律法规的日益严格，以及金属资源的日益匮乏，废弃催化剂的回收利用将会越来越受到市场的重视。

该发明所要解决的技术问题是提供一种工艺设计合理、节能环保，实现金属化合物的有效分离、重复利用效果好的从废烟气脱硝催化剂中回收金属氧化物的方法。方法具体包括：(1) 首先将废烟气脱硝催化剂进行物理破碎，在 650℃ 条件下进行高温焙烧；(2) 在高温焙烧后的废烟气脱硝催化剂中加入 Na_2CO_3，混匀并粉碎至粒度 ≤200μm，Na_2CO_3 与废烟气脱硝催化剂中的 TiO_2 的摩尔比为 2:1~4:1，得到混合粉末；(3) 将步混合粉末在 650~700℃ 条件下高温焙烧，得到烧结块；(4) 将烧结块粉碎，然后放入 80~90℃ 热水中，充分搅拌，进行浸泡，液固重量比为 (5~10):1，然后沉淀过滤，得到沉淀的钛酸盐粗品和滤液；(5) 将得到的钛酸盐粗品经酸洗、过滤、水洗、焙烧后即可得到 TiO_2 粉体；(6) 将步骤 (4) 中得到的滤液加硫酸，调节 pH 值至 8.0~9.0 后，再加入 NH_4Cl，NH_4Cl 的用量为：$(V+W+Mo):NH_4^+ = 1:2~1:4$（摩尔比），沉淀后，过滤得到 NH_4VO_3 和二次滤液，NH_4VO_3 经洗涤后，投入制片炉中在 800~850℃ 条件下分解制得熔融的 V_2O_5，再制成片状即为 V_2O_5 成品；(7) 将二次滤液加盐酸调节 pH 值至 4.5~5.0，再加入 $CaCl_2$，$CaCl_2$ 用量为 $(Mo+W):CaCl_2 = 1:2~1:3$（摩尔比），沉淀出 $CaMoO_4$ 和 $CaWO_4$，再经过滤机过滤，所得滤饼在 40~50℃ 条件下用盐酸处理，再经酸沉、过滤机过滤可制得固体 H_2MoO_4 和 H_2WO_4，将固体 H_2MoO_4 和 H_2WO_4 焙烧即可得 MoO_3 与 WO_3，从而完成从废烟气脱硝催化剂中回收金属氧化物的生产工艺。

技术优势：该发明工艺简单，可操作性强，可同时对废烟气脱硝催化剂中的金属元素进行综合回收，回收效率和产物品质高，同时改善了环境状况，创造了良好的经济效益和社会环境效益；同时可利用现有的以钒渣为原料的湿法提钒设备，回收工艺过程能安全、高效率、经济地处理废烟气脱硝催化剂。

【公开号】CN101638749A
【发明名称】一种低成本高强塑积汽车用钢及其制备方法
【IPC 分类号】C22C38/08

【公开日】 2010 年 2 月 3 日

【被引证频次】 92 次

随着汽车轻量化和安全性要求的提高，要求汽车结构件用钢具有高强塑积。传统汽车用钢已经不能满足汽车工业未来发展对轻量化和高安全的双重要求。

该发明的目的在于提供一种低成本高强塑积汽车用钢及其制备方法，为了适应节约资源、降低成本、汽车轻量化和提高碰撞安全性的要求，需要研发成本低廉又具有较高强塑积的钢种。具体制备方法包括：（1）冶炼与凝固：适用于转炉、电炉和感应炉冶炼，采用连铸生产铸坯或模铸生产铸锭。（2）铸坯或铸锭的热轧或热连轧：热连轧：将铸坯经 1100～1250℃加热，由粗轧机进行 5～20 道次轧制，热轧到 30～50mm 厚度规格，由热连机组进行 5～7 道次轧制，轧后在 500～700℃范围内进行卷取成钢卷，钢卷冷却或可获得 70%以上马氏体；热轧：将铸坯或铸锭经 1100～1250℃加热，由轧机进行 10～25 道次轧制到设计厚度规格的钢板，钢板冷却到室温，获得 70%以上马氏体。（3）合金元素配分热处理工艺：将钢卷或钢板装入退火炉，加热到 $Ac1$ 以下 100℃到 $Ac1$ 之间，保温 1～10h，实现奥氏体的逆转变和控制奥氏体的稳定性，完成高强塑积性能钢板的制备。

技术优势：该发明制备的钢具有 40GPa·%级的强塑积源于具有层片状或等轴状的超细晶铁素体组织与层片状或等轴状奥氏体的复合组织，通过逆转变奥氏体亚稳化实现了钢的高强塑积。

【公开号】 CN101642796A

【发明名称】 一种醇基纳米复合及表面改性干粉铸型涂料配方及其制备工艺

【IPC 分类号】 B22C3/00

【公开日】 2010 年 2 月 10 日

【被引证频次】 64 次

铸型涂料是解决铸件表面粘砂，提高铸件表面质量最为有效的措施。其中的醇基涂料由于具有点火干燥、强度好、效率高等特点在铸件生产厂得到广泛使用。然而醇基涂料的悬浮稳定性较差，涂料在长途运输和存放过程中易分层，使其工艺性能下降。

该发明提供一种可用于铸钢、铸铁及非铁合金砂型铸造的醇基干粉铸型涂料工艺，其组成均匀无偏析，加醇后得到的浆状涂料具有优良的悬浮稳定性，且涂料的其他工艺及工作性能均能满足使用要求。该醇基纳米复合及表面改性干粉铸型涂料具体包括：表面改性剂、悬浮剂、黏结剂及耐火粉料；其中表面改性剂的质量分数为耐火粉料的 0.6%～4.2%，悬浮剂的质量分数为耐火粉料的 4.0%～8.0%，黏结剂的质量分数为耐火粉料的 4.0%～6.2%。表面改性剂由偶联剂和高级脂肪酸及盐组成，偶联剂的质量分数为耐火粉料的 0.1%～1.2%，高级脂肪酸及盐的质量分数为耐火粉料的 0.5%～3.0%；偶联剂可以是硅烷偶联剂或钛酸酯偶联剂，高级脂肪酸及盐为硬脂酸、硬脂酸钙、硬脂酸锌中的一种。

技术优势：该发明通过混合使用两种表面改性剂，既抑制了耐火粉料颗粒相分离，又使其颗粒表面有机化，具有与有机体系亲和的界面。即使采用简单的机械混合，仍可使有机悬浮剂与黏结剂在耐火粉料中较好地分散均匀，使制得的干粉涂料混合体系不易发生偏析现象，从而使醇基干粉铸型涂料的使用工艺参数可控性好，所得浆状涂料的工艺性能和工作性能均能满足铸件生产厂的要求。

【公开号】CN104985145A

【发明名称】自由铸造方法、自由铸造装置和铸件

【IPC 分类号】B22D11/01

【公开日】2015 年 10 月 21 日

【被引证频次】169 次

传统上采用的铸造方法常常导致因使用铸模而引起的各种问题，例如，铸造缺陷（凝固裂纹、缩松、气孔等）、凝固组织的不均匀、材料产率的下降、环境负担等。

该发明的目的是提供一种突破性的铸造方法，其能够通过根本解决常规铸造技术中所包含的各种技术问题而容易地获得具有复杂形状的铸件。自由铸造方法具体包括：导出工序，导出工序用于从熔融金属的液面导出熔融金属以通过在外表面上产生的表面膜或表面张力来暂时保持熔融金属自身，其中熔融金属经所述液面被供给至被保持的熔融金属；和成型工序，成型工序用于通过使根据期望的铸件形状沿设定路径导出的被保持的熔融金属凝固来获得成型体，其中，在成型工序中所述被保持的熔融金属在成型为期望形状之后凝固，而被保持的熔融金属是通过在其位于熔融金属的液面附近的不受约束的根部和一凝固界面之间的位置向其表面吹送气体以向其施加气体压力而成型为期望形状的，凝固界面被限定为所述被保持的熔融金属和成型体之间的交界。

技术优势：该发明通过使用已经凝固的部分来间接冷却被保持的熔融金属时，能从已经凝固的部分向未凝固的部分定向应用冷却方法。这有助于获得避免诸如缩松等铸造缺陷的好品质铸件。此外，自由铸造方法能容易地获得通过使用铸模的常规铸造方法难以获得的具有定向凝固组织的高品质铸件。

【公开号】CN105873698A

【发明名称】三维制品的增材制造及执行所述方法的计算机程序

【IPC 分类号】B22F3/105

【公开日】2016 年 8 月 17 日

【被引证频次】112 次

在增材制造技术中，最重要的是短的制造时间以及高质量的成品。然而，问题是减小制造时间会降低所生产的三维制品的材料性能。

该发明的目的是提供减小制造时间同时提高或者至少保持所制造的三维制品的材料性能。该发明提供一种用于通过连续沉积熔合在一起的粉末材料的单独的层以形成制品的三维制品的形成方法，方法包括以下步骤：使用粉末分配器在支撑面的顶部沉积粉末材料的新层；并且在沉积所述粉末材料的新层时对所述粉末材料的新层和所述支撑面进行加热而不熔合；其中，使用单个能量束源加热粉末分配器的两侧，并且用于熔合所述粉末材料以形成所述三维制品的能量束与用于对所述支撑面和所述粉末材料的新层进行加热的能量束是相同的能量束。

技术优势：该发明与传统的加热全部粉末层相比，输入到该局部区域的功率可低于或者远低于烧结温度；只要完成粉末分配就会发生熔合过程，与第一次分配全部新的粉末层相比该过程更快，并且随后执行对新的粉末层的预热，可将可能自烧结的新施加的粉末层的温度保持在所需的温度区间。

通过对冶金行业核心专利的分析可知，国外申请人的专利被引证频次平均水平高于国内申请人的专利被引证频次，且国外申请人在金属热处理、金属铸造、粉末冶金等技术领域具备较强的研发实力，其专利申请质量较高，处于领域核心地位的专利申请数量也占据较大优势；国内申请人在铁或钢的冶炼、生铁的加工处理、熔融态下铁类合金的处理、合金制造、铸造造型等领域具备较多的核心专利数量，也具备较强的技术竞争力实力，但专利被引证频次偏低也说明了国内专利技术的影响力与国外先进技术相比还有所欠缺。

1.4.3 多边专利

多边专利可以展现国家之间的技术研发实力，也体现了专利的市场价值高低。如果专利经济效益较低，市场价值不高，成果转化较为困难，则没有必要进行多边专利申请，并耗费大量专利维护成本；相反，如果专利市场转化程度高，具有较高的经济价值，则需要及时进行多边专利申请以占据技术市场的主导地位。在多边专利申请方面，我国企业和相关研发机构往往不够重视，在专利技术需要走向海外市场时才进行多边专利的申请，往往失去了技术保护的先机，也会降低我国企业和相关研发机构的国际影响力和竞争力。由于多边专利往往以专利同族数量作为评价指标，本节选取了冶金行业专利申请按照国际专利 IPC 分类号的小类进行划分后，每一小类专利同族数量最高的多边专利（同族专利数量采用 DWPI 同族整合规则），作为衡量冶金行业分支技术领域的市场化竞争程度的参考。

【公开号】CN103597099A

【发明名称】使用焦炉气和氧气炼钢炉气将氧化铁还原为金属铁的系统和方法

【IPC 分类号】C21B5/00

【公开日】2014 年 2 月 19 日

【专利同族数量】58

该发明提供了当还原剂的外部源是 COG 和 BOFG（也称为氧气炼钢炉气）中之一或两者时，将铁矿石直接还原的经济的方法。从竖炉废气和 BOFG 的混合物中，除去 CO_2，竖炉废气得自本领域普通技术人员公知的常规直接还原竖炉。随后将此贫 CO_2 气与净化的 COG 混合、润湿，并在间接加热器中加热。随后，向被加热的还原气中注入氧气，以进一步提高其温度。此热还原气流动至直接还原竖炉，在该处热还原气中的 CH_4 通过与 DRI/HDRI 接触而经历重整，随后将氧化铁还原。用过的热还原气作为竖炉废气退出直接还原竖炉，在废热锅炉中产生蒸汽，在冷却洗涤器中得到净化，并且被压缩并再循环加入新鲜的 BOFG 中。一部分竖炉废气被送至加热燃烧器。

技术优势：该发明使可以由给定量的 COG 和/或 BOFG 制得的 DRI、HDRI 或 HBI 的量最大化。通过除去外部催化重整装置而使设备最少化，并因此使工厂成本最小化，外部重整装置会被用于通过将 COG 中的 CH_4 与来自竖井废气和 BOFG 中的氧化剂重整而生成 CO 和 H_2。与使用外部催化重整装置相比，将贫 CO_2 气、贫 CO_2 的 BOFG 和 COG 的混合物在间接加热器中加热，接着进行 O_2 注入并在直接还原竖炉中重整，花费较少。

【公开号】CN103930573A

【发明名称】炼钢炉渣还原处理用电炉的炉渣供给容器

【IPC 分类号】C21C5/28

【公开日】2014 年 7 月 16 日

【专利同族数量】18

在钢的炼钢工序中产生大量的炼钢炉渣。炼钢炉渣包含 Fe、Mn 等金属成分以及 P 等，但由于因包含大量 CaO 而引起的膨胀、崩溃性，因此在路基材料、骨架材料等中的应用被限制。而通过分批处理来循环使用炼钢炉渣的现有方法的作业效率较差，此外，将冷的炼钢炉渣熔融而作为资源进行循环使用的现有方法存在单位能量消耗率较高的缺点。该发明的目的在于提供一种炉渣供给容器，作为作业效率良好且单位能量消耗率较低的方法，通过电炉对热炼钢炉渣连续地进行还原处理，而能够将热的具有流动性的炼钢炉渣以热的状态进行收容且能够在抑制炉渣起泡的同时装入电炉内。其采用的炉渣供给容器，是使热炼钢炉渣经由电炉侧炉渣供给口朝向炼钢炉渣还原处理用电炉内的铁液供给，该容器包括：容器主体，具备上壁、下壁以及配置于上壁与上述下壁之间的侧壁，使热炼钢炉渣朝向电炉流入；炉渣排出部，设置于容器主体的端部，与电炉侧炉渣供给口连接；炉渣接纳部，设置于容器主体的侧壁或者上壁，接受热炼钢炉渣的供给；盖，对炉渣接纳部进行开闭；排气部，设置于上述容器主体，排出来自上述电炉的废气；以及倾动装置，使上述容器主体倾动而对热炼钢炉渣向上述电炉侧炉渣供给口的流入量进行调整。

技术优势：该发明能够使热的具有流动性的炼钢炉渣不产生急剧地喷溅，朝向电炉内的铁液上形成的熔融炉渣层（即还原炉渣层）流入。因而，能够连续、持续地进行电炉的熔融、还原处理，在钢铁产业中的可利用性较高。

【公开号】CN101509060A

【发明名称】用于钢轨淬火的装置

【IPC 分类号】C21D9/04

【公开日】2009 年 8 月 19 日

【专利同族数量】65

一般情况下，钢轨淬火的连续式喷淋冷却设备虽然结构简单，但缺点是占地面积大、所需的工艺复杂并在生产过程中也不能有效排除钢轨的不希望的质量波动。此外，通常在连续式喷淋机构上不能根据变换的横截面轮廓如尖轨、槽形轨、宽底钢轨等以所需的程度准确协调冷却，其中，横截面区域连续冷却时的扭曲还可能导致不均匀的冷却剂加载，并因此导致材料在钢轨长度上淬火波动。该发明的目的在于提供一种用于钢轨，特别是成型行车道钢轨淬火的装置，利用该装置可以在具有高安全性、高产出下经济地制造高质量的钢轨。装置具体包括：机械手，用于无阻碍地迅速传送从轧机排出的钢轨，其可以使钢轨轴向定向以及实现尺寸准确地装入定位机构内和/或者实现放置到转运机构上和/或者放置到冷却床上；定位机构，用于无扭曲地夹紧；淬火机构，可与定位机构共同使用；控制机构，其可以在钢轨的冷却过程中，为了循环浸入钢轨的顶和/或者其他横截面和/或者整个表面，使得各组件能够相互协调；由夹钳形成机械手，夹钳具有抓臂，这些抓臂分别构成使钢轨轴向定向的中心件和使轨脚横截面对齐保持的抓取件，并以这种方式使得钢轨能够尺寸准确地送入定位机构内，并能够使钢轨固定在该定位机构内。

技术优势：该发明的装置优点在于：将具有奥氏体组织的热轧钢轨由机械手轴向定向地在所期望的位置送入定位机构内，该钢轨通过两个夹紧元件防移动和防弯扭。通过悬挂钢轨轨脚的接触件以及可松开的夹紧机构，将钢轨送入冷却剂内，同时受控制地彼此相对垂直运动，并可以调整各个垂直保持位置和在保持位置中的持续时间，由此在冷却或热处理期间，钢轨也可以稳定保持在所期望的横截面位置上，这样可以在钢轨的横截面上获得所期望的显微组织构成，由此可以制造具有承受特殊负载而构成的特定轮廓的钢轨。

【公开号】CN101715492A

【发明名称】用于制备金属锌的含锌化合物的直接熔炼

【IPC 分类号】C22B5/16

【公开日】2010 年 5 月 26 日

【专利同族数量】25

该发明的主要目的是提供用于从硫化物和氧化物的浓缩物回收锌和铅的有效方法。含锌化合物，主要为 ZnS 或 ZnSO$_4$，还有 ZnO 和含有氧化锌的材料，例如电弧炉粉尘，被冷压块以形成致密的附聚物，所述致密的附聚物含有含碳材料如煤、焦炭、石油焦、木炭等，氧化铁，熔剂如石灰、二氧化硅、晶石等，以及黏合剂。在附聚物中存在过量的碳，其不仅与锌化合物反应，并且还原氧化铁、氧化锰、氧化铅、氧化钙等，使得熔化器气氛主要是 CO，以及一些来自煤的挥发的释放的 H$_2$。氧化铁中含有的氧自由地与硫化锌反应以形成 ZnO，或硫化锌在达到高温时可以升华以释放锌蒸气。体系中的硫自由地与液态铁结合以形成液态 FeS 或在铁中溶解的硫。

该发明用于从锌和铅的硫化物或氧化物的浓缩物制备铅和锌的方法，主要包括下列步骤：(1) 将锌矿石和/或铅矿石浓缩物、含铁和含碳材料；金属铁微粉和氧化铁微粉；含碳还原剂；融合剂；和黏合剂混合，以形成混合物；(2) 从所述混合物形成附聚物；(3) 将所述附聚物引入到熔化炉中；(4) 在温度为 1000~1650℃的所述熔化炉中汽化铅和锌，并且将铅和锌以汽化的形式从所述熔化炉移去；(5) 将金属蒸气冷却和冷凝成液态金属；(6) 分离锌和铅；(7) 分别回收铅和锌金属。

技术优势：该发明通过使用常规冷凝器技术从尾气冷凝锌蒸气，并且释放的硫主要以液态 FeS 的形式被液态 Fe 结合，或与 CaO 反应以形成 CaS，并且以 FeS 或炉渣的形式保持液体状态。在该发明方法中需要非常少的铁，以至于铁锭的回收不重要，而是排出液态 FeS，锌回收使得所述方法更为经济。

【公开号】CN110117753A

【发明名称】用于压制硬化的钢和由这样的钢制造的压制硬化的部件

【IPC 分类号】C22C38/02

【公开日】2019 年 8 月 13 日

【专利同族数量】33

结合了高机械强度、高耐冲击性、良好的耐蚀性和尺寸精度的钢部件在汽车工业中应用范围广泛。汽车部件例如前纵梁或后纵梁、上边梁、B 柱，和底盘部件如下连杆、发动机支架更特别地需要具备这些特性的钢部件。本发明的目的是提供一种具有包含以下的钢化学组成的压制硬化的钢部件，以重量计：$0.062\% \leq w(C) \leq 0.095\%$，$1.4\% \leq w(Mn) \leq 1.9\%$，$0.2\% \leq w(Si) \leq 0.5\%$，$0.020\% \leq w(Al) \leq 0.070\%$，$0.02\% \leq w(Cr) \leq 0.1\%$，其中 $1.5\% \leq (w(C)+w(Mn)+w(Si)+w(Cr)) \leq 2.7\%$，$0.040\% \leq w(Nb) \leq 0.060\%$，$3.4 \times w(N) \leq w(Ti) \leq 8 \times w(N)$，其中：$0.044\% \leq w(Nb+Ti) \leq 0.090\%$，$0.0005\% \leq w(B) \leq 0.004\%$，$0.001\% \leq$

$w(\mathrm{N}) \leqslant 0.009\%$，$0.0005\% \leqslant w(\mathrm{S}) \leqslant 0.003\%$，$0.001\% \leqslant w(\mathrm{P}) \leqslant 0.020\%$，$0.0001\% \leqslant w(\mathrm{Ca}) \leqslant 0.003\%$，剩余部分为 Fe 和不可避免的杂质，并且其中以表面分数计，在部件的大部分中显微组织包含：小于40%的贝氏体、小于5%的奥氏体、小于5%的铁素体，剩余部分为马氏体，所述马氏体由新鲜马氏体和自回火马氏体组成。

技术优势：该发明提供了一种压制硬化的激光焊接的钢部件，其中焊接部的至少一个第一钢部件是经 Al 涂覆的部件，其至少与至少一个第二钢部件焊接，至少一个第二钢部件的组成包含 0.065% ~ 0.38% 的碳（质量分数），并且其中在第一钢部件与第二钢部件之间的焊缝金属的铝含量小于 0.3% （质量分数），并且其中第一钢部件、第二钢部件和焊缝金属在相同操作下被压制硬化。由此其在同质过程中或在异质过程中可容易焊接并进一步被压制硬化，并且这些压制硬化的焊缝具有高的机械特性。

【公开号】CN102089094A
【发明名称】用于金属铸造的模具和采用该模具的方法
【IPC 分类号】B22C9/08
【公开日】2011 年 6 月 8 日
【专利同族数量】28

对于小型铸件，金属通常可以采用一个金属流和一个过滤器成功地送至铸件。对大型铸件会出现困难，因为常规过滤器将不具有所要求的流入大型铸件的能量，即它被阻塞，因此减缓或停止金属的流动，并且产生未完成的铸件。因此，需要采用非常大的过滤器，或者需要采用引入铸件的多重过滤金属流。由于低过滤能量，仍会产生问题，导致过滤器阻塞，灌注时间长。该发明提供了一种用于铸造金属的模具，模具在其中具有空腔，空腔具有铸造部和在铸造部上游的与铸造部邻接的运行系统，运行系统包括上游进口部、下游出口部以及设置在进口部和出口部之间的涡流室，其中过滤器设置在涡流室和出口部之间的接口处，其中过滤器平行于金属在涡流室内旋转所围绕的轴线设置，且进口部的纵向轴线穿过过滤器。该发明还提供了一种用于形成金属铸件的方法，包括：将熔融金属浇注到空腔中，以便它流过进口部并进入涡流室，引起熔融金属在涡流室中旋转运动，从而引起金属中的夹杂物积聚在涡流室中，使熔融金属通过过滤器进入运行系统的出口部，且随后进入模具空腔的铸造部，允许熔融金属凝固，以及将铸件从模具上分离。

技术优势：该发明改善了过滤性，使得金属以一定的角度撞击过滤器，以便大量的金属在过滤器上经过而不是穿过过滤器。一些热量传输至过滤器，并且当金属移动离开过滤器时，它由新的热金属连续代替，以便以最小的凝固完成起动灌输工艺。用于铸造的熔化物的温度可以降低，从而节省可观的能量消耗，提供了更高的过滤容量和效率。

【公开号】CN107073573A

【发明名称】非接触式熔融金属流动控制

【IPC 分类号】B22D27/02

【公开日】2017 年 8 月 18 日

【专利同族数量】46

在半连续铸造中，当熔融金属随着模具腔体的假底的降低而凝固成铸锭时，使用水或其他冷却剂来冷却熔融金属。金属氧化物对热量的扩散没有纯金属那么好。来自熔融金属的上表面的金属氧化物迁移越过位于上表面与侧表面之间的弯月面可接触冷却剂并在所述表面处形成热传递障碍。具有金属氧化物的区域以与金属的剩余部分不同的速率收缩，这可造成应力点并且因此在所产生铸锭或其他铸造金属中造成断裂或故障。本发明在铝铸造期间使用磁场来控制金属流动状态。磁场可使用旋转的永磁体或电磁体来引入。磁场可用于在熔融池的表面周围诱导熔融金属在期望的方向上、诸如以旋转模式移动。磁场可用于在熔融池中诱导出金属流动状态以提高熔融池和所产生铸锭中的均一性。增强的流动可增进熔融池中的晶体的成熟。正在凝固晶体的成熟可包括将晶体的形状整圆，使得它们可更密集地挤在一起。金属流动可通过非接触式金属流动诱导器实现。非接触式金属流动诱导器可以是基于磁的，包括磁源，诸如永磁体、电磁体或它们的任何组合。

技术优势：该发明采用金属流动诱导器可径向或纵向地控制金属池内的熔融金属的速度。金属流动诱导器可逆着凝固界面控制熔融金属的速度，这可改变正在凝固晶体沉淀物的尺寸、形状和/或组成。使用金属流动诱导器以跨凝固界面，增强金属流动，可均布已经挤出的被排斥溶质合金元素或金属间化合物，并且可使正在凝固晶体四处移动，以有助于使晶体成熟。

【公开号】CN101925427A

【发明名称】减敏金属或合金粉末及其制造的方法和/或反应釜

【IPC 分类号】B22F9/20

【公开日】2010 年 12 月 22 日

【专利同族数量】37

如果需要在暴露在空气中陶制容器内或在渣层下对锆进行金属热还原反应，则在反应后，对反应产物进行冷却的时候，反应生成的锆的粉末又会和空气中的氧结合。最终生成的混合物是未被很好还原的锆金属和占多数的锆的氧化物。所获得的少量的金属基本上没有实际用途。同样，金属钛和铪也会发生这种情况。该发明的目的是提供一种从活性金属锆、钛和铪的氧化物或这些氧化物的混合物中生产出这些金属粉末或合金粉末的方法，由此所生产出的活性金属粉末或合金粉末在暴露在空气中的时候能被处理，例如能被进一步的加工。并提供一种制造

平均粒径小于 $10\mu m$ 的金属粉末或合金粉末的方法，该金属粉末或合金粉末含有或由活性金属锆、钛或铪中的至少一种金属构成，通过使用还原金属来热还原所述活性金属的氧化物和卤化物，金属粉末或合金粉末通过以下的方法被减敏：在对氧化物或卤化物的还原反应中和/或反应后加入钝化气体或气体混合物，从而使至少 1000×10^{-6} 的氮气和/或至少 500×10^{-6} 的氢气被作为钝化气体被加入金属粉末或合金粉末中，和/或在对氧化物或卤化物进行还原反应之前加入至少 2000×10^{-6} ，至多 30000×10^{-6} 的钝化固体物质，使得还原反应和减敏反应在单个不透气的、可以抽真空的反应釜中进行。

技术优势：该发明有目的地添加减敏性物质，确保了由活性金属锆、钛或铪中的至少一种金属构成的金属粉末在从被控制的气相环境被转移时不会自发性的燃烧，和水接触时不发生爆炸性的反应。

通过上述对冶金行业多边专利及专利同族数量的分析可知，冶金行业多边专利以美国、日本、奥地利、比利时、德国等发达国家为主，国内申请人多边专利及专利同族申请数量较少。在多国进行专利申请以及授权后的专利维护费用较高，造成专利技术运营成本增加，冶金行业国内企业及相关研发机构多边专利及专利同族申请数量较少也侧面反映出国内专利申请质量不高、市场转化率较低，参与国际竞争的意愿不强烈，只局限于国内市场。因此，提高冶金行业国内企业及相关研发机构专利申请质量以及市场转化价值是下一阶段有效应对国际化竞争的唯一策略。

2　冶金行业专利质量提升策略

随着科学技术的飞速发展和经济全球化进程的不断加快，科技创新已经成为经济发展的主要支柱。自我国加入世界贸易组织之后，尤其是近十年来冶金行业得到持续快速发展，总体规模不断扩大，我国已成为世界第一冶金产业大国。冶金行业作为国民经济的基础，也是国家实力和工业发展水平的标志。随着国际竞争日趋激烈，专利技术已成为企业的核心竞争力，冶金行业的创新主体也在积极开展全球专利布局。在从产业大国到产业强国的发展道路上，企业不断提升科技创新能力，在专利布局的同时更要关注专利质量的提升，培育具有较高战略价值和市场价值的专利技术。

2.1　专利战略规划

专利制度的最基本的两个特点是对发明创造的保护和对发明创造的情报汇集。只有充分利用好专利的这两个特点，才能发挥出专利制度对我国技术进步和社会发展的促进作用。要充分重视对企业、行业自身技术创新有关的专利保护与专利情报的研究工作，增强自我保护意识，建立完善的管理体系，开展专利战略研究，用以指导企业技术发展和参与市场竞争。首先是要注重对自己的先进技术、发明创造及时申请专利进行保护，特别是在我国的支柱产业、重要技术领域要注意用专利保护自己的先进技术，保住现有的技术优势与竞争优势；其次要充分利用专利文献，从这些包含全世界发明创造者智慧结晶的文献中，及时掌握国内外竞争对手的技术发展动态，从中借鉴，少走弯路，并寻找出自己的技术创新与市场竞争的出路，只有这样，才能充分利用专利制度服务于我国的市场经济建设，我国的行业、企业才能真正从专利制度中受益，在面临大量外国专利技术涌入我国，纷纷争夺并占领我国技术市场各领域的情况下，开拓出我们的技术创新路线，保持住现有的技术进步主导权，从而把市场牢牢掌握在自己手中。

专利战略，是指与专利相联系的法律、科技、经济原则的结合，用于指导科技、经济领域的竞争，促进创新与经济发展，通过加快建设和不断提高专利的创造、保护、实施和管理能力，加快建设和不断完善现代专利制度，造就高素质专利人才队伍，以支撑和引领自主创新发展的总体谋划。专利战略的层次不同，其研究内容和考虑的因素有所不同。国家专利战略侧重于立法创造经济环境，制定经济和技术创新政策，为企业创造一个有利的创新环境，从宏观、长远利益出发，针对国内外技术发展状况、发展水平和发展方向以及经贸活动，确定整体的、系统性的指导方略。行业专利战略着眼于具体技术领域，围绕着本行业的整体发展规划进行，其涉外性较强，通过对国内外产业政策、行业的科技发展情况、产业规模、技术贸易状况、专利竞争与发展态势等多方面的综合分析，确立全局性、长远性的促进科技与产业发展的目标与实施方案。企业专利战略的研究和实施则是围绕着本企业的新产品、新技术应如何面对市场而进行。通过对企业的经济实力、技术能力、市场经营状况、专利技术的竞争与发展态势等因素的综合分析，确定促进企业持续发展的指导方案，是企业主动地利用专利制度提供的法律保障来有效地保护自己，并充分利用专利信息，研究分析竞争对手状况，推进专利技术开发、控制独占市场，以求得长期生存和发展而进行的总体规划。

2.1.1 专利战略的研究和规划

对于专利战略的具体研究和规划，大致可以从以下几个方面开展。

首先是对企业自身实际情况作出综合评估，结合企业的生产和发展规划，确定研究的技术领域、研究方式与研究目标。由于专利战略是围绕专利技术展开的，是企业经营战略的组成部分，专利战略的目标是建立在明确的经营目标和明确的研究目标基础之上的。由此可见，需要企业主管技术的负责人、技术研究人员以及专利工作者共同组成企业的专利战略研究团队，企业主管技术的负责人从经营角度出发为专利战略研究方向提出建议与决策意见，技术研究人员从创新的角度对技术进行研究分析和开发，专利工作者则可以为技术的研究开发提供最新的专利情报分析以及相关的法律建议。通过对企业技术水平、经济实力在市场竞争中所处的位置的分析，综合企业贸易状况以及国内外现行政策，确定开展专利战略研究的主要方向和技术范围，为开展专利情报分析做好准备。

其次就是开展专利情报的分析工作。这部分是专利战略研究的重点。根据已确定的研究领域和技术范围，确定专利文献检索的大致范围。根据国际专利分类，确立检索的分类号与组别，该步骤的准确性比较关键，是全面准确做好专利文献检索与分析的基础。在专利文献的检索过程中要注意采集专利名称、申请号、申请人、优先权日、申请日、公开日、授权日、公开国别等对研究分析有用的相关信息。对检索出来的专利文献从其技术内容上进行初步筛选，找到专利战略研究分析的关键专利和基础专利，即通过对说明书摘要的阅读分析，挑选出对经营目标的相关技术领域有密切关系和重大影响的专利。对检索结果做进一步对比分析，可以从中得出关键技术与相关技术发展状况和未来趋势、市场分布、各竞争者间势力范围的划分等多方面的结论。对于关键专利技术应从技术内容、权利要求范围、法律状态、市场进入范围等方面进行详尽的研究分析，分析关键专利技术的内容特点、应用前景、有效期限、对将来技术发展的影响、对自身经营的影响等等，这些都可以从专利说明书和权利要求书中得出结论，尤其要重视对实现经营目标有重大影响的关键专利技术进行仔细的分析。

专利文献是一种体现科技与法律的文献，它记录的是世界各国最新的发明创造与构思，是普通科技文献无法相比的，有许多普通科技文献无法包括的内容都能从专利文献中体现出来。通过专利文献公开国别和同族专利分布，可以知道该项技术在哪些国家申请了专利，由于专利权具有地域性，仅在其申请的国家受保护，故在这些国家中，如果企业的生产或经营使用了相应的技术，就可能会引起专利侵权，而在其他国家就不受影响，可以放心使用；同时还可以分析出该技术的市场进入范围，通过各企业在这一技术领域的同族专利，可以看出该企业技术市场的进攻意图。另外，专利的保护是有一定法律期限的，各国所规定的专利保护期限有所不同，在保护期限内，只要是按期缴纳专利年费，该技术就受法律的保护，如果过了保护期限或由于种种原因在保护期未届满时终止了专利权，这些技术就进入公用技术领域，任何人可以无偿使用，因此通过对专利的有效期限的分析，可以得出将来的技术发展所受专利技术制约的时间长短。从专利申请的数量、年代与技术内容方面，分析出技术的发展过程、最新发展现状和将来的发展趋势，从专利申请量和对应年代的统计分析曲线上，通常可以看出在技术发展的起始阶段，专利的申请量每年都是大致保持在较少数量，在技术的发展阶段，专利申请量迅速增多，当技术不断发展达到成熟后，专利的申请量将由发展阶段的迅速增多变得每年相对平稳，当这方面的技术发展到相当的成熟完善后，要做出新的突破已有难度，专利的申请量将逐年下降，当有新的突破性技术出现后，专利申请量又会再一次出现上面的周期变化。通过对专利技术内容的分析，可以看出技术的发展现状和将来的发展趋势，专利说明书记载的是世界各国最新的发明创造与构思，这些发明创造有些具有技术发展的超前性，离该技术的实际社会应用可能还有一段距离，因此对检索出的关键专利的技术内容进行分析，可以启发我们选择将来的技术研究与发展的方向。从专利申请人所属国即优先权所属国、所属公司分布上，可以看出各国间、各公司间的技术优势分布。从到中国申请专利的申请人分布上，可以分析得出将来与本企业主要打交道的对手是哪些国家、哪些公司；从来我国申请专利的技术领域分布、专利有效期分布可以得出这些专利对我国技术发展前景的影响、将来的技术创新与技术引进选择的大概方向；对于那些没有在我国提出专利申请的外国专利，我们进行充分研究后可在法律允许的范围内充分利用。另外，对于国外的一些重要专利技术，我们应在技术方面进行重点研究分析，在采取借鉴、引进、消化、吸收与改进等多种方式的基础上开创出自己的专利技术，突破国外专利技术在我们技术发展道路上的封锁与占领，对于那些重要的基础专利，一时难以突破其技术覆盖范围的，我们可以围绕基础专利进行其辅助设备、应用等方面的技术创新，在其基础专利之上创造出自己的专利技术，为自己将来的技术发展争得三分天下，削弱外国技术在我国技术市场的占领优势。

经过上述分析，在充分掌握竞争对手的部分实力与动向的情况下，应结合企业的技术实力和技术现状，寻找各方在竞争中的区别与差距，确立今后的研究目标，并且对有望开创出新的知识产权的技术领域进行确定。这可通过综合分析之后，基于专利战略的研究成果，制定出切实可行的专利战略；同时，在专利战略的实施过程中，应对实施方案随着竞争的发展和竞争环境的变化不断进行调整和优化。

2.1.2　专利战略的基本形式

作为企业发展的矛与盾，专利战略有各种行之有效的形式，按专利战略过程可分为申请战略、实施战略、保护战略。通常按专利战略性质可分为进攻型专利战略和防御型专利战略两种基本形式。

（1）进攻型专利战略。对于具有较强的竞争实力、技术上处于领先优势的行业或企业，在竞争中通常采用先发制人的进攻型战略。即为了维护自身的利益，在竞争中占据主动优势地位，积极扩张己方的市场占领范围，利用各种与专利相关的法律、技术、战术、外交、经济等手段，挤压竞争对手，保持垄断地位。其战术方式主要采取专利技术垄断、专利法律保护、专利技术实施、专利技术贸易、专利的引进与输出等，以期获得最大的市场份额，巩固自身在竞争中的垄断地位。对于企业在技术能力上有一定优势的技术领域，应采取主动进攻的战略，积极对优势技术进行专利保护，以对抗国外专利对我国技术领域的占领。

（2）防御型专利战略。对于经济实力较弱、技术上不具备竞争优势的行业或企业，通常采用后发制人的防御型战略。即为了改变在竞争中的被动劣势地位，积极捍卫自己已有的市场范围，利用对专利技术的二次开发、技术引进、外围合击、专利对抗、专利诉讼等方式抵御竞争对手的专利攻势，以期化被动为主动，在与实力强大的竞争者的市场抗争中，开拓自己的市场，打破对手的技术垄断，在激烈的市场竞争中，变被动为主动，变劣势为优势，最终达到战胜对手的目的，夺得竞争优势。基于对企业技术能力的客观分析，在技术能力上确属落后于国外的技术领域，应采取积极的防御型战略，灵活运用我国的专利制度，保护自身利益，将损失降到最小。

以上两种基本形式的专利战略要随着竞争双方实力、竞争市场的改变而进行灵活运用。基于充分的调研以及客观的分析，原来占有竞争优势的领域，由于受环境、技术制约等处于不利地位时，应迅速由进攻型战略转为防御型战略；同理，当原来处于劣势的领域，由于防御战略的有效实施，战略态势由劣势变为优势时，应果断地由单纯防御型转为防御、进攻兼备型战略。

专利战略的运用，正是权利主体人自我法律保护意识的体现。除了对进攻型专利战略和防御型专利战略的选择以外，对于在技术发展过程中本行业、本企业作出的发明创造，应通过专利工作者与工程技术人员的相互协作，对发明创造的发明高度和应用前景进行分析，决定是否采取专利保护，尤其是对于企业核心技术或基础研究成果，若是决定利用专利保护，应及时申请专利，因为大多数国家的专利法都采用先申请制，只有抢在竞争对手之前申请专利，才能保证自己占有此项专利权；对于企业认为没有申请专利权必要的发明创造内容，也可以在媒介上公开，使其成为公有技术，达到阻止其他企业或个人取得专利权的目的。另外，企业在对基本技术和核心技术申请专利的同时，应注意围绕这一基本技术和核心技术申请一系列外围专利，形成专利网，以加强企业在这一领域牢不可破的垄断地位。同时，还应结合贸易状况，向那些有潜在市场前景的国家申请专利保护，以保护今后在投资和产品输出国的专利独占权，达到以专利技术控制市场和抵制他人对市场占有的目的。

对于在企业发展过程中无法绕开的专利，可以考虑技术引进，即买入专利，减少对企业发展的妨碍，同时也可以避免重复研究和投资。或者对其进行充分研究，对其专利权的稳定性进行客观分析，在证据齐全且有利的情况下，可以对其提起无效宣告请求，迫使其专利不能成立或缩小其专利保护的范围。

在上述专利情报分析过程中，也可以发现一些比较重要的失效专利或即将失效专利。对于一些已经失效或即将失效但仍然有用的专利技术，在做好准备后立即实施，既可免付或少付专利使用费，而且风险低、效率高。世界多数国家都把发明专利的保护年限定为 20 年。专利技术在保护 20 年后，成为人类的共同财产，人们可以实施已经超过保护年限的专利技术。另外，由于一些原因，例如专利权人主动放弃或未缴纳专利年费等，也会造成专利权的失效。对已经失效的专利技术，只要它还有利用价值，都应当积极考虑实施；对一些临近到期或要提前失效的专利技术，要做好开发实施的准备工作。这种方法，可不付使用费，风险较低，效率较高，但必须做好市场调查和预测，保证投资产生效益。

2.1.3　专利战略研究成果展示

以稀土储氢合金为例，众所周知，稀土储氢合金是能源领域一个非常重要的功能材料，是镧、铈轻稀土的主要应用领域之一，发展稀土储氢材料既有利于社会和经济的可持续发展，又能够促进我国稀土资源的高效高值均衡利用。

包头某研究院技术专家联合天津某公司对我国建立稀土储氢合金专利战略进行了研究分析[1]。通过对稀土储氢合金的全球专利分析得出，稀土储氢合金的发展分为 4 个阶段：1980 年以前属于技术萌芽期，那时环境污染不严重，人类开发清洁能源的愿望尚不够紧迫。1981—1990 年为平稳增长期，这一时期各国加大了能源材料的研发，AB_5 型稀土储氢专利技术逐步大量涌现。1991—2002 年为快速增长期，此时，采用稀土储氢合金作为负极材料的镍氢电池在日本获得商业化生产并成功应用于氢能源动力汽车，推动专利申请量迅猛增加；同期出现了大量新型的 AB_3 型稀土储氢合金。2003 年之后是发展趋缓阶段，稀土储氢合金领域的竞争格局基本形成，相关技术较为成熟，各主要企业在专利布局方面开始收网。然而目前我国储氢合金在品质、品种上与国外相比，都存在着明显差距，缺乏新产品和新工艺技术，没有形成新的市场需求，稀土储氢合金领域专利处于受制于人的状态。

通过对专利申请来源国的分析得出，日本是稀土储氢合金专利申请的主要产出国，申请量占全球的 43%。日本在专利布局之初就形成了产业化、全球化的优势，自 1990 年，日本各电池厂商开始大规模生产镍氢电池，产销量逐年成倍增长，日本企业在储氢材料整个产业链上都具有雄厚的技术实力，尤其是在含金量最高的基础专利"稀土储氢合金"领域处于技术垄断地位。相比之下，我国稀土储氢合金技术专利起步要比全球晚 20 年左右，且大部分专利申请人来自高校和科研院所，申请量较分散，未能形成具有雄厚竞争实力的本土企业或科研院所。加强产学研结合是解决我国在储氢材料领域技术和市场结合的关键因素，即企业与高校和研究所专利申请人应当主动积极寻求合作渠道，推进我国本土专利技术的产业化，建立企业的专利保护网。

通过对主要研发技术分支的分析，发现在各类储氢材料中，稀土储氢合金的专利申请量占有绝对的优势，目前全球主要研发热点集中在改善合金的循环寿命、储氢容量和抗氧化、粉化、提高吸放氢速度以及改善吸放氢的条件等方面。日本一些公司近年来已将重点转移至 A_2B_7 型合金的开发利用，而我国研究领域还主要局限在合金组分的控制上，研发进度远落后于日本。若想增强我国在该领域的竞争实力，必须了解储氢材料领域的技术空白点，例如，改进活性、降低成本、轻量化等，同时研究开发储氢合金的关键共性技术，如新型复合合金、结晶晶相结构控制、表面处理工艺等，此外，还应积极开发新型稀土储氢合金，追赶世界技术强国。目前日美还有大量的专利技术未进入我国市场，随着我国汽车工业、电子工业等快速发展，这对我国申请人来说既是挑战，也是机遇，应当及时关注该领域的产品研发动向，加大对专利技术的挖掘。

我国的储氢合金及其产业若要真正走向国际市场，必然面临知识产权问题，我国稀土储氢合金领域应该如何进行专利战略布局？首先企业应积极通过专利申请来保证自身的竞争力，同时应采取防御型的专利战略，即灵活地使用购买专利技术和专利交叉许可的策略，在竞争与合作的共存中不断发展。储氢合金企业之间应积极倡导并建立专利联盟，在合适的时机下推广其专利标准，以共同抵御国外企业的冲击。另外，国内企业在引进国外先进专利技术后，还应对其进一步研究、消化、吸收和创新，将创新的技术再同时向国外申请专利，即运用专利回输策略，走一条符合我国国情的专利战略。

在新工艺、新技术和新产品主导的中国制造业中，重视专利战略研究显得至关重要。通过对我国目前稀土储氢合金发展以及全球专利情报进行分析，可为稀土储氢合金领域的专利战略提出可行的建议，目前国外储氢合金合成技术专利很多已过保护期，这正是我国稀土储氢合金及其产业走向国际市场的大好机遇。

2.2　高质量专利培育

2.2.1　专利价值

专利（patent）源于拉丁文的 litterae patentes，意思是公开的信件，是中世纪的君主用以授予权利与恩典的文件，盖上君主的印玺之后，这封公开信件就是权利的证明，见信者皆应服从。可见，专利最初的含义是官方将证书所记载的内容向公众公开，同时授予申请人垄断性的特权。因此，向公众公开是专利最大的特点，同时垄断性，即排他性、独占性，是专利最本质的特性。

现代专利是指经国家专利行政主管机关依照法定程序审查批准的、符合专利授予条件的发明创造。专利的种类在不同的国家会有不同规定，在我国专利包括发明、实用新型和外观设计三种类型。我国专利法规定：发明和实用新型专利权被授予后，除本法另有规定的以外，任何单位或者个人未经专利权人许可，都不得实施其专利，即不得为生产经营目的制造、使用、许诺销售、销售、进口其专利产品，或者使用其专利方法以及使用、许诺销售、销售、进口依照该专利方法直接获得的产品。外观设计专利权被授予后，任何单位或者个人未经专利权人许可，都不得实施其专利，即不得为生产经营目的制造、许诺销售、销售、进口其外观设计专利产品。专利权的本质是权利人所掌握的技术的排他性。基于专利的排他性，专利权的价值在于专利权的排他性给权利人所带来的排他利益[2]。

除了排他性，专利权还具有时间性和地域性，即被授予的专利权只在规定的时间内有效，期限届满后，专利权人对其发明创造就不再享有制造、使用、销售等独占权。同时，一个国家授予的专利权只在授予国的本国有效，对其他国家没有法律约束力，每个国家所授予的专利权，其效力是互相独立的。这是专利权区别于有形财产的重要法律特征，同时，通过时间和地域对专利权排他性进行限制，也是为了更好地促进技术的进步。随着技术的发展，专利的价值可能随着时间、空间的变化而发生改变。

2.2.2　专利价值的表现形式

2.2.2.1　技术性价值

每件专利都是包含了可以解决技术性问题的技术方案，但是高价值专利不都是技术性先进性较高的专利，例如有一些技术性先进性很高的专利技术，因为缺乏配套技术等难以落实措施，这些专利难以称为高价值专利。高价值专利应当具有最基本技术含量的门槛，最少应当满足专利法意义上的新颖性、创造性和实用性。

2.2.2.2　法律价值

专利权的核心在于专利的排他性，专利权人通过拥有一定时间一定地域的排他性权利，获得垄断性收益。专利的法律价值正是专利在生命周期内和权利要求范围内依法享有法律对其独占权益的保障。专利稳定性、可规避性、专利侵权可判定性，是评价一项专利法律价值的重要方面。

2.2.2.3　战略性价值

真正具有技术性意义上的价值基础和法律意义上的价值保障的高战略性价值专利主要是某领域的基本专利和核心专利，或是为了应对竞争者而在核心专利周边布置的具有组合价值或战略性价值的前制专利。对于企业来讲，这些专利要么能用于较强的攻击和威胁竞争者，要么能用于构建牢固的技术壁垒，要么能用于作为重要的谈判筹码，或是兼而有之。

2.2.2.4　市场价值

专利能够产生的经济效益与其市场价值有直接关系，高市场价值的专利技术一定是同时具有技术性价值和法律价值的专利技术，时下或预期未来能在市场上应用并因而获得主导地位、竞争优势和巨额收益的专利，才是真正实际意义上的高市场价值专利。

2.2.2.5　经济价值

在专利的现有市场价值中，直接变成的现金流便是该专利可以直接衡量的经济价值。一项专利技术或者一组专利技术的经济价值通常由专利实施后产品或工艺的获利能力来体现。

2.2.3　高质量专利的内涵

随着创新驱动发展战略的不断深入，高质量专利已经成为产业发展的新动力以及企业的核心竞争力。

国家"十四五"规划和2035年远景目标纲要中首次将"每万人口高价值发明专利拥有量"纳入经济社会发展主要指标，提出要更好地保护和激励高价值专利，培育专利密集型产业，并明确到2025年我国每万人口高价值发明专利拥有量达到 12 件的预期目标。这将有效引导创新主体和市场主体更加注重专利质量，聚焦关键核心技术，加强研发、保护和转化运用，推动高质量发展。深入实施知识产权强国战略，离不开高价值专利的重要支撑。培育高质量专利也是我国现阶段社会经济发展的需求。

高价值专利，是由专利价值和专利质量两个维度衍生而来的新名词，在我国现行专利法律制度框架下还不是一个法律意义上的正式概念[3]。近些年，国内学者对高价值专利的概念和内涵也进行了一定的研究。有学者认为，高价值专利有广义和狭义之分。从狭义上讲，高价值专利是指具备高经济价值的专利。在很多情况下，具有高市场价值或者潜在高市场价值的专利之所以没有体现出高经济价值，可能是由于一些客观或主观因素造成的迟滞，比如战略时机上的考虑。因此，从高价值专利筛选的角度来说，认为广义地将高（潜在）市场价值专利和高战略价值专利的并集视为高价值专利是可取的方式。换句话说，从广义上讲，高价值专利是指高（潜在）市场价值专利和高战略价值专利的并集[4]。另有学者认为，结合产业发展而言，高价值专利是指战略性新兴产业、特色优势产业中，以企业为主体整合各类创新资源，积极开展产学研服（高端服务机构）紧密协作创新，并将创新成果形成具有较强前瞻性，能够引领产业发展，有较高市场价值的高质量、高水准专利或者专利组合[5]。还有学者认为，从专利的开发到转化各个环节来看，高价值专利至少应当具备以下条件：一是有一个高水平、高技术含量的技术方案；二是由高水平专业人员撰写的高质量专利申请文件，对发明创造作出了充分保护的描述；三是依法严格审查，符合专利的授权条件，权利有较好的稳定性；四是有良好的国内外市场前景，产品市场占有率高，或者有很好的市场控制力，有的可能还没有转化成实实在在的产品，但对于当前或者未来而言能够增强其市场竞争力，并认为，任何评估评价标准都是相对的，同样需要在发展中去不断完善[6]。

对于高价值专利，在学术界虽然还没有统一的定义，但是国家知识产权局明确将五种有效的发明专利纳入高价值专利的统计范畴，也为企业培育高价值专利指明了方向，即战略性新兴产业的发明专利，在海外有同族专利权的发明专利，维持年限超过 10 年的发明专利，实现较高质押融资金额的发明专利，获得国家科学技术奖和国家专利奖的发明专利[7]，充分体现了高价值专利应当具有在面向国家重大发展需求、推动产业创新发展方面的重要作用，以及应当具有专利稳定性强、价值较高的必然属性。

2.2.4　高质量专利的培育

高质量专利的培育方法和路径，一直以来是国内学者对高质量专利研究的主要方面。高质量专利必须从研发、申请、审批阶段、做好市场布局和提升市场竞争力等多方面着力[8]，通过多方共同努力，才能获得具有高技术价值、高法律价值、高经济价值的高质量专利。

2.2.4.1 着眼痛点，企业精准挖掘

技术价值是专利价值的基础，创新主体通过市场调查、专利分析、研发投入等综合措施，获得高水平或高技术含量的技术方案的过程，是提升专利质量、培育高价值专利的源头。技术的创新，往往来源于市场需求的驱动，市场痛点的准确发现是技术创新的关键，创新主体以解决技术瓶颈问题为出发点，通过整合优化科技创新资源配置和进行高质量的研发活动，实现关键核心领域的技术突破，即在市场"痛点"中寻找技术"破局"。高价值专利的产生有很多不确定性，因此必须重视高价值专利培育的精确性，才能提高投入效率。在前期，创新主体所做市场调查、专利分析、价值评估等工作十分重要，其决定着研究的方向和专利挖掘的精准性；到研究后期，创新主体仍应随时关注技术、市场的动态变化，适时进行市场和专利信息补充调研，及时调整优化研发投入的计划。高质量的研发催生高价值技术，在核心技术和关键产品的研发阶段，通过对行业专利技术的情报分析，可以帮助创新主体从宏观层面了解行业技术发展脉络、技术热点和整个领域的竞争态势，从中发现技术价值空白点，进行核心技术和优势技术的发掘。

2.2.4.2 深入研究，高质量代理撰写[9]

企业在技术研究的基础上，能够将技术方案最终转化成知识产权成果，还需要寻求专业的知识产权人士来撰写申请文件。对专利的撰写是专利申请文本质量高低最关键的影响因素之一。在我国专利代理率近80%，也就是说大多数企业或企业的大多数专利撰写均由专利代理机构完成。高质量的专利申请是专利权获取的重要支撑，其核心是要保证专利申请文本的撰写质量。前提是需要开展专利申请前评估，专利代理师针对技术主题检索现有技术方案，并对拟申请专利的技术方案可专利性进行评价。基于拟申请专利的技术方案与现有技术方案的区别提取技术发明点，并根据发明点的主次关系对独立权利要求和从属权利要求进行有层次的设计，并适当进行上位概况，确定合理的保护范围。对于自身没有专利申请文件撰写和答复审查意见能力的企业，应与专业的代理机构开展合作。而作为专利代理师，对专利的挖掘不仅要有横向的拓展，更要有纵向的深度，这需要申请人或专利代理师在清楚表达基本的发明构思后，通过对现有技术的充分检索，与研发人员做好沟通，能够对基本发明构思作进一步的挖掘与优化，合理确定权利要求的保护范围，以打造高质量专利申请，有助于后续审查过程中审查员能够厘清发明对现有技术所作的贡献，从而对专利申请的创造性做出客观准确的判断。

2.2.4.3 严格审批，授权高稳定性专利权

专利权的稳定性指专利权授权后对抗无效请求的能力。专利权的稳定性是专

利法律价值的重要体现。我国专利法中规定，自国务院专利行政部门公告授予专利权之日起，任何单位或者个人认为该专利权的授予不符合本法有关规定的，可以请求宣告该专利权无效。也就是说对于专利权，其也面临着可能被无效的风险，而根据专利法的规定，宣告无效的专利权视为自始即不存在。在任何国家，专利权的有效性并不是绝对的，例如专利审批部门在对发明专利审查过程中，其对现有技术的检索就难以做到十分全面，因而专利法规定专利权的有效性接受公众的监督，公众随时可以对其提出质疑。因而在专利审批阶段，依据专利法等法律法规和规章制度对专利申请文件进行高水平、严要求的审查，保障授予的每一项专利权具有较高稳定性。要实现高水平严格的审查，主要取决于三个方面因素：一是授权标准，健全完善法律法规、专利审查指南等制度文件，逐步提高专利授权标准，倒逼专利申请质量升级；二是审查机构，加强专利审查流程设计、质量检查、外部反馈等日常管理，探索应用大数据、云计算等技术手段创新审查模式，构建衔接紧密、操作规范、自主纠错的专利质量控制体系；三是审查主体，专利审查员应该准确理解并熟练掌握专利法等法律法规和规章制度中的授权标准和操作细则，对现有技术进行全面系统深入的检索，并与申请人进行充分有效的交流沟通，切实把好专利审查质量关[8]。

2.2.4.4　精心运营，实现真正的价值

专利的运用是检验专利价值度的试金石，也是专利价值实现的途径。通过对专利的合理运营，可以释放专利的经济价值，使得高价值专利的培育工作形成良性闭环。如果企业能够直接将专利技术进行产业化是最好的，但是通常情况下不能通过自主实施进行运用的专利有很多。通过专利转让、许可、质押、融资、作价入股，甚至通过专利诉讼打击竞争对手都是专利运用的手段，所以企业应灵活运用专利。如果企业出现短期资金紧张的情况，可以考虑通过专利质押获得一笔贷款以解燃眉之急；对于企业专利技术与同行业存在技术交叉问题的情况，可以考虑进行专利许可或交叉许可；没有能力转化技术成果的个人、高校、科研院所，则可以考虑将专利转让给有收储意向的企业[8]。

总而言之，高质量专利的培育是一个系统而复杂的工程，不是一蹴而就的，其诞生需要在专利的创造、运用、保护、管理、服务的全链条上通力合作。

参 考 文 献

[1] 刘小芳. 重视专利战略研究助推稀土储氢合金发展 [J]. 稀土信息, 2015 (4)：30 - 31.
[2] 白光清. 医药高价值专利培育手册 [M]. 北京：知识产权出版社, 2017：2.
[3] 孙智, 冯桂凤. 高价值专利的产生背景、内涵界定及培育意义 [J]. 中国发明与专利 2020, 17 (11)：37 - 44.
[4] 马天旗, 马新明, 赵星, 等. 高价值专利培育与评估 [M]. 北京：知识产权出版社, 2018：2.

［5］ 江苏省知识产权局，支苏平．高价值专利培育路径研究［M］．北京：知识产权出版社，2018：14.

［6］ 韩秀成．如何培育高价值专利，https：//www.cnipa.gov.cn/art/2017/6/16/art_664_48864.html.

［7］ 张晔，吴奕．高价值专利写入"十四五"规划，如何精准施策不跑偏［EB/OL］．（2021 - 06 - 26）［2022 - 05 - 09］. https：//baijiahao.baidu.com/s?id = 1703591129979800166&wfr = spider&for = pc.

［8］ 韩秀成，雷怡．培育高价值专利的理论与实践分析［J］．中国发明与专利，2017, 14（12）：8 - 14.

［9］ 许羽冬．深入挖掘发明构思，打造高质量专利［J］．专利代理，2022（1）：75 - 79.

［10］ 黄倩倩．三个维度培育高价值专利［J］．纺织科学研究，2022（8）：26 - 28.

［11］ 胡佐超，余平．企业专利管理［M］．北京：北京理工大学出版社，2008：87 - 88.

［12］ 陶友青．创新思维——技法·TRIZ·专利实务［M］．武汉：华中科技大学出版社，2018.

［13］ 袁鹏飞．专利战略与企业发展［M］．天津：天津人民出版社，2017.

［14］ 冯晓青．技术创新与企业知识产权战略［M］．北京：知识产权出版社，2015.

［15］ 国家知识产权局办公室政策研究处．优秀专利调查研究报告集（Ⅳ）［M］．北京：知识产权出版社，2006.

［16］ 中国知识产权研究会专利委员会．专利的理论研究与实践探索［M］．北京：专利文献出版社，1996.

［17］ 吴颖．专利情报分析与应用［M］．广州：广东旅游出版社，2019.

［18］ 杨荣．企业竞争优势的构建与提升理论及案例研究［M］．广州：暨南大学出版社，2016.

［19］ 胡佐超．专利管理［M］．北京：知识产权出版社，2001.

3 现有技术检索及专利技术挖掘

通过充分利用检索到的现有技术信息并进行分析，能够有效指引创新主体的技术研发方向，对现有成果提前规避或预警，避免技术的重复开发；可有效整合和利用现有技术资源，为持续创新获得提供引导和支撑作用，实现技术价值的最大化。

本章总结和梳理了现有技术检索的概念及范围、检索思路及策略、专利及非专利文献检索的常用数据库及检索方法、检索信息利用以及专利技术挖掘的常见方法，并结合实际案例进行分析，可使冶金行业的创新主体充分了解专利审查中对现有技术检索的思路、策略及一般方法，在此基础上，利用现有技术的知识及智慧，提高科研创新活动的起点，促进科技进步，并可在前人技术创新成果的基础上挖掘改进，进而激发创新灵感。

3.1 现有技术检索及信息利用

现有技术信息的检索和利用实际上是贯穿创新主体实施技术创新活动的整个过程，包括规划立项、开发设计、研发实验、生产制造、销售使用及维护等阶段[1]。

3.1.1 现有技术的概念及范围

现有技术信息，尤其是专利信息，是集技术信息、经济信息和法律信息于一体。如何全面且准确地获取所需的技术信息，并对获取的技术信息进行加工和分析，进而有效利用这些技术信息，对很多技术人员甚至专利管理人员的素质提出了较高的要求，不仅要了解技术、相关行业知识，还要具备一定的专利及法律知识[2]。技术人员作为创新活动中的中坚力量，有必要进一步加强对现有技术信息进行检索、分析和利用的能力，这对提升技术创新质量和专利撰写质量有着重要影响。

根据《中华人民共和国专利法》(以下简称《专利法》) 第二十二条第二款的规定[20]，现有技术是指申请日以前在国内外为公众所知的技术。现有技术包括在申请日（有优先权的，指优先权日）以前在国内外出版物上公开发表、在国内外公开使用或者以其他方式为公众所知的技术。

《专利审查指南》规定，发明专利申请实质审查程序中应当检索专利文献和非专利文献，审查员主要使用计算机检索系统对专利文献数据库进行检索，专利文献数据库主要包括专利文摘数据库、专利全文数据库、专利分类数据库等，在计算机检索系统和互联网中可获取的非专利文献主要包括国内外科技图书、期刊、学位论文、标准/协议、索引工具及手册等[3]。

实质审查程序中，审查员主要检索国内外出版物上公开的文献，但随着互联网在全球的普及，政府网站、可信的商业网站或视频网站、论坛等发布的信息，也逐渐被审查员认为属于"其他方式为公众所知的技术"，实际上，鉴于互联网证据在公开时间的确定上存在一些困难，内容真实性的认定标准也不太统一，因此使用互联网证据作为现有技术在实质审查中并不多见。

3.1.2 现有技术的检索思路及策略

《专利审查指南》第二部分第七章规定：通常，审查员在申请的主题所属的技术领域中进行检索，必要时应当把检索扩展到功能类似或应用类似的技术领域。所属技术领域是根据权利要求书中限定的内容来确定的，特别是根据明确指出的那些特定的功能和用途以及相应的具体实施例来确定的。审查员通常根据申请的特点，按照初步检索、常规检索和扩展检索的顺序进行检索，浏览检索结果并对新颖性和创造性进行判断，直到符合中止检索的条件。初步检索，审查员应利用申请人、发明人、优先权等信息检索申请的同族申请、母案/分案申请、申请人或发明人提交的与申请的主题所属相同或相近技术领域的其他申请，还可以利用语义检索，以期快速找到可以对申请的主题的新颖性、创造性有影响的对比文件。常规检索是在申请的主题的所属技术领域进行的检索。所属技术领域是申请的主题所在的主要技术领域，审查员首先应当在这些领域的专利文献中进行检索。扩展检索是在功能类似或应用类似的技术领域进行的检索。制定检索策略通常包括选择检索系统或数据库、表达基本检索要素、构建检索式和调整检索策略[3]。

《专利审查指南》中对审查员的检索过程及检索策略进行了系统规范，引导审查员科学制定检索策略，提高检索质量。

当前审查环节要兼顾提高审查质量和审查效率，在实际检索中检索思路的把握显得尤为重要。目前审查中有一些通用的检索规范，被普遍执行的检索规范是采用"技术主题 + 发明构思"的检索思路，这里的"技术主题"理解为能够体现技术领域的主题，并结合整体技术方案确定，"发明构思"理解为最能体现发明基本构思的一个或者多个技术特征，应当充分考虑说明书中描述的该发明所要解决的技术问题和技术效果确定，"发明构思"通常是该发明对现有技术作出改进或技术贡献的技术方案/技术特征，也可以理解为技术贡献点或技术创新点[4]。

通过了解目前审查员通常采用的检索思路、检索过程及策略，可以帮助企业或科研院所的技术人员提升现有技术检索的能力，贴近审查员对于现有技术的检索与筛选思路，有利于提高对于现有技术的整体理解，从而能够增强创新能力，提高专利技术的撰写水平。

3.1.3 专利文献检索的常用数据库及检索方法

专利文献检索中常用的数据库及检索方法如下。

3.1.3.1 国家知识产权局公共服务网

该网站提供了供公众使用的免费专利检索分析系统，依托丰富的数据资源，提供简单、方便、快捷的专利检索与分析功能，提供包括高级检索、导航检索等多种检索模式，分析功能和多种工具，用户注册后即可直接登录访问。

网址是 https://pss-system.cponline.cnipa.gov.cn/conventionalSearch。

国家知识产权局公共服务网页面如图 3-1 所示。

图 3-1　国家知识产权局公共服务网页面

检索及分析的界面入口如图 3-2 所示，其支持简单的逻辑运算符 and、or，多个检索词之间用空格间隔，默认逻辑关系式"and"，使用半角()算符用于优先执行运算，使用半角双引号 "" 表示词组，日期支持如下格式：YYYY-MM-DD、YYYY.MM.DD、YYYYMMDD、YYYYMM、YYYY。

3.1.3.2 HIMMPAT 数据库

图 3-3 所示为 HIMMPAT 数据库介绍。

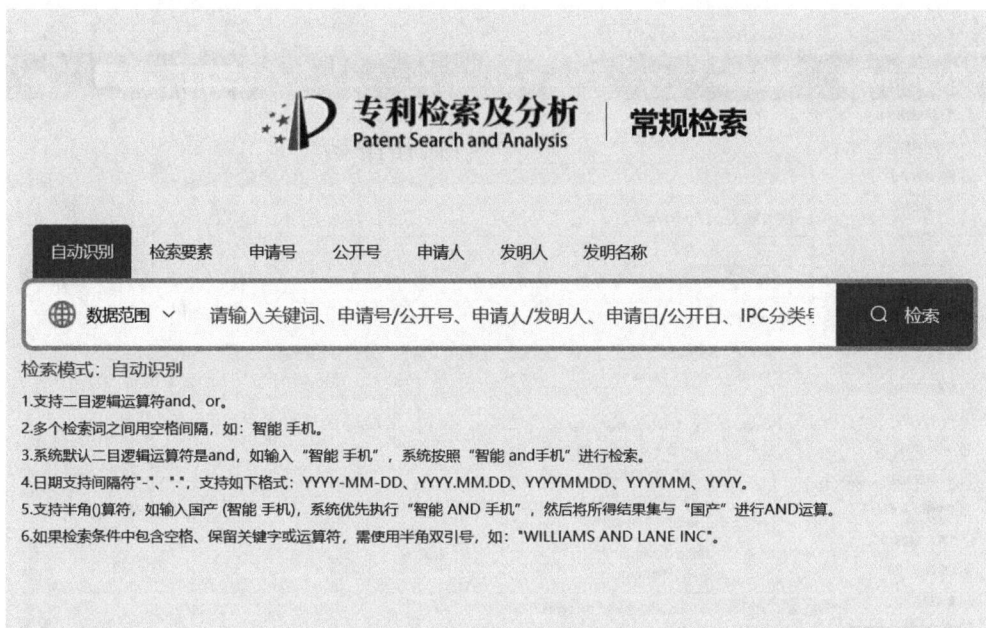

图 3-2 国家知识产权局公共服务网提供的专利检索及分析的界面入口

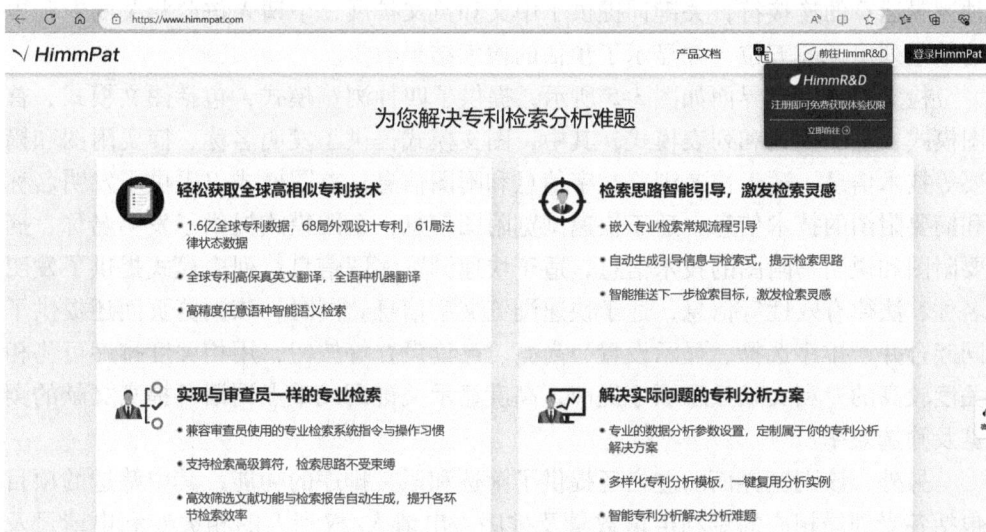

图 3-3 HIMMPAT 数据库介绍

登录后的简单检索界面如图 3-4 所示。

简单检索入口界面比较友好，提供了 AND（与）、OR（或）、NOT（非）三

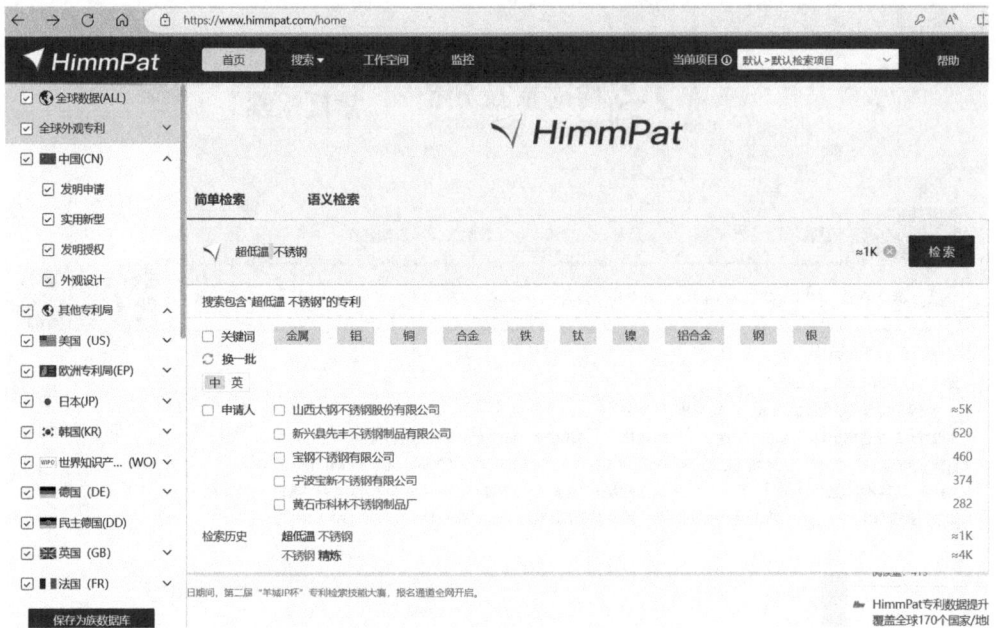

图 3-4   HIMMPAT 数据库的简单检索界面

种逻辑运算的连接符，关键词提供了中文和英文扩展，申请人按照相关的专利申请数量列出了前五位，并显示了预估的检索结果数量。

检索结果浏览界面如图 3-5 所示，提供了四种浏览模式，包括图文模式、首图模式、全图模式和列表模式，其中，图文模式提供了发明名称、摘要附图和摘要等技术信息，适于快速浏览文字信息和附图信息；首图模式仅提供了发明名称和摘要附图的技术信息，适于快速浏览附图信息；全图模式提供了发明名称、摘要附图和说明书附图的技术信息，适于快速浏览多图信息；列表模式提供了发明名称、法律有效性等信息，适于快速浏览文字信息。同时，该浏览页面还提供了同族合并、排序选择、显示设置、高亮、已读设置等按钮，用相关度排序可将相关度较高的专利文献显示顺序提前，高度显示关键词或重点词语可提高文献的浏览及筛选效率。

另外，该浏览界面的左栏还提供了筛选和语义排序的功能，其中筛选的项目包括各受理局相应的专利申请数量及排序、申请人/权利人的相关专利申请量及排序、专利类型、专利标签、专利有效性、法律状态分类、IPC 分类等，可视需要进行二次筛选，也可输入一些语义内容调整语义排序。该浏览界面的右栏还提供了双栏显示、工具箱（包括分类号、指令与用法、关键词等）、备选列表、历史记录、下载列表、统计分析等功能，其中统计分析可自动生成基本的专利分析

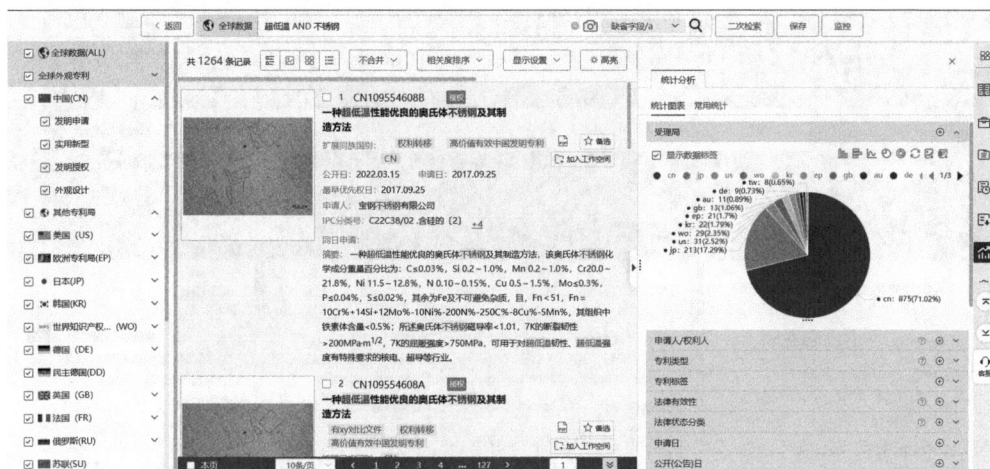

图 3-5 HIMMPAT 数据库的检索结果浏览界面

图表（包括各申请国家的专利数量及占比、申请人/权利人排名、专利类型占比等），甚至还提供了检索结果的专利申请授权率、驳回率等数据的统计分析。

此外，其检索系统还提供了智能检索（语义检索）、高级检索、批量检索和指令检索的检索入口界面，尤其是语义检索功能，支持输入专利号码或文字进行智能检索，通过智能联想相关词语和自动筛选相关语言环境词汇内容，寻找与用户输入内容相似的专利文本，完成初步筛查。

经比较发现，该系统提供的检索结果浏览页面与审查员使用的智能检索系统概览界面非常接近，且专利分析功能较全面。

3.1.4 非专利文献检索的常用数据库及检索方法

非专利文献与专利文献同属科技文献范畴，在审查过程中，非专利文献也是评价专利申请权利要求新颖性、创造性以及作为公知常识的举证说理文献的重要来源[5]。如何选择合适的非专利文献数据库并熟练掌握其检索策略及技巧，对于提升检索效能，全面获取现有技术信息，显得尤为重要。

3.1.4.1 中国知网（CNKI）和万方数据库

知网数据资源库提供 CNKI 源数据库，外文类、工业类、农业类、医药卫生类、经济类和教育类多种数据库，其中综合性数据库为中国期刊全文数据库、中国博士学位论文数据库、中国优秀硕士学位论文全文数据库、中国重要报纸全文数据库和中国重要会议文论全文数据库，每个数据库都提供简单检索、高级检索、专业检索三种检索功能。

CNKI 的初级检索界面如图 3-6 所示。

图 3-6　CNKI 的初级检索界面

高级检索界面入口如图 3-7 所示。

图 3-7　CNKI 的高级检索界面

专业检索界面入口如图 3-8 所示。

CNKI 可使用全文检索获取技术细节，还可使用句子检索在全文中搜索同时同一个句子中包含两个关键词的技术细节[6]。CNKI 提供的团队追踪及推荐相关

图 3-8 CNKI 的专业检索界面

文献也值得关注。近期，CNKI 提供的简单检索或高级检索界面入口，还可输入中文关键词同时获得中文和外文文献的检索结果。

万方数据库收录的信息资源包括学术期刊、学位论文、会议论文、OA 期刊论文、中外标准、专利、科技成果、特种图书、机构、专家、硕/博论文，主要资源均提供全文。提供了简单检索入口和高级检索入口，关键词/主题的输入表达基本与 CNKI 相同，检索结果显示页面也提供了相关度、出版时间和被引频次的排序。

万方的检索界面如图 3-9 所示。

比较发现，CNKI 收录的期刊类型比较综合，覆盖范围广，其提供的数据库检索功能比较强大，具有一些有特色的检索方法，例如句子检索等，且外文文献的收录更全面，是目前被企业、大学及科研院所广泛使用的数据资源；万方在中外标准、科技成果的收录方面较 CNKI 全面，在期刊和论文的数据库收录方面与 CNKI 有部分重叠，但收录的核心期刊比例较高，内容以科技信息为主。

3.1.4.2 百度学术

百度学术的检索界面如图 3-10 所示。

作为免费学术资源搜索平台，百度学术收录了包括知网、维普、万方、Elsevier、Springer、Wiley、NCBI 等的 120 多万个国内外学术站点，支持中、英文关键词/主题检索，提供基本检索入口和高级检索入口。

图 3-9　万方的检索界面

图 3-10　百度学术的检索界面

基本检索中输入多个关键词且用空格隔开，即默认多个关键词之间为"AND"的逻辑关系。在检索结果页，提供筛选、排序功能，用户可点击左侧列表和右上角中/英文转换进行结果筛选，并可按照相关性、被引量、时间进行排序，默认排序方式为相关性。

谷歌学术通常需要镜像网站登录，存在镜像网站或链接不稳定等问题，在实质审查中一般不将谷歌学术列为必选的搜索引擎，可采用百度学术替代。

3.1.4.3 读秀学术

读秀学术检索涵盖图书、期刊、会议论文、学位论文、标准、专利等文献资源，并且提供了图书封面页、目录页以及部分正文内容的试读，其简单检索界面如图 3-11 所示。

图 3-11　读秀学术的检索界面

其提供的检索入口是输入关键词，默认是在全文进行搜索，多个关键词之间用空格隔开，即构成"AND"的逻辑关系。

读秀学术搜索对于图书类技术信息的检索非常有利，审查员通常使用读秀学术搜索进行公知常识证据的举证，甚至可获取到相关对比文件。在铸造、粉末冶金和合金等传统制造领域，技术发展成熟度较高，相关技术手册和教科书的编写非常多，这些领域的技术人员提交发明专利申请前，尤其要重视图书类技术信息的检索和利用。

3.1.4.4　ISI-Web of Science 核心数据库集

该数据库集是以科学引文索引（SCI）为核心，集期刊、专利、会议录、化学反应等学术资源，涉及自然科学、工程技术、生物医学等领域，具有以下特色：收录的自然科学、工程技术方面的文献与机械领域密切相关；包含了 SCIE、IC、ISTP、CCR 和 DCR 和专利数据库，覆盖全面。

ISI-Web of Science 核心数据库集提供的检索入口包括基本检索、被引参考文献检索、高级检索、作者检索和化学结构检索。检索中注意灵活使用逻辑运算符 AND、OR、NOT、""（表示词组）以及通配符？（表示任意 1 个字符）、$ （表示 0 或 1 个字符）、＊（表示任意字符）来构建检索式，可提高检索效率[7]。

ISI-Web of Science 核心数据库集提供的每一篇文献包括全面的施引文献和引用文献信息，方便快速追踪检索；检索界面友好，可提醒检索式拼写、语法错误等，具有查看、二次编辑、保存历史检索式等功能，推荐作为冶金、材料等领域的外文非专利检索的首选数据库。

Web of Science 的基本检索界面如图 3-12 所示。

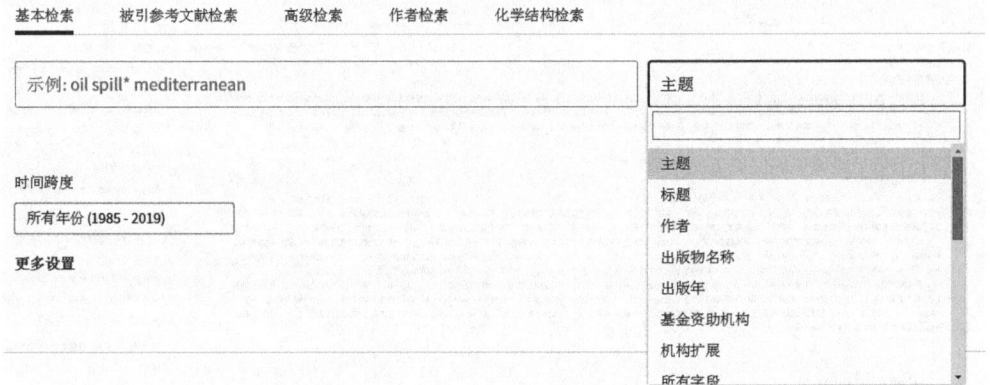

图 3-12　Web of Science 的基本检索界面

Web of Science 的高级检索界面如图 3-13 所示。

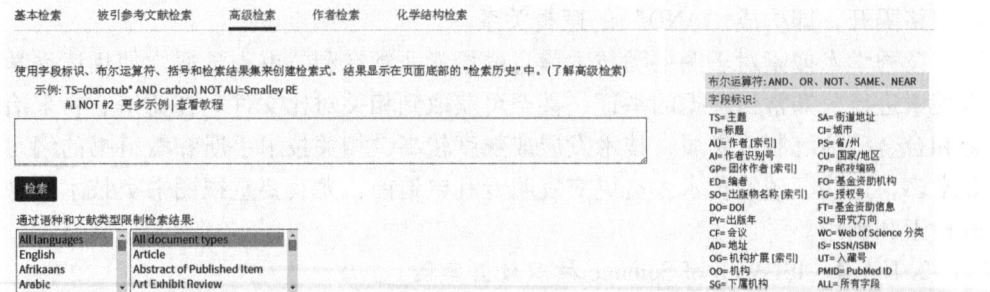

图 3-13　Web of Science 的高级检索界面

图 3-14 所示为 Web of Science 的高级检索界面的检索式输入示例。

#7	182	TS=("laser pyrolysis" AND nano* AND particle) 索引=SCI-EXPANDED, CPCI-S, CCR-EXPANDED, IC 时间跨度=所有年份
#6	3	TS=("laser pyrolysis" AND "nano particle*") 索引=SCI-EXPANDED, CPCI-S, CCR-EXPANDED, IC 时间跨度=所有年份
#5	283	TS=("laser pyrolysis" AND nanoparticle*) 索引=SCI-EXPANDED, CPCI-S, CCR-EXPANDED, IC 时间跨度=所有年份

图 3-14 Web of Science 的高级检索界面的检索式输入示例

检索式中：（1）运算符 AND 表示"与"，OR 表示"或"，NOT 表示"非"；（2）＊表示截词符；（3）英文半角双引号表示精确搜索引号内的短语。

图 3-15 所示为 Web of Science 的检索特色。

收录自然科学、工程技术等与机械相关领域

包含SCIE、IC、ISTP、CCR、DCR和专利数据库，覆盖全面

检索界面友好可提醒检索式拼写、语法错误，可查看、编辑、保存历史检索式

大部分无法直接获取全文，建议作为搜索引擎使用

图 3-15 Web of Science 的检索特色

3.1.4.5 EIsevier Science 数据库

EIsevier Science 数据库是最大的科技、医学文献全文数据库，收录期刊、图书等，涉及生命科学、物理、医学、工程技术等领域。

目前提供了简单检索和高级检索两种界面，其中简单检索适于追踪发明人和引文信息等，高级检索则提供了包括标题、摘要、关键词、作者、期刊名称、引文信息等，高级检索的语法与 ISI 基本相同，检索界面简单易学，可快速获取全文[7]。

对于粉末冶金技术、高性能合金生产、新型复合材料等，尤其是纳米材料制备、增材制造工艺、生物复合材料等技术方向，推荐将 EIsevier Science 作为必需检索的数据库之一。

EIsevier Science 的简单检索界面如图 3-16 所示。

EIsevier Science 的高级检索界面如图 3-17 所示。

图 3-18 所示为 EIsevier Science 的检索特色。

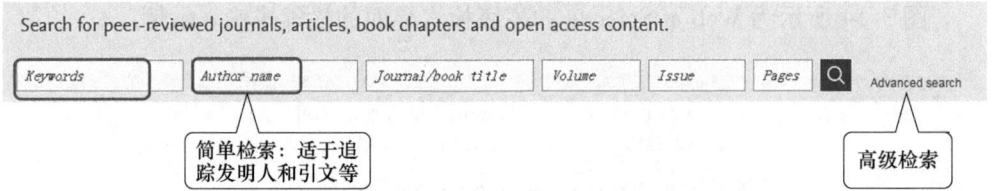

图 3-16　EIsevier Science 的简单检索界面

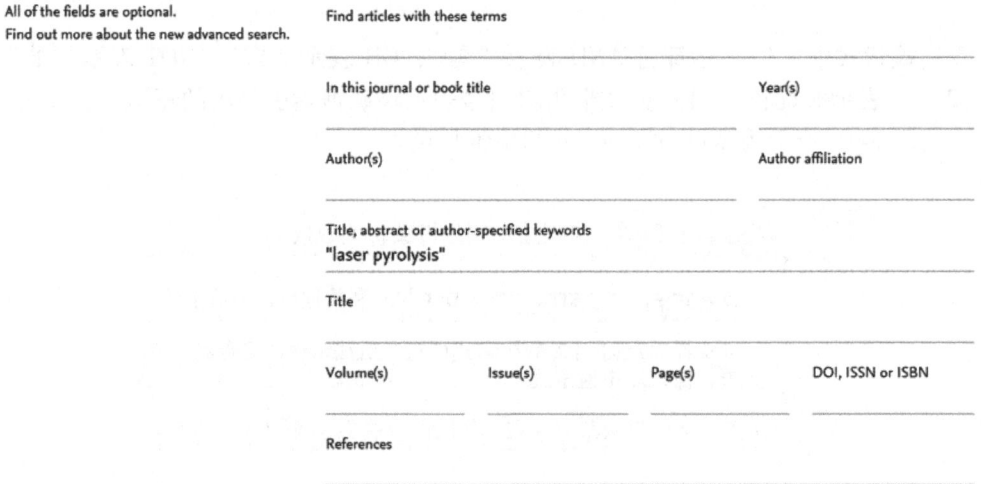

图 3-17　EIsevier Science 的高级检索界面

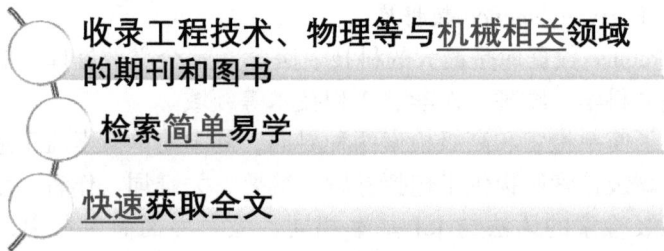

图 3-18　EIsevier Science 的检索特色

3.1.4.6　Wiley InterScience 数据库

Wiley InterScience 数据库收录了工程技术及科学理论相关的早期（甚至 1600年）期刊和书籍，检索式语法与 Web of Science 和 EIsevier Science 相同，所有文献均提供 PDF 全文，但与 EIsevier Science 收录文献重合度较低[7]，推荐作为冶金工程技术及理论研究中必选的检索数据库之一。

Wiley InterScience 数据库提供了简单检索入口和高级检索入口，如图 3-19 所示。

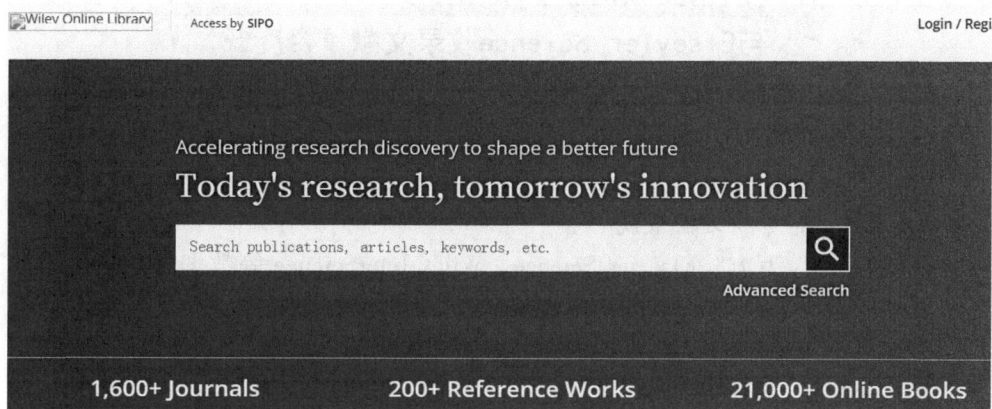

图 3-19 Wiley InterScience 的简单检索界面

Wiley InterScience 的高级检索界面如图 3-20 所示。

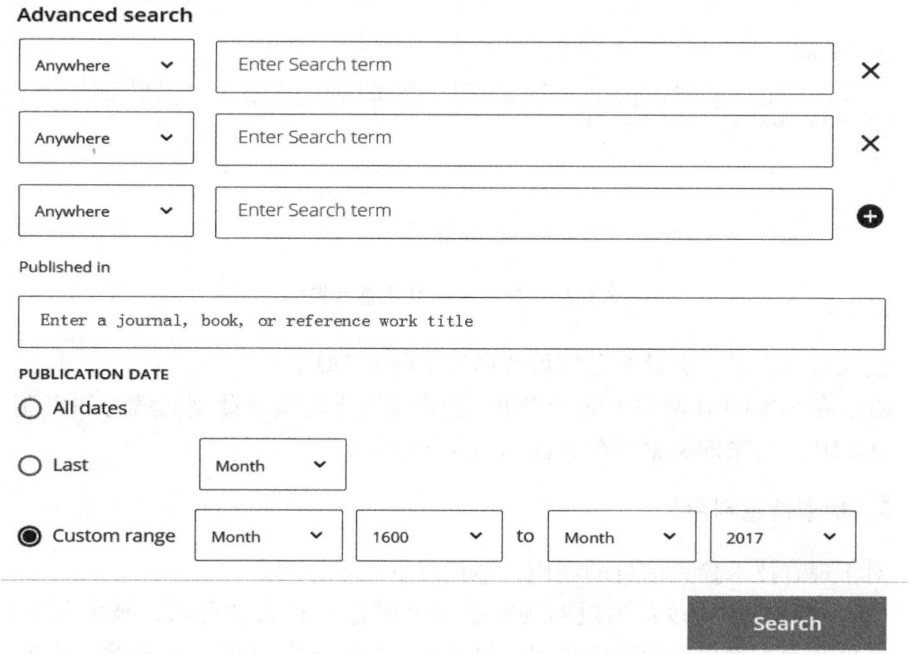

图 3-20 Wiley InterScience 的高级检索界面

图 3-21 所示为 Wiley InterScience 的检索特色。

収录了早期期刊(甚至1600年)和书籍

所有文献均提供PDF全文

与Elsevier Science收录文献重合度低,
建议两者结合使用

图 3-21　Wiley InterScience 的检索特色

3.1.4.7　非专利文献下载

目前 CNKI、万方、EIsevier Science、Wiley InterScience 等数据库均提供了非专利文献的全文 PDF 格式下载,但也有一些文献无法下载 PDF 全文,此时可利用搜索结果中提供 DOI（digital object unique identifie,即数字对象唯一标识符,是文献的身份证,具有唯一性和永久性,目前国际大型出版商 Elsevier、Blackwell、Wiley、Springer 等都使用 DOI）进行全文 PDF 下载。

中文文献 DOI 查询网址：http://www. chinadoi. cn/portal/index. htm。

外文文献 DOI 查询网址：https：//doi. crossref. org/guestquery。

外文文献 DOI 查询界面如图 3-22 所示。

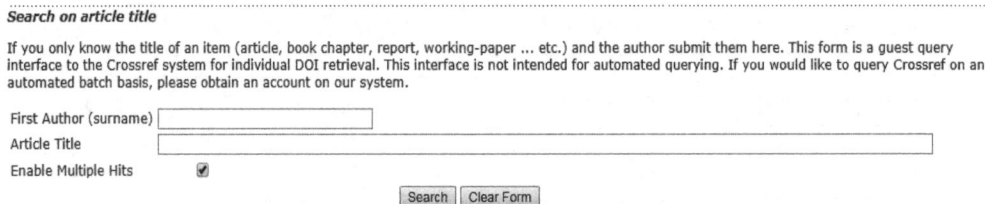

Search on article title

If you only know the title of an item (article, book chapter, report, working-paper ... etc.) and the author submit them here. This form is a guest query interface to the Crossref system for individual DOI retrieval. This interface is not intended for automated querying. If you would like to query Crossref on an automated batch basis, please obtain an account on our system.

First Author (surname)

Article Title

Enable Multiple Hits　☑

Search　Clear Form

图 3-22　外文文献 DOI 查询界面

输入第一作者、文献标题即可查询该文献的 DOI。

然后在 SCI-HUB 网站上输入 DOI,通常情况下均能下载该文献的 PDF 版。

SCI-HUB 网站的文献下载界面如图 3-23 所示。

3.1.5　检索信息利用

对于现有技术检索信息的利用,包括以下几个方面。

（1）规划立项阶段：通过对现有技术文献进行检索和分析,技术研发及管理人员可充分了解相关的基础技术、目前所处的发展阶段以及未来发展趋势,可为拟开发技术的规划立项、管理决策提供参考和依据,利于创新主体对技术进行立项决策,进而制定技术开发策略及路线[1],工程技术人员则可以从检索分析结果中获知目前仍存在的技术难题、现有的解决手段、未来的技术方向等更多的细

图 3-23　SCI-HUB 网站的文献下载界面

节，为后续进行研发试验提供坚实的技术支撑。

（2）开发设计阶段：通过阅读相关现有技术文献，详细掌握拟开发技术的制备工艺及方法、关键技术手段、主要制备参数、性能指标、原材料及生产设备要求、具体应用等技术信息[1]，了解研发技术领域存在的技术空白点、技术密集点、技术壁垒，通过分析比较后，明确技术研究方向，结合自身的研究基础和研发实力，制定具体的技术开发路线和主要技术方案。

（3）研发实验阶段：应充分利用已失效/无效专利技术，从中获得一些解决问题的方法、启示及有价值的技术思路，提高技术研发的起点，避免不必要的重复性开发，有利于更高效地解决技术研发中的技术难题，克服技术瓶颈，节省研发时间和成本投入；应合理规避专利侵权风险或专利诉讼，评估拟采用的技术方案、技术路线是否具有侵犯他人专利权的风险，如果存在侵权风险，应提前规避，避免后期的专利侵权诉讼或专利纠纷；应开展前瞻性的专利布局，专利布局的目的是让专利实现其技术价值，前瞻性专利布局的目的是抢占先机，通过提前对拟开发技术方案、技术路线进行专利布局规划，构建严密高效的专利保护网，最终形成对创新者技术有利格局的专利组合，具体操作上，既可针对一项技术进行微观专利布局，也可针对多项技术进行宏观专利布局。

（4）生产制造阶段：在实际生产制造中，随着技术更新会面临设备改造、产品迭代等问题，通过对现有文献的分析获知技术发展方向并寻找新技术突破口，可有效提升自身技术水平，适应市场及客户对于技术提出的更高要求，增强技术竞争力和市场占有率。

（5）销售使用阶段：在销售使用前应确保产品及相关技术已申请专利，最好是已提前进行了较严密的专利布局且部分核心专利已获得授权，从而充分保护自有创新技术及产品，实现技术价值最大化，尤其是冶金行业内的重点企业、科研院所应针对拟销售的国家或地区提前申请专利保护，例如申请 PCT，同时针对一些目标销售国家或地区进入，可有效避免后续陷入专利纠纷、诉讼等，造成难以估量的经济利益损失。

（6）技术维护阶段：根据市场及客户反馈的问题和不足，在自有技术基础及能力的基础上，结合对现有技术的检索及分析，寻找解决这些问题和不足的有效技术手段，以较少的成本投入实现技术提升，获得技术产品价值最大化。

3.1.6　实际检索及分析

【案例1】

申请号 CN200780001254.3，发明名称"用于精炼低氮、低氧和低硫钢的熔剂"。

权利要求 1 如下：

1. 合成熔剂，其用于生产具有极低氮、氧和硫含量的钢，该熔剂以重量计由以下成分组成，CaO：30%～57%、Al_2O_3：35%～64% 和 MgO：5%～17%，并且具有由表 3-1 中的点 A～E 在图 3-24 的 MgO-CaO-Al_2O_3 图中限定的五角形区域内的组成，其中氧化铝的活度是 10^{-2} 或更小。

表 3-1　合成熔剂的组成

点	浓度（摩尔基，摩尔）		
	N_{CaO}	$N_{Al_2O_3}$	N_{MgO}
A	0.41	0.48	0.11
B	0.37	0.35	0.11
C	0.62	0.22	0.16
D	0.87	0.25	0.08
E	0.46	0.45	0.09

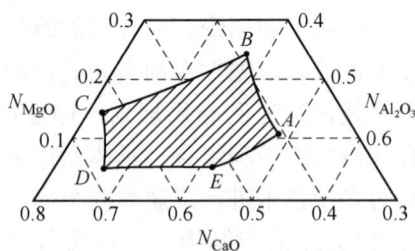

图 3-24　精炼熔剂的组成范围图

【案例分析】该案为 PCT 申请，国际检索报告及他局给出的检索报告中仅列出 A 类文献；修改后的权利要求 1 所限定高的合成熔剂组分采用表 3-1 中的多系列进行表示，含量不易表征且在专利数据库检索后未获得较好文献。

考虑到本案中控制氧化铝活度以降低钢中的氧、氮和硫杂质为基础科学理论研究，转而进行外文非专利的检索，选取技术主题"熔剂"和熔剂组分"CaO""MgO""Al_2O_3"以及该熔剂的效果特征"除杂"作为检索主题，在核心数据库合集 ISI-Web of Science 进行高级检索，检索式构建如图 3-25 所示。

| #4 | 170 | TS=(CaO AND AL2O3 AND MgO AND slag* and inclusion* and steel)
索引=SCI-EXPANDED, CPCI-S, CCR-EXPANDED, IC 时间跨度=所有年份 |

图 3-25　ISI-Web of Science 数据库中构建的具体检索式

在上述检索结果中获得 D3（图 3-26），其公开了 CaO-Al_2O_3-MgO 渣（即合成熔剂）对钢中夹杂物形成的影响，可评述权利要求 1 的创造性，该案二通评述后视撤。

☒本通知书引用下列对比文件（其编号续前，并在今后的审查过程中继续沿用）：

编号	文 件 号 或 名 称	公开日期 （或抵触申请的申请日）
3	"Effect of CaO AL₂O₃ MgO slags on the formation of MgO Al2O3 Inclusions in ferritic stainless steel", Joo Hyun Park and Dong Sik kim, Metallurgical and Materials Transactions B, Vol 36B, Pagers 495 506	20050831

图 3-26　第二次审查意见通知书中引用 D3 的截图

检索分析：该案在国际检索阶段和进入其他国家专利局的审查阶段均忽略或遗漏了非专利数据库的全面检索，导致该案尽管在其他国家获得授权，但在进入中国国家阶段是以申请人未答复审查意见通知书的意见因而视为撤回权利的结果告终，可见充分重视并利用非专利数据库进行检索，对于发明专利申请的审查结果有着直接且重要的影响。

在冶金行业常见的组合物类发明包括合金、保护渣等，在利用非专利数据库进行检索时，建议从技术主题（包括合金的具体技术领域，例如不锈钢、轴承钢等）结合技术贡献点（例如某一具体组分、组分的作用/效果、性能等）构建检索式的思路进行检索，其中注意，检索关键词的表达应尽可能准确；检索式构建应符合相应数据库的语法要求；初步检索结果可用时间、相关性、被引频次、技术领域、效果/功能、方法特征等进行精炼，可明显提高外文非专利文献的浏览效能。

【案例 2】

申请号 CN201710448557.5，发明名称"一种实验室用熔体干法粒化装置"。

技术方案：一种实验室用熔体干法粒化装置，其特征在于：包括感应炉、旋转粒化系统、空气冷却系统、金属颗粒收集结构和气体收集系统、感应炉控制柜（23）和高速摄像机（24）；所述旋转粒化系统：包括雾化室（9）、转盘（4）、法兰（5）、连接轴（7）和驱动电机（12）；所述雾化室（9）具有熔融金属注入口、金属颗粒出口和空气出口，所述熔融金属注入口设置在雾化室（9）的顶部，金属颗粒出口设置在雾化室（9）的底部；所述雾化室（9）的顶部具有用于安装高速摄像机（24）的观察孔（24），所述高速摄像机（24）的镜头朝向雾化室（9）的底部。

　　【案例分析】本案权利要求1的技术方案相对复杂，其技术创新点之一是"利用高速摄像机经观察孔拍摄熔体粒化照片，进而可以分析高温熔体的粒化机制"。通过检索专利数据库已获得本案装置基本结构（D1、D3），但对上述技术创新点未能在专利数据库中获得较好文献。

　　之后，在外文非专利核心数据库合集 ISI-Web of Science 进行了补充检索，以其主题名称"熔体干法粒化"和装置的核心结构"旋转""喷嘴"作为基本检索要素，检索式构建如图 3-27 所示。

#3	5	TS=((granular* or atomiz*) and rotat* and nozzle* and slag)
		索引=SCI-EXPANDED, CPCI-S, CCR-EXPANDED, IC 时间跨度=所有年份

图 3-27　ISI-Web of Science 数据库中构建的具体检索式

　　在命中的结果 5 篇中获得 D4（外文期刊）："Dry Granulation of Molten Slag using a Rotating Multi-Nozzle Cup Atomizer and Characterization of Slag Particles，Yuelin Qin et al. , steel research int. Vol. 84，No. 9，Pages 852 – 862，20130930"，但 ISI-Web of Science 无法直接打开全文，转至 Wiley InterScience 数据库下载该文献，如图 3-28 所示。

图 3-28　Wiley InterScience 数据库中下载文献示例

　　经核实，D4公开了一种利用旋转多孔杯对熔渣进行干法粒化的方法，具体将高速摄影机安装在旋转多孔杯粒化装置的上方，用于观察熔渣粒化的过程，图3-29（d）所示的高速摄影机的镜头朝向雾化室底部安装的旋转多孔杯粒化装置，明确给出了如何拍摄熔体粒化过程，以分析高温熔体粒化机制的技术启示，审查员采用上述现有技术作为证据评述了本案的全部权利要求不具备创造性，该案最终被驳回。

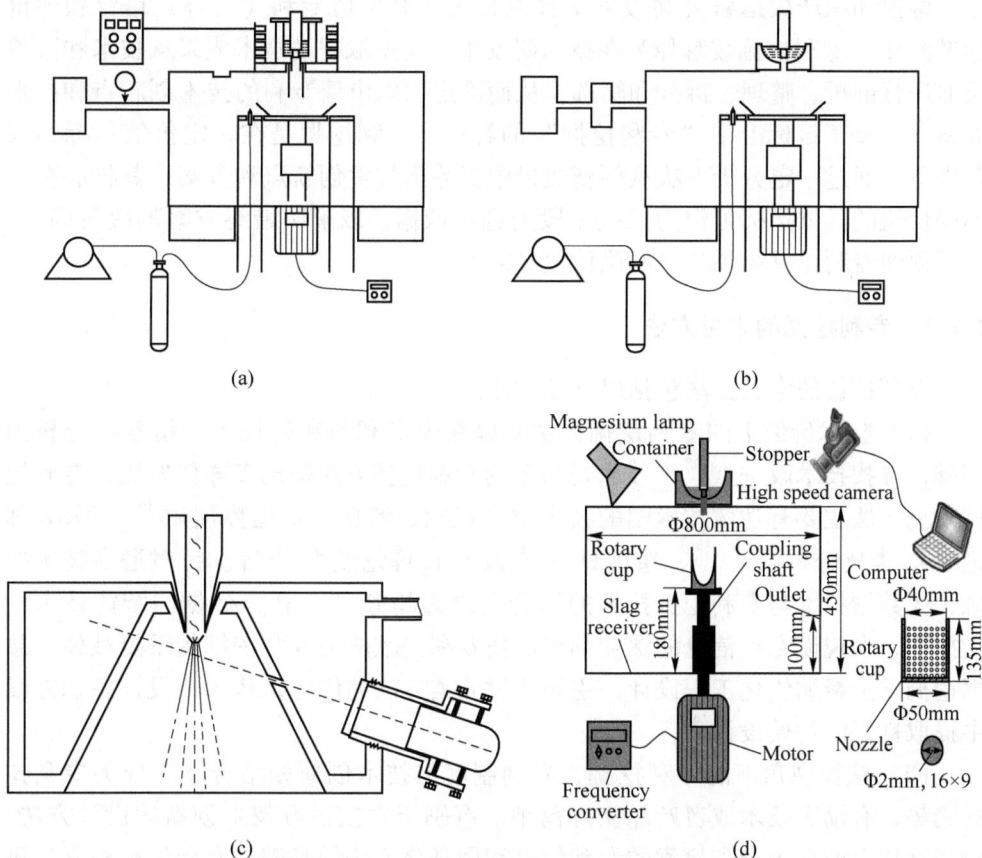

图 3-29　本案及检索到的现有技术的典型附图
（a）本案说明书附图；（b）检索到的现有技术 D1-CN106112002 A 的典型附图；
（c）检索到的现有技术 D3-US5244369 A 的典型附图；
（d）检索到的现有技术 D4-外文期刊的典型附图

　　检索分析：本案为高校的发明专利申请，审查员在初步检索中获得的现有技术 D1 实际上是发明人的在先申请，属于本申请的背景技术，之后针对本案技术创新点在非专利数据库进行了检索，获得的外文期刊 D4 可与 D1 结合评述本案全部权利要求的创造性，而审查员检索中使用的非专利数据库 ISI-Web of

Science，很多国内高校图书馆和研究院所也提供了该数据库资源，因此应充分利用这些数据库，特别是在提交发明专利申请之前，对现有技术查新的范围应全面覆盖这些常用数据库。

3.2　专利挖掘

国家知识产权运营公共服务平台发布的《高价值专利（组合）培育和评价标准》中，专利挖掘被解释为在技术研发中，对所取得的技术成果从技术和法律层面进行剖析、整理、拆分和筛选，从而确定用以申请专利的技术创新点和技术方案[8]。基于该标准中"专利挖掘"的解释，专利挖掘是在一定价值指标约束条件下，通过一定分析方法从创新成果中提炼出技术创新点和方案，其核心在于不同价值的具体指标可作为挖掘手段的选择依据，以解决最终方案的决策问题，同时促使专利挖掘结果具有明确价值导向[9]。

3.2.1　专利挖掘的常见方法

专利挖掘的常见方法包括以下几方面。

（1）技术价值下的专利挖掘，主要以在先专利与在先技术的检索与分析为基础，寻找技术改进点[9]。技术视角下的专利挖掘方法呈现多样化发展，专利挖掘常见方法主要有功效技术图的技术空白识别、潜在技术趋势预测[10]、TRIZ 理论[11]、类比分析设计[12]、遗传算法[13]及 C-K 理论模型[14]等。针对潜在技术挖掘，大数据技术与专利挖掘技术的结合已成为趋势[15]。在大数据与智能技术的支撑下，大规模专利信息的深度利用已使专利文献成为专利挖掘的重要载体。数据挖掘方法帮助优化工程设计，主要探讨分类方法的优化，从大量设计备选方案中提取良好的初始设计[9]。

（2）法律视角下的专利挖掘，专利制度与技术创新相结合逐渐成为专利挖掘趋势，有助于技术或者产品实际落地。有别于直接进行技术创新的设计方法，对现有技术或在先专利检索的专利信息利用是该方法的基础。专利侵权检索分析与可专利性检索分析是重点。在技术挖掘之前，考虑专利制度的约束是第一步。挖掘过程实质是基于专利侵权判决进行设计绕行或专利规避，以确保新技术与在先专利不同，旨在创建不侵犯在先专利的新产品。其中可专利设计与专利规避设计为其主要方法：1）可专利性设计优先考虑专利性原则，以设计合理的专利组合，避免侵权；2）针对具体的国内专利制度约束，基于 TRIZ 理论进行专利规避设计[9]。

马天旗在《专利挖掘》中归纳了多种具有实务性质的各类专利挖掘方法，其指出挖掘过程实际需要两个方面进行互补，一方面需要从技术功能和技术架构角度对技术研发项目分解、细化，全面挖掘技术创新点；另一方面则需要从中识别核心创新点[10]。

根据目前创新环境，在技术、法律等价值导向下，专利挖掘已经有一定成熟方法或者工具支持。以识别最终技术方案为目标的专利挖掘组合流程也已有学者讨论，从经济、法律及技术价值角度进行专利挖掘已经成为企业专利挖掘流程的常规环节。专利挖掘组合的横、纵向流程中，围绕创新点的专利挖掘方法延伸出的技术和产品设计仍是专利挖掘主要工作，进而形成专利组合[15-16]。然而，在大数据环境下，技术创新点可能非常多甚至同时出现，如何精准识别核心技术创新点，并据此形成高价值创新点，仍需要专利分析人员投入更多努力。

3.2.2 冶金专利技术挖掘案例

【案例1】 基于专利数据分析的航空发动机用轴承钢技术挖掘

(1) 技术发展趋势分析。

利用专利数据库对航空发动机用轴承钢涉及接触疲劳寿命的现有专利技术进行了检索，经筛选、技术标引和梳理分析后，获知其专利技术发展的主要趋势以及技术发展方向[17-18]。

分析结果如下。

20世纪90年代，日本一些轴承钢制造企业已充分关注了控制轴承钢中纯净度以及夹杂物类型、尺寸、数量及分布以改善轴承的接触疲劳寿命的技术，例如：

1995年申请的专利WO9534692A1中提供了一种高寿命高碳轴承钢，含有以下组分（质量分数）C：0.70%~1.20%，Si：0.15%~1.70%，Mn：0.15%~1.20%，Cr：0.50%~2.0%，Mo：0.05%~1.50%，S：0.001%~0.03%，Al：0.010%~0.05%，N：0.003%~0.015%，T.Mg：0.0005%~0.0300%，P：0.025%以下，Ti：0.0040%以下，T.O：0.0015%以下，余量为Fe和不可避免的杂质，且钢中氧化物满足：（$MgO \cdot Al_2O_3$ 个数 + MgO 个数)/全酸化物系夹杂物个数≥0.80。

1999年申请的专利TW454042B中，提供了一种耐转动抗疲劳使用寿命长轴承钢，含有C：0.95%~1.10%、Cr：1.60%~3.50%、O：0.0015%以下和Sb：0.0010%以下（质量分数），同年美国专利US6582532B1中也提供了一种优异的抗断裂性和滚动疲劳寿命特性的大型轴承部件，包含0.80%~1.30%的C，大于0.35%且不大于0.80%的Si，0.30%~0.60%的Mn，0.90%~1.50%的Cr，S≤0.010%，P≤0.020%，O≤0.0010%，Ti≤0.0030%，余量为Fe和偶然杂质，具有良好的淬透硬化性。

该时期的美国的一些轴承制造企业则更多关注了热处理控制工艺，例如1997

年的专利 EP931173B1 中，提出了将碳氮等离子扩散到轴承部件中，冷却后再加热到足以使芯中的钢转变成奥氏体的温度，然后淬火获得表面具有比芯更大量的马氏体或氮化物，其通过控制热处理工艺提高了表面耐磨性和耐蚀性，改善了疲劳寿命。可以说，在 20 世纪末包括美国、欧洲和日本等一些轴承钢知名制造企业已完成对轴承钢纯净度、夹杂物控制及相关化学冶金的基础研究。

进入 21 世纪后，日本、德国、美国和瑞典等发达国家在航空发动机轴承上的生产技术越发成熟，例如：

专利 US6592684B1 中提供了一种用于飞机的滚动轴承，包括内圈、外圈和滚动元件，其中内圈、外圈和滚动元件中的至少一个由合金钢制成，合金钢包含 Cr 7.0% ~16%，滚道表面或滚动表面在 350 ~500℃的温度范围内，C + N 的含量和残余奥氏体的量分别为 0.6% （质量分数）或更多、6% ~35% （体积分数），共晶碳化物尺寸为 10μm 或更小，通过稳定保持残余奥氏体的量可提高在高温度下的滚动疲劳寿命，且有效赋予耐腐蚀性。

同年，专利 US6537390B1 中提供了一种减磨轴承，其表面层中 C 为 1.0% ~1.5% （质量分数），硬度 64 ~66HRC，压缩残余应力为 150 ~2000MPa，碳化物颗粒尺寸最大为 3μm，碳化物面积比为 10% ~25%，深度为 0 ~50μm，均是通过处理工艺细化碳化物，同时提高强度和硬度，改善轴承的接触疲劳寿命。

专利 US6699335B2 则是通过热处理使硬化后的轴承钢中氢含量降低到 0.04×10^{-6} 以下，硬度为 HV450 以上，使轴承机械件具有优异的超长寿命疲劳特性。

专利 DE10161721B4 中提供了一种滚动轴承的钢的热处理方法，包括在温度 860 ~930℃，进行表面碳氮共渗，气氛中含 0.6% ~1.3% 碳，达到 20% 的氨，至多 1.1% 碳和氮，加热至奥氏体温度到 830 ~860℃淬火，之后在 190 ~230℃温转化几个小时，直至滚动轴承构件的芯部中残留奥氏体含量小于 5%。

另外，日本等一些企业仍致力于对轴承钢中夹杂物、碳化物尺寸及分布、表面层处理工艺的不断优化、改进上。例如：

专利 US6893609B2 中提出，轴承钢中含有 S 0.025% （质量分数）以下，O 为 0.0012% （质量分数）以下，AlN 为 0.020% （质量分数）或更少，在 320mm² 检查区域中，当量圆直径为 3μm 或更大的氧化物非金属夹杂数量为 250 或更少，长度为 1μm 或更大的硫化物夹杂物数量为 1200 或更少。

专利 US6537390B1 中提供了一种减磨轴承，其表面层 C 为 1.0% ~1.5% （质量分数），硬度 64 ~66HRC，压缩残余应力为 150 ~2000MPa，碳化物颗粒尺寸最大为 3μm，碳化物面积比为 10% ~25%，深度为 0 ~50μm。

专利 US7189171B2 中提出通过轴承表面碳氮共渗处理，使表面层含有分散和沉淀的碳化物和/或碳氮化物，其平均粒度在 100 ~500nm。

专利 CN100535194C 中也提出通过碳氮化处理形成表面层，之后采用淬火或和回火优化微观结构中，其表面层中残余奥氏体平均晶粒度不大于 8μm，氢含量 $(0.3 \sim 0.5) \times 10^{-6}$。

专利 US7763124B2 中提供了一种优异的滚动疲劳寿命的钢，具有平均粒径为 $0.05 \sim 1.5\mu m$ 的残余渗碳体颗粒，和平均颗粒尺寸为 $30\mu m$ 或更小的原始奥氏体颗粒。在 2000—2010 年期间，日本、德国等一些知名轴承钢制造企业较多关注了表面碳氮共渗处理、碳化物尺寸细化、残余奥氏体量热处理技术、氢含量控制等技术方向，显著提高了航空发动机轴承材料在高温下的接触疲劳寿命。

2010 年以后，瑞典、日本等轴承制造企业申请的专利技术中更多关注了复合处理技术，包括多步骤碳氮共渗技术（碳氮共渗和铁素体氮碳共渗）、控制奥氏体转变等方面以提供适于高负荷、高工作温度、使用寿命长的航空用轴承钢，例如：

专利 US10202678B2 中提供了一种热处理钢构件的方法，包括：在马氏体形成温度以上的温度将 25% ~ 99% 的奥氏体转化为贝氏体，然后升高温度以加速剩余的奥氏体向贝氏体的转化，或保持钢构件在初始马氏体形成温度以上的温度（T_1），然后降低至温度（T_2），该温度在初始马氏体形成温度（M_s）以下但在贝氏体转化过程中的实际马氏体形成温度以上。

专利 EP2749666A2 中，涉及处理钢轴承材料的方法，包括冲刷（喷丸）处理，以对其表面区域施加压缩残余应力，然后氮化；以及 WO2014031053A1 也涉及一种热处理钢构件的方法，包括碳氮共渗和铁素体氮碳共渗，以及 GB2553583B 提供的用于航空轴承部件、例如外圈或内圈滚动体与微结构，其包含马氏体，一个或多个的碳化物，氮化物和/或碳氮化物和任选的残余奥氏体，所述部件具有与所述表面被碳化和/或碳氮共渗轴承钢，包括：0.04% ~ 0.1% 碳，10.5% ~ 13% 铬，1.5% ~ 3.75% 钼，0.3% ~ 1.2% 钒，0.3% ~ 2.0% 镍，6% ~ 9% 钴，0.05% ~ 0.4% 硅，0.2% ~ 0.8% 锰，0.02% ~ 0.06% 铌，0 ~ 2.5% 铜，0~0.1% 铝，$(0 \sim 250) \times 10^{-6}$ 氮，$(0 \sim 30) \times 10^{-6}$ 硼，微结构包括马氏体、碳化物、氮化物和/或碳氮化物中的一种或多种，以及任选的残余奥氏体。

日本 NSK 的专利技术中仍持续关注纯净度、碳化物尺寸数量及分布、表面硬度及残留奥氏体量等控制技术，例如专利 CN103237913B 中提供的滚动轴承中含有 12×10^{-6} 以下的 O，接触面 C + N 量为 0.9% ~ 1.4%，碳化物的面积率在 10% 以下，从所述接触面表面至滚动体直径 1% 的深度的硬度为 HV720 ~ 832，残留奥氏体含量为 20% ~ 45%，压缩残余应力为 50 ~ 300MPa。

上述这些企业的专利技术方向基本代表着世界上航空发动机轴承钢的技术发展方向，也是今后一段时期内国内企业应给予重点关注或充分重视的技术方向。

（2）现有专利技术构成分析。

进一步分析这些现有专利技术构成，统计分析结果如图 3-30 所示。

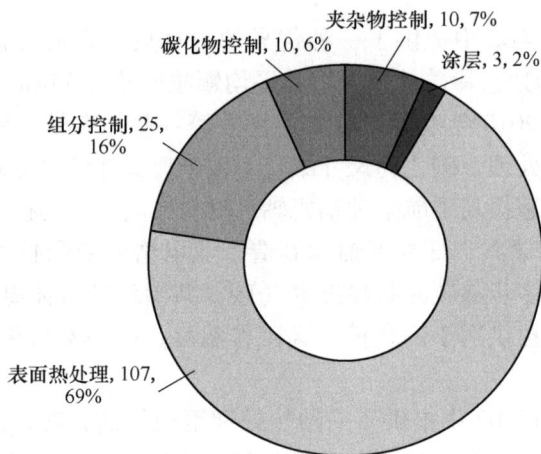

图 3-30 航空发动机轴承钢疲劳寿命的专利技术构成

分析表明，涉及提升航空发动机用轴承钢接触疲劳寿命的现有专利技术中，最密集的技术方向是表面热处理强化技术，主要涉及表面渗碳或碳氮共渗处理，并辅以淬火、回火等热处理控制表面层中残余奥氏体的量，以提高轴承制件接触表面耐磨性，提高接触疲劳寿命；其次是组分控制，主要涉及对钢中 O，残余 Ti、N、S 含量等的控制；再次是涉及夹杂物控制技术和碳化物控制技术，主要涉及通过渗碳淬火 – 回火等热处理手段控制接触或滚动表面层中的碳化物尺寸、数量及分布，以及对钢中夹杂物的类型、尺寸、数量及分布的控制，可有效推迟疲劳裂纹的萌生，进而提高钢的疲劳寿命；另外，也有少量涉及同时控制轴承钢的纯净度、夹杂物尺寸及数量、碳化物尺寸及数量以及涉及表面施加涂层的专利技术。

综上分析可知，延长航空发动机轴承接触/滚动疲劳使用寿命一直是国内外轴承钢制造企业关注最多的技术方向，直至目前对于该技术方向的研发创新仍为持续进行，未来研发重点仍为持续改善轴承钢组件在高温腐蚀、高转速、高应力负荷环境下的使用寿命。

（3）专利技术挖掘建议。

通过分析鉴别主要专利技术的创新点，发现：

较早的航空发动机用轴承钢的专利技术主要通过表面渗碳或碳氮共渗等处理手段控制表面层中碳氮含量、细化接触/滚动表面层中的碳化物尺寸，控制碳化物数量及分布，并通过联合热处理手段控制夹杂物的类型、尺寸、数量及分布以有效推迟疲劳裂纹的萌生，以及稳定保持残余奥氏体的量提高在高温度下的滚动疲劳寿命，进而延长其使用寿命，这些专利技术大部分处于专利权到期或失效状态，以这些专利为基础，研发人员可进行技术整合、技术细节挖掘，例如通过复合热处理精细控制夹杂物、碳化物等显微组织结构等。

为了满足航空发动机轴承钢使用的严苛环境，国内外的创新主体不断寻求进一步改善轴承的耐疲劳特性，然而侧重的技术方向有所不同，提出的技术手段也有所差别，例如有提出通过热处理硬化后控制 H 含量 0.04×10^{-6} 或更小，硬度 451HV 或更多，可获得超长疲劳特性，并控制表面硬化层中分散析出物以提高轴承的耐卡死性和耐磨性，进一步提高使用寿命；也有提出将含有 0.4% ~ 0.55% C 和 0.5% ~ 2.0% WC（质量分数）的亚共析热处理钢制成的轴承感应加热形成硬化边界层，然后淬火并随后回火，以改进轴承部件抗白色腐蚀裂纹（WEC）形成的特性。通过比较分析这些专利技术的侧重点，从中寻求专利布局的薄弱点/空白点，例如表面硬化层中极低 H 含量控制与其他处理手段的协同效果、抗应力腐蚀与显微组织结构的综合控制等，抢占专利申请的先机。

【案例2】 基于一项专利利用规避设计进行专利挖掘

（1）规避设计及常见方法。

利用规避设计进行专利挖掘，英文表达为"design around"，是一种常见的专利规避策略，即研究他人的某项专利，然后设计一种不同于他人专利权的新方案，来规避他人的专利权[19]。

在规避设计中，不仅要注意规避侵犯他人的在先专利，而且还要避免在先专利影响新方案的新颖性/创造性。常见的几种规避方法包括但不限于：1）要素选择，例如从要素 A + B + C 构成的现有方案中选择 A + B 的新方案，但注意选择 A + B 的方案所带来的技术效果基本能与 A + B + C 的方案相同甚至更优异，以表明该要素选择的效果是难以合理预期的；2）要素组合，例如从要素 A + B + C 和 A + B + D 的两项现有技术的方案中，组合为 A + B + C + D 的新方案同时说明要素 C + D 之间具有明显的关联或协同关系；3）要素替代，例如从要素 A + B + C 构成的现有方案中，设计要素 A + B + C′的新方案，同时说明采用要素 C′替代 C 在相应方案的作用/效果存在实质不同。

（2）案情简介。

现有专利的技术方案：一种 Ti-Nb-Zr-Sn-O 合金，其组分为：以质量百分比计为（30% ~ 40%）Nb-（5% ~ 15%）Zr-（1% ~ 10%）Sn-（0.1% ~ 0.3%）O，余量为 Ti；该合金的生产方法包括以下步骤：熔炼；锻造；固溶处理；冷变形；时效处理，所述时效处理温度为 400 ~ 600℃；生产得到的钛合金的 $\sigma_{0.2}/E$ 值最高达到 1.5%，σ_b 为 765 ~ 1030MPa，$\sigma_{0.2}$ 为 634 ~ 775MPa。

背景技术：β 钛合金的成型性好、可时效强化，成为高强钛合金弹性材料的理想选择。20 世纪 80 年代以来，麦道、洛克希德、波音、空客等飞机制造公司已逐步将 β 钛合金弹簧用于飞机起落架上下锁、门平衡、液压回程和飞行控制等，其代表性弹簧用钛合金有 Ti-15V-3Cr-3Al-3Sn（Ti-15-3）、Ti-3Al-8V-6Cr-4Mo-4Zr（β-C）和 Timetal LCB（Ti-6.8Mo-4.5Fe-1.5Al）。弹性材料的主要特征参数有抗拉强度 σ_b 和弹性应变极限 $\sigma_{0.2}/E$，其中 σ_b 越大，意味着能在更高的应力下工作，$\sigma_{0.2}/E$ 越大，弹性变形能力越强，也即在同一应力水平下弹性元件可以做得更小更轻。目前，弹簧用 β 钛合金的强度已接近极限，$\sigma_{0.2}/E$ 值不高于1.3%。可见，要进一步减小钛合金弹性元件的质量和体积，必须在保持高强度的条件下有效降低其弹性模量。低弹性模量近 β 钛合金是 20 世纪 90 年代以来针对人体硬组织（关节和牙齿等，弹性模量 3 ~ 35GPa）替换而研发的，通过添加 Nb、Ta、Zr、Mo、Sn 等无毒元素获得与人体硬组织相近的低弹性模量（50 ~ 80GPa）和较高强度，以保证钛合金植入体（人工关节和种植牙等）具备优良的生物和力学相容性。这类医用钛合金经过强化处理后亦具有用作高性能弹性材料的潜力，但还存在一些问题：1）当合金在固溶态（由 β 相组成）的弹性模量降低到 55 ~ 65GPa 时，其强度也同步降低（$\sigma_{0.2}$ 通常小于 700MPa），达不到高强度和高弹性的要求。2）通过对固溶态合金进行 80% ~ 90% 的冷轧形变，可以显著提高强度，并降低弹性模量，但会导致晶体缺陷密度高、残余应力大、塑性差、疲劳性能低，失去使用价值。3）通过对冷轧态合金进行 400 ~ 500℃ 的时效热处理，强度和疲劳性能可以显著提高，但由于大量析出高弹性模量的 α 相，合金的弹性模量通常升高到 80 ~ 90GPa，导致 $\sigma_{0.2}/E$ 值与上述 β-C 和 Timetal LCB 等弹性钛合金相比没有明显的优势。

要解决的技术问题：提供一种具有高强度和高弹性的钛合金及其制备方法，该钛合金的弹性性能显著优于现有各种高强度和高弹性的 β 钛合金，十分适合制作超轻小体积的高性能弹性元件，可应用于航空航天、机械工业、体育器材等广泛领域，且该材料生物相容性和力学相容性优异，可应用于制备生物医用植入物。

（3）技术创新点的规避设计。

技术创新点的规避设计思路如下。

思路一：对 Ti-Nb-Zr-Sn-O 合金组分设计进行优化，考虑到上述现有技术公开的 Nb、Zr 和 Sn 的含量范围较宽，可对这些组分的含量优选出较小的含量范围，同时说明优选出的含量范围所带来的技术效果（例如强度等力学性能）较现有技术公开的更优，如果能给出对比试验的性能数据进行证明，可明显增强说服力，或者能说明某个或某些组分含量的选择与显微组织结构、析出相的类型和/或比例等的关系/影响，能大大增强说服力。

思路二：选择性放弃现有技术所公开的 Ti-Nb-Zr-Sn-O 合金中某个组分的某

一含量范围，同时说明所放弃的该组分的某一含量范围是出于怎样的技术考虑，或放弃该组分的某一含量范围能带来怎样的技术效果，且这些技术考虑或技术效果是现有技术未曾意识到的，甚至该现有技术给出的是相反的技术教导。

思路三：寻找 Ti-Nb-Zr-Sn-O 合金组分设计中某些组分之间的关联性或协同性，例如 Nb 与 O 的含量比例关系，并说明控制该比例关系对于显微组织结构的影响/作用效果，且这些影响/作用效果是现有技术未曾意识到也未给出技术启示。

思路四：对 Ti-Nb-Zr-Sn-O 合金的生产工艺方法或步骤进行规避设计，包括采用其他生产工艺方法替代，某个工艺步骤被替代为其他步骤，某个/某些工艺步骤的条件参数被优化，同时说明替代或优化后的技术效果是现有技术未曾意识到也未给出技术启示，如果能在工艺步骤、条件参数与显微组织结构及性能指标上建立关联，则更能增强其说服力。

参 考 文 献

[1] 罗崇林. 产品生命周期中专利信息的利用研究 [J]. 中国科技资源导刊, 2016 (4): 51 – 56.

[2] 何铁宝. 企业专利信息分析与专利战略工作 [J]. 企业科技与发展, 2009 (20): 16 – 17.

[3] 国家知识产权局. 专利审查指南 2021 [M]. 北京: 知识产权出版社, 2021.

[4] 国家知识产权局新审查员入职培训课程. 检索概论Ⅱ, 2021.

[5] 柴鹏. 结合实际案例浅析三种非专利文献数据库检索技巧 [J]. 机械发明审查部专刊, 2012: 25 – 31.

[6] 国家知识产权局专利审查协作北京中心新审查员入职培训. 非专利检索资源, 2022.

[7] 国家知识产权局专利审查协作北京中心课程. 外文非专利检索, 2019.

[8] 国家知识产权运营公共服务平台. 高价值专利（组合）培育和评价标准, 2021: http://www.iprdailycn/news-22114.html.

[9] 林静, 等. 面向主控式创新的高价值专利挖掘研究 [J]. 情报杂志, 2022 (6): 163 – 172.

[10] 马天旗, 等. 高价值专利培育与评估 [M]. 北京: 知识产权出版社, 2018: 33 – 34.

[11] 阿奇舒勒, 谭培波, 等. 创新算法: TRIZ、系统创新和技术创造力 [M]. 武汉: 华中科技大学出版社, 2008.

[12] Jeong C, et al. Creating patents on the new technology using analogy-based patent mining [J]. Expert Systems with Applications, 2014, 41 (8): 3605 – 3614.

[13] Koza J R, et al. Invention and Creativity in automated design by means of genetic programming [J]. Artificial Intelligence for Engineering Design Analysis & Manufacturing, 2004, 18 (3): 245 – 269.

[14] Armand H, et al. C-K design theory: An advanced formulation [J], Research in Engineering Design, 2009, 19 (4): 181 – 192.

［15］王晓宇，等．技术知识的跨领域应用及潜在技术方案的识别［J］．图书情报工作，2016（23）：87－96．

［16］胡正银，等．专利文本技术挖掘研究进展综述［J］．现代图书情报技术，2014（6）：62－70．

［17］吴启帆，等．高端轴承钢专利分析［J］．中国发明与专利，2021（18）：43－48．

［18］闫蕾，等．国内轴承钢专利申请态势分析［J］．广东化工，2020，47（12）：130－132．

［19］王明，等．企业知识产权流程管理［M］．北京：中国法制出版社，2011．

［20］中华人民共和国专利法，2020．

4 基于审查视角的高质量专利撰写及争辩实务

专利与技术创新密切相关，高质量技术创新的重要成果之一便是高质量专利，以高质量专利为代表的技术创新水平很大程度上反映了技术创新能力的强弱。冶金工业的技术创新同样需要高质量专利的培育、获得和维护，以对创新成果进行有效保护和激励，并带来更多的市场经济价值。

本章基于审查视角对冶金技术领域的专利申请策略、高质量专利撰写实务以及常见缺陷的争辩策略及方法，给出切实可行的指导和建议，其中结合了大量的实际案例并加以评析，以帮助解答专利申请、撰写及争辩中遇到的难题。

4.1 基于审查视角的专利申请策略

创新主体提出专利申请是为实现一定的战略目标服务的，这些目标包括以自己使用从而获得竞争优势为目的的专利申请策略，以转让为目的的申请专利战略，以对竞争对手采取专利对策的专利申请战略以及以迷惑竞争对手为目的的申请战略等。然而，无论是出于何种目的，考虑提出申请、提出申请及公开的时机、申请种类和数量、请求保护的范围以及申请国家均是提出专利申请时需要解决的基本问题[1,2]。

4.1.1 是否提出申请专利的考虑

一般情况下，技术创新成果产生后，处理途径有申请专利、作为技术秘密和公开成果[1-2]。原则上讲，只要创新主体所作出的创新成果具备专利性，就应当考虑申请专利，从而获得专利法的保护，但是，申请专利并不是在任何情况下都适合。一项技术创新成果产生后，是否提出申请专利要综合考虑以下因素[1]：

（1）技术寿命与利用价值[1]。如果该技术方向正处于萌芽期或发展上升期，或者处于行业内的技术密集或热点方向，或者技术评估比较先进，意味着该技术的寿命会较长，获得专利权后可带来较高的经济利用价值，此时应及时提出专利申请；但是，如果该技术所在行业的技术成熟度较高，或面临技术转型，甚至技术淘汰等，意味着其技术寿命不长，此时应考虑专利申请投入与利用价值是否匹配。

（2）技术研发难度[1]。如果行业内的竞争对手较容易地通过反向工程获得该技术创新成果的要点，或者属于市场潜力大但技术创新门槛低，较容易被他人开发的成果，应及时申请专利，寻求独占性的保护；如果技术研发难度较大，开发时间长、投入成本高，例如涉及行业内一些"卡脖子"技术，尽管行业内的竞争对手较难获知该技术要点，而申请专利时需满足说明书充分公开的要求，此时可考虑申请专利与作为技术秘密保护相结合的方式[2]，可对重要技术构思或方案提出专利申请，但对技术构思或方案中的关键技术，则作为技术秘密加以保护。

（3）技术竞争角度[1]。对于技术比较复杂、竞争对手难以规避的比较的重要创新成果，例如基础专利、核心专利，应及时申请专利保护；对于能够有效遏制行业内竞争对手的技术，应尽早提出专利申请，通过抢占专利先机、设置专利障碍等策略，寻求技术价值最大化。

（4）市场发展潜力。一些国外创新主体会根据市场预测、技术评估等提前对某些技术针对目标国家市场进行专利申请，形成专利技术储备或前瞻性专利布局，例如日本日立公司制定的专利申请政策的焦点即是开发领先市场的产品[1]。

（5）迷惑型专利[1]。在特定情况下，有些创新主体为了避免使自己的技术开发方向被竞争对手获悉，在将某些符合专利条件的技术申请专利的同时，也有意将其他技术申请专利，旨在迷惑竞争对手，让对方产生错误导向。

4.1.2　提出专利申请时机及公开时机的选择

目前世界上绝大多数国家在专利确权上都实行先申请原则，该原则的基本内容是，两个或两个以上的人就同样的发明创造申请专利，专利权授予最先申请的人。我国《专利法》第九条规定："两个以上的申请人分别就同样的发明创造申请专利的，专利权授予最先申请的人。"因此尽早提出专利申请是非常有利的。从申请发明专利到专利公开的时间长度称为专利公开时滞[3]，发明专利申请满18个月被自动公开，目前在提交发明专利请求书时可自主选择是否提前公开，而专利技术公开后公众均可获知其技术方案，因此合理利用该专利公开时滞可为创新主体谋求最大化的合法收益。根据创新主体及技术成果的实际情况，大致分为以下几种情形：

（1）对于处于研发密集但研发周期较长的技术，在技术构思形成后尽早提出专利申请，考虑到竞争对手对该项技术同样有着较高的关注度，建议不自主选择提前公开发明，可选择满18个月自动公开该发明，必要时可先提出专利申请，12个月之内将该专利申请作为优先权文件撤回后再提出在后申请，由此通过合理延长专利公开时滞，避免技术信息被竞争对手获知，甚至对于一些关键技术在公开前就能实现许可，可为创新主体谋求收益的最大化。

（2）对于更新快、研发周期短的技术，更应尽早提出专利申请，并可自主选择提前公开发明，有望缩短专利授权时滞，即从提出专利申请到授权的时间长度，确保技术抢占先机地位。

（3）对于技术构思尚未成熟或申请文件准备不充分，应避免过早申请专利，一方面会因申请文件的公开向竞争对手暴露技术研发情况，甚至技术秘密；另一方会因不满足授予专利权的条件而影响专利权的获得。

（4）对易于保密的技术创新成果，为延长独占市场的时间，避免技术泄露给竞争对手，可不申请专利。

（5）对于技术合作成果，应协商后提出共同专利申请，切忌对于同一技术构思先后提出专利申请，不仅会导致在先申请影响在后申请的新颖性/创造性，还有可能被归为雷同或相似申请，影响所有申请专利权的获得。

4.1.3 专利申请种类及数量的选择

我国专利申请的种类包括发明、实用新型和外观设计，在冶金行业的专利申请中，这三种类型均存在，但发明专利占绝大部分。发明专利类型包括产品发明、方法发明、产品或方法发明的改进发明。

目前在发明专利的实质审查中，根据审查周期要求不同，发明专利类型包括优先审查（普通加快申请、经各地保护中心和快速维权中心快速预审的加快专利申请）、PPH（专利审查高速路）申请、高价值申请和普通申请。

（1）专利申请优先审查的流程如图 4-1 所示[4]。

专利优先审查结案周期[4]：对于国家知识产权局同意进行优先审查的申请或者案件，自同意优先审查之日起，发明专利申请在 45 日内发出第一次审查意见通知书并在一年内结案，实用新型和外观设计专利申请 2 个月内结案，专利复审案件 7 个月内结案；发明和实用新型专利权无效宣告案件 5 个月内结案，外观设计专利权无效宣告案件 4 个月内结案。

答复周期要求[4]：申请人/发明人答复发明专利审查意见通知书的期限为通知书发文日起 2 个月，答复实用新型和外观设计专利审查意见通知书的期限为通知书发文日起 15 日。

注意如下[4]：

1）新《专利优先审查管理办法》（以下简称《办法》）适用范围涵盖实质审查阶段的发明专利申请、实用新型和外观设计专利申请，发明、实用新型和外观设计专利申请的复审以及发明、实用新型和外观设计专利的专利权无效宣告案件。

2）专利优先审查应是全体申请人在发明专利申请具备开始实质审查的条件时提出，实用新型、外观设计专利申请在完成专利申请费缴纳后提出。

专利申请优先审查

提出时机

发明专利申请（未双报）　　实用新型专利申请　　外观设计专利申请

是　　　　　　　是　　　　　　是

发明专利申请进入实质审查

是

满足条件

有下列情形之一：
(一)涉及节能环保、新一代信息技术、生物、高端装备制造、新能源、新材料、新能源汽车、智能制造等国家重点发展产业；
(二)涉及各省级和设区的市级人民政府重点鼓励的产业；
(三)涉及互联网、大数据、云计算等领域且技术或者产品更新速度快；
(四)专利申请人或者复审请求人已经做好实施准备或者已经开始实施，或者有证据证明他人正在实施其发明创造；
(五)就相同主题首次在中国提出专利申请又向其他国家或者地区提出申请的该中国首次申请；
(六)其他对国家利益或者公共利益具有重大意义需要优先审查

是

专利申请采用电子申请　　是　　经全体申请人同意

是

优先审查请求书应当由国务院相关部门或者省级知识产权局签署推荐意见(属于第五项则不用)

是

向国家知识产权局提交优先审查请求书、现有技术或者现有设计信息材料和相关证明文件(PCT无需提交证明文件、巴黎公约提交海外受理通知书)

是

申请结案

国家知识产权局同意进行优先审查

是

同意日起，45日内发一通，一年内结案　　同意日起，两个月内结案　　同意日起，两个月内结案

发明申请结案　　实用新型申请结案　　外观设计申请结案

停止优先审查

有下列情形之一：
(一)对专利申请主动提出修改；
(二)未在通知书发文日起两个月答复发明专利审查意见，未在通知书发文日起15日内答复实用新型和外观设计专利审查意见；
(三)提交虚假材料；
(四)非正常专利申请

是

停止优先审查

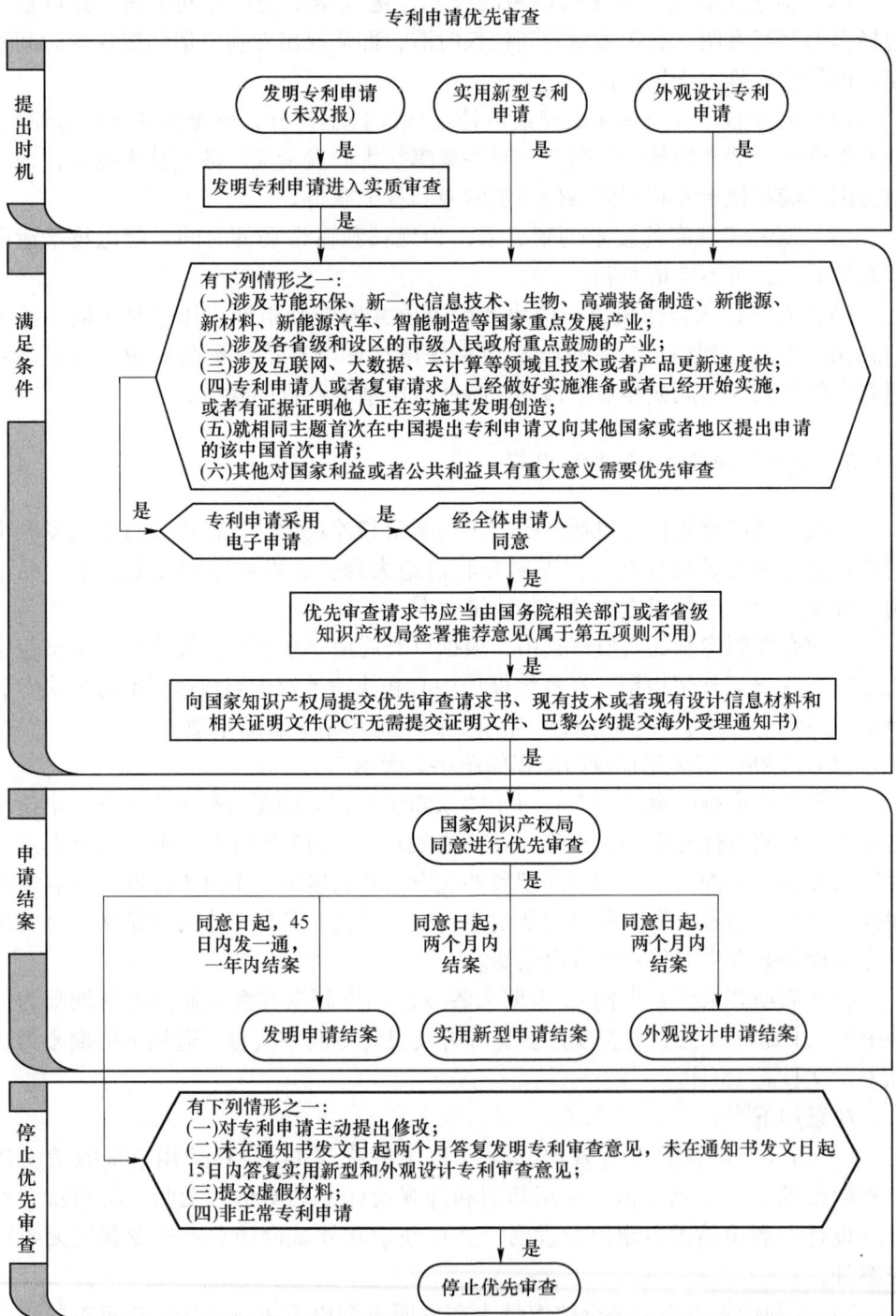

图 4-1　专利申请优先审查流程

3）除原《办法》规定的国家产业相关的适用优先审查的六种情形外，新《专利优先审查管理办法》根据《国务院关于新形势下加快知识产权强国建设的若干意见》《国务院关于印发"十三五"国家战略性新兴产业发展规划的通知》《中国制造2025》等重要文件的政策部署，并参考其他国家有关优先审查的规定，扩充和丰富了适用优先审查的情形。

4）同时提交发明专利申请和实用新型专利（即双报）的案件不予优先审查。

5）目前不再要求提交检索报告，请求人仅需提交现有技术或现有设计信息材料；在某些情况下，不再需要国务院相关部门或者省级知识产权局签署推荐意见。

6）新《办法》第十二条规定了有下列情形之一的，国家知识产权局可以停止优先审查程序，按普通程序处理：优先审查请求获得同意后，申请人根据专利法实施细则第五十一条第一、二款对申请文件提出修改；申请人答复期限超过本办法第十一条规定的期限；申请人提交虚假材料；在审查过程中发现为非正常专利申请。

（2）专利快速预审。地方知识产权保护中心、快速维权中心面向相关产业提供发明、实用新型、外观设计的预审服务，辖区内相应产业的企事业单位可自愿进行备案，其专利申请经保护中心预审合格后，提交至专利局即可进入快速审查通道，其提供的所有服务均为免费，相关流程说明如下[5]：

1）相关主体要预审备案后，才能开展相关预审业务。

2）各保护中心无法涵盖很多技术领域，因地方产业发展不同预审技术领域有所不同。

3）按照专利合作条约（PCT）提出的专利国际申请、进入中国国家阶段的PCT国际申请、双报的实用新型专利和发明专利、分案申请、需要保密审查的申请均不得通过快速审查通道进行办理。

4）尽量确保申请案件减少形式问题，配合审查，不要重复提交，杜绝非正常专利申请，申请符合格式要求，及时按流程操作，避免修改等影响审查进度的行为，避免出现违反专利预审申请行为有关规定。

5）对于发明专利申请，针对专利局发出第一、二次审查意见通知书，申请人承诺分别在10个、5个工作日内提交答复意见；对于实用新型专利申请，针对专利局发出审查意见通知书，申请人承诺在5个工作日内提交答复意见。

6）快速预审案件的审查周期要求：发明专利结案周期不超过6个月，实用新型和外观设计1个月左右。

专利快速预审流程如图4-2所示。

专利快速预审

主体备案	申请主体系统注册 → 保护中心审核 →不通过→ 通知申请主体

申请主体系统注册 → 保护中心审核 —不通过→ 通知申请主体

通过↓

申请主体系统备案

保护中心审核 —不通过→

通过↓

申请主体系统中关联
代理机构(若需要)

预审阶段

申请主体/代理机构系统
中提交预审申请

保护中心审查是否符合
预审条件 ⇄ 不符合,驳回 / 返回修改

通过↓

正式申请阶段

申请主体/代理机构向专
利局提交申请,并缴费

申请主体/代理机构系统
中提交专利申请号

保护中心审查申请文件
一致性 —不一致,转普通→

一致↓

快速审查阶段

进入快速审查通道

结案

转为普通申请

转为普通申请

是↑

是否存在相关申请
转为普通申请程序
的情形? —否→

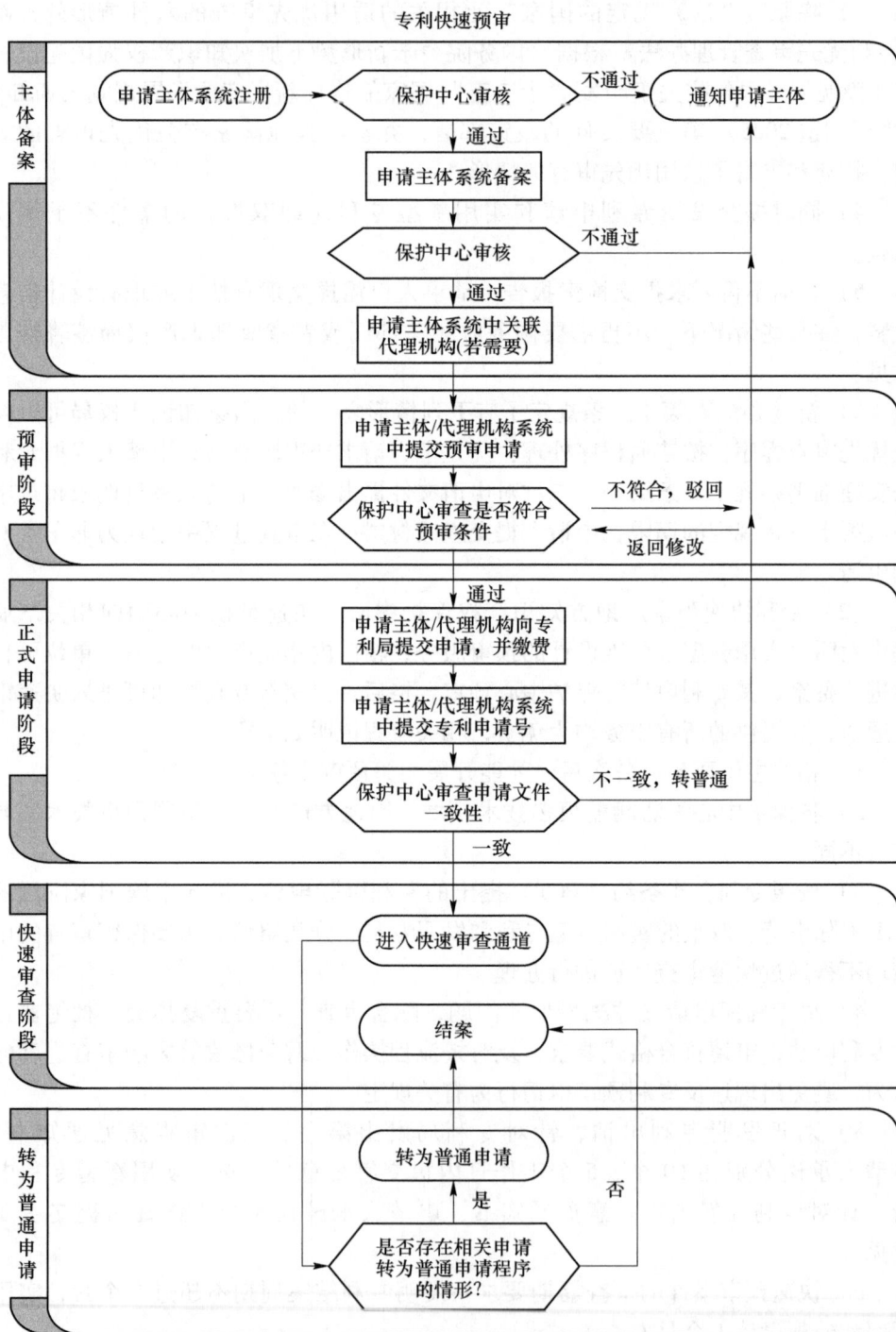

图4-2　专利快速预审流程

有以下情形之一的，加快申请将自动转为普通申请程序：

1）不接受保护中心提供的快速审查预审服务；

2）申请人地址及申请领域不符合保护中心的要求；

3）希望享受专利费用减缴，未在提交专利申请前在专利费减备案系统进行专利费减备案；

4）违背所签署的承诺书；

5）外观设计专利申请初步审查中专利局需要发出审查意见通知书的；在实用新型专利申请初步审查中申请人针对第一次审查意见通知书作出答复后仍未满足授权条件的；在发明专利申请实质审查中申请人针对第二次审查意见通知书作出答复后仍未满足授权条件的。

（3）PPH 申请。专利审查高速路（PPH）的英文名称为 Patent Prosecution Highway，PPH 是专利审查机构之间开展的审查结果共享的业务合作，旨在帮助申请人的海外申请早日获得专利权[6]。具体是指当申请人在先审查局（OEE）提交的专利申请中所包含的至少一项或多项权利要求被确定为可授权时，便可以此为基础向在后审查局（OLE）的对应申请提出加快审查请求，其优势是审批加快、节省费用、授权率高。当创新主体在海外的专利申请希望得到加快审查时，可考虑使用 PPH。

PPH 申请流程如图 4-3 所示。

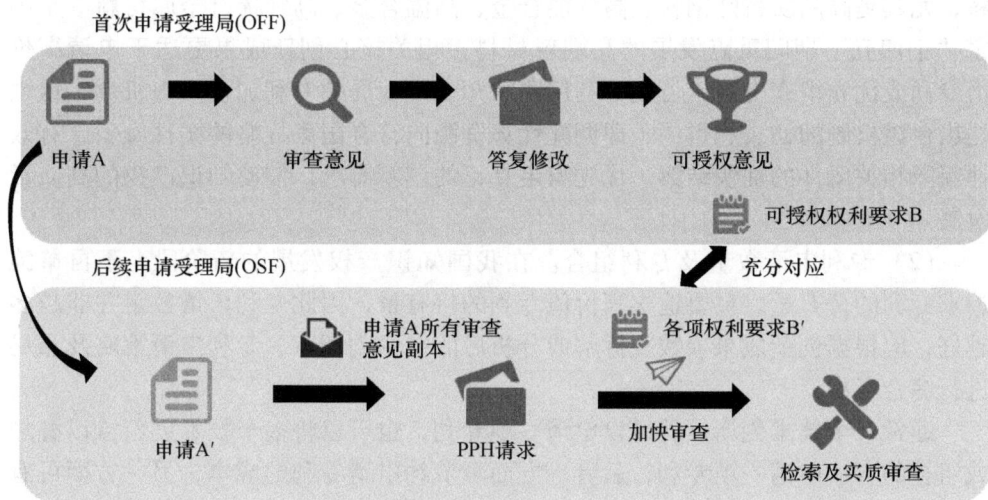

图 4-3　PPH 申请流程

需要注意的是，PPH 并非是各国在实体问题上相互承认审查结果的机制，而仅仅是一种便利申请人的加快审查机制，各国仍旧要对具体的专利申请按照本国专利法进行实质审查或者履行其他的审查程序，也就是说，在不同国家的审查结果可能会与有不同。

PPH 的审查周期要求：从实审提案到发出第一次审查意见通知书的时间要求是 2 个月内，回案处理时间是 50 个工作日。

（4）高价值专利申请。高价值专利是具有较高创新水平和文本质量、较高经济价值和良好社会效益、能够对创新主体或产业发展作出贡献的专利或专利组合。从技术、法律、市场三个维度看，至少包括创新水平高、权利稳定、市场前景好、竞争力强四个特征。

2022 年，高价值发明专利审查周期压减至 13 个月，对于审查周期要求是：从提案到发出第一次审查意见通知书的时间不超过 1 个月，回案处理周期不超过 50 个工作日。

以下是选择并确定专利申请类型、数量及专利组合、专利请求保护范围及申请国家时的具体考虑及相应建议。

（1）专利申请类型的选择。创新主体应根据自己发明创造的特点，结合技术方案所涉及的主题、技术的先进性、对市场的影响程度等选择适当的专利申请种类，尤其对于发明专利申请中的高价值专利、优先审查专利，以及经各保护中心或维权中心的快速预审的专利，因其审查周期较短，可根据实际需求进行选择。

冶金技术领域中先进钢铁材料、先进有色金属材料等属于国家战略性新兴材料，尤其是高品质特殊钢材、高性能合金、高温合金、高纯稀有金属材料等是国家"十四五"期间重点发展的高端新材料，相关核心创新成果更适于申请高价值专利或优先审查专利，可充分利用国家知识产权局的专利加快审查机制，这也是出台该机制的初衷和目的，即调配优势资源向符合国家战略的案件倾斜，有效地保障相关案件的加快结案，优先满足真正的创新需求，推动知识产权的高质量发展。

（2）专利申请数量及专利组合。在我国知识产权发展的新阶段，不再单纯追求专利的持有量，更要追求高价值专利的持有量，因此专利申请数量并非越多越好，应根据创新成果项数、拆解或分析后的技术创新点、专利申请策略及布局进行综合考虑。

通常一个技术创新点就可以申请一项专利，也可以将多个技术创新点以叠加或组合的方式申请一项专利，后者一方面可节约申请专利的成本，另一方面可有效扩展创新点，提高专利授权的可能性，即使多个创新点之间的技术关联性不大，后续也可采用主动分案或按审查意见通知书要求分案的形式对这些创新点进行拆分，再提交分案申请。但切忌对于同一技术方案仅通过简单的特征替代或简单特征的排列、组合提交大量雷同或相似专利申请，这可能会被认定为非正常专利申请，导致创新主体的信誉和利益均受损。

对于基本或核心技术创新成果，建议采用专利组合策略提出专利申请，所谓专利组合（patent portfolio）在最初指的是某一机构所拥有的共有某项关键技术特征的专利集合，可以理解为由某一技术领域内上、中、下游专利组合而成的能够有效阻击竞争对手、占领该技术领域和产品市场的一个专利集，其目的是为了保护组织内的核心专利以巩固核心技术[7]。在具体操作上，可对该创新成果涉及的技术链的上游、中游、下游申请多件专利，也可对该创新成果的核心技术进行拓展或延伸后申请多件专利，增加专利储备量，以有效遏制或阻击竞争对手，从而占据技术主导地位。

或者，为加大对基本或核心创新技术成果的保护力度，企业可考虑构建专利保护池，包括基本专利、核心专利和外围专利。以硬质合金行业为例，其超细硬质合金材质/纳米复合粉末与工艺可形成几个基础专利，涂层数控刀具、带排屑和冷却内腔的钻头等可形成一些核心专利，基于所述基础或核心技术所设计的设备、自动控制技术、检测装置及方法、改进工艺等可形成更多的外围专利[8]。

（3）专利请求保护范围的选择。《专利法》规定，专利申请的保护范围是由专利申请的权利要求书确定的。发明或实用新型专利权的保护范围以其权利要求的内容为准，说明书及附图可以用于解释权利要求。

专利保护范围的规定是专利立法的关键，因为它规定了专利权人专有权利所及的内容和范围的广度和深度[9]。专利申请请求保护的范围直接关系到审查范围、能否获得专利权、专利权的保护范围、授权确权行政审判过程及结果。专利申请请求保护的范围的选择对于审查、授权和确权具有直接且重要的影响。

权利要求书是用技术特征的总和表示发明或实用新型的技术方案，权利要求书起着界定专利申请请求保护的范围以及专利保护范围的作用。在专利申请被授予专利权后，权利要求书就是确认发明或实用新型专利保护范围的根据[1]，也是确权的依据。

在实际审查中发现，一些创新主体在提交专利申请时，为确保获得授权，会有意将权利要求请求保护的范围缩小，也有一些创新主体因各种原因没有将全部技术创新点覆盖到权利要求书中，还有一些创新主体出于遏制竞争对手或保护技术秘密的目的，将权利要求请求保护的范围尽量扩大，更有一些创新主体出于理解或撰写偏差等造成权利要求请求保护的范围不明确，导致审查中无法界定其保护范围。

无论是出于何种目的或考虑，权利要求请求保护的范围应合理确定，不能过小，导致后续该权利要求无修改余地，授权专利的保护范围过小，使得竞争对手很容易规避或绕过专利权保护的范围，进而造成创新主体的利益损失；但也不能过大，与其技术贡献不相适应，导致权利要求无法得到说明书的支持，或者涵盖了现有技术公开的技术内容而导致其丧失新颖性和/或创造性，进而导致其无法获得专利权。

　　基于审查角度的权利要求请求保护的合理范围，首先是技术边界清晰，对说明书的技术内容及具体实施方式概括合理，满足《专利法》第二十六条第四款中对于权利要求应当清楚、简要并得到说明书支持的规定；其次是权利要求请求保护的范围与发明作出的技术贡献相匹配，独立权利要求包含能够实施其技术方案并获得相应技术效果的全部必要技术特征；最后是每项独立权利要求之间的引用关系也清楚明确。

　　（4）申请国家的选择。专利保护具有地域性特点，因此申请专利时还需要对申请国家进行选择，以获得该国家的专利保护。专利保护的区域应当与目标市场的区域一致：通过进行市场规划和预测，在专利技术、专利产品进入或拟进入的国家申请专利进行保护，或申请 PCT 专利，指定几个进入或拟进入其市场的国家，在申请国外专利或 PCT 专利前，可先申请中国专利[8]，以该中国专利作为优先权文件可要求全部或部分优先权，当要求部分优先权时还可适当修改在后申请的方案，当然也可直接申请 PCT 专利并选择进入中国或其他国家。

4.2　基于审查视角的高质量专利撰写实务

　　专利与技术创新密切相关，专利是保护创新成果的重要载体、衡量创新发展的重要指标[10-14]。正确运用专利法的法律语言结合科学技术术语，撰写出一份高质量的专利申请文件，是对技术创新成果形成有效保护的重要且基础的工作。

　　目前，国内外关于高质量专利并没有统一定义。相关定义主要是从专利自身的评价指标进行，例如宋河发等[16]从技术、法律、经济三个角度出发，认为高质量专利是指技术水平高、文本撰写质量高、市场价值大，并且能经得起诉讼的专利；徐明等[17]认为满足技术进步性、法律审查通过性、经济效益性的特定标准的专利就是高质量专利。业界对于高质量专利的定义维度见表 4-1[18]。

表 4-1　高质量专利的定义维度

定义维度	维度特征	评价指标	指标说明
技术维度	基础维度	专利技术的质量	创造性 新颖性 实用性
		专利申请文件的撰写质量	技术方案层面 权利要求层面 说明书层面
		专利审查的质量	专利申请量 审查员数量 专业经验知识 系统检索水平

定义维度	维度特征	评价指标	指标说明
法律维度	保障维度	内在证据	专利说明书 权利要求书 专利审查档案
		外在证据	专家证词 发明人证词 用户证词 相关领域技术人员的理解
经济维度	市场维度	经济价值	经济效益 管理水平
		市场前景	商品市场 技术市场 人才市场 信息市场

以下将从法律维度和技术维度，从专利审查的视角对冶金行业高质量专利的撰写给出以下建议。

4.2.1 审查视角下的权利要求书的撰写

权利要求书是确定专利权保护范围的依据，也是判定他人是否侵权的依据，其主要作用可以归纳为以下两个方面：其一是界定发明的保护范围，即专利权的保护范围；其二是侵权判定的主要依据。

根据各国专利法的规定，权利要求应当具有明确的权利边界，以告知专利行政部门及公众其权利范围所在。因此，明确性是对权利要求书撰写的基本和实质的要求。

在专利审查中，无论是对专利申请文件进行阅读理解和系统检索，还是对于专利技术新颖性、创造性和实用性作出评价，抑或是专利授权确权程序，对权利要求书的理解及解释都尤为重要，这对权利要求书的撰写提出了较高的要求。

权利要求书的理解和解释涉及语文、技术和法律三个方面的问题[19]。从语文角度来讲，应当符合四个标准：通顺、清楚、准确和简要[19]。

4.2.1.1 关于权利要求书的通顺

《辞海》对"通顺"的释义是：文章没有逻辑或语法上的毛病。一些情况下，权利要求中某些段落、句子或词语的语义不通顺，并不影响该对权利要求保护范围的理解，个别情况审查员还能依职权进行修改，但更多情况下，这些语义不通顺将导致权利要求的保护范围难以清楚地界定，不符合《专利法》第二十六条第四款有关"权利要求应当清楚"的规定。

【案例1】

权利要求1中记载了"背板的长度为面板的长度相同"。

【案例分析】 尽管上述表述不通顺，但无论是"背板的长度为面板的长度"，还是"背板的长度与面板的长度相同"，两者含义是相同的，该权利要求的保护范围是清楚准确的，此时审查员可依职权修改为"背板的长度与面板的长度相同"。

【案例2】

权利要求1中记载了"铬的质量分数比 5 ~ 10. "。

【案例分析】 由于小数点后缺少数值，或者是小数点误点，使得铬的质量分数比的上限值无法确定，由此该数值范围不清楚，导致该权利要求的保护范围不清楚。由于审查员对权利要求书依职权修改的情况仅限于修改明显的文字和标点错误以及明显的文本编辑错误，删除明显多余的信息，且修改方式是直接、毫无疑义地得出的，不会使得权利要求的保护范围发生变化，故上述缺陷不属于审查员依职权修改的范围。

【案例3】

权利要求1中"固定板的顶部固定连接有放置板和搅拌箱，搅拌箱的顶部从上从左至右依次固定连接有第一储料箱、第二储料箱和储水箱"。

【案例分析】 所述"从上从左至右"不符合汉语表达习惯，是"从上至下"或"从左至右"，还是两者兼有？该语义不通顺造成对该句出现不同含义的理解，导致该权利要求的保护范围不清楚。

【案例4】

权利要求1中"包覆层和芯层为两种不同金属材料制成的层结构"。

【案例分析】 由于包覆层和芯层均属于层结构，对该句能够理解出不同的技术含义：（1）包覆层为两种不同金属材料制成的层结构，芯层也为两种不同金属材料制成的层结构；（2）包覆层和芯层由两种不同的金属材料制成，形成包覆层和芯层构成的层结构，由此导致该权利要求的保护范围不清楚。

在审查实践中，如果权利要求书中存在逻辑或语法上的问题，且这些逻辑或语法问题导致相应的权利要求理解出不同的技术含义，很容易导致发明人与审查员对于技术理解、证据事实或审查结论产生争议，因此在撰写高质量专利申请的权利要求书时，语义通顺是最低要求。

4.2.1.2　关于权利要求书的清楚

《专利法》第二十六条第四款规定[20]：权利要求书应当以说明书为依据，清楚、简要地限定要求专利保护的范围。

《专利审查指南》规定[21]，权利要求书应当清楚，一是指每一项权利要求应当清楚，二是指构成权利要求书的所有权利要求作为一个整体也应当清楚。

首先，每项权利要求的类型应当清楚。一方面，权利要求的主题名称应当能够清楚地表明该权利要求的类型是产品权利要求还是方法权利要求。不允许采用模糊不清的主题名称，例如，"一种……技术"，或者在一项权利要求的主题名称中既包含有产品又包含有方法，例如，"一种……产品及其制造方法"。

另一方面，权利要求的主题名称还应当与权利要求的技术内容相适应。产品权利要求适用于产品发明或者实用新型，通常应当用产品的结构特征来描述。特殊情况下，当产品权利要求中的一个或多个技术特征无法用结构特征予以清楚表征时，允许借助物理或化学参数表征；当无法用结构特征并且也不能用参数特征予以清楚表征时，允许借助于方法特征表征。使用参数表征时，所使用的参数必须是所属技术领域的技术人员根据说明书的教导或通过所属技术领域的惯用手段可以清楚而可靠地加以确定的。

方法权利要求适用于方法发明，通常应当用工艺过程、操作条件、步骤或者流程等技术特征来描述。用途权利要求属于方法权利要求。但应当注意从权利要求的撰写措词上区分用途权利要求和产品权利要求。

其次，每项权利要求所确定的保护范围应当清楚。权利要求的保护范围应当根据其所用词语的含义来理解。一般情况下，权利要求中的用词应当理解为相关技术领域通常具有的含义。在特定情况下，如果说明书中指明了某词具有特定的含义，并且使用了该词的权利要求的保护范围由于说明书中对该词的说明而被限定得足够清楚，这种情况也是允许的。但此时也应要求申请人尽可能修改权利要求，使得根据权利要求的表述即可明确其含义。

权利要求中不得使用含义不确定的用语，如"厚""薄""强""弱""高温""高压""很宽范围"等，除非这种用语在特定技术领域中具有公认的确切含义，如放大器中的"高频"。对没有公认含义的用语，如果可能，应选择说明书中记载的更为精确的措词替换上述不确定的用语。

权利要求中不得出现"例如""最好是""尤其是""必要时"等类似用语。因为这类用语会在一项权利要求中限定出不同的保护范围，导致保护范围不清楚。当权利要求中出现某一上位概念后面跟一个由上述用语引出的下位概念时，应当要求申请人修改权利要求，允许其在该权利要求中保留其中之一，或将两者分别在两项权利要求中予以限定。在一般情况下，权利要求中不得使用"约""接近""等""或类似物"等类似的用语，因为这类用语通常会使权利要求的范围不清楚。当权利要求中出现了这类用语时，审查员应当针对具体情况判断使用该用语是否会导致权利要求不清楚，如果不会，则允许。

除附图标记或者化学式及数学式中使用的括号之外，权利要求中应尽量避免使用括号，以免造成权利要求不清楚，例如"（混凝土）模制砖"。然而，具有通常可接受含义的括号是允许的，例如"（甲基）丙烯酸酯"，"含有10%～60%（质量分数）的A"。

并且，构成权利要求书的所有权利要求作为一个整体也应当清楚，这是指权利要求之间的引用关系应当清楚。

在实际审查过程中，通知书指出的权利要求类型不清楚的缺陷很容易得到克服，例如"一种合金钢及其制造方法"可修改为"一种合金钢"或"一种合金钢的制造方法"。一些在冶金行业内具有公认的确切含义的用词，例如"高强钢""厚板""薄板""高温烧结""低温韧性"被认为是含义清楚的技术术语。"约"用于限定一点值，认为该数值范围是清楚的，例如"约1200℃"，"约"表示生产中实际控温的误差范围，但"约"用于限定一范围，则认为其数值范围是不清楚的，例如"约1200～1400℃"。在同一权利要求中使用"例如""最好是""尤其是""必要时"的用语会导致限定出不同的保护范围，认为该权利要求的保护范围是不清楚的。"等""或类似物"属于含义模糊的表述，通常也认为该权利要求的保护范围是不清楚的。

《专利法》第二十六条第四款有关权利要求应当清楚地规定[20]，属于实审驳回条款和无效条款，在复审程序中则属于明显的实质性缺陷，被归入依职权审查的范围。权利要求书是否清楚直接影响权利保护范围的确定，对于能否获得授权、确权都至关重要。

在审查实践中，对于权利要求书中技术术语是否清楚地理解，既是难点，也是重点，也是容易引起争议的点。《专利审查指南》规定[21]："一般情况下，权利要求中的用词应当理解为相关技术领域通常具有的含义。在特定情况下，如果说明书中指明了某词具有特定的含义，并且权利要求的保护范围由于说明书中对该词的说明而被限定得足够清楚，这种情况也是允许的。"

通过多年的专利审查实践逐渐形成的共识或一致性做法是：当权利要求的技术术语在所在的技术领域具有通常的、确切的技术含义时，采用其通常的、确切的技术含义来对权利要求进行解释，该情形对权利要求界定出较宽的合理范围；当权利要求的技术术语在说明书中存在特定含义（包括自定义、与本领域通常的技术含义不同时）、权利要求的表述发生歧义，或者说明书明确放弃某些技术方案时，可采用说明书中的相应内容对权利要求进行解释，该情形对权利要求界定出较窄的、与说明书相应内容相匹配的范围。

在审查实践中，审查员对于技术术语的理解可有三个层次的提问：一是技术术语本身含义是否清楚，二是根据说明书的解释是否清楚，三是本领域技术人员是否清楚。

以下结合案例来说明权利要求书中技术术语的理解。

【**案例5**】 第41943号复审请求审查决定

权利要求1如下：

一种钢板的冷却方法，利用钢板的冷却装置对钢板进行控制冷却，所述钢板的冷却装置具备约束热轧的钢板来进行通板的由上辊和下辊构成的多对约束辊和上、下面喷嘴群，所述上、下面喷嘴群具有对通过在通板方向的前后相邻的各约束辊对间的钢板的上、下表面喷射冷却媒体的、在钢板宽度方向上排列为一列或多列的喷嘴，其特征在于，将各约束辊对间的上、下面喷嘴群的钢板冷却区域在钢板输送方向上至少分割为喷流冲击部区域和喷流非冲击部区域，基于预先预测的各分割区域的热传导率运算钢板的预测温度履历，控制各约束辊对间的喷流冲击部区域的上、下面喷嘴群的喷射冷却媒体量。

案情介绍：实审程序中，审查员以权利要求1中"冷却媒体""喷流冲击部区域""喷流非冲击部区域""温度履历"在本领域内含义不明确，导致该权利要求保护范围不能准确确定，不符合专利法第二十六条第四款的规定为由作出了驳回决定。

申请人对上述驳回决定不服，向专利复审委员会提出了复审请求，并根据原说明书发明内容部分的记载，在权利要求1中增加了对技术术语"冷却媒体""喷流冲击部区域"和"喷流非冲击部区域"的限定，同时提供了现有技术资料用于说明"温度履历"一词是本领域常用的技术术语。

合议组认为，权利要求1中所述"温度履历"中的"履历"，在汉语词典中的字面意思为"经历"，而"经历"有"所经过的时间"之意，因此根据字面意思可将"温度履历"解释为"经过一段时间的温度变化"。而在本申请说明书中多处记载了"从冷却开始到冷却结束的预测温度履历"，结合本申请所要解决的技术问题：控制冷却装置加速冷却时的钢板上下表面的冷却不平衡，以及所要达到的技术目的：对温度为几百摄氏度以上的钢板的上下表面喷射冷媒进行冷却时，为了进行上下均匀的冷却，得到形状特性及材质特性均匀且高品质的钢板而采用的钢板的冷却方法，可知所述"温度履历"指的是"从冷却开始到冷却结束时温度随时间的变化"。因此"温度履历"的技术含义是明确、清楚的。合议组以修改后的权利要求1符合专利法第二十六条第四款的规定为由，作出了撤销驳回的复审审查决定。

决定要点：如果一项权利要求中的技术用语在本领域中没有统一的定义，但本领域技术人员根据其字面意思并结合说明书记载的内容，能够理解出该用语在权利要求中的特有含义，则应当认为使用该技术用语的权利要求是清楚的[22]。

【**案例评析**】本案的权利要求1中所述"冷却媒体"，即冷却介质，对物料起到冷却作用的载热体称为冷却介质，"冷却媒体"的表述在译文中比较常见，其表述的技术含义本身是清楚的；并且，权利要求1中限定了"将各约束辊对间的上、下面喷嘴群的钢板冷却区域在钢板输送方向上至少分割为喷流冲击部区域和喷流非冲击部区域",即对于"喷流冲击部区域""喷流非冲击部区域"所在的区域、相对位置关系和功能都有明确限定,因此结合权利要求 1 中所在语句的表述,这两个技术术语也是清楚的;所述"温度履历"是原文中"temperature histories"的直译,"履历"在词典中的解释为经历,因此"温度经历"可解释为"经过一段时间的温度变化",进一步联系上下文可知,"温度经历"是指在钢板在冷却过程中的温度变化,虽然该术语表达不够规范,但其技术含义是容易理解的,再根据本案说明书的记载"从冷却开始到冷却结束的预测温度履历"可知,"温度履历"是指钢板从冷却开始到冷却结束时温度随时间的变化,因此这些术语所表述的技术含义是清楚的。也就是说,对某一术语的理解不能脱离其所在的语境或上下文语义而孤立地理解,更不能脱离本领域普通技术人员的专业角度去理解。

当然,该案从首次驳回到提出复审并修改权利要求书,之后撤驳的曲折过程也提醒行业内的技术人员,在撰写专利申请文件时,所涉及的技术术语应当使用行业内的规范化或标准化表述,尽量避免使用自定义或技术含义不确定的术语,一旦使用,可能会收到审查员关于技术术语表述不清楚的质疑,大部分情况下对于自定义术语的定义会被审查员要求补入权利要求书中,对技术含义不确定的术语则需充分陈述,最好能提供一些书面证据以证明其技术含义在相应的技术领域内是确定的。

【案例 6】"防电磁污染服"侵权纠纷案

实用新型专利的权利要求 1:一种防电磁污染服,包括上装和下装;服装的面料里设有起屏蔽作用的金属网或膜;起屏蔽作用的金属网或膜由导磁率高而无剩磁的金属细丝或者金属粉末构成。

该专利说明书记载,其目的是提供一种成本低、保护范围宽和效果好的防电磁污染服,所述服装在面料里设有由导磁率高而无剩磁的金属细丝或者金属粉末构成的起屏蔽保护作用的金属网或膜,所述金属细丝可用市售 5~8 丝的铜丝等,所述金属粉末可用如软铁粉末等。防护服是在不改变已有服装样式和面料功能的基础上,通过在面料里织进导电金属细丝或者以喷、涂、扩散、浸泡和印染等任一方式的加工方法将导电金属粉末与面料复合,构成带网眼的网状结构即可。

某服务中心销售了由某公司生产的防辐射服上装,其服装的面料里设有起屏蔽作用的金属防护网,该金属防护网由不锈钢金属纤维构成。之后,专利权人以某中心销售、某公司生产的防辐射服上装侵犯其"防电磁污染服"的实用新型专利的专利权为由,向所属地的中级人民法院提起民事诉讼,请求判令该服务中心立即停止销售被控侵权产品,该公司停止生产、销售被控侵权产品,并赔偿经济损失。该案在一审、二审和再审中均被驳回。

争议焦点：被控侵权产品是否侵犯所述"防电磁污染服"实用新型专利权。涉案专利权利要求1的技术特征"导磁率高"的具体范围难以确定。首先，根据专利权人提供的证据，虽然磁导率有时也被称为导磁率，但磁导率有绝对磁导率与相对磁导率之分，根据具体条件的不同还涉及起始磁导率 μ_i、最大磁导率 μ_m等概念。不同概念的含义不同，计算方式也不尽相同。磁导率并非常数，磁场强度 H 发生变化时，即可观察到磁导率的变化。但是在该实用新型专利的说明书中，既没有记载导磁率是指相对磁导率还是绝对磁导率或者其他概念，又没有记载导磁率高的具体范围，也没有记载包括磁场强度 H 等在内的计算导磁率的客观条件。本领域技术人员根据该专利说明书难以确定涉案专利中所称的导磁率高的具体含义。其次，从专利权人提交的相关证据来看，虽然能证明有些现有技术中确实采用了高磁导率、高导磁率等表述，但根据技术领域以及磁场强度的不同，所谓高导磁率的含义十分宽泛，$80 \times 10^4 \sim 83.5 \times 10^4 \mathrm{Gs/Oe}$ 均被称为高导磁率，因此专利权人提供的证据并不能证明在涉案专利所属技术领域中，本领域技术人员对于高导磁率的含义或者范围有着相对统一的认识。最后，专利权人主张根据具体使用环境的不同，本领域技术人员可以确定具体的安全下限，从而确定所需的导磁率。该主张实际上是将能够实现防辐射目的的所有情形均纳入涉案专利权的保护范围，保护范围过于宽泛，亦缺乏事实和法律依据。

综上，最高人民法院认为，根据涉案专利说明书以及专利权人提供的有关证据，本领域技术人员难以确定权利要求1中"导磁率高"的具体范围或者具体含义，不能准确确定权利要求1的保护范围，无法将被诉侵权产品与之进行有实质意义的侵权对比，因此认为二审判决认定专利权人未能举证证明被诉侵权产品落入涉案专利权的保护范围，并无不当。

裁判要点：《专利法》第二十六条第四款规定："权利要求书应当以说明书为依据，清楚、简要地限定要求专利保护的范围。"第五十九条第一款规定："发明或者实用新型专利权的保护范围以其权利要求的内容为准，说明书及附图可以用于解释权利要求的内容。"可见，准确界定专利权的保护范围，是认定被诉侵权技术方案是否构成侵权的前提条件。如果权利要求书的撰写存在明显瑕疵，结合涉案专利说明书、附图、本领域的公知常识以及相关现有技术等，仍然不能确定权利要求中技术术语的具体含义，导致无法准确确定专利权的保护范围的，则无法将被诉侵权技术方案与之进行有实质意义的侵权对比，从而不能认定被诉侵权技术方案构成侵权[23]。

【案例评析】权利要求书作为兼具法律和技术的文件，是决定专利保护范围的法定必要文件。权利要求范围的解释和界定，一直是比较困难的。在实质审查阶段，对于权利要求保护范围的界定直接决定技术方案的理解、检索策略和方向、审查意见倾向及专利能否获得授权。在确权阶段，尤其在专利侵权诉讼中，权利要求保护范围的界定是决定侵权判断的关键步骤和必要前提。然而，权利要求范围的界定受相应领域的技术复杂程度、权利要求的撰写方式、审查员的技术理解能力、本领域普通技术人员的标准的认定，以及法官自身知识结构等诸多方面因素的影响，导致权利要求保护范围的界定有着一定的不确定性，这将导致审查结果、判决结果出现一定的不可预见性。事实上，该专利权纠纷一案中争议焦点是落在权利要求 1 中技术特征"导磁率高"是否有确切的技术含义上，这不是语文表述缺陷，而是技术表达缺陷，"导磁率"属于材料的磁性能指标，其规范表达应是"磁导率"，但对于"高磁导率"的数值范围在磁性材料领域并不明确或缺乏统一认识，因此其数值范围最好在权利要求 1 中予以限定或在说明书中给予说明或解释。

以上两个案例对于如何将技术构思或技术成果转化为权利要求书技术方案的书面表达，且该书面表达要符合专利法规定的技术语言形式，给出了实际指导意义。

4.2.1.3　关于权利要求书的准确

"准确"在辞海的释义是：与实际与预期完全符合。从申请人/发明人的角度出发，是要求权利要求书的技术方案准确表述其意图表述的技术信息，且符合技术实际。从审查员的角度的出发，是要求以本领域普通技术人员的技术认知水平可以将权利要求书的技术方案理解准确，一方面要从技术层面准确获取这些技术方案所表达的技术信息；另一方面要从法律层面理解这些技术信息，并符合技术预期。

【案例 7】
权利要求 1 中记载了"φ50 轴承孔的公差为 0～0.039"。

【案例评析】尽管上述轴承孔的公差尺寸没有明确计量单位，但机械设计手册上轴承孔的标准公差单位为 mm，该公差单位在实际表述中通常可省略，因此权利要求 1 中该公差尺寸的表述是符合工程技术实际的，属于准确的表述。

【案例 8】
权利要求 1 中记载了"制备银、金、镇或铂纳米金属粉末"。

【案例评析】权利要求 1 中"镇"不属于元素周期表上的任何金属元素，不存在"镇"金属，因此审查员在审查意见通知书中指出权利要求 1 中"镇"金属元素表述错误，不符合专利法第二十六条第四款有关权利要求应当清楚的规定。申请人答复通知书时，将"镇"修改为"镍"，同时陈述意见是撰写上的明显笔误。但是，审查员结合权利要求 1 的整体技术方案、说明书发明内容及实施例的记载，核实后认为，对于涉及制备"镇"纳米金属粉末的技术方案，既没有记载制备所用的前驱体，也没有中间制备过程，因此无法从原料类型和制备过程上推断"镇"实际上为"镍"，且银、金、铂属于贵金属元素，镍属于过渡金属元素，其制备过程通常区别较大，况且"镇"与"镍"发音不同，在誊录、打字过程中不太可能出现这两个字的混淆，因此审查员认为上述修改超出了原说明书和权利要求书记载的范围，不予接受。

【案例9】第18200号无效宣告请求审查决定

权利要求1：一种对旋转轮体加热的装置，其特征在于：在铁质的旋转轮体（5）内腔放置加热线包（9）；在旋转轮体内腔放置的加热线包（9）为：线圈骨架（2）固定于固定轴座（1）上，导磁体（4）按轮体（5）的轴向在线圈骨架（2）的圆柱面（10）上均布，线圈绕组（3）缠绕在导磁体（4）表面，导磁体（4）、线圈绕组（3）、线圈骨架（2）封装为一体。

无效宣告请求人主张，权利要求1限定的"导磁体按轮体的轴向在线圈骨架的圆柱面上均布"为一种上位的概念，涵盖了导磁体为圆筒状的方案，圆筒状由于其在整个圆柱面上具有均匀的厚度，即可理解为一种"在圆柱面上均布"，而这种圆筒状的导磁体已经被证据1公开。

无效决定中对上述技术特征的含义进行了解释，认为应结合说明书内容和权利要求1中的其他技术特征进行理解。说明书文字部分记载了"14个铁氧体（4）按轮体（5）的轴向方向在线圈骨架（2）的圆柱面（10）上均布"，进一步结合附图可知，本专利中作为导磁体的铁氧体是多个离散的部件，每一个铁氧体均沿着轮体的轴向设置，14个铁氧体均匀分布于线圈骨架的圆柱面上。此外，正是由于铁氧体的这种离散结构，本专利进一步采用线圈骨架对铁氧体进行支撑，通过将线圈绕组缠绕在铁氧体表面，进而对铁氧体进行定位。因此，权利要求1中的技术特征"导磁体（4）按轮体（5）的轴向在线圈骨架（2）的圆柱面（10）上均布"不应当理解为包括环形导磁体的情形。证据1公开一种用于加热纤维的导丝辊，包括4个沿轴向排列的环形导磁管，所述导磁管的形状和排布方式均不同于本专利中的导磁体，故证据1未公开技术特征"导磁体（4）按轮体（5）的轴向在线圈骨架（2）的圆柱面（10）上均布"，导磁体的这种变换也不是显而易见的，该特征使权利要求1的技术方案具有结构简单、便于加工的有益效果。基于此，得出权利要求1具备创造性的结论。

无效宣告请求人不服该无效决定提起行政诉讼，一审法院认为：本专利中导磁体和证据1中导磁管的设置方式尽管不同，但均属于在主旋转轮体圆周表面上对导磁体所实施的均匀分布，而且上述导磁体的方向与轮体的轴向均呈平行关系，因此证据1公开了本专利权利要求1限定的技术特征"导磁体（4）按轮体（5）的轴向在线圈骨架（2）的圆柱面（10）上均布"，由此认定权利要求1不具备创造性，撤销了上述无效决定。

北京市高院认为：技术特征"导磁体（4）按轮体（5）的轴向在线圈骨架（2）的圆柱面（10）上均布"因其表述存在歧义，确实可能将证据1所述的导磁管排列方式包括在内。但在理解权利要求 1 的上述技术特征时，还要结合说明书和附图进行，根据说明书的内容，可以排除本专利的导磁体排布采用证据 1 所述的方式，因此证据 1 未公开上述技术特征，最终撤销一审判决，维持无效决定[24]。

【案例评析】 本案的争议焦点在于对权利要求 1 中的技术特征"导磁体（4）按轮体（5）的轴向在线圈骨架（2）的圆柱面（10）上均布"的理解，不同的理解会直接影响创造性评判的结果。确定权利要求的保护范围时，是应当仅考虑权利要求所包含的技术特征的字面意思，还是应当根据说明书公开的内容来认定，这样的争论由来已久，并形成了以英国、美国为代表的"周边限定论"和以德国为代表的"中心限定论"。"周边限定论"的内涵是：专利权的保护范围完全按照权利要求书的文字确定，对权利要求书的文字要作严格、忠实的解释，其文字表达的范围即是专利权保护的最大范围。"中心限定论"的内涵是：专利权的保护范围可以权利要求书记载的技术方案为中心，通过说明书和附图的内容全面理解发明创造的整体构思，将保护范围扩大至四周的一定范围。我国专利法借鉴了《欧洲专利公约》，采用介于"周边限定论"和"中心限定论"之间的"折中原则"。"折中原则"的内涵是专利权的保护范围根据权利要求的内容来确定，说明书和附图可以用来解释权利要求[25]。折中的做法在保护专利权人的发明构思和确保权利要求的法律确定性之间取得了较好的平衡。

然而，对于采用说明书内容解释权利要求的时机和解释的方式目前尚无明确的规定。一般情况下，权利要求中的技术术语应当理解为相关技术领域通常具有的含义。当权利要求中的技术术语存在特定含义、并非相关技术领域普遍认同的技术术语、技术术语的表述存在歧义或说明书明确放弃某些技术方案时，本领域技术人员应当进一步结合说明书的相应内容理解该技术术语所具有的准确含义，这种理解通常应当与该专利实际解决的技术问题、所能获得的技术效果、技术贡献相对应。

由于权利要求是在说明书公开内容的基础上将发明创造的核心内容概括提炼形成的。权利要求的表述通常具有抽象性和概括性，权利要求的抽象性使得在大多数情况下仅通过阅读权利要求书的技术内容并不能准确地理解发明创造，需借助于说明书进行解释或说明，权利要求的概括性使得通常情况下权利要求书所涵盖的技术内容的范围大于说明书记载的技术内容，此时说明书可用来解释或说明权利要求请求保护的技术方案，但并不能理解为是对权利要求保护范围的限定。

无论是在实质审查过程中、专利确权过程中，还是专利侵权判定过程中，审查员和法官均需要在阅读说明书的基础上，对权利要求的保护范围进行判断，在这一过程中潜移默化地将说明书的内容带入到对权利要求的理解中。换言之，说明书是理解权利要求的基础，权利要求不可能脱离说明书独立存在。

然而，在引入作为现有技术的证据1之前，对权利要求的理解限于说明书公开的一种情形，并不存在歧义；在引入证据1之后，权利要求的字面含义涵盖了说明书公开的和证据1公开的两种完全不同的情形。这说明，权利要求书文字表述的技术信息与申请人想要表达的具体结构可能很难完全对等，出现这种情况的原因不仅是由申请人的撰写水平及对现有技术的掌握所致，还可能是出于寻求权利保护的最大化考虑。由于权利要求保护范围的边界存在一定模糊性，通过与现有技术或者被控侵权产品的比对可以使权利要求的保护范围进一步明晰化。

具体到本案，界定权利要求的保护范围需要从多个角度综合考虑。首先，涉案专利为实用新型专利，申请人为国内个人，没有委托专业代理机构，申请文件撰写比较粗糙，并且实用新型专利也未经过实质审查，上述因素综合起来导致问题的产生。经过对比可知，权利要求中对导磁体排布方式的表述来源于说明书中对具体实施方式的描述，两者的表述基本一致，由此可以推定权利要求并非对说明书的上位概括，专利权人的本意只是想保护说明书所述的情形，并且本领域技术人员在阅读说明书和附图的基础上，对权利要求的理解也基本限于说明书的情形，而并不会扩展到证据1的情形。在专利权无效宣告程序中，如果一定要将权利要求的保护范围扩展到涵盖证据1的情形，则违背了专利权人的本意，也不利于保护专利权人所做的技术贡献。其次，根据禁止反悔原则，专利权人在无效宣告程序中，通过意见陈述而放弃的技术方案，在侵犯专利权纠纷案件中不得再纳入专利权保护范围。在本无效案件的审理过程中，专利权人明确表示权利要求的保护范围仅限于说明书所述情形，后续即便发生侵权纠纷，权利要求的保护范围也不能扩展至证据1的情形。

综上所述，将本案权利要求1的保护范围限定在说明书所述的情形，体现了涉案专利区别于现有技术作出的贡献，遵循了专利权人的本意，并且不会对社会公众产生不公平的影响，在保护专利权人和社会公众两方面利益之间取得了恰当的平衡。高院和专利局复审委对于该案权利要求1保护范围的界定，体现了权利要求书的作用应与发明人作出的技术贡献相匹配。

4.2.1.4　关于权利要求书的简要

《专利审查指南》规定，权利要求书应当简要，一是指每一项权利要求应当简要，二是指构成权利要求书的所有权利要求作为一个整体也应当简要[21]。

需要说明的是，权利要求书的不简要一般不会影响专利权的稳定性和有效性。在实质审查阶段，对于技术特征的重复引起的不简要，审查员可依职权删除重复用语，对于两项以上权利要求的保护范围相同引起的不简要，通常审查员会通过电话沟通要求删除其一即可。对于一些无实质限定作用的大段文字描述，对技术方案的理解没有任何帮助反而会给审查员留下权利要求书的撰写不够专业的印象，建议撰写时引起注意；对于在权利要求书修改时补入说明书技术效果的描述，通常审查员是予以接受的，并不会指出权利要求不简要的问题。

4.2.1.5　特殊形式的权利要求撰写及典型案例

A　功能、用途或效果特征限定的权利要求

功能、用途或效果特征限定的权利要求，是指采用功能性特征、用途或效果特征的限定方式撰写权利要求。

对于功能限定性限定的技术特征，应当理解为涵盖了所有能够实现所述功能的实施方式。在冶金技术领域的专利申请中，通常包含很多功能性表述的技术术语，例如不锈钢、精炼炉、软吹等，这些技术术语在冶金技术领域具有确切的、公知的技术含义，也是冶金技术领域的专利申请文件中经常使用的技术术语。如果仅仅是功能性描述，但对产品的结构和/或组成没有任何影响，通常是不作为功能性限定来解释的。

在有些情况下，专利申请人出于权利最大化等目的，经常在权利要求书中采用一些功能性的术语表述。案例如下。

【案例10】

权利要求1如下：

一种免烘干钢渣型砂的生产线，沿着生产进行方向，所述免烘干钢渣型砂的生产线依次包括：破碎系统（1）、大颗粒筛除系统（2）、小颗粒筛除系统（3）、堆存干燥系统（4）和脱粉系统（5）。

【案例评析】该权利要求中采用多个功能性的技术特征"破碎系统""大颗粒筛除系统""小颗粒筛除系统""堆存干燥系统"和"脱粉系统"限定出整体生产线，各功能性特征应理解为覆盖了现有技术中所有能够实现该功能的实施方式，例如"破碎系统"应理解为覆盖了现有技术中所有能够实现破碎功能的具体结构或具体实施方式，其技术边界非常宽泛。

然而，采用功能性的技术特征的表述是存在双面性的，一方面是申请人对获得权利要求保护范围的最大化的预期，另一方面是实质审查程序中很有可能面临审查员对于权利要求概括的范围相对于说明书记载的内容过大或权利要求的概括涵盖了说明书未给出的或无法实施的其他情况，质疑权利要求得不到说明书支持，进而要求将说明书限定的实现相应功能的具体结构或具体实施方式补入权利要求中以克服不支持的缺陷，考虑到二次概括会导致修改超范围以及实现相应功能的具体结构或具体实施方式中技术特征之间通常存在关联性，被补入的可能是大段的技术内容，这种情况反而会造成申请人权利的极大损失。因此，在权利要求书的撰写中尽量避免或克制性使用在本技术领域不具有公知的、确切技术含义的功能性限定，如果使用，建议在权利要求中限定实现该功能性特征的必要结构或必要步骤，尤其对于功能性特征为技术贡献点时，更应限定实现该功能性特征的必要结构或必要步骤，当然为兼顾独立权利要求保护范围的最大化和后续修改的空间，可在从属权利要求中限定实现该功能性特征的必要结构或必要步骤。

权利要求书中出现的用途或效果特征限定，与"功能性限定"是有区别的。比如，对于组合物产品的主题，《专利审查指南》规定[21]："如果在说明书中仅公开了组合物的一种性能或者用途，则应通常需要写成性能限定型或者用途限定型。在某些领域中，例如合金，通常应当写明发明合金所固有的性能和/或用途。"在冶金技术领域中，合金通常采用性能限定和/或用途限定合金性能和/或用途。《专利审查指南》对包含用途特征的产品权利要求的新颖性判断作了如下规定[21]："对于包含用途特征的产品权利要求，应当考虑权利要求中的用途特征是否隐含了要求保护的产品具有某种结构和/或组成。如果该用途由产品本身固有的特性决定，而且用途特征没有隐含产品在结构和/或组成上发生改变，则该用途特征限定的产品权利要求相对对比文件的产品不具备新颖性。"在实质审查过程中，在权利要求请求保护的产品的结构和/或组成被对比文件公开的情况下，且性能和/或用途特征的限定并未隐含区别于该对比文件的特定结构和/或组成，则推定该产品权利要求相对于对比文件的产品不具备新颖性。但是，对于一些用途或效果特征的限定隐含了产品的特定结构和/或组成特征，是无法适用推定新颖性。案例如下。

【案例11】

权利要求1请求保护"一种骨科植入用螺钉"，对比文件公开"一种桌椅固定用螺钉"。

【案例评析】即使螺钉的机械结构被对比文件公开，但"骨科植入用"和"桌椅固定用"对螺钉材料的组成有着不同的要求，前者要求螺钉材料有着良好的生物相容性，后者则不要求，因此不宜推定新颖性。

在创造性判断中，对于用途和/或效果限定的技术特征，首先要判断该用途和/或效果限定的技术特征是否属于产品本身固有的或隐含的，其次应当结合发明的技术问题、采用的技术手段和取得的技术效果进行综合判断，从而确定该用途和/或效果限定的技术特征对权利要求保护范围的实际限定作用。

【案例12】

权利要求1如下[26]：

一种组合物，含有100质量份的A，50~60质量份的B，30~40质量份的C，该组合物按照ASTM D5930测定的导热率大于0.7W/(m·K)[26]。

【案例评析】如果对比文件公开的方案是由100份A、55份B、30份C组成的组合物，本领域技术人员公知该组合物的导热率通常由组分及其含量决定，在对比文件组合物的组分及其含量落入权利要求1范围内的情况下，可以推定对比文件的组合物能够破坏权利要求1的新颖性。换言之，导热率表示的性能是由其组成及含量特征导致的客观必然结果。然而，在很多情况下，性能参数与产品结构和/或组成之间的关联很难确定，或者性能参数是产品结构和/或组成及其制备工艺条件共同作用的结果，如钢的强度性能参数，此时不适用上述推定新颖性的处理方式。审查员应将上述参数特征列为区别技术特征，然后进行创造性评判。审查原则一般包括以下两方面：一是首先判断参数特征是否较结构和/或组成特征而言更为清晰地限定技术方案，同时要确保参数特征的合理性和可实现性；二是如果主张参数限定与技术效果相关，应当在说明书中予以记载以提供足够的证据支持，否则不能证明参数限定与技术效果之间的关联性，更无法证明参数的选择能给发明的技术方案带来更为优异的技术效果，由此无法认可其创造性。

　　B　制备方法特征限定的产品权利要求

　　《专利审查指南》规定[21]："对于仅用结构和/或组成特征不能清楚表征的化学产品权利要求，允许进一步采用物理–化学参数和/或制备方法来表征。"即明确了在化学领域以制备方法定义产品权利要求的撰写方式的必要性，这对冶金、材料领域的产品权利要求的撰写也是适用的。

　　《专利审查指南》规定[21]："专利申请要求保护一种化合物的，如果在一份对比文件里中记载了化合物的化学名称、分子式（或结构式）等结构信息，使所属技术领域的技术人员认为要求保护的化合物已经被公开，则该化合物不具备新颖性，但申请人能提供证据证明在申请日之前无法获得该化合物的除外。如果依据一份对比文件中记载的结构信息不足以认定要求保护的化合物与对比文件公开的化合物之间的结构异同，但在结合该对比文件记载的其他信息，包括物理化学参数、制备方法和效果实验数据等进行综合考量后，所属技术领域的技术人员有理由推定二者实质相同，则要求保护的化合物不具备新颖性，除非申请人能提供证据证明结构确有差异。"即明确了化学领域的化合物新颖性的判断规则。

　　《专利审查指南》规定[21]："对于这类权利要求，应当考虑该制备方法是否导致产品具有某种特定的结构和/或组成。如果所属技术领域的技术人员可以断定该方法必然使产品具有不同于对比文件产品的特定结构和/或组成，则该权利要求具备新颖性；相反，如果申请的权利要求所限定的产品与对比文件产品相比，尽管所述方法不同，但产品的结构和组成相同，则该权利要求不具备新颖性。"也就是说，方法特征是否会给产品带来新颖性取决于该方法是否能够给产品本身的结构和/或组成带来不同，而不是取决于其工艺步骤本身是否区别于现有技术。制备方法不同不一定导致产品本身结构和/或组成不同，对于制备方法限定的产品权利要求，其新颖性审查是针对产品本身进行的。制备方法特征对产品权利要求的限定作用体现在所述制备方法特征能否带来与对比文件公开的产品在结构和/或组成上存在实质不同。进行创造性判断时也基本遵循该做法。另外，如果产品的制备已经完成，产品权利要求中限定的方法特征实际上是与该产品的结构和组成对应的制备或使用方法，则该方法特征不对产品权利要求的保护范围产生实质的限定作用。

【案例13】

权利要求书如下：

权利要求1：一种立体孔洞装饰陶瓷砖的制备方法，制备步骤如下：准备粉料、面料和底料；将准备好的粉料干压成型，制成坯体；将干燥的坯体烧制成半成品；制成的半成品经表面抛光后即为成品；其特征在于，在将粉料干压成型时，加入花纹面料，确保坯体成型过程中形成孔洞；在形成孔洞的坯体中加入面料和底料；在整个坯体烧制步骤中，火温控制在1100~1250℃。

权利要求6：通过权利要求1所述的制备方法制成的立体孔洞装饰陶瓷砖，其特征在于，成品装饰陶瓷砖表面层有孔洞，地面层有啮合的纹理；经火烧制后坯体成分转化为瓷质或者炻质或者陶质。

权利要求7：如权利要求6所述的立体孔洞装饰陶瓷砖，其特征在于，其表面层有仿天然装饰纹理，该纹理或为云彩状或为木纹状或为石材状的一种或者是这几种纹理的组合。

案情简介：原告诉被告所生产的产品侵犯自己的专利权。一审法院依据原告提供的证据认定涉案专利产品是新产品，在被诉侵权产品构造特征跟涉案专利权利要求6、7描述的结构特征一样事实基础上，法院认为判定侵权与否的关键在于被告是否使用了与涉案专利一样的方法特征。由于专利法规定专利侵权纠纷适用举证责任倒置规则，即由被告举证自己的制备方法不同于专利制备方法。由于在被告不能证明涉嫌侵权产品制备方法不同于专利方法，一审法院推定被告的产品采用了同涉案专利权利要求1相同的制备方法，最终认定被诉侵权产品构成侵权。

被告不服一审判决，以涉案专利产品不是新产品，其制备方法也不同于涉案专利的方法为由，提起上诉。二审法院认为：双方当事人争议的焦点是被告的技术方案是否落入涉案专利的保护范围，因此判断被诉侵权产品技术方案是否落入涉案专利的保护范围，应审查其是否包含了涉案专利权利要求6、7中记载的全部技术特征。根据已知证据认定被控侵权产品制备方法并未使产品产生形状、结构上的影响，此外双方已经确认除方法特征以外，产品结构和形状特征相同，因此涉嫌侵权产品还是落入涉案专利保护范围，构成侵权，由此驳回上诉，维持原判[27]。

【案例评析】 在判断新颖性、创造性时强调方法技术特征具有限定作用，其必然的结果是在侵权判断时也应当强调方法技术特征具有限定作用。目前，我国《专利法》没有对"以方法定义产品的权利要求"进行侵权判定时是否应当考虑方法技术特征做出明确说明。《专利法》第五十六条规定[20]："发明或者实用新型专利权的保护范围以其权利要求的内容为准。"应当可以作为"以方法定义产品的权利要求"专利侵权判定中应当考虑方法技术特征的法律依据。

具体到本案,一审、二审法院在侵权判定中都考虑了制备方法特征对产品权利要求的限定作用。一审法院认为制备方法特征对产品权利要求保护范围具有限定作用且不加任何附加条件,二审法院则认为制备方法特征对产品权利要求保护范围的限定作用取决于所述方法特征是否给产品本身带来了结构、构成或者性能上的变化。发明的实质审查阶段,对于制备方法特征对产品权利要求保护范围的限定作用的判断,与上述案例中二审法院的执行标准是基本一致的。

在冶金技术领域,制备方法特征包括制备步骤、制备条件及参数等,采用制备方法特征限定产品权利要求的发明专利是比较常见的。但是,采用制备方法特征限定的产品权利要求的保护范围通常是小于使用结构和/或组成限定的产品权利要求的保护范围,建议申请人尽可能使用结构和/或组成特征来限定产品权利要求,以保证权利的最大化,且符合《专利审查指南》中对于产品权利要求撰写的一般性规定,且这种产品权利要求的撰写方式更利于审查员在专利审批过程中更准确地理解和界定产品权利要求的保护范围,进而准确地将所保护的产品与现有技术的产品进行区分,有利于获得更加稳定的专利权[19]。

当然,采用制备方法特征限定的产品权利要求在化学、材料、冶金等技术领域是被允许的,有时,该限定方式能够使得对发明创新的专权利保护更为全面,例如发明创新点是某一制备步骤或某一制备条件参数,该制备步骤或制备条件参数影响化合物的分子结构或组织结构,但化合物的分子结构或组织结构尚未明确,此时可先形成方法权利要求,再形成制备方法特征限定的产品权利要求。

4.2.2　审查视角下的说明书撰写

《专利法》第二十六条第三款规定[20]:"说明书应当对发明或者实用新型作出清楚、完整的说明,以所属技术领域的技术人员能够实现为准。"即规定了说明书的充分公开义务。

《专利法》第五十九条规定[20]:"发明或者实用新型专利权的保护范围以其权利要求的内容为准,说明书及附图可以用于解释权利要求。"即明确了说明书及附图对权利要求保护范围的解释作用。

《专利法》第三十三条规定[20]:"申请人可以对其专利申请文件进行修改,但是,对发明和实用新型专利申请文件的修改不得超出原说明书和权利要求书记载的范围,对外观设计专利申请文件的修改不得超出原图片或者照片表示的范围规定。"即明确了说明书作为专利申请文件的修改依据的作用。

《专利法》第二十六条第四款规定[20]:"权利要求应当得到说明书支持。"即明确了说明书对权利要求的技术方案及保护范围的支持作用。

根据《专利法》第二十六条第三款的规定[20]，说明书充分公开的要件包括"清楚""完整"和"能够实现"三要素。

关于清楚、完整和能够实现，《专利审查指南》中作了明确的解释[21]：所谓"清楚"主要是指主题明确和表述准确；所谓"完整"主要是指完整的说明书应当包括有关理解、实现发明或者实用新型所需的全部技术内容；所谓"本领域的技术人员能够实现"是指所属技术领域的技术人员按照说明书记载的内容，就能够实现该发明或者实用新型的技术方案，解决其技术问题，并且产生预期的技术效果[21]。

说明书公开充分的立法宗旨致力于维护公开换保护的专利基本制度，其至少包含了三层含义：一是公开换保护，申请人必须向社会公众充分公开其发明的技术方案，这是其获得专利权的前提条件和必要基础；二是付出与收益平衡，通过授予专利权使得申请人获得的潜在收益的范围与申请人通过公开专利技术而产生的对公共利益的贡献相匹配；三是通过向公众公开发明的技术方案实现科学技术知识的传播，将每个发明人的研究成果转换为人类知识宝库的一部分[29]。

通俗来讲，所谓"清楚"，指的是说明书应该描述发明创造想要做什么和如何去做，使本领域技术人员能够确切理解请求保护的发明创造的本意。所谓"完整"，指的是说明书应该包括有关理解、实现发明创造所需的全部技术内容。所谓"本领域的技术人员能够实现"指的是站位本领域技术人员，以本领域技术人员的认知水平对说明书描述的技术内容进行客观、准确地理解后，能够再现发明创造。

说明书公开充分的要求不仅是对申请人提出的说明书撰写的要求，也是审查中认定发明创造的事实基础的依据。构成发明创造的事实基础的核心要素包括：发明要解决的技术问题（即发明目的）、解决该技术问题的技术方案，以及该技术方案产生的技术效果。其中：

发明要解决的技术问题是发明创造的起因，说明书对该技术问题的描述可能不够客观，比如放大现有技术存在的缺陷；也可能不够明确，比如上位化地描述现有技术存在的缺陷，这些情况将对发明实际要解决的技术问题的客观认定带来不利影响，因此审查中除了以申请人在说明书中描述的发明要解决的技术问题作为技术问题的主要判断依据外，还会关注背景技术及其存在缺陷作为辅助判断依据，必要时还会根据说明书描述的技术效果印证和反推发明要解决的技术问题。这要求申请人应对发明实际要解决的技术问题进行客观准确的描述，既不能夸大，也不能宽泛或过于上位化，要切中具体实际问题，背景技术部分中引证的现有技术及存在缺陷的分析要紧紧围绕发明创造的背景或起因，且技术效果与技术问题要相互支持和相互印证。

解决该技术问题的技术方案的认定是通过发明内容、具体实施方式或实施例、说明书附图的记载来进行的。认定中，首先关注的是发明为解决其技术问题而采用的技术方案中的关键技术手段；其次关注的是必要技术手段。不仅考虑某一技术手段本身，还会考虑各技术手段之间的关联性，更会重点考虑技术手段与所解决的技术问题和实现的技术效果之间的对应性。

技术方案产生的技术效果的认定，包括对记载的技术效果的认定和客观起到的技术效果的认定。关于技术效果的事实要素的认定是判断创造性的重要依据，将在后面章节进行详细讨论。

在冶金技术领域的审查中，涉及说明书公开不充分的问题的比例很低，但一旦被审查员指出该缺陷，申请人应充分地陈述意见，并尽可能提供书面证据进行佐证，包括书籍、期刊、现有专利技术、试验过程及数据、试验结果等，以加强说服力。

审查中常见的说明书公开不充分的缺陷的具体情形如下。

（1）说明书中仅给出任务和/或设想，或只表达一种愿望和/或结果，而未给出任何使所属领域的技术人员能够实施的技术手段。

该情形在冶金技术领域很少见，个别案例多出现在质量较低的专利申请文件中。但是，也有极个别案例是由于审查员没有充分理解说明书的技术内容或者本领域技术知识储备不足导致。

【案例1】 第1F222748号复审案件

背景技术：目前高炉仍然是冶金行业炼铁的主力军，但高炉流程长、基建费用高、设备复杂、环境污染严重。在市场能源紧张、竞争日益激烈的情况下，人们的目光逐渐转向开发新的非高炉炼铁工艺和炼铁设备。无焦低污染是非高炉炼铁新工艺的目标。非高炉炼铁工艺，可分为"直接还原法"和"熔融还原法"两大类。熔融还原法作为非高炉炼铁的主导研究方向，除COREX炉实现规模生产外，其他的非高炉炼铁工艺都还没有获得规模生产的技术水平。

发明要解决的技术问题：提出了一种非高炉炼铁装置和炼铁工艺。

发明的技术方案：炼铁装置由上至下包括下料区、固体炉料区、混合区（固体炉料和熔渣的混合区）以及沉淀分离区；炼铁方法是：经过预先处理的炉料块从下料区进入炼铁装置，在固体炉料区完成加热，并达到软熔阶段，待固体炉料进入混合区后，被炙热的熔渣包裹，不断软化熔化；熔化后大量的碳因固体状态的分解而释放，漂到熔渣表面，熔融的铁和渣进入沉淀分离区进行分离，再分别从出铁口和出渣口排出。

发明获得的技术效果：通过对炉内各区域及喷枪进行合理的设置，完成对铁的冶炼，设备简单，工艺易操作，由于充分利用反应热而大大减少了外界的能量消耗，具有节能减排的技术效果。

驳回决定要点：本申请所述的炼铁装置没有用焦炭作料柱，而竖炉形式的炼铁装置内部在没有支撑条件下（例如焦炭形成的料柱），加入的炉料将快速沉降至熔池中（即在底部堆积最终将炉子堵塞）或以流化床的形式悬浮在其中，不可能在熔池上方形成稳定固体炉料区。也就是说，本申请只是给出设想，而未给出任何使所属技术领域的技术人员能够实现在炼铁装置中形成稳定固体炉料区的技术手段，因此所属技术领域的技术人员根据说明书中的记载，不能实现该发明，另本申请没有任何关于特定原料的描述。申请人对该驳回决定不服，提出复审请求。

复审合议组认为：首先，说明书中并没有记载其固体炉料区与高炉的固体炉料区是一样的稳定，要实现本申请的技术方案也无需要求其固体炉料区是稳定的；其次，从炼铁装置的结构来看，从上到下包括下料区、固体炉料区、混合区和沉淀分离区，炼铁烧结矿的比重可比熔渣层的比重低，炉料能浮于熔渣液面从而能够形成固体炉料区，固体炉料区是存在的，固体料层的高度由熔体表面高度决定；另外，本申请中固体炉料区既不同于高炉炼铁工艺，又区别于传统的熔池熔炼炉冶炼工艺，本申请在熔渣液面的上部有一个一定厚度的固体炉料区，其厚度根据喷枪以上至熔渣表面的高度，按照浮力定律确定；焦炭作为料柱与固体炉料区之间不存在等同关系；最后，虽然本申请说明书中没有记载炉料的成分，但炼铁工艺中炉料主要成分为铁矿粉和煤炭的烧结矿，其属于现有技术，未记载原料不影响本申请技术方案的实现。由此认为说明书对该发明的说明是清楚和完整的，符合专利法第二十六条第三款的规定，以此作出了撤销驳回的决定[31]。

【案例评析】本案中，实审审查员对于说明书描述的技术方案的事实认定没有立足冶金技术领域的普通技术知识，对于发明要解决的技术问题的事实认定也存在偏差，导致作出的驳回决定中说明书公开不充分的理由不够客观。在复审程序中，合议组对本案说明书中技术事实"固体炉料区"进行了重新认定，纠正了实质审查中事实认定的偏差。本案的启示在于，对于专利申请说明书技术事实的认定，应站位本领域技术人员，结合所属领域技术人员所掌握的普通技术知识和常规试验能力进行判断，其中对于发明所要解决的技术问题的判断应以发明所记载的技术问题为主要判断依据。

（2）说明书给出了技术手段，但对本领域技术人员而言，该技术手段是含糊不清的，根据说明书记载的内容无法具体实施。

该情形较上述情形（1）的案例多，一些是由于申请人出于技术细节保密的考虑有意对关键技术手段进行了模糊处理，也有一些是质量较低的发明专利申请。

【案例2】

申请号 CN201811123301.8，发明名称"一种天然斑铜产品的生产方法"。

背景技术：我国的传统斑铜工艺品自明朝开始，发展至今已有几百年历史。

它是以自然铜为原料，通过人工打制而成，是云南省乃至我国最具特色的工艺品之一，具有很高的审美价值，斑铜工艺品与其他铜工艺品的区别就在于它表面具有美丽的、装饰性强的宏观大斑花，这种斑花与工艺造型有机地结合，产生了独具神韵的不凡风格，曾在国内外展览中多次获奖，有的被中国历史博物馆作为珍品收藏。但是，目前传统生产工艺生产的天然斑铜产品不能再进行锻打，导致生产出来的天然斑铜产品外观欠精致，其晶型为单质结晶，晶型大小不均匀，无立体效果，不能满足斑铜发展的需要，因此，开发一种天然斑铜产品的生产方法是非常必要的。

发明要解决的技术问题：开发一种天然斑铜产品的生产方法。

发明的技术方案：天然斑铜产品的生产方法是以天然斑铜为原料，经过以下步骤制备得到：（1）将原料天然斑铜在惰性气氛条件下加热到 1200 ~ 1500℃，并在惰性气氛下加入天然斑铜质量百分数的 Mo：0.35% ~ 0.50% 和 Ti：0.3% ~ 0.5%，然后在还原剂条件下加热至 1800 ~ 2000℃，得到物料 a；（2）然后将物料 a 降温至 1500 ~ 1600℃，然后在惰性气氛下加入天然斑铜质量百分数的 Fe：1‰ ~ 5‰、Si：4‰ ~ 8‰、Sn：3‰ ~ 4‰、Ba：5‰ ~ 10‰ 和 B：8‰ ~ 12‰ 并于 1500 ~ 1600℃ 保温 6 ~ 8h 得到物料 b；（3）将物料 b 升温至温度 1800 ~ 2000℃ 熔融并铸锭，送入轧机进行 3 ~ 5 道次轧，开轧温度为 1500 ~ 1800℃，轧变形量为 93% ~ 95%，得到天然斑铜产品初品；（4）将天然斑铜产品初品在惰性气氛下经退火和冷却得到目标物天然斑铜产品。

发明产生的技术效果：本发明采用 Mo、Ti 复合碳化物的沉淀析出效果，提高天然斑铜产品的溶解温度，可以将天然斑铜产品的溶解温度提高至 1800 ~ 2000℃，延迟了高温时金相组织的变化，具备晶型大小均匀、有立体效果的天然斑铜产品。

审查意见要点：本申请说明书的技术方案记载了"步骤（1）、将原料天然斑铜……在还原剂条件下加热至 1800 ~ 2000℃，得到物料 a"，可见得到的物料 a 主要成分是还原铜，"步骤（3）、将物料 b 升温至温度 1800 ~ 2000℃ 熔融并铸锭，送入轧机进行 3 ~ 5 道次轧，开轧温度为 1500 ~ 1800℃，轧制变形量为 93% ~ 95%，得到天然斑铜产品初品"，而本领域公知铜的熔点为 1083℃，铜合金开轧温度一般相当于合金熔点的 80% ~ 90%，通常铜合金加热（开轧）温度为 640 ~ 870℃（参见公知常识性证据 1：《金属塑性加工概论》，王庆娟编，冶金工业出版社，第 7.2.1 铜及铜合金板带材生产，第 207 页，2015.12，其记载了"合金热轧开轧温度一般相当于合金熔点的 80% ~ 90%，铜合金加热（开轧）温度为 640 ~ 870℃"），尽管本申请还原步骤（1）中加入了高熔点成分"Mo：0.35% ~ 0.50%、Ti：0.3% ~ 0.5%"，然而其采用的开轧温度远超出了该铜合金的熔点，而加热温度过高时，合金表面将发生严重氧化、开裂等问题（参见公知常识性证据2:《有色金属塑性加工》，罗晓东，赵亚忠，周志明主编，冶金工业出版社，4.4.2.2 铜板材热轧工艺，第138-139页，2016年5月，其记载了"从表面质量考虑，热轧加热温度不应过高，否则将出现金属表面氧化严重，氧化损失大，导致热轧开裂"），上述轧制已不属于本领域公知的热轧变形的范畴；另外，本申请说明书还记载了"采用 Mo、Ti 复合碳化物的沉淀析出效果，提高天然斑铜产品的溶解温度，可以将天然斑铜产品的溶解温度提高至1800~2000℃"，而本领域公知的 Ti 元素在铜的最大溶解度为7.4%，当铜中加入元素超出其最大溶解度以后，便会出现过剩相，多为金属化合物（对此参见公知常识性证据3:《金属学》，《金属学》编写组编，上海人民出版社，铜的合金化，第253页，1977年3月），然而本申请技术方案中添加的 Ti 为0.3%~0.5%，明显小于 Ti 元素在铜中的最大溶解度，且本申请并没有任何证据（试验数据、图等）能够表明所述碳化物沉淀析出相的存在；综上可见，根据本申请说明书中给出的技术手段，本领域技术人员无法实现其技术方案，更无法解决本申请所述的技术问题，因此不符合专利法第二十六条第三款的规定。在审查员发出第一次审查意见通知书后，申请人主动撤回了该发明申请。

【案例评析】本案说明书记载的天然斑铜产品的生产方法中制备条件参数与其制备的产品明显不匹配，多处制备步骤违背金属材料及金属材料塑性加工的基本常识。在实质审查中，审查员站位本领域技术人员，从技术的科学性和合理性方面对本案说明书的技术方案所采用的技术手段进行了客观认定，并采用公知常识证据以证明这些技术手段存在不合理之处，结合本案说明书记载的技术问题和产生的技术效果，综合印证后，作出了本案说明书公开不充分的判断。

（3）对于权利要求技术方案中的某一个技术手段，本领域技术人员按照说明书记载的技术内容不能实现。

【案例3】

申请号 CN200910015324.1，发明名称"复合金属磁性材料及加工方法"。

背景技术：目前所用的风力发电机，都是以硅钢片为主要材料，经过精加工而成。由于机械加工力的作用，使磁性材料分子结构遭到破坏，增加了磁阻力矩，给发电机启动运转产生一定阻力，同时增加了磁铁损耗，发电效率低，而且制造出的风力发电机体积大，不便于运输和安装。

发明要解决的技术问题：提供一种复合金属磁性材料及加工方法，解决上述已有技术存在的用硅钢片作为磁性材料所产生的负面效应问题。

发明的技术方案：复合金属磁性材料及加工方法，由细粉状的铁、硅、铜、钼和铌组成，其特征在于复合金属磁性材料的质量份数比为铁:硅:铜:钼:铌=(10~20):(15~30):(15~20):(15~20):(5~10)。将其混合掺入191不饱和树脂，质量份数为15~20份；掺入催化剂，质量份数为1~3份；掺入固化剂，质量份数为 2~5 份；再进行搅拌，均匀置入定子模具和转子模具，在模压机内一次模压成型，压力 15~18MPa，经烘干、脱模、修整外形，再经高频炉回火即成复合金属磁性材料的定子和转子。

发明产生的技术效果：（1）用本发明的复合金属磁性材料制成的发电机定子和转子与用硅钢片制成的同型号发电机的定子和转子相比结构紧凑、体积小、便于对定子线圈和转子线圈的安装。（2）用本发明制成的定子和转子生产的风力发电机体积小、重量轻、便于运输和安装，同时减少了磁阻反力矩和机械摩擦力，磁通密度及磁导率优于硅钢片磁性材料，改善了风力发电机发电性能，提高了发电效率。

审查意见要点：说明书中对"催化剂"的具体组分或原料来源没有作出任何说明，且催化剂也不属于制备复合金属磁性材料中常用的物质，由于本领域对发电机转子的材料要求具有高的机械强度和良好的导磁性能，而根据说明书所记载的技术手段：混料搅拌、模压成型（压力 15~18MPa）、烘干、脱模、修整成型、高频炉回火（其作用是消除压型内应力），所属领域的技术人员无法制备出具有高的机械强度、良好的导磁性能、能够应用于定子和转子的复合金属磁性材料，可见无法解决本发明所要解决的技术问题并达到其技术效果，因此本申请的说明书未对发明作出清楚、完整的说明，致使所属技术领域的技术人员不能实现该发明。另外，尽管申请人答复审查意见通知书时，提供了化学工业出版社 2008 年第一版出版的《贵金属纳米材料》书中 179-180 页记载的催化剂应用机理和《贵金属纳米材料》中第三章 146 页中记载的对贵金属纳米复合材料的特性介绍及应用，并提供了用催化剂生产的复合金属材料制成的实际样品照片，但这些书籍证据并不能说明该贵金属纳米催化剂能够用于复合金属磁性材料的制备与合成中。由于判断说明书是否充分公开，以原说明书和权利要求书记载的内容为准，而申请人提供的实际样品照片是在申请日之后补交的实施例和实验数据，这些补交的内容无法从原申请文件公开的内容中得出，因此不予考虑。该案以申请人答复逾期，视为撤回结案。

【案例评析】本案在制备复合金属磁性材料的定子和转子的原料中掺入催化剂，但说明书未记载催化剂的具体成分及原料来源，且经过检索发现，催化剂不是制备复合金属磁性材料常用的添加剂，且具体制备步骤中没有包含材料复合步骤，可见本申请能够制备出"高的机械强度、良好的导磁性能、能够应用于定子和转子的复合金属磁性材料"与催化剂的使用密切相关，而在催化剂的具体成分或原料来源并未披露的情况下，审查员质疑本领域技术人员根据说明书记载的技术手段不能实现该发明，其理由是充分的。

而且，判断说明书是否充分公开，以原说明书记载的内容为准，对于申请人日后补交的实验数据，虽然审查员应当予以审查，但要求所补交的实验数据满足真实性、客观性和有效性，且所证明的技术效果应当是所属技术领域的技术人员能够从专利申请公开的内容中得到的。

需要注意的是，在材料、冶金技术领域的发明专利中，有相当数量的专利申请的说明书中会涉及性能指标相关的技术效果的事实描述，这些技术效果应是客观、真实和准确的，且与技术方案的事实是能对应和互相印证的。如果描述的技术效果（尤其是性能指标参数）与技术方案的事实明显无法印证甚至出现矛盾的情况，审查员也会发出说明书的技术方案公开不充分的质疑。

【案例4】

申请号 CN201510539989.8，发明名称"石墨复合材料及其制备方法"。

背景技术：石墨是碳质元素结晶矿物，它的结晶格架为六边形层状结构。石墨由于其特殊结构，而具有优良的耐高温性、导电导热性、润滑性、化学稳定性、可塑性和抗热震性。由于以上性质，石墨常常添加在复合材料中作为其中的成分之一，但是石墨质软，现有技术的石墨复合材料容易磨损，使用寿命不长。

发明要解决的技术问题：现有技术的石墨复合材料容易磨损，使用寿命不长。

发明的技术方案：一种石墨复合材料，含有以下质量百分含量的组分：氧化铁红 1%～2%、碳酸钙 3%～4%、钴粉 1%～2%、氧化铪 5%～6%、碳酸铈 10%～12%、镍粉 4%～8%、硫化锌 5%～10%、二氧化铅 5%～10%、铜粉 10%～15%，其余为石墨粉。所述石墨复合材料的制备方法包括以下步骤：（1）将氧化铁红、碳酸钙、钴粉、氧化铪、碳酸铈、镍粉、硫化锌、二氧化铅、铜粉、石墨粉混匀，放入真空干燥箱中烘干；（2）在 500～700MPa 的压力下压制成型；（3）烧结炉中烧结，烧结温度为 400～1000℃，烧结压力为 2～3MPa，保温时间为 30～40min；（4）降温冷却至 15～25℃。

发明产生的技术效果：本发明二氧化铅的加入可以明显提高复合材料的硬度，使复合材料的布氏硬度为 92.5～93.6；本发明复合材料的摩擦系数为 0.39～0.42，说明本发明具有良好的耐摩擦性能。

审查意见要点：说明书的发明内容部分记载了"本发明二氧化铅的加入可以明显提高复合材料的硬度，使复合材料的布氏硬度为 92.5～93.6"，并在具体实施方式中给出了实施例 1～4 与对比例 1 的测试结果，见表4-2，其中对比例 1 与实施例 1 相同，不同在于不加二氧化铅。

表4-2 案例 16 的实施例 1～4 与对比例 1 的测试结果

测试结果	实施例1	实施例2	实施例3	实施例4	对比例1
摩擦系数	0.42	0.39	0.41	0.40	0.33
布氏硬度	93.6	93.5	92.5	92.8	73.6

其结论为"对比例1的布氏硬度为73.6，而加入了二氧化铅的复合材料的布氏硬度为92.5~93.6，说明二氧化铅的加入可以明显提高复合材料的硬度；本发明复合材料的摩擦系数为0.39~0.42，说明本发明具有良好的耐摩擦性能"，但是二氧化铅是材料领域常见的减磨材料和固体润滑材料，也就是说，与对比例1中不加二氧化铅相比，加入了二氧化铅的实施例1的摩擦系数将减小，但是表4-2中的测试结果是加入二氧化铅的实施例1的摩擦系数增加；而且，材料硬度越高，摩擦系数就越小，而表4-2中的测试数据却是材料硬度较高，相应的摩擦系数也较大；由此可见，表4-2中的测试数据与材料领域的一般常识矛盾；由此可知，本申请说明书实施例的技术方案所记载的技术效果与相应技术手段所具有的客观技术效果是不符，甚至矛盾的，因此这些技术方案无法解决本申请声称的技术问题并获得本申请所述的技术效果"二氧化铅的加入可以明显提高复合材料的硬度"，因此本申请说明书公开不充分，不符合专利法第二十六条第三款的规定。

【案例评析】 本案是比较典型的说明书描述的技术效果与采用的技术手段无法印证的情形。实质审查中，审查员以本案说明书记载的技术事实（包括技术方案、技术问题和技术效果的核心三要素）为依据，从本领域技术人员的认知水平和能力出发，考察了构成技术方案的各技术手段与技术效果之间的合理对应关系，指出其采用的技术手段与获得的技术效果之间的对应关系是不符合材料常识的，由此认为说明书提供的技术方案无法解决本申请声称的技术问题并获得本申请所述的技术效果，最终以说明书不符合专利法第二十六条第三款为由作出了驳回决定。

【案例5】

申请号201710645371.9，发明名称"一种四面体状$CuCl/Pt$合金的制备方法"。

申请人关于审查员指出说明书实施例数据存在不合理情形的答复意见节选如下：

关于审查员的问题（1）：$CuCl/Au$、$CuCl/Pd$和$CuCl/Pt$合成了不同的复合物，但3个实施例中温度、反应时间均完全相同，不符合化合物合成实验的常理。

回复：抗坏血酸（维生素C）分子结构中具有二烯醇结构，二烯醇基具极强的还原性，易被氧化为二酮基而成为去氢维生素C。维生素C的还原性很强，在室温下就能快速将一些金属离子还原成低价金属离子或金属。在金属活动顺序表中，$(H_2) > Sb > Bi > Cu > W > Hg > AgPt > Au$，在强还原剂维生素C的作用下，$CuCl_2$、$PdCl_2$、$Na_2PtCl_6$、$HAuCl_4$都能在温和条件下被还原。在自然光的作用下$CuCl_2$、$PdCl_2$、$Na_2PtCl_6$、$HAuCl_4$都能容易地被还原成$Pd$、$Pt$、$Au$金属，所以这几种试剂要避光保存。下表列举了一些维生素 C 作为还原剂快速还原金属的实例,合成温度从成本来考虑控制在室温,优选 0 ~ 40℃;时间控制在 1 ~ 120min,1min 左右就能得到目标产物。实验现象为当加入维生素 C 后溶液颜色就会立即变化并有产物产生,反应速度很快。由于本专利没有添加任何分散剂、模板剂和有机溶剂,只有维生素 C 还原剂、金属水溶液、$CuCl_2$ 水溶液,在静止条件下就可以实现将 $PdCl_2$、Na_2PtCl_4、$HAuCl_4$ 还原。

关于审查员的问题(2):三种四面体状 CuCl/Au、CuCl/Pd 和 CuCl/Pt 复合物的 XRD 衍射图谱中 CuCl 的衍射峰相差 2 ~ 3 倍,由于氯化铜仅是作为盐类参与反应,仅是形成复合物,不被还原,在合成的三种物中其基本结构和结晶度应该是变化不大的,其峰值应该是大致相同的。

回复:由于我们的表述问题给您造成了误解:"由于氯化铜仅是作为盐类参与反应,仅是形成复合物,不被还原"。反应原料为维生素 C 还原剂、金属水溶液、$CuCl_2$ 水溶液。维生素 C 将 $CuCl_2(Cu^{2+})$ 还原为 $CuCl(Cu^+)$,方程式为

$$Cu^{2+} + e^- + Cl^- \longrightarrow CuCl \downarrow$$

由于三种复合物采用的反应条件不同、原料不同,从而导致产物结晶度的差异:

$$8000_{CuCl/Pt} < 10000_{CuCl/Au} < 28000_{CuCl/Pd} 。$$

尽管 3 个实施例中温度、反应时间和金属溶液浓度均完全相同,但不同的金属溶液中 Cl^- 浓度是不同的,$Na_2PtCl_6 > HAuCl_4 > PdCl_2$,导致反应条件的不同和结果的不同,同时其他离子的浓度也是不同的:1mol Na_2PtCl_6 溶液产生 2mol 的 Na^+、1mol $HAuCl_4$ 溶液产生 1mol 的 H^+、1mol $PdCl_2$ 不产生其他正离子,导致盐效应不同。盐效应是加入不相干的可溶电解质,难溶物质的溶解度增加(固体沉淀物减少)。从而导致固体沉淀物 CuCl 在产物中的减少(具体为 CuCl/Pt < CuCl/Au < CuCl/Pd),这和说明书实施例中 XRD 分析结果是一致的。

并且在附录中附上了原始实验数据、实验过程照片和留样证明的照片。

【案例评析】针对审查员指出的说明书试验数据存在不合理之处,本案申请人从反应原理、物质特性等方面进行了充分地解释和说明,并辅以一些非专利现有文献进行佐证,还补充了原始试验数据、实验过程照片和留样证明,形成比较完整的证据链,该意见陈述比较充分且合理,最终被审查员接受。

以上通过了解说明书公开不充分的立法宗旨、审查中的认定标准以及常见问题情形,可帮助申请人更好地理解该条款,并在收到相应质疑时进行充分澄清,避免因说明书公开不充分的问题而导致发明被驳回,导致利益受损。

4.2.3 审查视角下的技术贡献撰写

专利制度保护的解读之一是通过给作出了技术贡献的发明人授予与其技术贡

献相匹配的排他性权利，激励技术创新，推动技术进步。专利制度的公开换保护理论中强调的公开，应当是包含技术贡献的技术信息的公开。因此，专利制度的所有理论基础都涵盖技术贡献这一关键信息[19]。

　　基于审查视角的发明专利的技术贡献至少包含以下含义：第一，技术贡献具有进步性[19]。技术贡献是申请人针对现有技术的缺陷进行改进和创新所形成的技术成果，其相对于现有技术而言应该是有实质区别和有进步的。对于发明权利要求的技术方案的新颖性和创造性的判断，技术贡献的判断是基础，也是必要条件。对于权利要求保护范围的理解和解释，也体现着对发明技术贡献的考量；第二，技术贡献具有技术性[19]。技术贡献是申请人采用一定的技术手段，解决了现有技术存在的技术问题，获得了合乎技术规律的技术效果。对于权利要求能否得到说明书支持的判断以及说明书公开是否充分的判断，也应考虑发明的技术贡献。

4.2.3.1　权利要求书中技术贡献的撰写

　　首先，技术贡献应体现在权利要求书中。专利保护范围通过权利要求书来确定，如果技术贡献没有体现在权利要求书中，显然申请人作出的技术贡献无法获得专利权保护。

　　其次，技术贡献应以合适的方式体现在权利要求书中。如果权利要求书中技术贡献的撰写过于上位化或概括范围较大，可能涵盖部分现有技术的内容，导致权利要求的新颖性和创造性会被质疑，也有可能会被质疑得不到说明书的支持。如果权利要求书中技术贡献的撰写过于细节化或概括范围较小，会导致申请人的权利损失。如果技术贡献的表述不规范、不清楚或不准确，会影响权利要求的保护范围。如果技术贡献仅体现在说明书中，会导致审查员对于发明技术贡献的判断不全面或认为发明技术贡献较低，很有可能面临因该技术贡献未记载在权利要求中，导致审查员对该技术贡献未审查或未考虑，最终作出不利于申请人的决定。虽然申请人后续有机会将未记载入权利要求书的技术贡献补入，但面临修改不能超原说明书和权利要求书记载范围的限制，也面临对该技术贡献无法合理概括的困境。因此，对于确实有技术贡献的发明，要尽量避免因权利要求书撰写的问题导致权利受损，申请人应基于对现有技术的全面了解，对技术贡献进行合理概括，并清楚、准确地表述在权利要求书中。

4.2.3.2　说明书中技术贡献的撰写

　　说明书是充分公开发明技术贡献的载体[19]。从审查角度审视说明书的技术贡献，应当包含以下方面：

　　第一，说明书是否包含发明人实际作出的技术贡献。具体考量内容包括：本发明针对现有技术的哪些问题、不足或缺陷作出改进或创新，或者本发明针对现有技术未曾意识或解决的哪些问题、不足或缺陷而提出的；发明的技术构思是什么，采用的技术方案是什么，具体的关键或主要技术手段是什么；获得怎样的技术效果；关键或主要技术手段与技术效果之间的关联性是怎样的；经过对现有技术的检索，发明人声称的技术贡献有无被披露；是否还有其他的技术贡献等。

第二，发明的技术贡献是否充分公开。具体考量内容包括：技术贡献是否在申请日之前已经作出，如果仅是技术设想，或者技术方案还不完整，或者技术效果还未得到验证等，在申请日之后希望补充技术信息或实验数据以进一步解释或说明的，这种情况虽然审查员会予以审查，但很难作为说明书充分公开的证据；技术贡献是发明人已经作出的，且本领域技术人员根据说明书公开的技术信息能够实施和验证本发明，也就是说，发明人应对其实际做出的技术贡献承担证明责任，通过说明书文件的相关记载来证明其技术贡献是其实际做出的，而不是虚假的或推测的。

第三，是否能够支持权利要求书的技术贡献。权利要求书的保护范围应当与说明书公开的技术贡献相匹配，这里的匹配并非完全照搬，而是在说明书记载的技术内容的基础上，结合普通技术常识、常规试验能力或常规推理分析能力来完成权利要求的概括。具体考量内容包括：说明书的发明内容、具体实施例是否涵盖了实现权利要求所概括的技术贡献的所有方式；是否依据说明书的公开内容可以实现权利要求保护的全部技术方案，并解决相应的技术问题，取得相应的技术效果；技术贡献所具有的技术效果能否得到支持。

以下将结合实际案例进行说明及评析。

【案例1】

案情简介：

公司J（下称专利权人）的专利号为200780009180.8，发明名称为"冷轧钢板及其制造方法、电池及其制造方法"的发明专利授权公告的权利要求书节选如下：

权利要求2：一种冷轧钢板，以质量分数计含有 C：0.0040% 以下、Si：0.02% 以下、Mn：0.14% ~ 0.25%、P：0.020% 以下、S：0.015% 以下、N：0.0040% 以下、Al：0.020% ~0.070%、Nb：0.005% 以上且不足 0.020%、满足下述式（3-3）或式（3-4）的 Ti，以及满足所述式（3-1）或式（3-2）的 B，余量由 Fe 和不可避免的杂质构成，

铁素体组织的平均结晶粒径在 12.0μm 以下，

r 值的面内各向异性 Δr 为 $-0.20 \leq \Delta r \leq 0.20$；

（A）在 $w(N) - (14/48)w(Ti) > 0$ 的情况下，

$$0003 \leq w(B) - (11/14)\{w(N) - (14/48)w(Ti)\} \leq 0.0010 \tag{3-1}$$

（B）在 $w(N) - (14/48)w(Ti) \leq 0$ 的情况下，

$$0003 \leq w(B) \leq 0.0010 \tag{3-2}$$

（C）在 $w(\mathrm{C})/12 - w(\mathrm{Nb})/93 \leqslant 0$ 的情况下，

$$005 \leqslant w(\mathrm{Ti}) \leqslant 0.020 \tag{3-3}$$

（D）在 $w(\mathrm{C})/12 - w(\mathrm{Nb})/93 > 0$ 的情况下，

$$48 \times \{(w(\mathrm{C})/12 + \mathrm{N}/14) - w(\mathrm{Nb})/93\} \leqslant w(\mathrm{Ti}) \leqslant 0.020 \tag{3-4}$$

其中，式（3-1）~式（3-4）中的元素符号表示各元素的质量分数。

公司 N（下称请求人）于 2014 年 2 月 27 日向专利复审委员会提出了无效宣告请求，其理由是：本专利权利要求不符合专利法第二十二条第二款、第三款和专利法实施细则第二十条第一款（注：旧《专利法》中关于权利要求书应当清楚、简要的规定）的规定，请求宣告本专利权利要求 1~6 全部无效，同时提交了多篇现有技术作为证据。

专利权人提交了更正错误请求书，将本专利授权公告文本中权利要求 2 的式（3-1）和式（3-2）中的下限值由"0003"改正为"0.0003"，将权利要求 2 的式（3-3）中的下限值由"005"改正为"0.005"，并针对无效宣告请求书，向专利复审委员会提交了意见陈述书。

针对专利权人提交的更正错误请求书，国家知识产权局对授权公告文本中的上述内容进行更正。之后，专利复审委员会本案合议组对本案进行了口头审理，并作出了无效审查的决定。

决定理由节选如下：权利要求 2 涉及一种冷轧钢板。附件 1（JP 特开平 10-46288A）公开了一种钢板及其制造方法，其记载的试验钢 A 的组成（质量分数）为：C：0.0018%、Si：0.01%、Mn：0.15%、P：0.017%、S：0.010%、Sol. Al 0.045%、N：0.0018%、Ti：0.015%、Nb：0.015%、B：0.0003%。计算可知，$\mathrm{N} - (14/48)\mathrm{Ti} = 0.0018 - (14/48) \times 0.015 = -0.002575$，$\mathrm{C}/12 - \mathrm{Nb}/93 = 0.0018/12 - 0.015/93 = 0.000013$。可见该试验钢 A 中 C、Si、Mn、P、S、Al、N、Ti、Nb 和 B 的含量均落入本专利的权利要求 2 的范围内。

附件 1 中未公开的特征为：（1）铁素体组织的平均结晶粒径在 12.0μm 以下；（2）r 值的面内各向异性 Δr 为 $-0.20 \leqslant \Delta r \leqslant 0.20$。

请求人推定附件 1 公开了铁素体组织的平均结晶粒径和 Δr，由此认为权利要求 2 不具备新颖性。具体是：使用附件 3（《JIS ハンドブック鉄鋼 I（JIS 手册 钢铁 I）》，第 26 - 27 页，2001 年 1 月 31 日，第 1 版第 1 次印刷）证明 Ar_3 相变点的定义，使用附件 4（"钢的铁素体结晶粒度试验方法"，JIS G 0552（1998），日本规格协会发行，第 1 - 23 页，1998 年 2 月 20 日，第 1 次印刷）证明钢的铁素体结晶粒度试验方法。本专利说明书中记载了"上述铁素体组织及其粒径、Δr 值，可通过上述的成分范围和后述的制造条件的组合来达成"，如上所述附件 1 的试验钢 A 已经公开了本专利权利要求 2 钢板的组分，如果二者的制备方法相同，则可以推定附件 1 的试验钢 A 具有与本专利权利要求 2 钢板相同范围的铁素体组织的平均结晶粒径和 Δr 值；且根据本专利说明书记载的制造条件可知，本专利权利要求 2 涉及的钢板的制造条件为：以 Ar_3 相变点以上的终轧温度进行热轧，以轧制率 70% ~ 90% 实施冷轧，接着在连续退火生产线中以 700 ~ 800℃ 的退火温度进行退火；附件 1 记载了试验钢 A 的热轧终轧温度为 920℃，冷轧轧制率（CR）为 89%，连续退火温度为 780℃，即已经公开了本专利钢板的轧制率和连续退火温度。

双方的争议焦点在于：需确定终轧温度 920℃ 是否在 Ar_3 相变点以上。

Ar_3 相变点是指冷却时，铁素体相变开始的温度（参见附件 3）。具体来说，钢在冷却时从奥氏体（γ）开始转变为铁素体（α）的温度，过程为奥氏体（γ）单相区→Ar_3 相变点→铁素体（α）与奥氏体（γ）共存的两相区→铁素体（α）单相区。附件 1 记载了"最终温度不足 870℃ 时，则成为 α 相区轧制，在深冲压加工时产生被称为'起垄'的异常橘皮缺陷"。

据此，请求人认为：（1）只要有 α 相区存在，即会产生"起垄"的异常橘皮缺陷，因此附件 1 中上述"α 相区"包含了"铁素体（α）与奥氏体（γ）共存的两相区"和"铁素体（α）单相区"，因此当温度高于 870℃ 时，其必然高于 Ar_3 相变点；（2）"铁素体（α）与奥氏体（γ）共存的两相区"的温度范围与钢中碳含量有关，附件 1 试验钢 A 中含碳量极低，温度区间只有十几度；综上，附件 1 表 2 中公开的终轧温度为 920℃ 在 Ar_3 相变点以上。

专利权人认为：（1）并非只要存在 α 相区就会引起"起垄"的异常橘皮缺陷，附件 1 中的"α 相区"是指"铁素体（α）单相区"，到 Ar_3 相变点之间还存在"铁素体（α）与奥氏体（γ）共存的两相区"；（2）"铁素体（α）与奥氏体（γ）共存的两相区"的温度范围不能确定；因此不能确定 920℃ 一定高于 Ar_3 相变点。

无效合议组认为：（1）附件 1 中记载的"α 相区"，按照字面含义以及本领域的通常理解应为"α 单相区"，本专利说明书中对"α 相区"也没有具体的限定；此外，请求人没有提供证据证明"只要有 α 相区存在，即会产生'起垄'的异常橘皮缺陷"这一主张；（2）对于"铁素体（α）与奥氏体（γ）共存的两相区"的温度范围，请求人没有提供证据证明其钢板通常的数值或范围，也没有提供证据表明对于附件 1 中试验钢 A 的"铁素体（α）与奥氏体（γ）共存的两相区"的温度范围值或者其"只有十几度"的主张。鉴于如上理由，基于现有证据尚不足以确定 920℃ 一定高于其 Ar_3 相变点，因此不能确定附件 1 中试验钢 A 的制备方法与本专利权利要求 2 钢板的制备方法相同，由此也无法推定附件 1 中试验钢 A 的铁素体组织的平均结晶粒径和 Δr 与权利要求 2 钢板相同。因此请求人认为权利要求 1 相对于附件 1 不具备新颖性的评述方式不能成立。

对于权利要求 2 的创造性，请求人认为：对于特征（1），附件 1 已经隐含公开，具体理由为：附件 4 中记载了 $m = 8 \times 2^G$，其中 G 为粒度号，m 为每 $1\,mm^2$ 截面积的晶粒的数目，平均晶体粒径 $dm(mm) = 1/(m^{1/2})$，将附件 1 表 2 中公开的粒度号（G. S. No.）10.4 代入计算，可得附件 1 中的平均晶体粒径为 $8.09\,\mu m$；对于特征（2），Δr 与抑制凸耳存在关联，是本领域的公知常识，且附件 2 的第 0006、0020 段也记载了 Δr 越接近 0 时，凸耳高度越低。

合议组认为：对于特征（1），附件 4 中记载 $m = 8 \times 2^G$ 经验公式是根据该标准规定方法测定的粒度号与每 $1\,mm^2$ 截面积的晶粒的数目之间的对应关系总结出来的，不同的测定方法测定的粒度号通常不同，该经验公式不一定能用于其他方法测定的粒度号。因此不能确定附件 1 中的 G. S. No. 是否适用附件 4 中记载的计算方法对其进行计算，进而根据附件 4 无法确定附件 1 钢中铁素体的平均晶体粒径，因此，请求人关于权利要求 2 相对于附件 1、3、4 和公知常识的结合，或者相对于附件 1、2 和公知常识的结合不具备创造性的无效理由不能成立[30]。

【案例评析】 根据本案说明书的记载，其针对现有技术中冷轧的轧制率优选在 85% 以下时，铁素体组织的平均结晶粒径必定不能稳定地变细（具体而言在 $12.0\,\mu m$ 以下），并且必定不能得到充分地接近 0 的 Δr（具体而言为 $-0.20 \leqslant \Delta r \leqslant 0.20$）的问题，提供了一种即使冷轧的轧制率在 85% 以下，也能够可靠地使铁素体组织的平均结晶粒径在 $12.0\,\mu m$ 以下且可得到 $-0.20 \leqslant \Delta r \leqslant 0.20$ 的凸耳性优良的冷轧钢板。

本发明相对于现有技术的技术贡献在于，发现在钢板中添加 B 并在冷轧前使固溶 B 量为 0.0003% ~ 0.0010%，使得轧制率即使超过 85%，只要在 90% 以下时，Δr 就在 ±0.20 以内。该技术贡献在原权利要求 1 ~ 6 中均有明确记载，且在说明书具体实施方式中解释了限定固溶 B 量为上述范围的原因，说明书实施例钢板 No.3 ~ 8、No.10 ~ 11、No.13、No.15、No.18 的成分组成中，冷轧时的轧制率在 90% 以下，且能将 Δr 控制在 ±0.20 的范围内，而比较例钢板 No.1、No.2 的成分组成中，冷轧时将轧制率从 85% 减少至 70% 时，Δr 显著增大。

本案通过实施例的试验数据与比较例的试验数据的区分，有力地支持了发明对现有技术所做出的突出的技术贡献，并在无效程序中得到了合议组的认可。

【案例 2】

案情简介：该案涉及申请号为 "CN201480044803.5"、名称为 "无铅软钎焊料合金" 的发明申请专利（下称本专利）。

实质审查员以本申请权利要求 1 ~ 5 相对于 D1（WO2013017883A1）不具备创造性为由作出驳回决定。申请人（下称请求人）不服驳回决定，提出了复审请求，同时修改了权利要求 1，将权利要求 1 中 Cu、P 的含量范围缩小[31]。

修改后的权利要求 1：一种无铅软钎料合金，其具有如下合金组成，该合金组成以质量分数计包含 Bi：31% ~ 59%、Sb：0.15% ~ 0.75%，以及选自由 Cu：

0.3% ~0.8% 和 P: 0.02% ~0.055% 组成的组中的 1 种或 2 种，余量基本上由 Sn 组成。

请求人认为：修改后的权利要求 1 中 Cu、Sb 和 P 含量并未被 D1 公开，且 D1 没有公开化学镀 Ni 处理，也没有意识到 Ni 镀膜与软钎料结合部的界面与 Ni 相比，P 析出较多而在界面析出 P 富集层，对于因 P 富集层的存在而引起的技术问题没有教导或启示，因此本领域技术人员没有动机去优化 D1 中 Cu、Sb 和 P 含量。

复审合议组认为：根据本申请说明书的记载，其要解决的技术问题是：提供能够形成连接可靠性优异的钎焊接头，可显著改善软钎料接合部的剪切强度，为此采用的技术手段是在 SnBiSb 软钎料合金中添加 Cu、P 中任一种或两种，以抑制软钎焊时 P 富集层的生长，维持高延展性，提高拉伸强度和剪切强度，而 D1 中 Cu 的存在也增加了 SnBiSb 软钎料合金的延展性，改善了强度，而在相同类型的 SnBiSb 软钎料合金中，Cu 作用机理相同，能够获得与本申请相同的技术效果；而且，根据本申请具体实施例的记载可知，在软钎料合金其他组分含量均相同的条件下，P 含量 0.003% 与 P 含量 0.02% 相比，拉伸强度、伸长率、Cu 电极剪切强度等性能指标接近，前者并未出现性能劣化现象，反之前者在化学镀 Ni/Au 电极进行软钎焊的剪切强度还略优于后者，由此可见本申请将 P 含量限定为 0.02% ~0.055% 并未带来明显区别于 D1 中 P 含量的预料不到的技术效果。

本案在合议组发出复审通知书后，因请求人逾期不再答复而视为撤回。

【案例评析】 根据本案说明书的记载，请求人认为其做出技术贡献是在 SnBiSb 软钎料合金中添加 Cu、P 中任一种或两种，以抑制软钎焊时 P 富集层的生长，改善软钎料接合部的剪切强度，其争议焦点是基于 D1 优选 Cu、Sb 和 P 含量所带来的技术效果是否预料得到的。

在审查实践中，对于材料、化学类的发明而言，技术效果常常依赖于实验数据的证实。通常审查员是结合申请文件的公开内容和现有技术来确定该技术效果。然而，根据本案说明书具体实施例的记载，并没有具体试验数据以证实其技术效果，导致无法对该请求人所述的技术贡献提供有利的证据支持。

4.2.4 审查视角下对申请文件修改的要求

专利申请文件提出后，基于各方面的原因，常常需要对其作出修改。《专利法》和《中华人民共和国专利法实施细则》(以下简称《专利法实施细则》) 规定了申请人可以修改申请文件，但是在时间和内容上有一定的限制。本小节从修改类型、修改时机、修改要求几个方面对审查中允许的修改做系统的介绍，便于申请人在审查过程中充分利用好每次修改机会。

4.2.4.1 修改的类型

修改可分为主动修改和被动修改两类。

　　主动修改是申请人主动提出的。申请人在提出专利申请后，经常会因为对相关现有技术情况有了新的了解，对发明内容及其应用和市场前景有了更深入细致的分析以及发现申请日提交的申请文件中有缺陷，想要对申请文件进行修改。此时由申请人主动提出的修改请求属于主动修改。

　　被动修改是申请人按照国家知识产权局专利局发出的补正通知书和审查意见通知书的要求为消除通知书中所指出的各种缺陷而对专利申请文件作出的修改，这类修改是应通知书的要求作出的，称为被动修改。

4.2.4.2　修改的时机

　　《专利法实施细则》第五十一条第一款和第三款对发明专利申请文件的修改时机作出了规定。根据上述规定，申请人只能在提出实质审查请求时、收到国家知识产权局专利局发出的发明专利申请进入实质审查阶段通知书之日起3个月内以及答复审查意见通知书（包括初审中的补正通知书）时对申请文件进行修改。这三种修改时机中，前两种修改时机属于主动修改，最后一种属于被动修改。

　　但是，对于一些特殊情况，《专利审查指南》中作了进一步说明：如果修改的时机和方式不符合《专利法实施细则》第五十一条的规定，这样的修改文本一般不予接受；对于修改时机和方式虽然不符合《专利法实施细则》第五十一条的规定，只要经修改的文件消除了原申请文件存在的缺陷，且符合《专利法》第三十三条的规定，又具有授权前景时，则这种修改可以被视为是经审查员同意的、相当于按照审查意见通知书的要求进行的修改，此修改文本可以接受，从而有利于缩短审查程序。

4.2.4.3　修改的要求

　　按照《专利法》第三十三条的规定[20]，发明专利申请文件的修改不得超出原说明书和权利要求书的记载范围，这是发明专利申请文件修改的最基本要求。无论是申请人的主动修改，还是应通知书的要求所作的被动修改，都必须符合该规定。

　　《专利审查指南》[21]列举了专利法第三十三条不允许的增加、改变和/或删除情形，总体的判断原则就是所作修改是否致使所属技术领域的技术人员看到的信息与原申请记载的信息不同，而且又不能从原申请记载的信息中直接地、毫无疑义地确定。

【案例1】

　　申请号200480022331. X，发明名称"一种深冲性优良的高强度钢板"。

　　原权利要求1为：1. 一种深冲性优良的高强度钢板，其特征在于，具有以下成分组成：不含V，以质量分数计，含有：

　　C：0.010% ~ 0.050%

　　Si：1.0%以下

Mn：1.0% ~3.0%

P：0.005% ~0.1%

S：0.01%以下

Al：0.005% ~0.5%

N：0.01%以下

Nb：0.01% ~0.3%

并且，钢中的 Nb 和 C 的含量满足以下关系：

(Nb/93)/(C/12) =0.2 ~0.5，式中 Nb、C 是各自元素的含量（质量分数），且以 NbC 形式析出固定 C 量为钢中总 C 量的15%以上，余量由 Fe 和不可避免的杂质构成；并且具有包含面积率为50%以上的铁素体相和面积率为1%以上的马氏体相的钢组织，且平均 r 值为1.2以上。

申请人在答复审查意见通知书时在权利要求1中加入了技术特征"平均结晶粒径为8μm以下"。修改后权利要求1如下：

1. 一种深冲性优良的高强度钢板，其特征在于，具有以下成分组成：不含 V，以质量分数计，含有：

C：0.010% ~0.050%

Si：1.0%以下

Mn：1.0% ~3.0%

P：0.005% ~0.1%

S：0.01%以下

Al：0.005% ~0.5%

N：0.01%以下

Nb：0.01% ~0.3%

并且，钢中的 Nb 和 C 的含量满足以下关系：

(Nb/93)/(C/12) =0.2 ~0.5，式中 Nb、C 是各自元素的含量（质量分数），且以 NbC 形式析出固定 C 量为钢中总 C 量的15%以上，余量由 Fe 和不可避免的杂质构成；并且具有包含面积率为50%以上的铁素体相和面积率为1%以上的马氏体相的钢组织，平均结晶粒径为8μm以下，且平均 r 值为1.2以上。

申请人认为：虽然修改后仍然是高强度钢板的"平均结晶粒径为8μm以下"，但是当热轧板的平均结晶粒径为8μm以下时，再对该热轧板冷轧，退火后，虽然热轧板的结晶粒会变形，但粒径只会减少而不会增大，这是本领域技术人员的公知常识，即该高强度钢板的平均结晶粒径必然为8μm以下，因此，修改后的权利要求1没有超出原说明书记载的范围。

审查员认为：上述修改属于增加了技术特征的修改，判断标准是增加了该技术特征的技术方案对本领域技术人员来说与原技术方案是否相同，是否能由原技术方案直接地、毫无疑义地获得。具体到本案，原说明书中"平均结晶粒径在8μm 以下"限定的是热轧钢板，由于高强度钢板还需要经过会影响晶粒尺寸的冷轧、退火工艺，因此根据原说明书和权利要求书的记载本领域技术人员并不能直接地、毫无疑义地确定经过了冷轧、退火工艺之后得到的高强度钢板的平均晶粒的上限值为 8μm。因此，所作修改是不符合专利法第三十三条的规定。

【案例评析】在分析所作修改是否符合专利法第三十三条规定时，经常需要判断是否能够直接地、毫无疑义地确定，做这个判断时首先要站位本领域技术人员，才能做出客观准确的评价。比如本案，要判断"平均结晶粒径为 8μm 以下"这个技术特征的添加是否导致修改超范围，实际上就是要站在本领域技术人员角度来分析，热轧钢板经过冷轧、退火工艺后其平均结晶粒径是否仍在 8μm 以下。显然，本领域技术人员无法得出这样的结论，因此所作修改是超范围不符合专利法三十三条的规定。

【案例2】

申请号 200880023598.9，发明名称"用于酸性作业环境的钢"。

原权利要求 1 为：

1. 一种钢组合物，包括：

在大约 0.2% ~ 0.3%（质量分数）之间的碳（C）；

在大约 0.1% ~ 1% 之间的锰（Mn）；

在大约 0 ~ 0.5%（质量分数）之间的硅（Si）；

在大约 0.4% ~ 1.5% 之间的铬（Cr）；

在大约 0.1% ~ 1% 之间的钼（Mo）；

在大约 0 ~ 0.1% 之间的铌（Nb）；

在大约 0 ~ 0.1% 之间的铝（Al）；

在大约 0 ~ 0.01% 之间的钙（Ca）；

小于大约 100×10^{-6} 的硼（B）；

在大约 0 ~ 0.05% 之间的钛（Ti）；

在大约 0.1% ~ 1.5% 之间的钨（W）；

在大约 0 ~ 不超过大约 0.05% 之间的钒（V）；

在大约 0 ~ 不超过大约 0.15% 之间的铜（Cu）；

小于大约 200×10^{-6} 的氧（O）；

小于大约 0.01% 的氮（N）；

小于大约 0.003% 的硫（S）；以及

小于大约 0.015% 的磷（P）。

其中基于钢组合物的总质量以质量分数的形式给出各元素的含量。

申请人将权利要求 1 中钒的含量修改为"大约 0 ~ 不超过大约 0.003%"。

　　审查员认为改后的技术特征既未明确地记载在原说明书和权利要求书中，也不能由原说明书和权利要求书所记载的内容直接地、毫无疑义地确定。因此，修改后的权利要求1超出了原说明书和权利要求书记载的范围，不符合专利法第三十三条的规定。

　　此时，申请人争辩：在原权利要求1中记载了在大约0~不超过大约0.05%之间的钒（V），而在原始说明书第17页表8中记载了V的份额是0.003%（质量分数）。因此，该修改可由原说明书和权利要求书直接得出，符合专利法第三十三条的规定。

　　事实上，本申请修改V含量是依据的样本12中的V含量，但该样本12中并不含"W"元素，而权利要求1的技术方案中明确含有"0.1%~1.5%W"。可见，样本12并非原权利要求1所概括技术方案中的一种具体技术方案，而是不同于权利要求1的另一单独的技术方案，且在原申请文件中也未提及这两个不同的、单独的技术方案之间的关联关系。因此将原权利要求1所记载的钢组合物与另一单独的技术方案的钢组合物中的元素含量相组合所获得的技术方案不能由原申请文件直接地毫无疑义地确定，超出了原说明书和权利要求书记载的范围。

　　【案例评析】 冶金领域案件的修改经常涉及这种数值范围的修改，那么哪些数值范围的修改是允许的，哪些是不允许的，不能一概而论，还得结合技术方案进行判断。《专利审查指南》中被允许的修改中记载的第（2）种情况为：变更独立权利要求中的技术特征，以克服原独立权利要求未以说明书为依据、未清楚地限定要求专利保护的范围或者新颖性或创造性等缺陷，只要变更了技术特征的独立权利要求所述的技术方案未超出原说明书和权利要求书记载的范围，这种修改是允许的。其中举的例子就是关于数值范围修改的，它提到对于含有数值范围技术特征的权利要求中数值范围的修改，只有在修改后数值范围的两个端值在原说明书和/或权利要求书中已确实记载且修改后的数值范围在原数值范围之内的前提下，才是允许的。具体到本案，乍一看，修改后数值范围的两个端点值在原说明书中均有记载，并且改后的数值范围也在原数值范围之内，但是从说明书记载来看，0.003%（质量分数）这个数值出现在了另一个独立的技术方案中，与权利要求1对应的技术方案并无关联，因此，不能把两个并无关联的技术方案混在一起来作为标准来判断数值范围的修改是否超范围。因为这两个技术方案并无关联，那么钒的含量为"大约0~不超过大约0.003%"的技术方案从原说明书中是无法直接地、毫无疑义地得到的。这种修改就是超范围不符合专利法第三十三条规定的。

　　【案例3】

　　申请号200480028556.6，发明名称"焊接性和延展性优良的高屈服比高强度薄钢板及高屈服比高强度热浸镀锌薄钢板、以及高屈服比高强度合金化热浸镀锌薄钢板及其制造方法"。

原权利要求 1 为：

1. 一种焊接性和延展性优良的高屈服比高强度薄钢板，其特征在于：构成该钢板的钢以质量分数计含有

C：超过 0.030% 但低于 0.10% 、

Si：0.30% ~ 0.80% 、

Mn：1.7% ~ 3.2% 、

P：0.001% ~ 0.02% 、

S：0.0001% ~ 0.006% 、

Al：0.060% 或以下、

N：0.0001% ~ 0.0070% 、

进而含有

Ti：0.01% ~ 0.055% 、

Nb：0.012% ~ 0.055% 、

Mo：0.07% ~ 0.55% 、

B：0.0005% ~ 0.0040% ，

且同时满足

$1.1 \leqslant 14 \times Ti(\%) + 20 \times Nb(\%) + 3 \times Mo(\%) + 300 \times B(\%) \leqslant 3.7$，剩余部分由铁以及不可避免的杂质构成；所述钢板的屈服比为不小于 0.64 但低于 0.92，$TS \times El$ 为 3320 或以上，且 $YR \times TS \times El^{1/2}$ 为 2320 或以上，最高抗拉强度（TS）为 780MPa 或以上。

申请人在答复审查意见通知书时对权利要求 1 进行了修改，在权利要求 1 中加入了技术特征"并且由不含铁素体晶粒的组织构成"作进一步限定。

【案例评析】本案说明书仅记载了在 750℃ 以下或者不发生或者只是略有发生 α 相到 γ 相相变的情况，不能说明在进行 750℃ 及以上退火时，α 相必然均会全部相变为到 γ 相，因此，由说明书的上述描述不能直接地、毫无疑义地确定最终的冷轧钢板中不含铁素体。因此，权利要求 1 的修改不符合专利法第三十三条的规定。

还需要强调的是，《专利审查指南》列出了答复审查意见通知书时，即便满足专利法第三十三条的规定也不被允许的修改。所以在答复审查意见时，除了要符合专利法第三十三条规定之外，还需要注意不要通过以下几种方式进行修改：(1) 主动删除独立权利要求中的技术特征，扩大了该权利要求请求保护的范围；(2) 主动改变独立权利要求中的技术特征，导致扩大了请求保护的范围；(3) 主动将仅在说明书中记载的与原来要求保护的主题缺乏单一性的技术内容作为修改后权利要求的主题；(4) 主动增加新的独立权利要求，该独立权利要

求限定的技术方案在原权利要求书中未出现过；（5）主动增加新的从属权利要求，该从属权利要求限定的技术方案在原权利要求中未出现过。

4.2.4.4 复审程序中的修改

复审程序中也可以对申请文件进行修改，修改的形式也是主动修改和被动修改两种。其中主动修改是提交复审请求时所作修改，被动修改是答复复审通知书时所作修改，但是上述修改都仅限于消除驳回决定或复审通知书指出的缺陷。此外，所作修改仍然需要符合《专利法》第三十三条的规定。

【案例4】 一种 Al-Si-Cu-Mg-xSm 稀土压铸铝合金

复审请求人在提交复审请求时将原权利要求1的主题名称由"一种 Al-Si-Cu-Mg-xSm 稀土压铸铝合金"修改为"一种 Al-Si-Cu-Mg-xSm 稀土压铸铝合金的制备方法"，即将权利要求1的类型由产品权利要求改变为方法权利要求，这是不符合《专利法实施细则》第六十一条第一款的规定的。

【案例5】 自攻螺钉的制造方法

复审请求人在答复复审通知书时增加了新的从属权利要求2。这种新增加从属权利要求的修改是不符合《专利法实施细则》第六十一条第一款规定的。

4.2.5 审查中创造性判断对冶金类申请文件撰写的要求

《专利法实施细则》第五十三条中对发明专利申请经实质审查应当予以驳回的情形做出了明确规定。其中列出了所有的驳回条款，共13条。但是从实际审查过程中发现，所列举的这13条驳回条款中涉及创造性的条款，即专利法第二十二条第三款，是使用频率最高的一个条款。为了提高申请文件的撰写质量及所提交发明专利申请的授权率，必须要对创造性有深入的了解，以便于在申请文件撰写过程中尽可能地使其符合专利法第二十二条第三款关于创造性的相关规定。

本小节首先简要介绍创造性的基本概念、基本审查原则及审查标准，而后结合冶金领域的具体案例详细说明如何在申请文件的撰写过程中使其满足创造性的要求。尤其是结合如何站位本领域技术人员、公知常识的认定、是否具有结合启示的判断等创造性评判中存在的难点进行深度剖析。

4.2.5.1 创造性的基本概念

A 创造性的定义

《专利法》第二十二条第三款对授予发明专利权的创造性条件作了明确规定：创造性是指该发明与现有技术相比具有突出的实质性特点和显著的进步[20]。

根据《专利法》第二十二条第五款的规定，现有技术是指申请日以前在国内外为公众所知的技术。现有技术包括在申请日（有优先权的，指优先权日）以前在国内外出版物上公开发表、在国内外公开使用或者以其他方式为公众所知的技术[20]。

在此需要特别强调的是，影响专利申请创造性的现有技术仅仅包括新颖性一节中所提到的出版物公开和除出版物以外的公知公用两种情况，而他人申请在先公开在后的专利申请文件或专利文件（抵触申请）不属于现有技术，只能用于评价新颖性，不能作为评价创造性的对比文件。

在撰写申请文件时，为了规避创造性风险，可以在形成正式的申请文件之前，对现有技术进行检索查新，力争尽可能全面准确地掌握现有技术目前发展到什么程度。只有在查新方面做足了准备工作，才能对目前要申请保护的技术到底其中有哪些点是有授权前景的，做到心中有数；同时也可以为之后的申请文件，尤其是权利要求书的撰写工作提供重要指导。

B 所属技术领域的技术人员

创造性的判断是基于所属技术领域的技术人员的知识和能力进行评价的，因为只有按照所属技术领域的技术人员的知识和能力进行评价，才能够得出更加客观公正的审查结论。因而，创造性评判中引入了"所属技术领域的技术人员"这个概念。并且《专利审查指南》中对这个概念也作出了明确的说明。

根据《专利审查指南》第二部分第四章第 2.4 节[21]，所属技术领域的技术人员也可以称为本领域的技术人员，并不是一个实际存在的人，而是指一种假设的"人"，在评价创造性时应当从这一假设的"人"的角度去分析。这种假设的"人"知晓申请日（有优先权的，指优先权日）之前发明所属技术领域所有的普通技术知识（即记载在该领域教科书、技术手册或技术词典中的内容以及从这些内容能直接导出的内容），能够获知该领域中所有的现有技术（即其通过检索或调研等手段找到的现有技术中所披露的内容），并且具有应用该日期之前常规实验手段的能力（即具有应用教科书、技术手册或技术词典记载的以及所检索到的现有技术中记载的常规实验手段的能力），但这种假设的"人"不具有创造能力（即其仅能根据教科书、技术手册、技术词典或检索到的现有技术所记载的内容和启示直接组合而不会在此基础上作出进一步实质性的改进）。如果所要解决的技术问题能够促使本领域的技术人员在其他技术领域寻找技术手段，他也应具有从该其他技术领域中获知该申请日（有优先权的，指优先权日）之前的相关现有技术、普通技术知识和常规实验手段的能力（即其能获知相邻、相关及可联想到的其他技术领域的教科书、技术手册、技术词典和检索到的对比文件中记载的内容）。

由上述内容可知，判断创造性的本领域的技术人员的能力和水平是随着时间的推移在不断发生变化的，例如 20 世纪 80 年代 3D 打印刚刚诞生，那时候有关 3D 打印方面的知识和能力不属于制造业领域技术人员所掌握的内容，而在 30 年后的今天，有关 3D 打印、增材制造的基本知识应当属于该技术领域技术人员的普通知识。正因为如此，在判断创造性时不能以当下该技术领域技术人员的水平和能力进行分析，而应当以该专利申请或专利的申请日（有优先权的，指优先权日）时该技术领域技术人员的水平和能力来判断该专利申请文件是否具备创造性。

C 突出的实质性特点和显著的进步

根据《专利法》第二十二条第三款的规定，为满足创造性的要求，发明专利申请不仅应当相对于申请日前的现有技术具有突出的实质性特点，而且还应当具有显著的进步。

《专利审查指南》第二部分第四章第2.2节进一步明确了，发明有突出的实质性特点，是指对所属技术领域的技术人员来说，发明相对于现有技术是非显而易见的。如果发明是所属技术领域技术人员在现有技术的基础上仅仅通过合乎逻辑的分析、推理或者有限的试验可以得到的，则该发明是显而易见的，也就不具备突出的实质性特点。

同样，《专利审查指南》在第四章第2.3节进一步明确了，发明有显著的进步是指发明与现有技术相比能够产生有益的技术效果。例如，发明克服了现有技术中存在的缺点和不足，或者为解决某一技术问题提供了一种不同构思的技术方案，或者代表某种新的技术发展趋势。

综上所述，发明专利申请相对于现有技术是否显而易见（突出的实质性特点）和具有显著的进步是判断其创造性的两个条件。《专利审查指南》降低了对显著的进步的要求，除发明克服现有技术中存在的缺点和不足外，还将"为解决某一技术问题提供了一种不同构思的技术方案""代表某种新的技术发展趋势"也认为具有显著的进步。

4.2.5.2 创造性的审查原则和审查基准

A 审查原则

与审查新颖性一样，审查一件专利申请是否具备创造性，也是针对该专利申请权利要求的技术方案作出的，即创造性与新颖性的审查对象一样，都是权利要求中的技术方案。

《专利审查指南》第二部分第四章第3.1节规定按照下述三个审查原则来判断创造性。

a 审查创造性标准的两个条件

审查一件发明专利申请的权利要求是否具备创造性时，同时审查该权利要求所表述的技术方案是否具有突出的实质性特点和是否具有显著的进步。

b 对技术方案本身、解决的技术问题和有益效果作整体分析

在判断发明相对于现有技术是否具有突出的实质性特点和显著的进步时，不仅要分析构成技术方案本身的技术特征，还要分析其相对于最接近的现有技术所解决的技术问题，以及分析其区别技术特征相对于最接近现有技术起什么样的作

用、产生什么样的有益技术效果。

　　c　现有技术结合对比

　　与新颖性审查"单独对比"的审查原则不同，审查创造性时，将几项现有技术结合起来与专利申请要求保护的技术方案进行评价，例如，一篇对比文件与公知常识的结合，两篇或多篇对比文件的结合，同一篇对比文件中几项现有技术的结合或者多篇对比文件（或多项现有技术）与公知常识的结合等。

　　此处需要注意的是，如果一项独立权利要求具备创造性，则不再审查该独立权利要求的从属权利要求的创造性。

　　B　突出的实质性特点的审查基准与判断方法

　　具有突出的实质性特点的审查基准是，对本领域的技术人员来说，要求保护的发明相对于现有技术是否非显而易见。具体说来，就是将要求保护的发明的技术方案与相关现有技术进行分析对比，若由这些现有技术得到该技术方案是显而易见的，则该技术方案不具有突出的实质性特点；若是非显而易见的，则该技术方案具有突出的实质性特点。

　　判断由现有技术得到该技术方案是否显而易见按三个步骤进行，也就是平时常说的"三步法"[21]：（1）确定最接近的现有技术；（2）确定发明的区别特征和其实际解决的技术问题；（3）分析由最接近现有技术和其他相关现有技术得到该技术方案是否显而易见。

　　a　确定最接近的现有技术

　　判断的第一步就是从多项相关现有技术中确定一项与要求保护的技术方案最密切相关的现有技术，也就是作为该发明技术方案基础的现有技术，这项现有技术就称作该发明的最接近的现有技术。通常最接近的现有技术与该发明属于相同的技术领域。最接近的现有技术与其他相关的现有技术相比，所公开的该发明技术方案的技术特征最多，或者所要解决的技术问题、技术效果或用途最接近，甚至已能解决或部分解决该发明本来打算解决的技术问题。但也存在特殊情况，最接近的现有技术虽然与要求保护的发明技术领域不同，但能够实现发明的功能，且公开发明的技术特征最多，这多半是未找到相同或相近技术领域的相关现有技术的情况。

　　通常在确定最接近的现有技术时，遵循如下几项原则：首先从几项相关现有技术中选择那些与发明权利要求的技术方案的技术领域相同或相近的，然后再从其中选择已初步能解决发明原定打算解决的技术问题和/或披露发明的技术特征最多的现有技术，将其定作该发明最接近的现有技术。如没有相同技术领域的，则从相近技术领域中选择。只有不存在相同或相近的现有技术时，才考虑选择不同技术领域而能实现发明功能且公开发明技术特征最多的现有技术作为最接近的现有技术。

b 确定发明的区别特征和其实际解决的技术问题

在确定了最接近现有技术后，就要客观分析该发明权利要求的技术方案相对于最接近的现有技术实际上解决了什么技术问题。为此，首先要分析该技术方案在最接近的现有技术基础上作了哪些改进，即其相对于最接近现有技术具有哪些区别技术特征，然后基于这些区别技术特征所能达到的技术效果确定该发明实际解决的技术问题。

由于在审查中认定的最接近的现有技术可能不同于说明书中所描述的现有技术，因而基于最接近的现有技术所确定的实际解决的技术问题也就可能与说明书中所记载的要解决的技术问题不同，在作下面第三步分析时应针对实际解决的技术问题进行分析。

c 分析要求保护的技术方案是否显而易见

在确定了本发明最接近的现有技术以及该技术方案相对于该最接近的现有技术的区别技术特征和其实际解决的技术问题后，就要分析其他相关现有技术是否给出将这些区别技术特征应用到该最接近的现有技术中以解决其存在的技术问题（即发明实际解决的技术问题）的启示，这种启示会使本领域的技术人员在面对所述技术问题时，有动机改进该最接近的现有技术并获得要求保护的发明的技术方案。如果现有技术中存在这种结合的启示，则认为本领域技术人员根据这些启示得到该技术方案是显而易见的；相反如果没有一篇相关现有技术（包括公知常识）给出了结合启示，则认为该技术方案是非显而易见的。

至于如何判断相关现有技术是否给出启示，主要是分析这些区别特征是否为公知常识，是否在其他相关现有技术中披露过。

如果这些区别特征为公知常识，即教科书或工具书中披露的解决该重新确定的技术问题的技术手段或本领域解决该重新确定的技术问题的常用手段，则认为现有技术中给出了结合启示。

如果区别特征为另一篇相关对比文件或另一件相关公知技术中披露的技术手段（包括披露最接近现有技术的对比文件中所记载的其他现有技术中所采用的技术手段），则需分析该技术手段在这些对比文件或公知公用技术中所起的作用与该区别特征在要求保护的发明中，为解决该重新确定的技术问题所起的作用是否相同，只要该技术手段在这些对比文件或公知技术中所起的作用包含有该区别技术特征在要求保护的发明中为解决该重新确定的技术问题所起的作用，则认定两者作用相同，从而认定该对比文件或公知公用技术给出了结合的启示。反之，如果从该技术手段在对比文件或公知技术中所起的作用不能得知其能起到该区别特征在本发明中为解决重新确定的技术问题所起的作用，则认定两者作用不同，从而认定该对比文件或公知公用技术未给出结合的启示。

如果上述区别技术特征既不属于公知常识，又未在其他相关对比文件或相关公知技术中披露，通常就认为现有技术未给出结合的启示，在这种情况下，可得出该技术方案相对于现有技术是非显而易见的，具有突出的实质性特点。

以上就是创造性的基本概念、基本审查原则及审查标准。在了解了这些基本知识的基础上会发现，创造性评判中有很多难点：本领域技术人员如何定位、公知常识的认定、是否具有结合启示等。只有结合实际案例将这些知识点理解透彻才能够灵活地将这些知识融入申请文件撰写工作中，提高撰写质量。尤其是写出兼顾保护范围大小又具备创造性的权利要求书，这是一个理论联系实际的提升过程。此外，冶金领域的技术方案有其特有的一些特点（比如涉及组分、数值范围、制备方法的申请较多），下面就通过几个冶金领域的实际案例，结合创造性审查中的几个重要考量标准，为冶金领域的申请文件撰写提供一些参考。

【案例1】

申请号201210495304.0，发明名称"一件成形F-回火铝合金的方法"。

技术方案简介：该申请涉及一种成形F-回火铝合金的方法。

案例201210495304.0的说明书典型附图如图4-4所示。

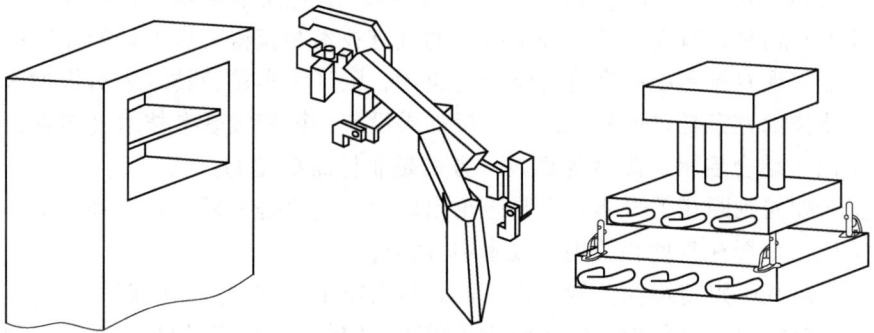

图4-4　案例201210495304.0的说明书典型附图

经过检索查新，该技术方案与检索到的现有技术相比，没有被现有技术公开的内容包括：采用包括指状部件的限位装置，具体地使得在第一位置处将坯料放置在模具组中时不与模具组接触，阻止了坯料和模具组之间的热传递，从而帮助维持坯料处于或高于其临界淬火温度，避免了在模具闭合前不期望的热传递；另外，指状部件可以从第一位置旋转至第二位置来释放坯料，使得在模具组闭合在坯料上时在第二位置处释放坯料以使坯料成形为部件并同时淬火部件，从而模具组闭合成形与释放坯料几乎同时，也就避免了成形前坯料与冷模之间的淬火。可见，系统可以配置为使得在从加热装置移除坯料和模具组闭合之间坯料几乎不会产生热传递，使得坯料的利用率更高，从而获得高产量高质量以及低成本的高强度铝合金部件。

由此可以确定本申请的申请文件撰写的基本思路和方向：

（1）要解决的技术问题：使得在从加热装置移除坯料和模具组闭合之间坯料几乎不会产生热传递，使得坯料的利用率更高，获得高产量高质量以及低成本的高强度铝合金部件。

（2）采取的技术手段：采用包括指状部件的限位装置，具体地使得在第一位置处将坯料放置在模具组中时不与模具组接触，另外，指状部件可以从第一位置旋转至第二位置来释放坯料。

（3）取得的技术效果：阻止了坯料和模具组之间的热传递，从而帮助维持坯料处于或高于其临界淬火温度，避免了在模具闭合前不期望的热传递；使得在模具组闭合在坯料上时在第二位置处释放坯料以使坯料成形为部件并同时淬火部件，从而模具组闭合成形与释放坯料几乎同时，也就避免了成形前坯料与冷模之间的淬火。

（4）技术方案为社会做出贡献的技术贡献点在于：包括指状部件的限位装置。而且对于本领域技术人员来说，所述"指状部件的限位装置"也不是本领域公知的结构，是本领域技术人员需要付出创造性劳动才能设计获得的，并且该结构是本申请技术方案相对于现有技术做出贡献的发明点。

在此基础上，可着手撰写权利要求书。独立权利要求的撰写要范围尽可能大，并且要包含解决上述技术问题的必要技术特征。

综上，可将独立权利要求撰写为：

1. 一种成形 F-回火铝合金的方法，所述方法包含下面步骤：

提供冷加工的 F-回火 7×××系列铝合金坯料；

加热所述坯料至它的固相线温度和液相线温度之间，从而提供基本为固体，以便于操纵和运输但是因为接近液相或者部分液相而又是更易于成形的坯料；

提供模具组；

提供限位装置，所述限位装置具有在第一位置和第二位置之间旋转的指状部件；

通过在第一位置的指状部件将所述坯料放置在所述模具组中使得所述坯料不接触所述模具组；

在将所述模具组闭合在所述坯料上时将指状部件从第一位置旋转至第二位置并释放所述坯料，以将所述坯料成形为部件并且同时淬火所述部件。

【案例评析】在撰写申请文件时，如果兼顾创造性评判采用的三步法中提及的各要素，可以在撰写时就为规避创造性缺陷提前做好准备工作。首先在撰写之前针对技术方案做好检索查新工作，明确当下现有技术发展到什么程度，对要申请保护的技术方案相对于现有技术的贡献点做到心中有数；其次，在明确了贡献点的基础上，确定出要解决的技术问题、采取的技术手段、取得的技术效果；最后，结合前两步工作的成果撰写申请文件。将这些基本要素体现在申请文件中，尤其是在撰写权利要求时，独立权利要求要包括涉及技术贡献点的技术特征，除此之外的其他技术特征可以尽可能地放到从属权利要求中进行限定，以使得独立权利要求的保护范围尽可能大。

此外，需要格外强调的是：（1）在判定区别技术特征是否属于本领域公知常识时，需要站位本领域技术人员；（2）经过综合分析判断后被认定为发明点的相关信息要在申请文件中进行详细描述（比如本申请中包括指状部件的限位装置的具体结构和工作过程，以及如何解决技术问题，取得怎样的效果），不要当作技术秘密故意有所保留。后续审查过程中，申请文件中的相关记载都会成为审查员得出审查结论的重要参考。

【案例2】

申请号200680038324.8，发明名称"管线用无缝钢管及其制造方法"。

技术方案简介：提供一种壁厚特别大的无缝钢管，即能够确保高强度和稳定的韧性以及良好的耐腐蚀性的出油管道用无缝钢管及其制造方法。

该无缝钢管具有下述的化学组成，其中，以质量分数计含有 C：0.02% ~ 0.08%、Si：0.5% 以下、Mn：1.5% ~ 3.0%、Al：0.001% ~ 0.10%、Mo：0.6% ~ 1.2%、N：0.002% ~ 0.015%、Ca 及/或 REM：0.0002% ~ 0.007%、Cr：0 ~ 1.0%、Ti：0 ~ 0.05%、Ni：0 ~ 2.0%、Nb：0 ~ 0.04%、V：0 ~ 0.2%、Cu：0 ~ 1.5%、B：0 ~ 0.01%、Mg：0 ~ 0.007%，余量：由 Fe 及杂质构成，杂质中的 P 为 0.05% 以下，S 为 0.005% 以下，O 为 0.005% 以下，并且满足下式，$0.9 \leqslant [Mn] \times [Mo] \leqslant 2.6$，式中，$[Mn]$ 及 $[Mo]$ 分别表示等于以质量分数计的 Mn 及 Mo 的含量的数值，并且，所述管线用无缝钢管的壁厚为 30mm 以上，且屈服强度为 551MPa 以上。

经过检索查新，该技术方案与检索到的现有技术相比，$[Mn] \times [Mo]$（$[Mn]$ 及 $[Mo]$ 分别表示等于以质量分数计的 Mn 及 Mo 的含量的数值）的取值范围较大，有部分取值范围可能被现有技术公开。对于这种涉及数值范围的技术方案，为了兼顾创造性和权利要求的保护范围大小，在申请文件撰写时可以在权利要求中限定一个较大的数值范围，尽可能使得权利要求保护范围最大化；此外，在说明书的具体实施方式部分提供多个取值为这个较大数值范围内的某个具体数值的实施例，并且写明该数值范围的选取所带来的有益技术效果。这样一来，如果万一在审查过程中，审查员检索到能够公开这个最大取值范围的对比文件，可以依据说明书中已经记载的具体数值的实施例将原数值范围进行灵活的修改，以规避现有技术。如此一来，可以争取到使得权利要求保护范围尽可能大的数值范围。

具体到本案，在原始权利要求中限定"$0.9 \leqslant [Mn] \times [Mo] \leqslant 2.6$"，但同时在说明书中列表记载了多个 $[Mn] \times [Mo]$ 的取值。假设审查员检索到对比文件公

开了 [Mn]×[Mo] 的范围为 0.006～1.25（与本申请的数值范围 0.9≤[Mn]×[Mo]≤2.6 有重叠），此时，申请人就可以结合说明书中的记载，将 [Mn]×[Mo] 乘积范围进行修改，比如改为：1.32≤[Mn]×[Mo]≤2.6，这样就与对比文件 1 公开的技术内容完全不重叠了，而且对于本领域技术人员来说，[Mn]×[Mo] 的取值明显不是本领域的公知常识，并且按照说明书的记载其取得了有益的技术效果：使无缝钢管在提高屈服强度的同时实现了优异的韧性。这样就可以在答复创造性审查意见时为本申请赢得很大的机会。

案例 200680038324.8 的说明书中表 1 截图如图 4-5 所示。

钢 No.	钢的化学组成（质量分数，余量：Fe和杂质，下述成分中的P、S、O是杂质）																			[Mn]×[Mo]	备注
	C	Si	Mn	Sol.Al	P	S	Mo	N	Ca	REM	O	Cr	Ti	Ni	Nb	V	Cu	B	Mg		
1	0.06	0.28	2.16	0.021	0.008	0.0006	0.64	0.0031	0.0023	—	0.0023	0.20	0.0081	—	0.011	0.05	0.30	0.0014	0.0038	1.38	发明钢
2	0.05	0.17	1.95	0.027	0.006	0.0013	0.55	0.0045	0.0015	—	0.0021	0.15				0.12	0.30			1.07	发明钢
3	0.03	0.25	2.01	0.025	0.004	0.0006	0.80	0.0034	0.0017	—	0.0017	0.49			0.015		0.32		0.0027	1.61	发明钢
4	0.05	0.35	2.82	0.021	0.005	0.0012	0.55	0.0032	0.0012	—	0.0017	0.43	0.0060				0.12		0.0012	1.55	发明钢
5	0.03	0.17	2.66	0.022	0.008	0.0012	0.46	0.0039	0.0025	—	0.0028	0.22			0.018	0.11	0.25	0.0014		1.22	发明钢
6	0.05	0.12	2.46	0.028	0.005	0.0010	0.66	0.0041	0.0022	—	0.0027	0.23	0.0139	0.19		0.11	0.30	0.0015	0.0021	1.62	发明钢
7	0.06	0.17	1.86		0.006	0.0009	0.71	0.0059	0.0018	—	0.0011	0.49	0.0073			0.07		0.0007	0.0010	1.32	发明钢
8	0.04	0.40	2.48	0.027	0.014	0.0013	0.47	0.0057	0.0011	—	0.0018	0.11	0.0086	0.29			0.27			1.17	发明钢
9	0.07	0.23	2.73	0.017	0.008	0.0006	0.44	0.0034	0.0012	—	0.0024	—								1.20	发明钢
10	0.06	0.10	2.52	0.025	0.015	0.0009	0.50	0.0057	0.0024	—	0.0027	0.22	0.0147		0.013	0.07		0.0016	0.0031	1.26	发明钢
11	0.04	0.25	2.94	0.026	0.007	0.0009	0.61	0.0059	0.0017	—	0.0025	0.49			0.013	0.10		0.0017	0.0022	1.79	发明钢
12	0.06	0.26	2.06	0.023	0.017	0.0009	0.65	0.0043	0.0015	—	0.0019	0.21				0.08			0.0013	1.34	发明钢
13	0.04	0.31	1.77	0.024	0.008	0.0014	0.67	0.0040	0.0018	—	0.0017	0.39			0.009	0.09				1.19	发明钢
14	0.05	0.18	2.67	0.029	0.019	0.0010	0.75	0.0057	0.0009	—	0.0011	0.11	0.0125	0.30		0.08	0.31		0.0016	2.00	发明钢
15	0.07	0.33	2.59	0.027	0.006	0.0013	0.62	0.0050	0.0022	—	0.0028	0.18	0.0112	0.21	0.022		0.21	0.0009		1.61	发明钢
16	0.05	0.18	2.58	0.015	0.016	0.0013	0.67	0.0038	0.0026	—	0.0023	0.43	0.0117	0.28			0.38		0.0015	1.73	发明钢
17	0.07	0.29	1.83	0.022	0.018	0.0016	0.64	0.0049	0.0025	—	0.0024	0.33	0.0089		0.012					1.17	发明钢
18	0.07	0.29	2.63	0.026	0.017	0.0008	0.57	0.0057	0.0017	—	0.0030	0.35	0.0097	0.15						1.50	发明钢
19	0.05	0.34	2.12	0.020	0.006	0.0013	0.61	0.0044	0.0018	—	0.0013	0.48				0.12			0.0011	1.29	发明钢
20	0.07	0.21	1.71	0.021	0.005	0.0007	0.64	0.0059		—	0.0013	0.40	0.0142		0.018		0.25		0.0019	1.09	发明钢
21	0.06	0.14	2.86	0.016	0.012	0.0006	0.74	0.0057	0.0027	—	0.0027	0.27	0.0091			0.10				2.12	发明钢
22	0.05	0.16	2.06	0.020	0.007	0.0013	0.70	0.0036	0.0008	—	0.0026	0.12	0.0098		0.009				0.0034	1.44	发明钢
23	0.07	0.24	2.48	0.027	0.008	0.0005	0.50	0.0033	0.0017	—	0.0021	0.23	0.0079			0.09	0.37			1.24	发明钢

图 4-5　案例 200680038324.8 的说明书中表 1 截图

【案例评析】 冶金领域的专利申请，技术方案中经常会涉及某组分或某参数的取值范围的限定。在申请文件撰写时如何兼顾创造性和权利要求的保护范围大小是撰写这类申请文件时的关注重点。通过本案可知，在撰写申请文件时可以在权利要求中限定一个较大的数值范围，尽可能使得权利要求保护范围最大化，此外，在说明书的具体实施方式部分提供多个取值在这个较大数值范围内的具体实施例，并且写明该数值范围的选取所带来的有益技术效果。这样一来，即便在审查过程中，审查员检索到能够公开这个最大取值范围的对比文件，申请人也可以依据说明书中已经记载的具体数值的实施例将权利要求中限定的较大的数值范围进行灵活的修改，以规避现有技术，轻松克服创造性缺陷，使得申请人能够在争取权利要求保护范围最大化的过程中把握主动权。

值得注意的是，说明书中应当对数值范围选取获得的有益技术效果一并进行详细的描述，以增强说服力。

【案例3】

申请号200710011500.5，发明名称"拥有较高非晶形成能力的 Zr-Cu-Ni-Al-Ag 合金及制备方法"。

技术方案简介：该合金是基于四元合金 Zr-Cu-Ni-Al 的基础上开发的，通过抑制 ZrCu 相的析出，成功地开发出 Zr-Cu-Ni-Al-Ag 体系合金，该体系合金可以很容易地制备出直径达 2cm 的非晶圆棒。

主要技术手段是：制备出大块 Zr 基非晶合金的成分范围如下（均为原子百分比）：Zr：41 ~ 63，Cu：45 ~ 21，Al：4 ~ 15，Ni：1.5 ~ 12.5，Ag：1.5 ~ 26。制备方法中所采用的原料均为高纯度（>99.9%，质量分数）的纯金属，在氩气保护下通过电弧熔炼的方法制备母合金锭，为了保证合金锭的成分均匀，合金锭翻炼至少 4 次。所采用铜模浇铸具体工艺参数如下：真空度 10^{-1} ~ 10^{-3} Pa，温度 980 ~ 1400℃，冷却速度 10 ~ 102K/s。所得 Zr 基合金非晶形成能力的特征热力学参数如下：玻璃转变温度 T_g：410 ~ 445℃，过冷液相区 $\Delta T = 60$ ~ 120℃，起始熔化温度 $T_m = 730$ ~ 820℃。所得 Zr 基非晶的力学性能指标如下：压缩断裂强度为：$\sigma_f = 1.8$ ~ 2.3GPa，压缩塑性应变 $\varepsilon_p = 1.5\%$ ~ 11%。

技术效果：在四元合金 Zr-Cu-Ni-Al 的基础上，通过抑制 ZrCu 相的析出，成功地开发出临界冷速低于 10K/s 的 Zr-Cu-Ni-Al-Ag 的合金体系。考虑到在四元 ZrCuNiAl 体系中，ZrCu 相的析出除了与 Cu 原子百分比较高之外（与 Ni, Al 的原子百分比相比较），Cu 与 Zr 的相互作用亦强于其他原子与 Zr 的作用，因此如果能削弱 Cu 与 Zr 的相互作用，将有助于抑制 ZrCu 相的析出，从而达到提高非晶形成能力的目的；元素周期表的规律显示，Ag 与 Cu 性质相似（处于同一族），因此 Ag 的加入将造成 Ag 与 Cu 原子争夺 Zr 原子的局面，从而达到了削弱 Cu 与 Zr 的相互作用，进而有助于抑制 ZrCu 相的析出。

经过现有技术检索查新发现，本申请技术方案中含有 Ag 元素，并且 Ag 的添加能够提高所述合金非晶形成能力，这个技术效果是本领域技术人员无法预期的，不是本领域常用技术手段。

在做了上述准备工作的基础上，目前基本上可以明确本申请相对于现有技术的主要贡献点在于"合金中 Ag 元素的添加提高了所述合金非晶形成能力"。因此，在申请文件撰写过程中，首先在权利要求中要将含有 Ag 元素的组分构成进行限定，与此同时要在说明书中对该元素添加的目的以及所取得的技术效果进行详细描述，有实验数据的可以添加实验数据进行佐证，而且还要举例说明一下在本领域通常对 Ag 元素添加的认知，比如通常添加 Ag 元素是用于其他用途，以证明本申请添加 Ag 元素之后获得的技术效果并非本领域技术人员可以预料到的。

【案例评析】冶金领域的案件经常涉及组分，组分的细微变化常常会导致最终产品性能上的巨大变化。针对这类技术方案在撰写申请文件时，应当将带来这种预料不到技术效果的组分写入权利要求中，并且在说明书中通过列举实验数据等方式说明该元素的添加并非本领域常用技术手段，并且最好能举出反例，说明本领域技术人员通常在解决这个技术问题的时候不会想到通过添加该元素来解决，并且添加该元素后获得的技术效果也是本领域技术人员不容易预期到的。通过这样的描述，能够在后续的审查过程中，为审查员评判创造性提供有力的参考依据，也能为本申请争取到更大的授权前景。

C　显著的进步的审查基准

判断一项发明是否具有显著的进步的审查基准是该发明是否具有有益的技术效果。《专利审查指南》第二部分第四章第 3.2.2 节规定[21]，如果一项发明的技术方案属于下述四种情况之一，则认为该技术方案相对于现有技术具有有益的技术效果，即具有显著的进步：

（1）发明与最接近的现有技术相比具有更好的技术效果，例如质量改善、产量提高、节约能源、防治环境污染等。

（2）发明提供了一种与最接近的现有技术构思不同的技术方案，其技术效果能够基本上达到现有技术的水平。

（3）发明代表某种新技术发展趋势，例如高通量材料制备。

（4）尽管发明在某些方面有负面效果，但在其他方面具有明显积极的技术效果，例如核电技术的相关发明。

从上述规定可知，《专利审查指南》对显著的进步的要求较低，从规定的上述第（1）种~第（4）种情况来看，如果一件专利申请的技术方案相对于现有技术来说具有突出的实质性特点，那么除技术上明显退步外，大多数都属于上述规定中的第（1）种和第（2）种情况，另外对于那些在某些方面有负面效果的情况还规定了上述第（4）种情况，只要在某一方面有明显积极的技术效果也认定为有显著的进步。由此可知，通常只要认定一项专利申请的技术方案相对于现有技术具有突出的实质性特点，也就可以认为其也具有显著的进步。

D　创造性判断时需要考虑的其他因素

《专利审查指南》第二部分第四章中除说明了创造性判断经常采用的审查原则、审查基准和判断方法外，还列举了判断发明创造性时需要考虑的 4 个其他因素[21]：

（1）发明解决了人们一直渴望解决但始终未能获得成功的技术难题；

（2）发明克服了技术偏见；

（3）发明取得了预料不到的技术效果；

（4）发明在商业上获得成功。

列举的上述 4 种需要考虑的其他因素是对审查员在评判创造性时提出的要求。正因为审查员在评判创造性时会充分考虑上述 4 种因素，那么在撰写申请文件时可以在说明书或权利要求中，结合技术方案重点强调本发明如何解决了人们一直渴望解决但始终未能获得成功的技术难题，或本发明克服了目前本领域普遍存在的某种技术偏见；也可以说明本发明取得了怎样的预料不到的技术效果，能在具体实施方式部分通过实验数据举证是最为理想的；此外，还可以强调本发明在商业上获得了怎样的成功，能够通过举证来说明该商业上的成功更好。上述策略也可以在答复通知书时采用，比如在意见陈述书中围绕上述 4 种因素进行技术方案具备创造性的相关争辩（本书第 4.3 节针对实审及复审中常见驳回缺陷的高质量争辩部分将结合案例说明如何抓住这 4 个方面的因素进行高质量的创造性争辩）。当然，如果在原始申请文件中有相关记载是最有说服力的，避免被认为是为了规避现有技术而编造、杜撰出来的技术效果。

下面列举几个在说明书中有提及上述几个方面因素用于佐证技术方案相对于现有技术具有创造性的例子。

【案例 4】

申请号 201410854888.5，发明名称"汽车用 6008 铝合金"。

为了说明该发明专利申请提出的技术方案解决了该领域一直渴望解决但始终未能获得成功的技术难题，在说明书具体实施方式部分的撰写中加入了实验数据来佐证：采用该发明专利申请中公开的铸造工艺获得的汽车用 6008 铝合金的性能得到了极大改善，具体表现在屈服强度≥220MPa，抗拉强度≥240MPa，断后伸长率≥8%，弯曲试验角度最高可到 150°，解决了国内外汽车用铝合金对加工和防撞要求高的技术难题。

说明书节选如下：

"经检测，本实施例所得铸锭质量成分如下：Si：0.63%；Fe：0.30%；Cu：0.11%；Mn：0.22%；Mg：0.58%；Cr：0.10%；Zn：0.15%；V：0.15%；Ti：0.05%；杂质：单个≤0.05%，合计≤0.15%；Al：余量。

取实施例 1 所得铝合金铸锭进行 T6 热处理，并测得其性能如下：

屈服强度≥220MPa，抗拉强度≥240MPa，断后伸长率≥8%，弯曲试验角度最高可到 150°，解决了国内外汽车用铝合金对加工和防撞要求高的技术难题。"

【案例 5】

申请号 201610070598.0，发明名称"Al-Si-Cu-Mg 铸造合金"。

为了说明该发明专利申请提出的技术方案克服了技术偏见，在说明书发明内容部分，陈述本发明优点时明确指出本申请的技术方案克服了本领域技术偏见。

说明书节选如下：

"本发明的优点是：

本发明对 Al-Si-Cu-Mg 铸造合金采用了双级固溶处理和双级时效处理，合适的固溶温度和时间可保证合金的析出相全部溶于基体中，又不会引起晶界过烧，然后采用双级时效处理控制着合金相析出的特点和机械性能，由此产生得到的 Al-Si-Cu-Mg 铸造合金的拉伸性能较采用 T6 处理的 Al-Si-Cu-Mg 铸造合金的拉伸性能有明显的指标提升。"

【案例评析】本发明对 Al-Si-Cu-Mg 铸造合金的组成成分进行了合理的配比，针对该配比对应的 Al-Si-Cu-Mg 铸造合金采用了有针对性的双级固溶处理和双级时效处理，虽然在本案采用的双级固溶处理和双级时效处理的处理方法已经在现有技术中得到应用，但是本案对于特定组分 Al-Si-Cu-Mg 铸造合金的双级固溶处理和双级时效处理温度和时间都是在研究和生产过程中产生了意想不到的参数值，甚至是克服了一定本领域技术偏见，使这种热处理的方式不仅仅体现在理论上，而是可以广泛应用在 Al-Si-Cu-Mg 铸造合金的热处理的工业生产中。

4.3 审查意见的高质量答复

在对发明专利申请进行实质审查后，对于绝大多数申请，审查员都要采用审查意见通知书的方式将实质审查意见告知申请人。申请人可以对审查意见进行答复来解答审查员提出的问题，如果申请人能针对审查意见通知书撰写出令人信服的意见陈述书，并修改出合格的申请文件，则可以使得发明专利申请在较短时间内获得授权；相反，如果申请人提交的意见陈述书没有对审查意见通知书作出高质量的答复，势必延长实质审查程序，甚至使得可能有授权前景的申请被驳回。可见，审查意见的高质量答复是十分重要的，本节重点介绍审查意见高质量答复的方法和技巧。由于专利管理者和发明人常常需要配合专利代理人答复审查意见，因此企业各部门专利管理者和参与技术交底书撰写的技术人员，应了解审查意见答复方面的相关知识。

4.3.1 答复审查意见环节涉及的主要工作

在收到审查意见通知书后，申请人需要在指定期限内提交意见陈述书和专利申请文件的修改文本，以使专利申请能够尽快获得授权。

4.3.1.1 监视答复时限

从最基本的流程上看，要在指定期限内完成审查意见答复是最基本的要求。如果因为时限监管不到位导致答复逾期，那么会导致专利申请被视为撤回。虽然可以通过提出恢复请求进行恢复，但是会给申请人带来不必要的时间、精力及经济方面的损失。所以务必把答复时限监视工作做到位。目前，第一次审查意见通知书的答复期限是自收到该通知书之日起 4 个月，再次审查意见通知书的答复期限是自收到该通知书之日起 2 个月。如果在答复期限之内因为各种原因不能完成审查意见的答复工作，应当在期限届满前及时办理延期手续。

4.3.1.2　审查意见答复三步曲

接到审查意见通知书之后，基本上要开展三个步骤的工作，可称之为"审查意见答复三步曲"[32]。这"三步曲"包括审查意见通知书阅读、审查意见分析归纳总结、审查意见答复策略制定及撰写。接下来详细展开介绍这个"审查意见答复三步曲"。

A　审查意见通知书阅读

申请人收到审查意见通知书后，应仔细阅读审查意见通知书中的意见。在理解专利申请文件技术方案的基础上，仔细阅读审查意见通知书中指出的缺陷及其所引用的对比文件，同时从通知书表格和正文提供的信息预判审查员对本申请走向的态度。

a　阅读重点

阅读审查意见通知书时，重点关注审查员对权利要求的评价意见，尤其审查意见中涉及的实质性缺陷。根据《专利法》第五十九条的规定，权利要求书是确定发明专利保护范围的主要依据，国家知识产权局专利局实质审查时的主要审查对象是权利要求书，因而应当将审查意见通知书中对于权利要求书的评价作为阅读的重点。此外，在阅读审查意见通知书时，首先应重视所指出的实质性缺陷。因为实质性缺陷将会导致专利申请被驳回，对专利申请能否授权的前景起决定性作用。

审查意见通知书包括通知书表格和通知书正文两个部分。

下面分别介绍通知书表格和通知书正文阅读时的关注点，以及如何从中提炼出有价值的信息以指导后续的审查意见答复。

b　通知书表格的阅读

通知书表格中，应重点关注审查员选取的审查文本是否按照请求原则选择了申请人所想要被审查的文本；引用了对比文件的审查意见通知书，重点关注通知书表格中列举的对比文件的公开日期，核实其是否构成现有技术；浏览一遍表格中列举的缺陷都有哪些，有哪要重点关注的实质性缺陷。

图 4-6 所示为通知书表格中列举的对比文件截图。

根据通知书标准表格中第 7 栏（第一次审查意见通知书表格）或第 6 栏（再次审查意见通知书表格）所作出的选择来了解审查员对本申请走向的预判，其中第一个框相当于肯定性结论意见，第二个框相当于不确定性结论意见，第三个框相当于否定性结论意见。

图 4-7 所示为通知书表格中结论性意见示例。

4. 审查针对的申请文件：
　☒原始申请文件。□分案申请递交日提交的文件。□下列申请文件：

5. □本通知书是在未进行检索的情况下作出的。
　☒本通知书是在进行了检索的情况下作出的。
　☒本通知书引用下列对比文件(其编号在今后的审查过程中继续沿用)：

编号	文 件 号 或 名 称	公开日期 (或抵触申请的申请日)
1	CN 201082452Y	20080709
2	CN 108580623A	20180928
3	CN 104275375A	20150114

图 4-6　通知书表格中列举的对比文件截图

7. 基于上述结论性意见，审查员认为：
　□申请人应当按照通知书正文部分提出的要求，对申请文件进行修改。
　□申请人应当在意见陈述书中论述其专利申请可以被授予专利权的理由，并对通知书正文部分中指出的不符合规定之处进行修改，否则将不能授予专利权。
　☒专利申请中没有可以被授予专利权的实质性内容，如果申请人没有陈述理由或者陈述理由不充分，其申请将被驳回。

图 4-7　通知书表格中结论性意见示例

　　c　通知书正文的阅读

　　正文部分审查员会对申请文件存在的形式缺陷和实质性缺陷逐条进行分析，必要时会依据其引用的对比文件进行分析，最后得出结论性意见。在通知书的正文结尾部分一般审查员会给出一段结论语段，通过该结论部分审查员的观点，可以看出审查员对该申请的总体倾向性意见。

　　比如否定性结论的通知书正文结尾语段通常如图 4-8 所示。

　　基于上述理由，本申请的权利要求1不具备新颖性，同时说明书中也没有记载其他任何可以授予专利权的实质性内容，因而即使申请人对权利要求进行重新组合和/或根据说明书记载的内容做进一步的限定，本申请也不具备授予专利权的前景。如果申请人不能在本通知书规定的答复期限内提出表明本申请具有新颖性的充分理由，本申请将被驳回。

图 4-8　通知书正文中结尾语段示例1

不确定性结论的通知书正文结尾语段通常如图 4-9 所示。

　　基于上述理由，本申请按照目前的文本还不能被授予专利权，如果申请人按照本通知书提出的审查意见对申请文件进行修改，克服目前存在的缺陷，则本申请可望被授予专利权。对申请文件的修改应当符合专利法第 33 条的规定，不得超出原说明书和权利要求书记载的范围。

　　申请人提交的修改文件应当包括修改标示页和重新打印的替换页（用于替换相应的原文），建议提交全文替换页。

图 4-9　通知书正文中结尾语段示例 2

　　B　审查意见的分析、归纳与总结

　　申请人需要仔细研究审查员所论述的理由以及用来支持所述理由的证据、推理过程，如评价说明书没有充分公开的分析推理，评价权利要求无创造性时所引用的对比文件。

　　为判断审查员的结论是否正确，申请人还要认真理解申请文件中记载的技术方案，从而有助于尽快正确理解审查意见中所指出各缺陷的真正含义，以便在意见陈述中更有针对性地进行争辩，为专利申请争取到比较有利的结果。

　　对于审查意见通知书中引用对比文件指出权利要求不具备新颖性的情况，应当结合对比文件所披露的内容来理解审查意见通知书所作的具体分析，重点关注事实认定是否准确客观，并且关注"四个相同"，即技术领域相同、所要解决的技术问题相同、采取的技术手段相同以及达到的技术效果相同。

　　对于审查意见通知书中指出的创造性缺陷，不仅要将通知书中列出的对比文件逐篇与本申请进行对比分析，还要将这些对比文件结合起来与本申请进行对比分析，尤其要将它们结合起来与通知书认为无创造性的权利要求的技术方案进行对比分析，在此基础上综合考虑该申请是否有争辩的余地，是否有机会改变审查意见以获得授权。

　　为了加快审查，审查员通常会对每件申请进行全面审查，即在第一次审查意见通知书中对所有存在的实质性缺陷的权利要求逐项进行评述，还会在通知书正文中指出权利要求书甚至说明书中存在的形式缺陷。因此在阅读审查意见通知书时应当将通知书中所指出的问题一一进行归纳总结，力争在作审查意见答复时将审查员所指出的全部缺陷均一一进行回复和处理，力求一次答复克服所有缺陷而加快授权进程。因为，如果一次答复有遗漏可能会导致审查员多发一次审查意见，延长审查程序，也有可能造成专利申请被驳回。

　　之前的章节提到了，我们可以从审查意见通知书表格及正文的结尾语段中预判本申请的走向，其实还有一个预判本申请走向的线索，那就是审查意见通知书中指出的缺陷的构成情况。

若审查意见通知书正文中仅指出申请文件的形式缺陷，甚至给出修改建议，则预示本申请授权的概率很大；如果既指出申请文件的实质性缺陷，又同时指出形式缺陷，说明审查员对申请文件作了全面审查，则预示着本申请授权驳回概率参半；如果仅指出实质性缺陷，对明显存在的形式缺陷未指出，这就意味着审查员未对申请文件作全面审查，本申请没有授权前景。

C　审查意见答复策略制定及答复意见撰写

在对审查意见进行分析归纳总结之后，就要在正确理解审查意见通知书具体意见的基础上，考虑制定审查意见的答复策略。比如，可否通过修改申请文件来克服通知书中所指出的缺陷；按照什么方式修改专利申请文件，可为专利申请争取到比较有利的结果；意见陈述从哪些方面展开能为申请赢得转机等。

答复意见的撰写方式根据具体案情分以下两种情况：（1）对于基本上按照通知书的审查意见修改申请文件的，只需要指出在哪些地方根据审查意见进行了修改，必要时简要地说明一下这样的修改如何克服了审查意见通知书中指出的所有缺陷即可；（2）没有完全按照通知书的审查意见修改申请文件的，尤其是对审查意见通知书中指出的缺陷（包括实质性缺陷和形式缺陷）持不同意见的申请，在撰写答复意见时要将重点放在论述新修改的申请文件怎样消除了原通知书所指出的缺陷并重点分析论述原申请文件不存在通知书中所指出的缺陷的详细理由，必要时可以举证（实验数据、教科书、证明文件等）。

在对审查意见进行答复时，一定要熟练掌握《专利法》及《专利法实施细则》中相关条款的立法宗旨和法律适用，同时还要深入了解《专利审查指南》中各审查条款的审查标准和原则，以便于结合具体案情作出高质量、有针对性的答复意见。

通常审查意见通知书中指出的缺陷分为两类：形式缺陷和实质性缺陷。

形式缺陷就是那些不会导致案件被驳回的条款所对应的缺陷，这些缺陷的指出通常是为了让申请文件的撰写更为规范，符合专利法及其实施细则的相关要求，获得授权后进行公告时，所有公告文本行文和格式等都标准统一。

对于审查意见通知书中指出的形式缺陷，如果审查员在审查意见通知书中明示了修改方式，这就隐含了本案授权的概率很大，审查员为了节约程序、推动案件尽快结案，所以在通知书中将修改方式进行了说明。在这种情况下，申请人在答复时就按照审查员在通知书中给出的修改建议进行修改，全面、准确地克服所有形式缺陷，争取申请尽快获得授权。如果审查员未给出具体的修改建议，首先要将审查意见读懂，明确问题所在，争取一次修改将缺陷全部克服；如果不明确审查意见所指或不知道该如何修改时，也可以与审查员取得联系，进行沟通，以尽快明确修改方向。

实质性缺陷是与《专利法实施细则》第五十三条中列举的各驳回条款对应的缺陷。实质性缺陷如果没有得到克服会导致申请被驳回，为了克服这些缺陷对申请文件进行修改时，权利要求的保护范围通常会发生改变。所以，如何在克服实质性缺陷的同时又尽可能保留较大的保护范围，这其中修改方式的确定及答复意见的撰写是有很多技巧的，修改方式及答复质量的高低甚至直接导致案件走向截然不同的两个方向。

4.3.2　审查意见的答复技巧及实际案例评析

本节针对各驳回条款涉及的实质性缺陷，结合案例分别介绍一些审查意见的答复技巧。介绍的顺序按照在驳回程序中各条款的使用频率排序。分别为《专利法》第二十二条，《专利法》第二十六条第三款，《专利法》第二十六条第四款，《专利法》第三十三条，《专利法实施细则》第二十条第一款。

4.3.2.1　《专利法》第二十二条

审查意见通知书中引用频率最高的条款就是《专利法》第二十二条，即发明专利申请缺乏新颖性和/或创造性，尤其用得最为频繁的是《专利法》第二十二条第三款，指出发明专利申请不具备创造性。不仅是在审查意见通知书中，在驳回决定中，采用《专利法》第二十二条第三款驳回的案件占比也是最高的。所以掌握涉及这个条款实质性缺陷的审查意见通知书的高质量答复技巧是十分必要的。

这类审查意见通知书通常有两种情况：一是评述了全部权利要求不具备新颖性或创造性；二是评述了部分权利要求不具备新颖性或创造性。对于第一种情况，审查意见指出整个专利申请没有新颖性或创造性，这就暗指了审查员认为整个专利申请是没有授权前景的；对于第二种情况，审查员仅指出部分权利要求不具备新颖性或创造性，这暗指没有被指无新颖性或创造性的权利要求是有授权前景的，此时只要将独立权利要求作进一步限定，缩小其保护范围，就可以使得独立权利要求相对于现有技术具有新颖性或创造性，例如，审查意见通知书中没有指出一项从属权利要求的任何缺陷，仅指出了其引用的独立权利要求不具备创造性，那么就暗指了如果将该项从属权利要求加入其引用的独立权利要求以缩小其保护范围的话，就可以克服该独立权利要求没有创造性的缺陷。

这两种情况都有可能导致申请被驳回。其中第二种情况虽有授权前景，但是前提是要缩小权利要求保护范围。所以答复及修改方式的确定都十分关键，本小节结合具体案例介绍几种针对《专利法》第二十二条的高质量争辩方法。

A　不具备新颖性

如果审查员指出，某一项权利要求不具备《专利法》第二十二条第二款规定的新颖性，则应当在准确了解本申请技术方案以及对比文件中所记载的技术方案的情况下，将重点放在找出本申请与审查员所引用的对比文件之间的区别技术特征上。如果能找到这样的区别技术特征，那么这件申请就有转机。当这样的区别技术特征没有写入权利要求中，则可以通过修改权利要求书，将区别技术特征补入权利要求中，并在意见陈述书中向审查员说明所作的上述修改，并陈述修改后的权利要求相对于对比文件1具备新颖性的理由。如果权利要求中已经明确写明了该区别技术特征，则应当将答复重点放在对比文件并未公开该技术特征并且该技术特征也不属于本领域惯用手段的等效置换上。

此外，在答复时需要特别注意，因为关于新颖性的审查意见要具备"四个相同"的条件才能成立，因此还是比较容易克服的，但是，不是克服了新颖性本申请就可以获得授权，因此在克服新颖性对申请文件进行修改时还应该充分考虑其是否可以克服创造性缺陷，陈述意见时也应当一并将本申请具备创造性的理由进行详细陈述。

下面举例说明新颖性的答复意见该如何撰写。

【案例1】

申请号89101243.5，发明名称"一种合金钢"。

专利申请的权利要求1为：

一种合金钢，其主要成分为0.40%～0.48%碳、1.35%～1.61%锰、0.16%～0.30%硅、0～0.20%铬以及余量的铁。

第一次审查意见通知书中指出对比文件1公开了与其各组分及含量相同的合金钢，因此，该对比文件1破坏了本申请的新颖性。

【案例评析】在答复这样的关于新颖性的审查意见时，可以先对比本申请请求保护的合金钢的各组分及其含量是否确实被对比文件1公开了，即事实认定是否正确。

如果存在未被公开的技术特征，那么可以围绕该区别技术特征展开争辩。但如果各组分及其含量确实被公开了，那么就要考虑通过修改权利要求来克服新颖性缺陷。此时需要去本申请说明书所记载的内容中寻找机会。主要寻找权利要求中没有记载且未被对比文件1公开的内容。具体到本申请，其说明书中不但记载了原权利要求1中请求保护的合金钢及其组分，而且还记载了采用该合金钢制备的驱动轴及其制造方法，其中包括了该驱动轴的结构特征和制造驱动的制备方法相关的方法特征。

综合以上分析，答复意见可以撰写如下：

申请人根据国家知识产权局专利局于×××年××月××日发出的第一次审查意见通知书中的审查意见，重新撰写了权利要求书。随此意见陈述书附上新修改的权利要求书全文。

申请人在仔细研究了审查员所引用的对比文件后，同意审查意见通知书中原权利要求1不具备《专利法》第二十二条第二款规定的新颖性的审查意见。为此对权利要求书作了修改，对原权利要求 1 作了进一步限定，补充了使其具有新颖性和创造性的技术特征，补充的技术特征在原说明书（注明具体出处）中有记载，因此，修改未超出原说明书和权利要求书的记载范围，满足《专利法》第三十三条的规定。

新修改的权利要求 1 为：

"1. 一种合金钢驱动轴及其制造方法：合金钢主要成分为 0.40% ~ 0.48% 碳、1.35% ~ 1.61% 锰、0.16% ~ 0.30% 硅、0 ~ 0.20% 铬以及余量的铁，由该合金钢制成最小轴体直径为 1.70 英寸的驱动轴，锻造轴的一端形成键槽而另一端形成凸缘，机加工所述端部达到最终形状和尺寸，并将上述轴进行感应淬火，在锻造之后无须插入退火和正火过程，感应淬火由一次照射感应过程加水冷来完成，驱动轴在感应淬火之后其心部至少有 50% 的马氏体结构。"

对比文件 1 仅公开了一种钢的成分，但并未公开任何与将此钢加工成轴的工艺步骤，尽管审查员认为所述加工步骤属公知的现有技术，但这种公知的现有技术并未记载在对比文件 1 中。换言之，对比文件公开的只是一种与钢的组成相关的技术方案，而不是与用一定组成的钢制造一定产品的方法相关的技术方案，因此，根据对比文件 1 与未记载于其中的公知技术的组合来认定本申请不具备新颖性是不妥的。此外，采用感应淬火的加工方法加工得到的驱动轴心部至少有 50% 的马氏体结构，即采用该种特定加工方法得到的产品在其性能方面也得到了改善，获得了预料不到的技术效果，因此，新修改的权利要求 1 请求保护的技术方案具备新颖性和创造性。

上面论述了新修改的权利要求具有新颖性、创造性的理由，通过上述修改，专利申请文件已克服了审查意见通知书中所指出的缺陷，希望审查员在考虑上述陈述意见后，能早日批准本申请为发明专利。若审查员认为新修改的专利申请文件仍不符合专利法和专利法实施细则的有关规定，希望能给予一次会晤或电话讨论的机会，以便直接与审查员交换意见或者再给申请人一次修改专利申请文件的机会。

B　不具备创造性

如果审查员指出，某一项权利要求不具备《专利法》第二十二条第三款规定的创造性，则答复这样的审查意见时，首先需要分析判断权利要求相对于审查员引用的对比文件是否具备创造性。

审查员在评判创造性时，采用《专利审查指南》第二部分第四章 3.2 节写明的"三步法"来进行，即（1）确定最接近的现有技术；（2）确定发明的区别特征和其实际解决的技术问题；（3）判断要求保护的发明对本领域的技术人员来说是否是显而易见的。在答复这类审查意见时也可以从三步法的几个方面入手进行分析和争辩。此外，在分析权利要求的创造性时，还可以判断权利要求限定的发明是否解决了人们一直渴望解决但始终未能获得成功的技术难题，是否克服了技术偏见，是否取得了预料不到的技术效果，是否在商业上获得了成功等。所以，除了三步法涉及的几方面之外，也可以附加这几个方面的因素用于创造性的争辩说理。

下面分别介绍创造性审查意见的答复角度和答复方式的确定。

a　答复角度的确定

（1）核实最接近现有技术选取是否恰当。

首先，在研读对比文件时，首先判断这些对比文件是否为本申请的申请日或优先权日之前已公开的现有技术，如果对比文件不属于现有技术，则通知书中以这些对比文件来评述本申请的创造性是不妥的，这可作为争取更宽保护范围或取得专利权的突破口，以此为基础进行争辩极有可能取得成功。

其次，分析这些构成现有技术的对比文件的领域是否与本申请的技术领域相同、相近或相关，本领域技术人员在解决本发明的技术问题时是否会了解该对比文件所属领域现有技术的现状。如果技术领域相差甚远，那么本领域技术人员是很难了解到该技术领域的现有技术，在此基础上，想要将其应用于本申请涉及的技术领域中去解决相应的技术问题是存在一定难度的。涉及这类情况时，答复意见可以重点从领域相差甚远，超出了本领域技术人员的知识储备范畴为由来进行争辩。

（2）核实事实认定是否准确。

仔细研读对比文件是深入理解审查员观点的基础。核实事实认定是否准确就更离不开对对比文件进行认真的研读。要仔细研究对比文件所披露的技术内容，将它们分别与本申请进行对比分析，尤其是与权利要求的技术方案进行对比分析，必要时可以列出特征对比表进行对比分析，看看每篇对比文件究竟披露了本申请或权利要求中的哪些技术特征，而本申请或权利要求的哪些技术特征还未被该对比文件披露。对比文件研读的范围不仅限于审查员所引用的对比文件段落，没有被引用的对比文件段落也需要一并进行研究，要在此基础上充分考虑到现有技术公开的所有内容，以确定申请文件进行修改后的技术方案是否仍被现有技术公开。

在此需要强调的是，在将本申请与对比文件作对比分析时，不仅要将说明书中的具体实施方式与对比文件进行对比分析，更应当将权利要求的技术方案尤其是独立权利要求的技术方案与对比文件进行分析对比。因为，权利要求书是进行侵权判断分析时，确定专利保护范围的依据，《专利法》第二十二条中所规定的新颖性和创造性是针对权利要求的保护范围而言的，所以，审查意见通知书中新颖性创造性的评价对象是权利要求。因此，分析本申请的创造性时仅将说明书中的具体实施方式与对比文件进行分析对比是不够的。说明书中的具体实施方式相对于对比文件有创造性，只能说明该专利申请有授权前景，并不能证明权利要求书中的技术方案尤其是独立权利要求的技术方案具有创造性。因此，还必须分析原权利要求尤其是原独立权利要求是否具有创造性，以便确定是否修改原独立权利要求。

（3）核实是否显而易见。

研读对比文件时要将逐篇分析与多篇结合分析相结合。单独分析一篇对比文件时重点是关注其公开了哪些内容，而多篇相结合分析时重点是关注本领域技术人员根据这几篇对比文件得到本申请所公开的技术方案（尤其是权利要求所要保护的技术方案）是否显而易见，以确定这些技术方案相对于现有技术是否具有突出的实质性特点，从而得出本申请和权利要求是否具备创造性的结论。

判断是否显而易见通常是发生在技术特征没有被最接近现有技术公开，而是被其他对比文件披露，此时判断是否显而易见就是要进一步分析这些技术特征在该对比文件中所起的作用与其在本发明解决相应技术问题中所起的作用是否相同，以判断该对比文件是否给出将这些技术特征与最接近现有技术结合起来而得出本申请技术方案的启示，即判断本领域技术人员在面对所述技术问题时是否有动机利用该对比文件所披露的技术特征来改进该最接近现有技术，以获得所要求保护的发明专利申请中所记载的技术方案[21]。

在上述对比文件分析工作的基础上，还需要核实既未被最接近现有技术披露也未被其他对比文件披露的技术特征是否为本领域技术人员在解决其相应技术问题时的公知常识。

对于那些未被最接近现有技术披露的技术特征，如果既未在其他对比文件中披露或虽在其他对比文件中披露但未给出结合成本申请技术方案的启示，并且也不属于本领域技术人员的公知常识，则本申请的技术方案相对于通知书中列出的对比文件是具有创造性的，撰写答复意见时可从这几个方面依次进行陈述。

除了与"三步法"对应的上述三个角度之外，《专利审查指南》第二部分第四章第 5 小节列举了 4 个判断发明创造性时需考虑的其他因素[21]：

（1）发明解决了人们一直渴望解决，但始终未能获得成功的技术难题。某个科学技术领域中的技术难题，人们长期渴望解决，经发明者的努力予以解决了，则该发明具有突出的实质性特点和显著的进步，具备创造性。

（2）发明克服了技术偏见。技术偏见是指在某段时间内、某个技术领域中，技术人员对某个技术问题普遍存在的、偏离客观事实的认识，它引导人们不去考虑其他方面的可能性，阻碍人们对该技术领域的研究和开发。如果发明克服了这种技术偏见，采用了人们由技术偏见而舍弃的技术手段，从而解决了技术问题，则这种发明具有突出的实质性特点和显著的进步，具备创造性。

（3）发明取得了预料不到的技术效果。发明与现有技术相比，其技术效果产生"质"的变化，具有新的性能；或者产生"量"的变化，超出人们预期的想象，即这种"质"的或"量"的变化对本领域技术人员来说事先无法预测或推理出来，则认为该发明取得了预料不到的技术效果。此时，一方面认为该发明具有显著的进步，同时也反映发明的技术方案非显而易见，具有突出的实质性特点，因而该发明具备创造性。

(4) 发明在商业上获得成功。当发明的产品在商业上获得成功时，如果这种成功是由于发明的技术特征直接导致的，则一方面反映发明具有有益效果，同时也说明了发明是非显而易见的，因而这类发明具有突出的实质性特点和显著的进步，具备创造性。

因此，还可以从本申请相对于最接近对比文件解决了长期以来渴望解决但始终未能获得成功的技术难题，从本申请相对于最接近现有技术来说克服了技术偏见，从本申请相对于最接近的现有技术取得了预料不到的技术效果以及本申请相对于现有技术来说由于其所采用的技术手段而获得商业上的成功等角度来分析本申请的技术方案具有突出的实质性特点和显著的进步，从而说明本申请具有创造性。

b 答复方式的确定

将权利要求与对比文件从上述几个方面进行了深入分析对比之后，就要结合具体情况确定相应的答复方式。包括是否修改申请文件，如何修改；从哪些角度进行争辩等。

若同意或部分同意审查意见，如原独立权利要求不具备创造性，则应当考虑修改该独立权利要求，例如将通知书中未作评述的从属权利要求上升为新的独立权利要求，或者将说明书中一些未被现有技术公开且不是公知常识的、可使申请具有突出的实质性特点的技术特征补充到独立权利要求中，以对其保护范围作进一步限定，或者将说明书中记载的与原独立权利要求具有单一性的方案改写成新的独立权利要求，从而使新修改的独立权利要求符合创造性的规定，并在此同时，对说明书中发明内容等部分作相适应的修改。在提交新修改的专利申请文件的同时，在意见陈述书中论述新修改的独立权利要求相对于通知书中引用的对比文件具备创造性的理由，力求争取说服审查员改变审查意见。如果对其中的一些争议焦点没有十足把握，或者觉得通过书面形式不足以说清楚的情况下，也可以通过电话讨论的方式与审查员进行沟通，以增加争辩成功的概率。

如果不同意审查意见，即认为从上述几个方面分析之后觉得权利要求相对于通知书中引用的对比文件具有创造性，则可以不修改权利要求书。此时必须在意见陈述书中充分论述原独立权利要求相对于这些对比文件具有创造性的理由。例如，当不存在这样的启示时，可以不对权利要求进行修改，在意见陈述书中详细说明支持自己观点的理由，必要时还应当争取与审查员会晤或电话讨论的机会，力争让审查员改变观点，接受申请人关于权利要求具备创造性的意见。

此外，如果不同意审查意见时，也可以考虑从《专利审查指南》第二部分第四章第 5 节列举的 4 个判断发明创造性时需考虑的其他因素入手进行争辩。申请人或专利代理人在利用上述 4 个辅助审查基准争辩专利申请具有创造性时应注意下述几个问题：

（1）正如前面所指出的，创造性的判断是针对权利要求的技术方案进行的，因此，在争辩专利申请有创造性时应当将为发明带来上述技术效果的技术特征写入独立权利要求中，例如为解决长期渴望解决而未能解决的技术问题所采用的技术手段，或者使发明产生预料不到技术效果的技术手段，或者为发明带来商业上成功的技术方案包含的核心技术手段。需要强调的是，上述技术手段在从这几个角度进行创造性争辩时属于重磅武器，所以必须在真实性、可靠性方面必经得起推敲。如果申请人在申请文件撰写时出于对技术秘密保密的原因将这些技术手段有所保留，并未在申请文件中有所记载，那么在陈述意见的同时就必须提供相应的证据来证实陈述的事实是真实可信的。如果在原申请文件中有记载就一定要注明出处，以供审查员参考。

（2）对于发明克服技术偏见的情况[32]，申请人或专利代理人最好在原说明书背景技术部分写明这种技术偏见的客观存在。如果在申请时未写明，那么在答复审查意见通知书时，若以此为理由来争辩就应当提供相应的证明材料。另外克服技术偏见必然会采用一定的技术手段，这些技术手段应当记载在原说明书中，此时应当将相应的技术手段作为必要技术特征写人独立权利要求中。

（3）对于产生预料不到的技术效果的发明来说，要将导致发明产生预料不到技术效果的技术特征写入独立权利要求中，并在意见陈述中对由该技术手段带来预料不到技术效果的事实利用实验数据等证明材料予以证明和澄清，以加大说服力。

（4）对于取得商业成功的发明专利申请来说，这种商业性的成功必须是由于发明的技术特征直接导致的。如果商业的成功是由于其他原因，如由销售手段的改进或广告宣传效果造成的，则不能使得该专利申请相对于现有技术具备创造性。所以在从取得商业成功角度进行争辩时必须拿出有本申请中的技术方案导致商业成功的证据，营销手段获得的成功是不能用于佐证其创造性的。

以下针对创造性中常见的几种情况，结合具体案例给出针对性的审查意见答复策略及方法。

【案例 2】

申请号 201210243512.1，发明名称"一种中强高韧性电子束熔丝堆积快速成形构件用钛合金丝材"。

原权利要求 1 为：

1. 一种中强高韧性电子束熔丝堆积快速成形构件用钛合金丝材，其特征在于：所述丝材的成分及质量分数为 Al：6.2%～7.0%；V：4.0%～5.0%；O：0.13%～0.24%；Fe≤0.1%；余量为 Ti 和不可避免的杂质元素。

第一次审查意见通知书中指出权利要求 1 相对于对比文件 1 和公知常识的结合不具备创造性。具体评述理由概括如下：权利要求 1 与对比文件 1 的区别仅在于 Al 的重量百分比，本申请中的钛合金丝材中的 Al 含量仅略高于对比文件 1 中的 Al 含量，而且有公知常识证据表明，Al 是钛合金中扩大 α 相区，增大 α 相稳定性的元素，对钛合金有固溶强化作用，能提高合金的强度和耐热性，但铝含量过高会在合金中出现脆化相而急剧降低力学性能，使合金变脆。铝含量一般不超过 7%，由此本领域技术人员根据所掌握的该公知常识，为了获得适当的强度和塑性、韧性的组合，能够想到调整对比文件 1 中钛合金的 Al 含量，因此在对比文件 1 的钛合金丝材的基础上，由公知常识证据的教导获得相应的铝含量获得权利要求 1 的技术方案是显而易见的。

收到这样的审查意见后，首先要核实最接近现有技术选取是否合适、事实认定是否正确，以及是否显而易见。

经过核实会发现，目前的权利要求 1 相对于对比文件 1 和公知常识的结合确实不具备创造性，审查员发出的审查意见是正确的。但之前我们分析过，认可审查员的意见不代表本申请没有转机，我们还可以通过修改申请文件的方式力争克服创造性缺陷。此时最好的方法就是在说明书中寻找机会。

经过仔细核对本申请的申请文件中记载的技术方案和对比文件公开的技术方案发现，本申请的说明书中除了与原权利要求 1 对应的实施例以外还记载了实施例 2 和实施例 3，这两个实施例中的钛合金省略了 Fe 元素，并陈述了省略钛合金中的铁元素之后可以获得高韧性和高强度的电子束熔丝堆积材料。而对比文件 1 并未公开铁含量为零的钛合金，本领域技术人员在对比文件 1 的基础上是没有动机省略对比文件 1 中的钛合金中的铁元素的，而且省略钛合金中的铁元素以获得高韧性和高强度的电子束熔丝堆积材料也不属于本领域的公知常识。

综合上述因素，本申请的审查意见答复策略就基本上可以确定为将实施例中记载的省略了铁元素的技术方案写入权利要求中以克服创造性缺陷。

综合以上分析，答复意见可以撰写如下：

申请人根据国家知识产权局专利局于×××年××月××日发出的第一次审查意见通知书中的审查意见，重新撰写了权利要求书。随此意见陈述书附上新修改的权利要求书全文。

申请人在仔细研究了审查员所引用的对比文件后，同意审查意见通知书中原权利要求 1 相对于对比文件 1 和本领域常用技术手段的结合不具备《专利法》第二十二条第三款规定的创造性的审查意见。为此对权利要求书作了修改，将权利要求 1 请求保护的技术方案替换为与说明书中实施例 2、3 对应的钛合金省略了 Fe 元素的技术方案，因为改后的技术方案在原说明书（注明具体出处）中有记载，因此，修改未超出原说明书和权利要求书的记载范围，满足《专利法》第三十三条的规定。

新修改的权利要求 1 为：

1. 一种中强高韧性电子束熔丝堆积快速成形构件用钛合金丝材，其特征在于：（1）丝材的成分及质量分数为 Al：6.32% ~ 6.51%；V：4.32% ~ 5.0%；O：0.15% ~ 0.17%；余量为 Ti 和不可避免的杂质元素。

对比文件 1 没有公开修改后权利要求 1 限定的 Fe 含量为零的钛合金的技术方案，本领域技术人员在对比文件 1 的基础上也没有动机省略对比文件 1 中的钛合金中的 Fe，此外，省略钛合金中的 Fe 元素以获得高韧性和高强度的电子束熔丝堆积材料也不属于本领域的公知常识。因此，新修改的权利要求 1 请求保护的技术方案具备创造性。

上面论述了新修改的权利要求具有创造性的理由，通过上述修改，专利申请文件已克服了审查意见通知书中所指出的缺陷，希望审查员在考虑上述陈述意见后，能早日批准本申请为发明专利。若审查员认为新修改的专利申请文件仍不符合专利法和专利法实施细则的有关规定，希望能给予一次会晤或电话讨论的机会，以便直接与审查员交换意见或者再给申请人一次修改专利申请文件的机会。

【案例评析】经核实审查意见，发现审查员指出的权利要求不具备创造性的理由成立时，说明书需要通过修改申请文件以克服缺陷。此时，可以考虑从说明书中寻找能克服该创造性缺陷并有授权前景的技术特征。将该技术特征补入权利要求中，并在意见陈述书中对修改方式及修改依据进行说明。与此同时，在意见陈述中围绕创造性"三步法"的思路重点陈述修改后的权利要求中限定的技术方案具有创造性的理由。

在冶金技术领域涉及产品权利要求的发明专利申请，技术方案中经常会限定该产品的组分及其质量分数。而组分或质量分数的不同经常会导致所获得的产品性能发生巨大变化。因此，冶金技术领域涉及产品权利要求的技术方案的创造性争辩，可以将争辩重点放在产品组分或其质量分数上。将产品组分或其质量分数的变化为该产品的性能带来了预料不到的技术效果，并且产品组分或其质量分数的确定也不属于本领域公知常识作为突破口。如果原说明书的实施例部分有相关试验数据加以佐证，或者原说明书中记载了相关的技术效果，就会使争辩更具有说服力。如果原申请文件中从未记载相关信息，那么可以考虑从基本的原理、组分特性等方面着手进行合理性分析。总之，一旦找准了突破口，申请人应当在意见陈述中提供强有力的证据来支撑或证实其观点，从而说服审查员改变审查意见。

【案例3】

申请号201610277176.0，发明名称"一种高强韧性空冷钎具用钢"。

原权利要求1为：

1. 一种高强韧性空冷钎具用钢，其成分质量分数如下：

C：0.1%～0.40%，Si：1.02%～1.05%，Mn：1.7%～2.5%，Mo：0.1%～0.3%，V：0.04%～0.2%，Al：0.02%～0.6%，Sc：0.001%～0.08%，或同时添加其余稀土元素Ce、La：0.001%～0.02%，余量为铁。

所述高强韧性空冷钎具用钢的生产方法，包括以下步骤：

（1）采用Al-Sc中间合金作为添加料，其Sc在中间合金中的质量分数为1.5%～4%，在冶炼脱氧后的精炼过程中采用插入法将该中间合金添加到钢液中均匀化后得到含Al-Sc的钢锭坯；（2）钢锭坯经1100℃锻轧成材，再经880～900℃加热后空冷，10～100℃/min冷速获得贝氏体组织，100～200℃/min冷速获得贝氏体＋马氏体组织，经100～400℃回火；（3）再经900～920℃渗碳后在30～200℃/min冷速下常规空冷。

第一次审查意见通知书中指出权利要求1相对于对比文件1和公知常识的结合不具备创造性。具体评述理由如下：权利要求1要求保护的是一种高强韧性空冷钎具用钢，对比文件1公开的是一种稀土处理的铁路辙叉专用贝氏体/马氏体钢；权利要求1中不含Cr，Si：1.02%～1.05%，RE：0.01%～0.03%，对比文件1公开Cr：1.2%～2.0%，Si：0.8%～1.6%，Sc：0.001%～0.08%，或同时添加其余稀土元素Ce、La：0.001%～0.02%；权利要求1中具体限定了Al-Sc的加入方法，采用锻轧、加热后空冷获得贝氏体或贝氏体＋马氏体组织，再经过回火渗碳空冷，并限定了具体的工艺参数，对比文件1中采用电炉冶炼、轧制、轧后空冷至室温、正火处理获得贝氏体/马氏体复相组织。但上述区别技术特征均为本领域公知常识，各工艺参数的具体取值也是本领域技术人员通过有限试验可以获得的，不需要付出创造性劳动，因此，对比文件1结合本领域公知常识获得权利要求1请求保护的技术方案是显而易见的。

收到这样的审查意见后，仍然是先后核实最接近现有技术选取是否合适、事实认定是否准确，以及是否显而易见。

经核实，对比文件1可以作为最接近的现有技术，并且审查意见通知书中的创造性评述部分事实认定也都准确，接下来就到了核实是否显而易见的步骤了。

审查员用对比文件1和公知常识相结合评述了本申请权利要求1的创造性，那么此处公知常识的认定是否准确就直接决定了本申请请求保护的技术方案是否显而易见。

在仔细阅读申请文件和对比文件之后有如下发现：首先，对比文件1公开的是一种铁路辙叉用钢，其需要高的强度硬度和韧性以满足铁路辙叉用钢的要求，本领域技术人员知晓 Cr 是钢中常用的合金化元素，其可以提高钢的强度、硬度和冲击韧性，本申请要求保护的是一种钎具用钢，其亦要求高强度硬度和韧性，为了获得高强度硬度和韧性，本领域技术人员没有动机省略可以提高钢的强度硬度和冲击韧性的 C 元素；同时，对比文件 1 还公开了铁路撤叉用钢的制备方法，其中轧后空冷至室温，本领域技术人员知晓 Cr 还可以提高钢的淬透性，对比文件 1 采用了淬火工艺，本领域技术人员亦会保留 Cr 元素以提高钢的淬透性，而没有动机省略 Cr 元素。其次，对比文件 1 公开的钢中 Cr：1.2%～2.0%，Si：0.8%～1.6%，RE（实施例中为 La），本申请要求保护的钢中无 Cr，Si：1.02%～1.05%，Sc；对比文件 1 中钢的制备方法为：轧制→空冷→正火，权利要求 1 中钢的制备方法为：锻轧→空冷→回火→渗碳。基于钢的组成，本申请采用了与对比文件 1 不同的工艺方法，增加钎具用钢的韧性和塑性，并提高了疲劳寿命；而对比文件 1 却是通过工业化能够容易实现的空冷、正火工艺，简化了钢的制造工艺，以提高抗拉强度。对比文件 1 没有公开和给出技术教导，而且也没有充分的证据表明，对于如权利要求 1 记载的组成的钢，通过改变工艺流程可以增加钢的韧性和塑性，并提高疲劳寿命。在对比文件 1 并未公开锻轧→空冷→回火→渗碳这一整套工艺步骤的基础上，也无法在对比文件 1 的基础上通过有限的试验获得各步骤具体的工艺参数。最后，本申请通过在钢的组成中省略 Cr、Si 含量和 Sc 的选择，并基于该组成，采用了锻轧→空冷→回火→渗碳的制备方法，有效提高了钎具用钢的强度、硬度、韧性和塑性，获得了有益的技术效果。

综合上述因素，本申请的审查意见答复策略就基本上可以确定为，从是否显而易见进行说理，以克服创造性缺陷。

答复意见撰写示例如下：

申请人根据国家知识产权局专利局于×××× 年××月××日发出的第一次审查意见通知书中的审查意见，在仔细研究了审查员所引用的对比文件后，不能同意审查意见通知书中原权利要求 1 相对于对比文件 1 和本领域常用技术手段的结合不具备《专利法》第二十二条第三款规定的创造性的审查意见。

对比文件 1 公开的是一种铁路辙叉用钢，其需要高的强度硬度和韧性以满足铁路辙叉用钢的要求，本领域技术人员知晓 Cr 是钢中常用的合金化元素，其可以提高钢的强度、硬度和冲击韧性，本申请要求保护的是一种钎具用钢，其亦要求高强度硬度和韧性，为了获得高强度硬度和韧性，本领域技术人员没有动机省略可以提高钢的强度硬度和冲击韧性的 Cr 元素；同时，对比文件 1 还公开了铁路撤叉用钢的制备方法，其中轧后空冷至室温，本领域技术人员知晓 Cr 还可以提高钢的淬透性，对比文件 1 采用了淬火工艺，本领域技术人员亦会保留 Cr 元素以提高钢的淬透性，而没有动机省略 Cr 元素。其次，对比文件 1 公开的钢中 Cr：1.2%～2.0%，Si：0.8%～1.6%，RE（实施例中为 La），本申请要求保护的钢中无 Cr，Si：1.02% ~1.05%，Sc；对比文件 1 中钢的制备方法为：轧制→空冷→正火，权利要求 1 中钢的制备方法为：锻轧→空冷→回火→渗碳。基于钢的组成，本申请采用了与对比文件 1 不同的工艺方法，增加的钎具用钢的韧性和塑性，并提高了疲劳寿命；而对比文件 1 却是通过工业化能够容易实现的空冷、正火工艺，简化了钢的制造工艺，以提高抗拉强度。对比文件 1 没有公开和教导，而且也没有充分的证据表明，对于如权利要求 1 记载的组成的钢，通过改变工艺流程可以增加钢的韧性和塑性，并提高疲劳寿命。在对比文件 1 并未公开锻轧→空冷→回火→渗碳这一整套工艺步骤的基础上，也无法在对比文件 1 的基础上通过有限的试验获得各步骤具体的工艺参数。最后，本申请通过在钢的组成中省略 Cr、Si 含量和 Sc 的选择，并基于该组成，采用了锻轧→空冷→回火→渗碳的制备方法，有效提高了钎具用钢的强度、硬度、韧性和塑性，获得了有益的技术效果。因此，权利要求 1 相对于对比文件 1 和公知常识的结合具备《专利法》第二十二条第三款规定的创造性。

　　上面论述了权利要求 1 具有创造性的理由，希望审查员在考虑上述陈述意见后，能早日批准本申请为发明专利。若审查员认为专利申请文件仍不符合专利法和专利法实施细则的有关规定，希望能给予一次会晤或电话讨论的机会，以便直接与审查员交换意见或者再给申请人一次修改专利申请文件的机会。

　　【案例评析】对于公知常识的认定，存在一个本领域技术人员站位以及本领域技术人员知识储备的认知标准问题，如何说服审查员进而改变审查意见，关键就在于让审查员看到意见陈述后改变之前的认知，认为之前公知常识的认定结论有误。为了达到这个效果，在意见陈述过程中应当尽可能多地引入可以支持我方论点的证据（包括说明书中关于区别技术特征的描述，尤其是考虑因素及带来的有益技术效果以及相关的教科书和实验数据等）。在意见陈述中提供大量能够说明区别技术特征不是公知常识的基础上，可以在意见陈述书中要求审查员提供该技术特征属于公知常识的证据。如果还存在一些无法用书面意见清楚表述的有利于我方论点的理由，也可以采用会晤、电话讨论的方式与审查员进行沟通。因为答复第一次审查意见通知书时如果对申请文件没有进行任何修改，申请有可能会被驳回，所以，为了避免申请被一通后驳回，要将所有有利于我方论点的论据全面地、准确地表述给审查员，以争取到审查员改变审查意见。

　　经核实审查意见，发现审查员认定的公知常识不够准确时，可以通过意见陈述和会晤、电话讨论等方式将申请人的观点进行充分表达，同时为了提高说服力可以提供证据和试验数据等。因为对申请文件不进行修改，仅陈述意见会有被驳回的风险，所以不修改申请文件时，要有十足的把握说服审查员，并尽最大的努力去提供有说服力的意见陈述。

　　冶金领域涉及方法权利要求的发明专利申请，技术方案中经常会限定该方法包含的工艺步骤、各工艺步骤中涉及的工艺参数范围等。对于这类权利要求，审查员发出的审查意见中，经常会以通过常规的有限试验可以获得为由而认为其不具备创造性。然而，本领域技术人员都了解，通常工艺步骤的增减以及各步骤中涉及的工艺参数范围的选取，可能会导致所获得的最终产品性能上发生巨大变化，而且这个步骤及参数范围的调整也并非经过有限试验就可以轻易获得的。因此，冶金领域涉及方法权利要求的技术方案的创造性争辩可以将重点放在工艺步骤设置及工艺参数范围选取上。可将工艺步骤设置及工艺参数的变化为产品性能带来了预料不到的技术效果，并且工艺步骤设置及工艺参数的确定需要付出创造性劳动，不是简单地有限试验即可得到作为突破口。如果原说明书的实施例部分有相关试验数据加以佐证，或者原说明书中有记载所述步骤设置及参数选取所带来的技术效果就更为有利。如果原申请文件中从未提及相关信息，那么可以考虑从工艺步骤本身带来的有益效果、通常在设置工艺步骤时不容易想到这么设置、工艺参数范围的选取需要付出创造性劳动才能获得等方面着手进行争辩说理。总之，一旦找准相应的突破口之后，在意见陈述时应提供强有力的证据来证实相应步骤的调整、工艺参数的选取是付出了大量的创造性的劳动的，通过详细的分析让审查员知晓这背后所做的工作以说服审查员。

【案例4】

申请号201180055725.5，发明名称"电子束焊接接头及电子束焊接用钢材和其制造方法"。

原权利要求1为：

1. 一种电子束焊接接头，其是将钢板用电子束焊接而成的电子束焊接接头，其特征在于，所述钢板的组成以质量%计含有

C：0.02%～0.06%、

Si：0.03%～0.30%、

Mn：1.5%～2.5%、

Ti：0.005%～0.015%、

N：0.0020%～0.0060%、

Al：大于0.004%且为0.05%以下、

Nb：0～0.004%、

V：0～0.030%、

Cr：0～0.50%、

Mo：0～0.50%、

Cu：0～0.25%、

Ni：0～0.50%、

B：0～0.0030%及

Ca：0～0.0050%，

将 P 限制为 0.015% 以下，

将 S 限制为 0.010% 以下，

将 O 限制为 0.0035% 以下，

余量由铁及不可避免的杂质构成。

将所述钢板的组成代入下述（3-5）而求出的指标值 CeEB 为 0.49%～0.60%，以质量分数表示的所述钢板的 C 量相对于所述钢板的所述指标值 CeEB 的比即 C/CeEB 为 0.04～0.09，在沿着所述钢板的板厚方向的断面的板厚中心部，当量圆直径为 1.0μm 以上的夹杂物粒子的数量为 20 个/mm² 以下，在所述板厚中心部，含有 10% 以上的 Ti 的当量圆直径为 0.05μm 以上且低于 0.5μm 的含 Ti 的氮化物粒子的数量为 1×103 个/mm² 以上。

电子束焊接淬火性指标：

$$CeEB = w(C) + (9/40)w(Mn) + (1/15)w(Cu) + (1/15)w(Ni) + (1/5)w(Cr) + (1/5)w(Mo) + (1/5)w(V) \tag{3-5}$$

这里，$w(C)$、$w(Mn)$、$w(Cu)$、$w(Ni)$、$w(Cr)$、$w(Mo)$ 及 $w(V)$ 分别表示规定的钢板的组成中的各元素的质量分数。

第一次审查意见通知书中指出权利要求 1 相对于对比文件 1 和公知常识的结合不具备创造性。具体评述理由如下：权利要求 1 中钢板的组分只有 Nb、O、B 的含量未被对比文件公开，但是这些组分含量的确定属于常规技术手段，并且本申请中的 CeEB 指标的计算公式中各变量包括 C、Mn、Cu、Ni、Cr、Mo 和 V，不包括 Nb、O、B，对比文件 1 公开了与本申请相同的 C、Mn、Cu、Ni、Cr、Mo 和 V 的含量，本领域技术人员在此基础上，也容易得到与本申请相同的 CeEB 和 C/CeEB 指标值，因此，对比文件 1 结合本领域公知常识获得权利要求 1 请求保护的技术方案是显而易见的。

经核实，对比文件 1 可以作为最接近的现有技术，并且审查意见通知书中的创造性评述部分事实认定也都准确，但是在仔细阅读申请文件和对比文件之后有如下发现：对比文件 1 中必须含有 0.005% 以上的 Nb，即使对比文件 1 中的钢经过计算，CeEB 和 C/CeEB 指标落入到本申请权利要求 1 的范围内，但是，其 Nb 为 0.052%，远远超过本申请的 Nb 的上限，其 δ_{WM}/δ_{BM} 和 δ_{HAZ}/δ_{BM} 均远远低于本申请的实施例，无法实现钢材（BM）、焊接金属（WM）及热影响部（HAZ）的断裂韧性值的平衡。

综合上述因素，本申请的审查意见答复策略就基本上可以确定为，以对比文件给出了反向教导，并且区别技术特征也不是公知常识作为争辩突破口，来克服创造性缺陷。综合以上分析，答复意见可以撰写如下：

申请人根据国家知识产权局专利局于×××年××月××日发出的第一次

审查意见通知书中的审查意见，在仔细研究了审查员所引用的对比文件后，不能同意审查意见通知书中原权利要求 1 相对于对比文件 1 和本领域常用技术手段的结合不具备专利法第二十二条第三款规定的创造性的审查意见。

首先，明确对比文件 1 公开的技术事实——其中必须含有 0.005% 以上的 Nb（由于对比文件 1 中明确指出 Nb 具有扩大奥氏体的非再结晶区，从而促进铁素体细晶化的效果，同时是生成 Nb 碳化物而确保强度的元素，因此需要含有 0.005% 以上（具体参见对比文件 1 说明书第 6 页倒数第 2 段）），与权利要求 1 中的 Nb：0~0.004% 相比，对比文件 1 给出了相反的启示；其次，没有证据表明其为本领域的公知常识；最后，说明书本申请取得了与对比文件 1 不同的技术效果：本申请 Nb 的含量低于 0.004%，同时与 CeEB 和 C/CeEB 指标相配合，使得本申请钢材通过电子束焊接形成的焊接接头中焊接金属的 CTOD 值 δ_{WM}、热影响部的 CTOD 值 δ_{HAZ} 及钢材的 CTOD 值 δ_{BM} 满足公式，从而电子束焊接后的焊接接头中的焊接金属及热影响部的断裂韧性与母材的断裂韧性相比的劣化被显著抑制。综上所述，在现有技术给出了相反教导基础上，本领域技术人员是不会想到将 Nb 含量设为低于 0.004%，并且这个含量的选取也不是本领域的公知常识，且带来了预料不到的技术效果。因此，权利要求 1 相对于对比文件 1 和公知常识的结合具备专利法第二十二条第三款规定的创造性。

上面论述了权利要求 1 具有创造性的理由，希望审查员在考虑上述陈述意见后，能早日批准本申请为发明专利。若审查员认为专利申请文件仍不符合专利法和专利法实施细则的有关规定，希望能给予一次会晤或电话讨论的机会，以便直接与审查员交换意见或者再给申请人一次修改专利申请文件的机会。

【案例评析】经仔细阅读申请文件和对比文件所公开的内容，如果发现对比文件中给出了相反的技术教导，本领域技术人员在现有技术给出相反教导的情况下是很难想到要提出与其背道而驰的方案来解决技术问题的，而申请人尝试这么做了还取得了好的技术效果，那么这个过程已经说明了其并非显而易见。因此，申请人在答复审查意见时可以选择不修改申请文件，而是通过意见陈述和会晤、电话讨论等方式将其观点进行充分表达，同时为了提高说服力可以提供证据和实验数据等。因为对申请文件不进行修改，仅陈述意见会有被驳回的风险，所以不修改申请文件时，要有十足的把握说服审查员，并尽最大的努力去说服审查员。

在冶金技术领域，经常对组分或其含量、工艺步骤设置或工艺参数取值等做一个小的变化，其结果都是未知的，所以这才给本领域技术人员的研发、创新提供了更大的空间。因此在现有技术基础上寻求突破、打破一直以来的技术偏见去做一些创新是值得鼓励的。当提交的专利申请被指出不具备创造性，而对比文件中给出的完全是相反的技术教导时，申请人可以将创造性意见争辩的重点放在该对比文件给出的相反的技术启示这个点上。

首先分析现有技术事实上公开的内容是什么，给出的技术启示是什么；其次提出本申请的技术构思是什么，并取得了怎么样的有益技术效果；最后将二者的思路进行对比，得出现有技术给出相反启示的情况下，本申请克服技术偏见，大胆创新，提出了本申请的技术方案，并且还取得了预料不到的效果，这就足以说明本申请的技术方案具有创造性。

【案例5】

申请号201380003875.0，发明名称"炼钢炉渣还原处理用电炉的炉渣供给容器"。

原权利要求1为：

1. 一种炼钢炉渣还原处理用电炉的炉渣供给容器，是使热炼钢炉渣经由电炉侧炉渣供给口朝向炼钢炉渣还原处理用电炉内的铁液上的熔融炉渣的层流入的上述电炉的炉渣供给容器，其特征在于，上述电炉为密闭型，上述炉渣供给容器具备：

容器主体，具备上壁、下壁以及配置于上述上壁与上述下壁之间的侧壁，使上述热炼钢炉渣朝向上述电炉流入；

炉渣排出部，设置于上述容器主体的上述侧壁的端部，与上述电炉侧炉渣供给口连接；

炉渣接纳部，设置于上述容器主体的上述侧壁或者上述上壁，接受上述热炼钢炉渣的供给；

盖，对上述炉渣接纳部进行开闭；

排气部，设置于上述容器主体，排出来自上述电炉的废气；以及

倾动装置，使上述容器主体倾动而对上述热炼钢炉渣向上述电炉侧炉渣供给口的流入量进行调整。

第一次审查意见通知书中指出权利要求1相对于对比文件1和公知常识的结合不具备创造性。具体评述理由如下：权利要求1相对于对比文件1的区别技术特征是："该供给容器还包含倾动装置，使上述容器主体倾动而对上述热炼钢炉渣向上述电炉侧炉渣供给口的流入量进行调整。"其所要解决的技术问题是使热炼钢炉渣可控制的流入电炉中进而在还原处理中可抑制炉渣起泡。而对比文件1已经公开了通过升降装置调整高度，通过控制容器的倾动来调整容器内倒出的流体的流量这种类似于茶壶倒水的操作是本领域的常规技术手段。

冶金领域在实际生产中很多常规的倾倒钢水、渣的容器都通过一定的附属设备来控制容器的倾动，其控制流量的技术效果是显而易见的，本领域技术人员根据实际炉渣倾倒效果结合常规的分析即可选择。因此，对比文件1结合本领域公知常识获得权利要求1请求保护的技术方案是显而易见的。

经核实，对比文件1可以作为最接近的现有技术，并且审查意见通知书中的

创造性评述部分事实认定也都准确，只是将上述区别技术特征认定为公知常识是否准确，有待商榷。

综合上述因素，本申请的审查意见答复策略就基本上可以确定为：从对比文件1并未给出技术启示，并且区别技术特征也不是公知常识作为争辩突破口，以克服创造性缺陷。综合以上分析，答复意见可以撰写如下：

申请人根据国家知识产权局专利局于×××年××月××日发出的第一次审查意见通知书中的审查意见，在仔细研究了审查员所引用的对比文件后，不能同意审查意见通知书中原权利要求1相对于对比文件1和本领域常用技术手段的结合不具备专利法第二十二条第三款规定的创造性的审查意见。

本申请的炉渣供给容器除了对炼钢炉渣加热以提升电炉中炉渣进行还原反应的效率外，还进一步增加倾动结构以随时控制炉渣进入电炉的流量，进而防止过量炉渣参与还原反应出现起泡造成炉体冶炼的安全隐患。而对比文件1仅仅公开了熔融容器加热金属，并没有记载如何防止过量金属进入反应炉或者控制金属进入反应炉流量的信息，且熔融容器与冶金容器通过凸窗以及通道密闭连接，两者并没有相互转动的支点，其也不能实现倾动的动作方式，而无论是日常生活中常见的茶壶倒水，还是在冶金领域中通过钢包或其他常规容器倾倒钢水或渣的手段，都没有给出在对比文件1中增加倾动结构以使热炼钢炉渣可控制地流入电炉中进而在还原处理中可抑制炉渣起泡的启示，因此，即使倾动的方式是常见的，但将其用于对比文件1中以得到本专利的技术方案对本领域技术人员而言并不是显而易见的。因此，权利要求1相对于对比文件1和公知常识的结合具备专利法第二十二条第三款规定的创造性。

上面论述了权利要求1具有创造性的理由，希望审查员在考虑上述陈述意见后，能早日批准本申请为发明专利。若审查员认为专利申请文件仍不符合专利法和专利法实施细则的有关规定，希望能给予一次会晤或电话讨论的机会，以便直接与审查员交换意见或者再给申请人一次修改专利申请文件的机会。

【案例评析】对于某区别技术特征，如果最接近现有技术并未给出技术启示，并且也不属于本领域公知常识，那么在答复审查意见时，通常从最接近现有技术出发进行说理，详细论述最接近现有技术公开的技术方案，进而得出其没有给出任何技术启示的结论，在没有动机要对现有技术进行相应修改的情况下，即便是再常规的手段对于本领域技术人员来说，也是没有那么容易想到要将它结合到最接近现有技术中以获得本申请的技术方案的。在理由比较充分的情况下，申请人在答复审查意见时可以选择不修改申请文件，而是通过意见陈述和会晤、电话讨论等方式将我方观点进行充分表达。因为对申请文件不进行修改，仅陈述意见会有被驳回的风险，所以不修改申请文件时，要有十足的把握说服审查员，并尽最大的努力去说服审查员。

【案例6】

申请号201110123433.2，发明名称"桥梁结构钢及其生产方法"。

原权利要求1为：

一种桥梁结构钢的生产方法，其特征在于所述方法包括铁水预处理、顶底复吹转炉冶炼、LF精炼、RH精炼、板坯连铸、宽厚板轧制、正火热处理，生产得到的桥梁结构钢的化学成分按质量分数计包含：C：$0.11\% \sim 0.16\%$、Si：$0.10\% \sim 0.45\%$、Mn：$1.35\% \sim 1.70\%$、S$\leqslant 0.010\%$、P$\leqslant 0.020\%$、Nb：$0.025\% \sim 0.060\%$、Ti：$0.008\% \sim 0.030\%$、V：$0.025\% \sim 0.080\%$、Ni：$0.10\% \sim 0.50\%$、Als：$0.015\% \sim 0.060\%$、N$\leqslant 40 \times 10^{-6}$、O$\leqslant 40 \times 10^{-6}$、H$\leqslant 2 \times 10^{-6}$，其余为铁和不可避免的杂质，Als表示酸溶铝。

第一次审查意见通知书中指出权利要求1相对于对比文件1和公知常识的结合不具备创造性。具体评述理由如下：权利要求1相对于对比文件1的区别技术特征是：权利要求1限定了N、O、H的含量、正火处理温度和时间，权利要求1还限定了其为一种桥梁结构钢的生产方法并限定了采用顶底复吹转炉。上述区别特征或者为本领域的常规技术手段，或者可以通过有限的试验获得。因此，对比文件1结合本领域公知常识获得权利要求1请求保护的技术方案是显而易见的。

收到这样的审查意见后，仍然是从最接近现有技术选取是否合适、事实认定是否正确，以及是否显而易见三个方面入手进行分析。

经过核实会发现，目前的权利要求1相对于对比文件1和公知常识的结合确实不具备创造性，属于同意审查员审查意见的情形。可以尝试通过修改申请文件来克服创造性缺陷。之前曾分析过，冶金领域的申请，通常说明书中会记载多个实施例，也就是说说明书中包括的内容远多于权利要求中限定的内容，这样的撰写方式，就是为了后续克服新颖性、创造性缺陷预留一定的修改空间。所以，此时可以去说明书中寻找机会，通过修改权利要求以克服创造性缺陷。

经过仔细核对本申请文件中记载的技术方案和对比文件1公开的技术方案发现，本申请的说明书中除了与原权利要求1对应的实施例以外，关于Ti的百分含量在实施例1中选择了另一个取值0.025%，本领域技术人员在对比文件1的基础上没有动机将Ti的含量提高到0.025%；此外，与对比文件1相比，本申请还缩短了正火处理时间，而按照本领域技术人员的常识来判断，对比文件1的正火时间是不可能在缩短的。

综合上述因素，本申请的审查意见答复策略就基本上可以确定为，将实施例1中记载的Ti含量为0.025%的技术方案写入权利要求中，结合Ti质量分数及正火时间来争辩，以克服创造性缺陷。综合以上分析，答复意见可以撰写如下：

申请人根据国家知识产权局专利局于×××年××月××日发出的第一次审查意见通知书中的审查意见，重新撰写了权利要求书。随此意见陈述书附上新修改的权利要求书全文。

申请人在仔细研究了审查员所引用的对比文件后，同意审查意见通知书中原权利要求 1 相对于对比文件 1 和本领域常用技术手段的结合不具备《专利法》第二十二条第三款规定的创造性的审查意见。为此对权利要求书作了修改，所作修改是依据说明书中实施例 1 公开的技术方案进行的，因为改后的技术方案在原说明书（注明具体出处）中有记载，因此，修改未超出原说明书和权利要求书的记载范围，满足《专利法》第三十三条的规定。

新修改的权利要求 1 为：

1. 一种桥梁结构钢的生产方法，其特征在于所述方法包括铁水预处理、顶底复吹转炉冶炼、LF 精炼、RH 精炼、板坯连铸、宽厚板轧制、正火热处理，生产得到的桥梁结构钢的化学成分按质量分数计包含：C：0.13%、Si：0.34%、Mn：1.57%、S：0.007%、P：0.015%、Nb：0.045%、Ti：0.025%、V：0.054%、Ni：0.20%、Als：0.034%、N≤40×10^{-6}、O≤40×10^{-6}、H≤2×10^{-6}，其余为铁和不可避免的杂质，Als 表示酸溶铝，其中，所述桥梁结构钢的厚度为 16~60mm，正火热处理的温度为 840~850℃，正火热处理的时间为 5~15min。

权利要求 1 限定了 Nb：0.045%，Ti：0.025%，V：0.054%；正火热处理温度为 840~850℃，时间为 5~15min。基于上述区别，权利要求 1 实际要解决的技术问题是如何低成本地提高桥梁结构钢的低温冲击性能。对比文件 1 公开了Ti：0.010%~0.020%，并且，Nb+V+Ti≤0.12%，而本申请中 Ti 含量为0.025%，且 Nb+V+Ti=0.124%>0.12%，可见对比文件 1 中并没有给出获得上述 Ti 含量的技术启示，而且对于 Nb+V+Ti 的含量的教导也与本申请相反。另外，对比文件 1 公开的正火温度为 880~930℃，在炉时间为 [(1.3~1.6)t+(0~20)]min（t 为钢板厚度，其单位是 mm），其正火温度高于本申请，而且正火时间也明显长于本申请。本领域技术人员知晓，为了保证钢板获得良好的低温韧性，需要在正火温度下保持足够长的时间。因此，本领域技术人员在对比文件1 的基础上为了获得良好的低温韧性，没有动机降低正火温度和缩短正火时间。而权利要求 1 的技术方案通过调整合金元素的含量以及热处理工艺参数，在较低的正火温度和较短的正火时间下仍然获得了良好的低温冲击韧性。由此可见，在对比文件 1 的技术方案的基础上获得权利要求 1 的技术方案对于本领域技术人员来说并非显而易见。因此，改后的权利要求 1 具备专利法第二十二条第三款规定的创造性。

上面论述了新修改的权利要求具有创造性的理由，通过上述修改，专利申请文件已克服了审查意见通知书中所指出的缺陷，希望审查员在考虑上述陈述意见后，能早日批准本申请为发明专利。若审查员认为新修改的专利申请文件仍不符合专利法和专利法实施细则的有关规定，希望能给予一次会晤或电话讨论的机会，以便直接与审查员交换意见或者再给申请人一次修改专利申请文件的机会。

【案例评析】经核实审查意见，发现审查员指出的权利要求不具备创造性的理由成立时，可以考虑从说明书中寻找能克服创造性缺陷，并有授权前景的技术方案。将该技术方案写入权利要求中，并在意见陈述书中将修改方式及修改依据进行说明。

冶金领域涉及产品权利要求的发明专利申请，技术方案中经常会限定该产品的组分及其质量百分比、加工步骤的具体参数取值。而组分或质量百分比以及工艺参数的取值，通常在本领域会有一个选取标准。比如，通常会将钢板在正火温度下保持足够长的时间以提高其低温韧性；一些常见组分的添加百分比的推荐取值范围会在本领域的专业书籍中有明确记载；但是经常也会有例外，比如反常规操作而获得了预料不到的技术效果，并且还将这种技术手段及其技术效果记载在申请文件中。这种情况下，可以在原始申请文件中关于这种突破常规的取值及其带来的技术效果为突破口进行创造性争辩。因为在原申请文件中有明确记载，该理由还是比较充分的，并且申请文件已经依据申请文件公开的内容进行了不超范围的修改，排除了直接被驳回的可能性，此时如果说理更加充分，说服审查员改变审查意见的希望会很大。

4.3.2.2　《专利法》第二十六条第三款

如果审查员指出，说明书不符合《专利法》第二十六条第三款的规定，说明书未对技术方案作出清楚、完整的说明，本领域技术人员无法实现，那就是审查员认为说明书公开不充分。

在收到这样的审查意见时，首先应该认真仔细阅读审查意见通知书，弄清楚审查员指出的公开不充分的点是什么。基于此再进一步判断该审查意见是否准确。

通常审查员指出说明书存在公开不充分缺陷的原因有多种：（1）原申请文件表述不清楚或者语句不通顺；（2）审查员对技术方案的理解不准确；（3）审查员非本领域，对背景知识储备不足。

针对上述三种情况，答复方式的侧重会有所不同。

针对第一种情况，可以通过对申请文件进行修改，将原来表述不清楚的地方改清楚，将原来语句不通顺的地方改通顺，以克服缺陷。修改过程中务必要注意所作修改必须符合《专利法》第三十三条的相关规定，改后的内容必须能够从原申请文件中直接地、毫无疑义地获得。

针对第二种情况，应该从本申请的技术方案出发，在意见陈述书中对技术方案做出清楚的澄清，尤其是审查员误解的点要重点分析清楚，必要的时候可以将申请文件作出修改，使其更容易被理解，当然所作修改仍然不能超出原始申请文件记载的范围，要符合《专利法》第三十三条的规定。

　　针对第三种情况，可以对审查员不了解的背景技术在说明书中作出清楚的描述，对于不便于大篇幅加入申请文件的内容可以写入意见陈述书中，在意见陈述书中充分表明该技术内容属于公知常识并提供相关的证据作为佐证。

【案例7】

　　申请号2004800264837，发明名称"一种制造铁水的方法"。

　　原权利要求1为：

　　1. 一种制造铁水的方法，包括以下步骤：

　　将含铁粉矿与辅助原料混合，并干燥所得到的混合物，以生产含铁混合物；在该含铁混合物通过其中流化床反应器相互串连的多级流化床反应器单元时，进行还原和烧结以将含铁混合物转化为还原材料；在高温下压制该还原材料以制造团矿；将块煤和压制粉煤制得的煤压块装入熔炉－气化器中以形成煤填充床作为熔化团矿的热源；将团矿装入与多级流化床反应器单元相连的熔炉－气化器中，并向熔炉－气化器输送氧气，以制造铁水；并且将熔炉－气化器排放的还原煤气提供至多级流化床反应器单元。

　　审查意见通知书中指出了本申请说明书不符合专利法第二十六条第三款的规定。关于说明书中给出的技术手段"将含铁粉矿与辅助原料混合"，由于说明书中没有给出该辅助原料的具体成分，而且本领域也没有关于辅助原料的定义或具体解释，该技术手段是含糊不清的，所属技术领域的技术人员根据说明书中的记载，无法实施该发明。

　　阅读完审查意见可知，这条关于专利法第二十六条第三款说明书公开不充分的审查意见中，核心焦点在于"辅助原料"的具体成分构成是否为本领域公知常识。在申请文件中未对辅助原料的具体成分做进一步限定的基础上，本领域技术人员可否确定用什么样的材料作为辅助原料以实施该技术方案。

　　结合本案案情可知，审查员对技术方案中提及的"辅助原料"的相关知识储备不足，所以认为"辅助原料"的具体成分必须要在权利要求中进行清楚限定，技术方案才能得以实施。针对这种情况可以在意见陈述书中进行详细的解释说明，让审查员理解到"辅助原料"的具体成分是本领域技术人员根据实际生产目的可以进行选择的，即便不在申请文件中对其组分进行限定，本领域技术人员也是可以实施这个技术方案的。具体答复意见撰写可以尝试从本申请的技术方案以及该技术特征本身出发，多角度进行分析说理，来论证本申请的技术方案已经做出了清楚完整的说明，本领域技术人员可能实现。综合以上分析，答复意见可以撰写如下：

　　申请人根据国家知识产权局专利局于×××年××月××日发出的第一次审查意见通知书中的审查意见，指出本申请说明书的撰写不符合专利法第二十六条第三款的规定。具体理由为：说明书中给出的技术手段"将含铁粉矿与辅助原料混合"，但说明书中没有给出该辅助原料的具体成分，而且本领域也没有关于辅助原料的定义或具体解释，该技术手段是含糊不清的，所属技术领域的技术人员根据说明书中的记载，无法实施该发明。

申请人在仔细研究了审查员的上述意见后，不能同意上述审查意见：

（1）从本申请请求保护的是一种制造铁水的方法、设备、采用它们的联合钢制造方法以及联合钢厂，其发明目的有两个。其中，一个发明目的在于提供一种制造铁水的设备和方法，所述设备使用粉煤或块煤以及含铁粉矿，并能在气体还原含铁矿的过程中，使用由煤产生的还原煤气，极好地保持含铁矿的还原率；另一个发明目的在于提供一个联合钢厂及一种联合钢生产方法，所述联合钢厂使用上述制造铁水的设备和方法，从而可在紧凑安排所有设备及工艺的情况下，提供具有优良质量的热轧钢板。该制造铁水的方法主要为将含铁粉矿与辅助原料混合，并干燥所得到的混合物，以生产含铁混合物，在该含铁混合物通过其中流化床反应器相互串连的多级流化床反应器单元时，进行还原和烧结以将含铁混合物转化为还原材料……将熔炉－气化器排放的还原煤气提供至多级流化床反应器单元，由本申请说明书中的记载可以看出，在该方法中辅助原料仅用于与含铁粉矿混合以制成用于炼铁的团矿的含铁混合物原料，在该方法的后续步骤中对含有该辅助原料的物料进行压制、还原以制造铁水，本申请相对于现有技术的改进之处，即本申请的发明点在于对制造方法的相应步骤的改进，实现所述发明目的的关键并不在于具体辅助原料的选择。

（2）从本领域的技术常识来看，在本申请涉及的铁水加工领域中，将含铁粉矿最终加工成铁水，必然需要辅助原料。基于不同发明目的，本领域技术人员对于辅助原料会有不同的选择，如用作溶剂的白云石或石灰石等，用作脱硫剂的锰矿，用作洗炉剂的萤石，用作还原剂的天然气和焦炭等。上述选择对于本领域技术人员而言属于常规选择。此外，鉴于用以加工铁水的含铁粉矿通常均可能含有杂质，故在制造铁水的过程中，为去除杂质也会添加相应辅助原料，其也属于本领域常规技术手段。

（3）至于本申请中的辅助原料具体应为何种原料，一般而言，本领域技术人员会针对其所达到的目的，以及含铁粉矿所含有的不同杂质而进行选择。在通常情况下，这种选择对于本领域技术人员而言是常规选择。

鉴于上述分析，本申请相对于现有技术的发明点并不在于对"辅助原料"的改进，而在于对于制造方法的相应步骤进行改进，故本领域技术人员完全可以根据实际中所使用的含铁粉矿的具体情形，基于不同的目的对辅助原料进行常规选择。据此，本领域技术人员依据其对"辅助原料"的理解，可以实现本申请的技术方案，本申请符合专利法第二十六条第三款的规定。

上面论述了说明书符合专利法第二十六条第三款的相关规定的理由，希望审查员在考虑上述陈述意见后，能早日批准本申请为发明专利。若审查员认为专利申请文件仍不符合专利法和专利法实施细则的有关规定，希望能给予一次会晤或电话讨论的机会，以便直接与审查员交换意见或者再给申请人一次修改专利申请文件的机会。

【案例评析】当审查意见指出说明书没有充分公开的原因在于审查员对该领域知识储备不足时，答复审查意见的重点就在于将审查意见中认为没有限定清楚的内容进行多角度的解释说明，让审查员了解到该技术特征并不必须在说明书中进行详细具体的限定，因为本领域技术人员都比较公知。在理由比较充分的情况下，可以选择不对申请文件进行修改，仅在意见陈述书中进行解释说明，必要时可以提供证明材料予以佐证。如果要作出修改就必须符合专利法第三十三条的规定，不能超出原申请文件记载的范围。

【案例8】

申请号2008801046240，发明名称"用于制造固态成型的机器零件的钢材"。

原权利要求1为：

1. 钢材及加工方法，其用于制造固态成型的机器零件，特别是用于汽车制造，并具有主要为贝氏体的结构，其特征在于，其化学组成具有以质量分数计的下列含量：

$0.10\% \leqslant w(C) \leqslant 0.25\%$

$0.15\% \leqslant w(Si) \leqslant 0.40\%$

$1.00\% \leqslant w(Mn) \leqslant 1.50\%$

$1.00\% \leqslant w(Cr) \leqslant 2.00\%$

$0.20\% \leqslant w(Ni) \leqslant 0.40\%$

$0.05\% \leqslant w(Mo) \leqslant 0.20\%$

$0.010\% \leqslant w(Nb) \leqslant 0.040\%$

$0.05\% \leqslant w(V) \leqslant 0.25\%$

$0.01\% \leqslant w(Al) \leqslant 0.05\%$

$0.005\% \leqslant w(N) \leqslant 0.025\%$

$0 \leqslant w(B) \leqslant 0.0050\%$

其中，余量由铁和取决于熔炼的伴生元素和残余物质组成。

审查意见通知书中指出了本申请说明书不符合专利法第二十六条第三款的规定。具体理由是：说明书中记载的屈服强度、抗拉强度等机械性能都是在进行加速的受控冷却后得到的，本领域的技术人员知道，受控冷却是影响组织结构、机械性能的重要步骤，其影响着能否解决本发明的技术问题、是否能获得所要达到的技术效果，因此受控冷却应是解决本发明技术问题的必要技术手段，但是本申请的说明书对于该必要技术手段没有完整详细的记载（说明书中没有记载任何加速的受控冷却的具体步骤），本领域的技术人员不清楚本发明进行的是怎样的加速的受控冷却，不清楚是否分段冷却、采用多快的冷却速度以及冷却终止温度等等，因此本领域的技术人员无法实现该必要技术手段。因此本申请说明书公开不充分，不符合专利法第二十六条第三款的规定。

阅读完审查意见可知，这条关于专利法第二十六条第三款说明书公开不充分的审查意见中，核心焦点在于本申请进行的是怎样的加速的受控冷却，具体而言，不确定的因素至少包括它是否分段冷却、采用多快的冷却速度以及冷却终止温度等。

结合本案案情可知，审查员不清楚本申请技术方案中提及的"加速受控冷却"是如何做到的，具体手段及最终效果如何，所以认为"加速受控冷却"的具体操作过程必须要在权利要求中进行清楚限定，技术方案才能得以实施。针对这种情况，申请人可以在意见陈述书中将"加速受控冷却"的具体操作过程进行详细的解释说明，让审查员理解到其操作过程是本领域公知的，即便不在申请文件中进行说明，本领域技术人员也是可以实施这个技术方案的。具体答复意见撰写可以尝试从本申请的技术方案以及该加工步骤本身出发，多角度进行分析说理，来论证本申请的技术方案已经做出了清楚完整的说明，本领域技术人员可能实现。必要的时候可以提供公知证据来进行佐证。综合以上分析，答复意见可以撰写如下：

申请人根据国家知识产权局专利局于×××年××月××日发出的第一次审查意见通知书中的审查意见，指出本申请说明书的撰写不符合专利法第二十六条第三款的规定。具体理由为：说明书中记载的屈服强度、抗拉强度等机械性能都是在进行加速的受控冷却后得到的，本领域的技术人员知道，受控冷却是影响组织结构、机械性能的重要步骤，其影响着能否解决本发明的技术问题、是否能获得所要达到的技术效果，因此受控冷却应是解决本发明技术问题的必要技术手段，但是本申请的说明书对于该必要技术手段没有完整详细的记载（说明书中没有记载任何加速的受控冷却的具体步骤），本领域的技术人员不清楚本发明进行的是怎样的加速的受控冷却，不清楚是否分段冷却、采用多快的冷却速度以及冷却终止温度等等，因此本领域的技术人员无法实现该必要技术手段。因此本申请说明书公开不充分，不符合专利法第二十六条第三款的规定。

申请人在仔细研究了审查员的上述意见后，不能同意上述审查意见。具体理由如下：在冶金领域，以微合金化结合控轧、控冷工艺生产高强韧性和优异的抗冲击性能的贝氏体钢十分常见。由金属学原理可知，贝氏体是过冷奥氏体的中温过渡性转变产物，其转变温度介于珠光体转变温度 A_1 与马氏体转变温度 M_s 之间，有一个上限温度 BS 点。对于合金钢来说，结合合金相图等本领域技术常识比较容易测定 BS 点。贝氏体转变是一个形核及长大的过程，可以通过热处理工艺手册及经验公式等本领域技术常识依据贝氏体冷却转变的 C 曲线来设计其形成特定形貌贝氏体组织的孕育期温度（即初始温度）、冷却速度和终冷温度（参见下述公知常识证据：(1)《机械工程材料》，文九巴主编，北京：机械工业出版社，2002 年 7 月出版，第 101 - 103 页五、C 曲线的意义和应用，六、过冷奥氏体连续冷却转变曲线简介；(2)《机械基础》，余宁主编，中国建筑工业出版社，2002 年 12 月出版，第 26 - 28 页；(3)《机械工程学　第 3 版》，丁树模主编，机械工业出版社，2003 年 7 月出版，均提到了利用 C 曲线设计钢材热处理工艺参数，如温度、时间及冷却方式、速度）。轧后提高冷却速度（如采用加速控制冷却 ACC（accelerating controlled cooling，ACC）冷却方式）冷却到贝氏体形成温度点，控制整个转变中只发生贝氏体转变，使组织相对细化，有利于减轻贝氏体的脆性，提高其强韧性，改善贝氏体钢的综合机械性能。这主要是因为：随着冷速的提高，粒状组织量减少，贝氏体量增加，粒状组织的形成温度较贝氏体高，是块状铁素体与 M/A 岛的混合组织，粒状组织量的减少会使钢的韧性得到改善（参见下述公知常识：(1)《船舶》，姜锡瑞主编，哈尔滨工程大学出版社，2000 年第 4 版，第 40 - 47 页；(2)《汽车修理工》，劳动和设备保障部教材办公室组织编写，中国劳动社会保障出版社，2001 年 7 月第 1 版，第 2 - 10 页，均公开了热处理得到贝氏体钢时工艺参数的设计原则，并给出了一定情况下贝氏体钢的硬度、强韧性指标参考）。

可见，本领域技术常识对于冷却速度变化要求和微观结构及机械性能之间的相互联系有较为详细的指导，加速控制冷却，即 ACC 工艺为本领域常用技术，已知成分和最终组织、性能的情况下，调控 ACC 工艺的速度、冷却始末温度是本领域的常规技术手段，很容易结合合金相图及冷却曲线等技术常识进行有限的试验尝试即可获得。

在本申请中并没有文字记载其所限定的"受控冷却"是区别于现有技术或是本申请的发明点，且其所限定的屈服强度、抗拉强度等机械性能也没有超出本领域技术人员的预期，此时，本领域技术人员能够根据说明书公开的内容并结合其所掌握的普通技术知识，选择适当的受控冷却的加速、分段冷却方式、冷却速度以及冷却终止温度等工艺参数对权利要求所限定的钢材进行加工并获得所限定的机械性能。因此基于上述理由，说明书对技术方案做了清楚完整的记载，符合专利法第二十六条第三款的规定。

上面论述了说明书符合专利法第二十六条第三款的相关规定的理由，希望审查员在考虑上述陈述意见后，能早日批准本申请为发明专利。若审查员认为专利申请文件仍不符合专利法和专利法实施细则的有关规定，希望能给予一次会晤或电话讨论的机会，以便直接与审查员交换意见或者再给申请人一次修改专利申请文件的机会。

【案例评析】如果公开不充分审查意见的争议焦点在于对本领域技术人员是否知晓某一技术知识时，在争辩时可以借鉴并引用相关公知常识证据来佐证该技术知识确实是本领域技术人员所公知的，在技术方案中是否展开进行描述并不影响本领域技术人员实施该技术方案。

4.3.2.3 《专利法》第二十六条第四款

专利法第二十六条第四款规定：权利要求书应当以说明书为依据，清楚、简要地限定要求专利保护的范围。

从这个条款的字面意思就可以看出，其作出了两个方面的要求：（1）权利要求书应当以说明书为依据；（2）权利要求要清楚、简要地限定要求专利保护的范围。简而言之，另一个涉及权利要求是否得到说明书支持，另一个涉及权利要求是否清楚。

下面就从这两个方面对该条款的答复策略和意见撰写进行说明。

A 得不到说明书支持

审查意见指出权利要求得不到说明书支持，实质上就是指目前的权利要求保护范围相对过大了，可以通过修改适当缩小权利要求的保护范围以克服该缺陷。

冶金领域，权利要求保护范围过大导致得不到说明书支持通常有如下几种情况。

a 权利要求中数值范围概括过宽

通常对于一个较宽的数值范围，要求在说明书中给出该数值范围两端值附近和中间部分的数值点，这样才不算概括过宽。当说明书中仅给出两端值附近的数值点时，就必须在意见陈述书中通过说理分析并辅以证据说明对本领域技术人员来说该技术特征的数值范围是一个较窄的数值范围。如果不能说服审查员，就得通过修改权利要求中的数值范围以克服不支持的缺陷。

b 功能性限定

说明书中仅给出具体结构而在权利要求中将具体结构概括为用功能限定的技术特征。

这种情况下，争辩重点可放在本发明的改进点并不在于实现该功能的具体结构，而是具有该功能的技术特征与其他技术特征之间的结构关系、连接关系或相互作用关系；或者在意见陈述书中说明无法用结构特征对说明书中的多种具体结构进行概括，只能采用功能性限定。

c 采用了上位概念或者并列选择概括

权利要求中对某一技术特征采用了上位概念或者并列选择概括（即在一组相当多数量的化合物、组合物、材料中作出选择），而在说明书中仅给出少数几个下位概念的实施例或其中少数几种化合物、组合物、材料的实施例，从而认为权利要求概括的保护范围过宽。在这种情况下，应当考虑本申请的技术方案是否利用了这些下位概念的共性或者所列出的所有化合物、组合物、材料的共性来解决技术问题。如果是利用了共性，则可以不修改权利要求，在意见陈述书中具体说明本申请是如何利用该共性来解决技术问题的，以此说明该上位概括或者并列选择概括所包含的所有方式都能解决发明所要解决的技术问题，并能得到相同的技术效果，因而这样概括的权利要求能够得到说明书的支持。

在答复这类审查意见时，首先需要结合申请文件来判断审查意见是否合理，如果认为本领域技术人员从说明书记载的内容能合理地概括出权利要求限定的范围，则可以先不对权利要求书进行修改，而是争取通过会晤或电话讨论的方式与审查员取得联系，就这个问题进行沟通交流，看看是不是审查员的理解有误，尽力争取更大的保护范围。

如果权利要求概括确实不恰当，保护范围确实过大了，则可以依据说明书中记载的内容对权利要求进行修改，缩小其保护范围，但是，在缩小保护范围的过程中要尽可能争取一个相对宽的保护范围。

如果得不到说明书支持的问题是由于权利要求的用语与说明书中的用语不一致所导致的，或者是说明书发明内容部分缺少与权利要求技术方案相应的文字描述造成的（相当于是形式上得不到说明书支持），则可以通过对说明书进行修改来克服。

【案例 9】

申请号 2007101865812，发明名称"高纯度 Ni-V 合金的制造方法"。

原权利要求 1 为：

1. 一种高纯度 Ni-V 合金的制造方法，其特征在于，对具有 99.0%（质量分数）以上且 99.9%（质量分数）以下的纯度的 Ni 原料和具有 95.0%（质量分数）以上且 99.9%（质量分数）以下的纯度的 V 原料中的任意一方或双方进行电子束熔解，并对其进一步进行高频熔解而使其合金化。

审查意见指出：本申请的 Ni-V 合金是由 Ni 和 V 进行高频熔解而使其合金化获得的，也就是说 Ni-V 合金的纯度直接依赖于 Ni 原料和 V 原料的纯度，如果仅对具有 99.0%（质量分数）以上且 99.9%（质量分数）以下的纯度的 Ni 原料和具有 95.0%（质量分数）以上且 99.9%（质量分数）以下的纯度的 V 原料中的任意一方进行电子束熔解，则未进行电子束熔解的一方，当其纯度低于 99.9%（质量分数），且其在合金中所占的比例较大，其含有的杂质不能在高频熔炼中被经过电子束熔解的原料中和时，所获得的 Ni-V 合金的纯度将难以达到 99.9%（质量分数）以上的高纯度，由此可见，权利要求 1 的"对具有 99.0%（质量分数）以上且 99.9%（质量分数）以下的纯度的 Ni 原料和具有 95.0%（质量分数）以上且 99.9%（质量分数）以下的纯度的 V 原料中的任意一方或双方进行电子束熔解"概括了一个较宽的范围，其中涵盖了不能解决发明所要解决的技术问题，并达到相同的技术效果的技术方案。因此权利要求1未以说明书为依据，不符合专利法第二十六条第四款的规定。

分析上述审查意见之后确定，目前权利要求1的保护范围确实过大，其中包括了无法解决所述要解决的技术问题并达到相同技术效果的技术方案，需要通过修改来缩小其保护范围以克服该缺陷。具体答复意见可以撰写如下：

申请人根据国家知识产权局专利局于×××年××月××日发出的第一次审查意见通知书中的审查意见，重新撰写了权利要求书。随此意见陈述书附上新修改的权利要求书全文。

申请人在仔细研究了审查员的审查意见后，同意审查意见通知书中关于权利要求1不符合专利法第二十六条第四款相关规定的审查意见。为此对权利要求书作了修改，删除了权利要求1中的"中的任意一方或双方"，即将权利要求1所请求保护的技术方案限定为对两种原料均进行电子束熔解。所作修改是依据说明书公开的技术方案进行的，因为改后的技术方案在原说明书（注明具体出处）中有记载，因此，修改未超出原说明书和权利要求书的记载范围，满足专利法第三十三条的规定。

新修改的权利要求1为：

1. 一种高纯度Ni-V合金的制造方法，其特征在于，对具有99.0%（质量分数）以上且99.9%（质量分数）以下的纯度的Ni原料和具有95.0%（质量分数）以上且99.9%（质量分数）以下的纯度的V原料双方进行电子束熔解，并对其进一步进行高频熔解而使其合金化。

修改之后，根据本申请说明书的记载，Ni–V合金是由Ni和V进行高频熔解而使其合金化获得的，也就是说Ni-V合金的纯度直接依赖于Ni原料和V原料的纯度，对具有99.0%（质量分数）以上且99.9%（质量分数）以下的纯度的Ni原料和具有95.0%（质量分数）以上且99.9%（质量分数）以下的纯度的V原料均进行电子束熔解，能够使获得的Ni-V合金具有99.9%（质量分数）以上的高纯度。因此权利要求1就能够得到说明书的支持了，符合专利法第二十六条第四款的规定。

上面论述了新修改的权利要求符合专利法第二十六条第四款的规定的理由，通过上述修改，专利申请文件已克服了审查意见通知书中所指出的缺陷，希望审查员在考虑上述陈述意见后，能早日批准本申请为发明专利。若审查员认为新修改的专利申请文件仍不符合专利法和专利法实施细则的有关规定，希望能给予一次会晤或电话讨论的机会，以便直接与审查员交换意见或者再给申请人一次修改专利申请文件的机会。

【案例评析】面临权利要求得不到说明书支持的审查意见时，首先判断该意见是否合理。不合理的话，应通过与审查员沟通，尽可能地将权利要求保护范围没有概括得过大的理由解释清楚；合理的话，可以通过修改权利要求克服该缺陷，但是，修改必须以说明书为依据，并且适当缩小保护范围，同时兼顾申请人的利益。

【案例 10】

申请号 200480027085.7，发明名称"弥散强化（ODS）钼 – 硅 – 硼合金"。

原权利要求为：

1. 一种钼 – 硅 – 硼（Mo-Si-B）合金，包括金属间相的钼硅化物和钼硼硅化物，选择地包括钼硼化物，其中金属间相成分的总含量是 25% ~ 90%（体积分数），微结构成分的含量 <5%（体积分数），其余成分是钼或钼固溶体，其特征在于，所述合金含有 0.1% ~ 5%（体积分数）的，在 1500℃下的蒸气压 <5000Pa 的一种或多种氧化物或混合氧化物。

2. 根据权利要求 1 所述的钼 – 硅 – 硼合金，其特征在于，所述氧化物或混合氧化物的平均颗粒大小 <5μm。

3. 根据前述权利要求 1 所述的钼 – 硅 – 硼合金，其特征在于，所述氧化物或混合氧化物的蒸气压 <50Pa。

4. 根据前述权利要求 1 所述的钼 – 硅 – 硼合金，其特征在于，所述氧化物或混合氧化物源自包括金属钇（Y）、镧系元素、锆（Zr）、铪（Hf）、钛（Ti）、铝（Al）、钙（Ca）、镁（Mg）和锶（Sr）的氧化物的一组氧化物。

5. 根据前述权利要求 1 所述的钼 – 硅 – 硼合金，其特征在于，所述钼硅化物和钼硼硅化物的总含量等于 40% ~ 80%（体积分数）。

6. 根据前述权利要求 1 所述的钼 – 硅 – 硼合金，其特征在于，所述钼固溶体含有一种或多种金属，所述金属选自包括铼（Re）、钛（Ti）、锆（Zr）、铪（Hf）、钒（V）、铌（Nb）、钽（Ta）、铬（Cr）和铝（Al）的一组金属。

7. 根据前述权利要求 1 所述的钼 – 硅 – 硼合金，其特征在于，所述的钼 – 硅 – 硼合金包括 0.1% ~ 8.9%（质量分数）的硅，0.1% ~ 5.3%（质量分数）的硼，0.1% ~ 5%（体积分数）的金属的一种或多种氧化物或混合氧化物，所述金属选自包括钇（Y）、镧系元素、锆（Zr）、铪（Hf）、钛（Ti）、铝（Al）、钙（Ca）、镁（Mg）和锶（Sr）的一组金属，其余为钼。

8. 根据前述权利要求 7 所述的钼 – 硅 – 硼合金，其特征在于，所述钼 – 硅 – 硼合金包括 2% ~ 6%（质量分数）的硅，0.5% ~ 2%（质量分数）的硼和 0.2% ~ 1%（体积分数）的氧化钇（Y_2O_3），其余为钼。

9. 根据前述权利要求 1 所述的钼 – 硅 – 硼合金，其特征在于，所述钼 – 硅 – 硼合金包括 0.1% ~ 8.9%（质量分数）的硅，0.1% ~ 5.3%（质量分数）的硼，1% ~ 25%（质量分数）的铌（Nb），0.1% ~ 5%（体积分数）金属的一种或多种氧化物或混合氧化物，所述金属选自包括钇（Y）、镧系元素、锆（Zr）、铪（Hf）、钛（Ti）、铝（Al）、钙（Ca）、镁（Mg）和锶（Sr）的一组金属，其余为钼。

10. 根据前述权利要求 1 所述的钼 – 硅 – 硼合金，其特征在于，所述钼 – 硅 – 硼合金包括 2% ~ 6%（质量分数）的硅，0.5% ~ 2%（质量分数）的硼，0.2% ~ 1%（体积分数）的氧化钇（Y_2O_3），5% ~ 10%（质量分数）的铌（Nb），其余为钼。

11. 根据权利要求 1 ~ 10 中任一所述的钼 – 硅 – 硼合金的制备方法，其特征在于，所述氧化物或混合的氧化物用机械熔合的方法磨成合金粉末，所述粉末可以是基本的粉末或预熔合的粉末形式；所述机械熔合而成的粉末用热压制法进行致密化。

审查意见指出：权利要求 1 未记载 Mo、Si 和 B 的数值范围，导致权利要求得不到说明书的支持，因此权利要求 1 未以说明书为依据，不符合专利法第二十六条第四款的规定。权利要求 11 中"可以"导致权利要求保护范围不清楚，不符合专利法第二十六条第四款的规定。

分析上述审查意见之后确定，目前权利要求 1 的保护范围确实过大，其中包括了无法解决所述要解决的技术问题并达到相同技术效果的技术方案，需要通过修改来缩小其保护范围以克服该缺陷。具体答复意见可以撰写如下：

申请人根据国家知识产权局专利局于×××年××月××日发出的第一次审查意见通知书中的审查意见，重新撰写了权利要求书。随此意见陈述书附上新修改的权利要求书全文。

申请人在仔细研究了审查员的审查意见后，同意审查意见通知书中关于权利要求 1、11 不符合专利法第二十六条第四款相关规定的审查意见。为此对权利要求书作了修改，进一步限定了所述的钼 – 硅 – 硼合金中硅的含量为 0.1% ~ 8.9%（质量分数），硼的含量为 0.1% ~ 5.3%（质量分数），以及 0.1% ~ 5%（体积分数）的金属的一种或多种氧化物或混合氧化物，所述金属选自包括钇（Y）、镧系元素、锆（Zr）、铪（Hf）、钛（Ti）、铝（Al）、钙（Ca）、镁（Mg）和锶（Sr）的一组金属，其余为钼；删除权利要求 11 中导致权利要求保护范围不清楚的词"可以"。可见修改后的权利要求 1 对硅、硼、钼的含量范围进行了限定。所作修改是依据说明书公开的技术方案进行的，因为改后的技术方案在原说明书（注明具体出处）中有记载，因此，修改未超出原说明书和权利要求书的记载范围，满足专利法第三十三条的规定。

新修改的权利要求为：

1. 一种钼 – 硅 – 硼（Mo-Si-B）合金，包括金属间相的钼硅化物和钼硼硅化物，选择地包括钼硼化物，其中金属间相成分的总含量是 25% ~ 90%（体积分数），进一步微结构成分的含量 <5%（体积分数），其余成分是钼或钼固溶体，其特征在于，所述的钼 – 硅 – 硼合金包括 0.1% ~ 8.9%（质量分数）的硅，

0.1%~5.3%（质量分数）的硼，所述合金含有 0.1%~5%（体积分数）的，在 1500℃下的蒸气压 <5000Pa 的，金属的一种或多种氧化物；所述金属选自包括钇（Y）、镧系元素、锆（Zr）、铪（Hf）、钛（Ti）、铝（Al）、钙（Ca）、镁（Mg）和锶（Sr）的一组金属，其余为钼。

2. 根据权利要求 1 所述的钼 - 硅 - 硼合金，其特征在于，所述一种氧化物或多种氧化物的平均颗粒大小 <5μm。

3. 根据前述权利要求 1 所述的钼 - 硅 - 硼合金，其特征在于，所述一种氧化物或多种氧化物的蒸气压 <50Pa。

4. 根据前述权利要求 1 所述的钼 - 硅 - 硼合金，其特征在于，所述一种氧化物或多种氧化物源自包括金属钇（Y）、镧系元素、锆（Zr）、铪（Hf）、钛（Ti）、铝（Al）、钙（Ca）、镁（Mg）和锶（Sr）的氧化物的一组氧化物。

5. 根据前述权利要求 1 所述的钼 - 硅 - 硼合金，其特征在于，所述钼硅化物和钼硼硅化物的总含量等于 40%~80%（体积分数）。

6. 根据前述权利要求 1 所述的钼 - 硅 - 硼合金，其特征在于，所述钼固溶体含有一种或多种金属，所述金属选自包括铼（Re）、钛（Ti）、锆（Zr）、铪（Hf）、钒（V）、铌（Nb）、钽（Ta）、铬（Cr）和铝（Al）的一组金属。

7. 根据前述权利要求 1 所述的钼 - 硅 - 硼合金，其特征在于，所述钼 - 硅 - 硼合金包括 2%~6%（质量分数）的硅，0.5%~2%（质量分数）的硼和 0.2%~1%（体积分数）的氧化钇（Y_2O_3），其余为钼。

8. 根据前述权利要求 1 所述的钼 - 硅 - 硼合金，其特征在于，所述钼 - 硅 - 硼合金包括 0.1%~8.9%（质量分数）的硅，0.1%~5.3%（质量分数）的硼，1%~25%（质量分数）的铌（Nb），0.1%~5%（体积分数）金属的一种或多种氧化物，所述金属选自包括钇（Y）、镧系元素、锆（Zr）、铪（Hf）、钛（Ti）、铝（Al）、钙（Ca）、镁（Mg）和锶（Sr）的一组金属，其余为钼。

9. 根据前述权利要求 1 所述的钼 - 硅 - 硼合金，其特征在于，所述钼 - 硅 - 硼合金包括 2%~6%（质量分数）的硅，0.5%~2%（质量分数）的硼，0.2%~1%（体积分数）的氧化钇（Y_2O_3），5%~10%（质量分数）的铌（Nb），其余为钼。

10. 根据权利要求 1~9 中任一所述的钼 - 硅 - 硼合金的制备方法，其特征在于，所述一种氧化物或多种氧化物用机械熔合的方法磨成合金粉末，所述粉末是基本的粉末或预熔合的粉末形式；所述机械熔合而成的粉末用热压制法进行致密化。

修改后的权利要求 1 对硅、硼、钼的含量范围进行了限定。本申请要解决的技术问题是提供具有改善的断裂韧度和变形性能的高强度抗氧化钼 - 硅 - 硼合金，为解决该技术问题本申请采用的技术手段是在钼 - 硅 - 硼合金中添加氧化物，该氧化物在1500℃的蒸气压小于5×10^{-2}Pa。氧化物添加剂可以防止金属间相成分在热机械处理中变得更加粗糙，另外还防止再结晶，添加的氧化物不仅增加强度还改善了延展性。氧化物在1500℃的蒸气压小于5×10^{-2}Pa可以保证在热均衡加工步骤中氧化物稳定，从而发挥其改善合金性能的作用。本申请实施例1、2表明，由0.5%（质量分数）的氧化钇、96.5%（质量分数）的钼，3.1重量%的硅和1.14重量%的硼制备得到的钼－硅－硼合金以及由0.7%（质量分数）的La(OH)$_2$、93.9%（质量分数）的钼、3.9%（质量分数）的硅和1.4%（质量分数）的硼制备得到的钼－硅－硼合金，显示出了高于未加入氧化钇或者La(OH)$_2$的钼－硅－硼合金的强度、抗氧化性能以及断裂韧度。相比于钇、镧而言，锆（Zr）、铪（Hf）、钛（Ti）、铝（Al）、钙（Ca）、镁（Mg）和锶（Sr）在1500℃的蒸气压也小于5×10^{-2}Pa。本领域技术人员根据说明书公开的内容，能够合理预期修改后的权利要求1的方案可以解决本申请所要解决的技术问题并获得本申请的预期技术效果，能够得到说明书的支持，符合专利法第二十六条第四款的规定。

改后的权利要求10（原权利要求11）删去了其中记载的"可以"，将"所述粉末可以是基本的粉末……"修改为"所述粉末是基本的粉末……"，因此，克服了"可以"限定出两个不同的保护范围的缺陷，符合专利法第二十六条第四款的规定。

上面论述了新修改的权利要求符合专利法第二十六条第四款的规定的理由，通过上述修改，专利申请文件已克服了审查意见通知书中所指出的缺陷，希望审查员在考虑上述陈述意见后，能早日批准本申请为发明专利。若审查员认为新修改的专利申请文件仍不符合专利法和专利法实施细则的有关规定，希望能给予一次会晤或电话讨论的机会，以便直接与审查员交换意见或者再给申请人一次修改专利申请文件的机会。

【案例评析】 面临权利要求得不到说明书支持的审查意见时，首先判断该意见是否合理。合理的话，可以通过修改权利要求克服该缺陷，但是，修改必须以说明书为依据，并且适当缩小保护范围，同时兼顾申请人的利益。

【案例11】

申请号2004100492394，发明名称"背光组件"

原权利要求书为：

1. 一种背光组件，包括：

一外框，其边缘具有多个定位四部；

一光源，该光源设置于该外框上；以及

至少一光学薄膜，其边缘具有四定位凸块，其中两个定位凸块位于另外两个定位凸块的连线的两侧，该四定位凸块的边缘用以抵住该外框的边缘，并且该四定位凸块与外框边缘上对应的定位凹部接合，借此将该光学薄膜固定于该外框中，该光学薄膜可在平行于光学薄膜的表面的方向上从该外框的边缘滑进或滑出该外框。

2. 如权利要求 1 所述的背光组件，其特征在于：各该定位凸块的形状为一多边形。

3. 如权利要求 1 所述的背光组件，其特征在于：该光学薄膜的形状为一四边形。

4. 如权利要求 3 所述的背光组件，其特征在于：该四定位凸块位于该光学薄膜的四角落上。

5. 如权利要求 1 所述的背光组件，其特征在于：所述定位凹部为二定位孔及二缺口，其中一定位孔及一个缺口位于另外一个定位孔及另外一个缺口的连线的两侧，当该光学薄膜从该外框的边缘滑进该外框时，所述两个定位凸块用以对应地与所述二定位孔扣接，所述另外两个定位凸块用以对应地与所述两个缺口嵌合。

6. 如权利要求 1 所述的背光组件，其特征在于：该光学薄膜在该光学薄膜的表面的法线方向上被固定。

审查意见指出：权利要求 1 中未对"定位凹部"的类型、形状等结构特征进行具体限定，仅采用功能性限定的方式，而上述限定无法得到本申请说明书的支持，因此权利要求 1 未以说明书为依据，不符合专利法第二十六条第四款的规定。

分析上述审查意见之后确定，目前权利要求 1 采用了功能性限定，其保护范围确实过大，需要通过修改来缩小其保护范围以克服该缺陷。具体答复意见可以撰写如下：

申请人根据国家知识产权局专利局于××××年××月××日发出的第一次审查意见通知书中的审查意见，重新撰写了权利要求书。随此意见陈述书附上新修改的权利要求书全文。

申请人在仔细研究了审查员的审查意见后，同意审查意见通知书中关于权利要求 1 不符合专利法第二十六条第四款相关规定的审查意见。为此对权利要求书作了修改，将权利要求 5 的附加技术特征并入到权利要求 1 中构成新权利要求 1，适应性地删除权利要求 5，并对其他权利要求的编号进行了适应性修改。因此，修改未超出原说明书和权利要求书的记载范围，满足专利法第三十三条的规定。

新修改的权利要求书为：

"1. 一种背光组件，包括：

一外框，其边缘具有多个定位凹部；

一光源，该光源设置于该外框上；以及

至少一光学薄膜，其边缘具有四定位凸块，该两个定位凸块位于另外两个定位凸块的连线的两侧，该四定位凸块的边缘用以抵住该外框的边缘，并且该四定位凸块与外框边缘上对应的定位凹部接合，借此将该光学薄膜固定于该外框中，该光学薄膜可从该外框的边缘滑进或滑出该外框，所述定位凹部为二定位孔及二缺口，其中一个定位孔及一个缺口位于另外一个定位孔及另外一个缺口的连线的两侧，当该光学薄膜从该外框的边缘滑进该外框时，所述两个定位凸块用以对应地与所述两个定位孔扣接，所述另外两个定位凸块用以对应地与所述两个缺口嵌合。

2. 如权利要求1所述的背光组件，其特征在于：各该定位凸块的形状为一多边形。

3. 如权利要求1所述的背光组件，其特征在于：该光学薄膜的形状为一四边形。

4. 如权利要求3所述的背光组件，其特征在于：该四定位凸块位于该光学薄膜的四角落上。

5. 如权利要求1所述的背光组件，其特征在于：该光学薄膜在该光学薄膜的表面的法线方向上被固定。"

改后的权利要求1，将定位凹部具体限定为"二定位孔及二缺口，其中一个定位孔及一个缺口位于另外一个定位孔及另外一个缺口的连线的两侧，当该光学薄膜从该外框的边缘滑进该外框时，所述两个定位凸块用以对应地与所述两个定位孔扣接，所述另外两个定位凸块用以对应地与所述两个缺口嵌合"，且上述内容与本申请说明书第4页第6～18行以及附图2、3的内容相应，所属技术领域的技术人员能够从本申请说明书充分公开的内容中得到权利要求1所请求保护的技术方案，因此权利要求1得到了说明书的支持，符合专利法第二十六条第四款的规定。

上面论述了新修改的权利要求符合专利法第二十六条第四款的规定的理由，通过上述修改，专利申请文件已克服了审查意见通知书中所指出的缺陷，希望审查员在考虑上述陈述意见后，能早日批准本申请为发明专利。若审查员认为新修改的专利申请文件仍不符合专利法和专利法实施细则的有关规定，希望能给予一次会晤或电话讨论的机会，以便直接与审查员交换意见或者再给申请人一次修改专利申请文件的机会。

【案例评析】面临权利要求得不到说明书支持的审查意见时，首先应判断该意见是否合理。合理的话，可以通过修改权利要求克服该缺陷，但是，修改必须以说明书为依据，并且适当缩小保护范围，同时兼顾申请人的利益。

B　保护范围不清楚

审查意见指出权利要求未清楚限定保护范围。这类审查意见出现的频率也比较高。首先需要结合本申请技术方案来分析判断审查意见是否合理。如果认为审查意见指出不清楚的地方实际上是清楚的，那么可以在意见陈述书中进行详细的分析说理，以说明其足够清楚；如果确实不清楚，不清楚的情况很多，主要分为形式不清楚和实质不清楚。其中，形式上不清楚主要是文字表达不清等导致的，并不会影响权利要求的保护范围；实质性不清楚是文字表达错误，或表达不当导致权利要求保护范围受到影响。

对于形式上不清楚的问题，可按照审查意见通知书的要求进行修改，不明确修改方式时可与审查员进行联系沟通，统一修改方式以尽快全面克服所有这类缺陷；对于实质性不清楚的问题，首先要明确不清楚的原因所在，明确了原因之后，以说明书的内容为依据，对权利要求中的相应表述进行纠正或更改，以将其表述清楚，如果有不明确的地方，也可以与审查员取得联系，进行沟通交流，就修改方式交换意见。修改还要兼顾保护范围大小和不能超出原申请文件的范围。

【案例 12】

申请号 200410098331.X，发明名称"一种用于还原炉和熔炼炉的耐火炉衬的耐久的高炉炉砖"。

原权利要求 1 为：

1. 一种用于还原炉和熔炼炉的耐火炉衬的耐久的高炉炉砖，其特征在于，高炉炉砖含有多于 50%（质量分数）的碳和 5% ~ 25%（质量分数）的多铝红柱石，且高炉炉砖是微孔的。

2. 根据权利要求 1 所述的用于还原炉和熔炼炉的耐火炉衬的耐久的高炉炉砖，该高炉炉砖是超微孔的。

审查意见指出权利要求 1 保护范围不清楚，具体原因是：微孔和超微孔在本领域没有公知的范围，因此，其本身是不清楚的，从而导致权利要求的保护范围不清楚。

面对这样的审查意见，首先要结合本申请的技术方案来分析其合理性。

事实上，中国冶金行业标准 YB/T 141—1998 中对于微孔有明确定义，因此"微孔"在本领域是属于公知范围的；"微孔"和"超微孔"的含义在说明书及说明书附图中也有相应的阐明：说明书中示出了微孔的碳砖的孔直径分布，如图所示其是以百分比计的累积孔体积对以微米计的孔直径的曲线，具有 $0.1 \sim 10\,\mu m$ 的直径的孔构成了大部分的孔体积。说明书中示出了超微孔的碳砖的孔直径分布，其是以百分比计的累积孔体积对以微米计的孔直径的曲线，具有 $0.02 \sim 0.3\,\mu m$ 的直径的孔构成了大部分的孔体积。以上附图说明给出了微孔、超微孔的孔体积的分布范围。可见，说明书中对微孔、超微孔进行了定义，其域值范围是清楚的，本领域技术人员完全能够理解并确定其范围；更进一步地，本申请中直观地给出了微孔、超微孔的碳砖的孔直径分布，其趋势和范围对于本领域技术人员而言是清楚、明确的。

综合以上因素，答复意见可撰写如下：

申请人根据国家知识产权局专利局于×××年××月××日发出的第一次审查意见通知书中的审查意见。指出本申请权利要求1不符合专利法第二十六条第四款的规定。具体理由为：权利要求1保护范围不清楚，微孔和超微孔在本领域没有公知的范围，因此，其本身是不清楚的，从而导致权利要求的保护范围不清楚。

申请人在仔细研究了审查员的上述意见后，不能同意上述审查意见。具体理由如下：中国冶金行业标准YB/T 141—1998中对于微孔有明确定义，因此"微孔"在本领域是属于公知范围的；"微孔"和"超微孔"的含义在说明书及说明书附图中也有相应的阐明：说明书中示出了微孔的碳砖的孔直径分布，如图所示其是以百分比计的累积孔体积对以微米计的孔直径的曲线，具有$0.1 \sim 10\mu m$的直径的孔构成了大部分的孔体积。说明书中示出了超微孔的碳砖的孔直径分布。其是以百分比计的累积孔体积对以微米计的孔直径的曲线，具有$0.02 \sim 0.3\mu m$的直径的孔构成了大部分的孔体积。以上附图说明给出了微孔、超微孔的孔体积的分布范围。可见，说明书中对微孔、超微孔进行了定义，其域值范围是清楚的，本领域技术人员完全能够理解并确定其范围；更进一步地，本申请中直观地给出了微孔、超微孔的碳砖的孔直径分布，其趋势和范围对于本领域技术人员而言是清楚、明确的。因此，权利要求1的保护范围清楚，符合专利法第二十六条第四款的规定。

上面论述了权利要求1符合专利法第二十六条第四款的相关规定的理由，希望审查员在考虑上述陈述意见后，能早日批准本申请为发明专利。若审查员认为专利申请文件仍不符合专利法和专利法实施细则的有关规定，希望能给予一次会晤或电话讨论的机会，以便直接与审查员交换意见或者再给申请人一次修改专利申请文件的机会。

4.3.2.4 《专利法实施细则》第二十条第二款

缺少必要技术特征是针对独立权利要求提出的。通常审查意见指出缺少必要技术特征这个缺陷，是因为独立权利要求中没有记载对现有技术做出创造性贡献的技术特征。

面对这样的审查意见，首先分析本申请属于下面哪一种情况：如果独立权利要求缺少该技术特征就不能解决说明书中指出的最主要技术问题，则应该修改独立权利要求，以克服这种缺陷；如果独立权利要求中记载了对现有技术做出创造性贡献的技术特征，所指出的未写入的技术特征只是解决说明书中指出的其他次要技术问题，则可以不修改权利要求书。

【案例13】

申请号2004800113466，发明名称"一种烧结滑动部件"。

原权利要求 1 为：

1. 一种烧结滑动部件，具备里衬金属和在此里衬金属上被固定的铁系烧结滑动体，其特征在于，所述铁系烧结滑动体具有固溶碳的浓度被调整为 0.15% ~ 0.5%（质量分数）的马氏体相，并含有相对于所述铁系烧结滑动体整体占 5% ~ 50%（体积分数）的碳化物，所述铁系烧结滑动体含有选自由 9% ~ 35%（质量分数）的 Cr、3.5% ~ 6%（质量分数）的 Mo、总量为 4.5% ~ 15%（质量分数）的 Mo 和 W，以及 3% ~ 8%（质量分数）的 V 构成的组中的一种以上，并且选自由 Cr_7C_3 型碳化物、M_6C 型碳化物，以及 MC 型碳化物构成的组中的一种以上的碳化物分散在所述马氏体相中。

审查意见指出：权利要求 1 仅限定铁系烧结滑动体选择性地含有 Cr、Mo、W、V 及其含量，没有限定全部必要成分及其含量。例如，该申请重点涉及烧结滑动体中的碳化物，C 是必要成分之一，C 元素及其含量也是解决该申请技术问题所必不可少的技术特征。另外，作为铁系烧结滑动体，Fe 元素及其含量也是解决该申请技术问题所必不可少的技术特征。因此铁系烧结滑动体的必要成分及其含量是权利要求 1 解决技术问题所必不可少的技术特征，权利要求 1 没有限定全部必要成分及其含量，未能从整体上反映该申请的技术方案，缺少解决上述技术问题的必要技术特征。

面对这样的审查意见，首先核实情况是否属实，理由是否成立。

经核实，审查意见指出的缺陷确实存在，需要通过修改申请文件予以克服。具体答复意见可撰写如下：

国家知识产权局专利局于×××年××月××日发出的第一次审查意见通知书中指出：权利要求 1 仅限定铁系烧结滑动体选择性地含有 Cr、Mo、W、V 及其含量，没有限定全部必要成分及其含量。例如，该申请重点涉及烧结滑动体中的碳化物，C 是必要成分之一，C 元素及其含量也是解决该申请技术问题所必不可少的技术特征。另外，作为铁系烧结滑动体，Fe 元素及其含量也是解决该申请技术问题所必不可少的技术特征。因此铁系烧结滑动体的必要成分及其含量是权利要求 1 解决技术问题所必不可少的技术特征，权利要求 1 没有限定全部必要成分及其含量，未能从整体上反映该申请的技术方案，缺少解决上述技术问题的必要技术特征不符合《专利法实施细则》第二十条第二款相关规定。申请人据此重新撰写了权利要求书。随此意见陈述书附上新修改的权利要求书全文。

申请人在仔细研究了审查员的审查意见后，同意审查意见通知书中关于权利要求 1 不符合《专利法实施细则》第二十条第二款相关规定的审查意见。为此对权利要求书作了修改，将技术特征"所述铁系烧结滑动体含有选自由 1.5% ~ 3.2%（质量分数）的 C、7% ~ 25%（质量分数）的 Cr、3.5%（质量分数）以上的 Mo、总量为 5% ~ 15%（质量分数）的 Mo 和 W、以及 3% ~ 8%（质量分数）

的 V 构成的组中的一种以上，剩余部分由 Fe 构成，并且选自由 Cr_7C_3 型碳化物、M_6C 型碳化物，以及 MC 型碳化物构成的组中的一种以上的碳化物分散在所述马氏体相中"加入独立权利要求 1 中。所作修改是依据说明书公开的技术方案进行的，因为改后的技术方案在原说明书（注明具体出处）中有记载，因此，修改未超出原说明书和权利要求书的记载范围，满足专利法第三十三条的规定。

新修改的权利要求 1 为：

1. 一种烧结滑动部件，具备里衬金属和在此里衬金属上被固定的铁系烧结滑动体，其特征在于，所述铁系烧结滑动体具有固溶碳的浓度被调整为 0.2% ~ 0.45%（质量分数）的马氏体相，并含有相对于所述铁系烧结滑动体整体占 5% ~ 50%（体积分数）的碳化物，所述铁系烧结滑动体含有选自由 1.5% ~ 3.2%（质量分数）的 C、7% ~ 25%（质量分数）的 Cr、3.5%（质量分数）以上的 Mo、总量为 5% ~ 15%（质量分数）的 Mo 和 W、以及 3% ~ 8%（质量分数）的 V 构成的组中的一种以上，剩余部分由 Fe 构成，并且选自由 Cr_7C_3 型碳化物、M_6C 型碳化物，以及 MC 型碳化物构成的组中的一种以上的碳化物分散在所述马氏体相中。

本申请涉及一种烧结滑动部件及作业机连结装置，要解决的技术问题是一种耐磨损性、耐烧结性以及耐热裂纹性优异的烧结滑动部件。为了解决此技术问题，该权利要求保护具备里衬金属和在此里衬金属上被固定的铁系烧结滑动体，需要提供一种具备上述性能的铁基合金作为所述铁系烧结滑动体；其中铁系合金的必要成分及其含量是权利要求 1 解决上述技术问题所必不可少的技术特征。

申请人答复审查意见通知书时已经将技术特征"所述铁系烧结滑动体含有选自由 1.5% ~ 3.2%（质量分数）的 C、7% ~ 25%（质量分数）的 Cr、3.5%（质量分数）以上的 Mo、总量为 5% ~ 15%（质量分数）的 Mo 和 W，以及 3% ~ 8%（质量分数）的 V 构成的组中的一种以上，剩余部分由 Fe 构成，并且选自由 Cr_7C_3 型碳化物、M_6C 型碳化物，以及 MC 型碳化物构成的组中的一种以上的碳化物分散在所述马氏体相中"加入独立权利要求 1 中，其中包含了铁系烧结滑动体合金的必要成分及其含量，通过上述技术特征的具体限定，权利要求 1 要求保护的具备里衬金属和在此里衬金属上被固定的铁系烧结滑动体即为一种耐磨损性、耐烧结性以及耐热裂纹性优异的烧结滑动部件，其解决了本申请的技术问题。因此，权利要求 1 从整体上反映了发明的技术方案，记载了解决技术问题的必要技术特征，符合专利法实施细则第二十条第二款的规定。

上面论述了新修改的权利要求符合专利法实施细则第二十条第二款的规定的理由，通过上述修改，专利申请文件已克服了审查意见通知书中所指出的缺陷，希望审查员在考虑上述陈述意见后，能早日批准本申请为发明专利。若审查员认为新修改的专利申请文件仍不符合专利法和专利法实施细则的有关规定，希望能给予一次会晤或电话讨论的机会，以便直接与审查员交换意见或者再给申请人一次修改专利申请文件的机会。

【案例14】

申请号2006100928364，发明名称"真空罐的密封装置"。

原权利要求1为：

一种用于密封真空罐的装置，该真空罐由已挤出的型材贯穿。

其中真空罐具有一个输入口和一个输出口，至少输出口设有包围已挤出的型材的密封装置，其特征在于，密封装置能够与待挤出的型材不同的几何形状相匹配，从而能够保持真空罐中的真空。

审查意见指出：权利要求1所记载的仅仅是本申请所要解决的技术问题或者其要实现的功能："该密封装置能够与待挤出的型材不同的几何形状相匹配，从而能够保持真空罐中的真空"，而没有记载解决该技术问题或者实现该功能的具体技术特征。因此权利要求1缺少解决技术问题的必要技术特征，不符合专利法实施细则第二十条第二款的规定。所谓"形状配合密封方式"本身只是申请人意欲用所要达到的效果来概括的一类密封方式名称，即该密封方式涉及形状配合，但是它并未表达出具体的技术方案：在众多密封方式例如加压密封、填料密封等均涉及形状上的配合。本申请的背景技术是在当今使用的挤压生产线上，在挤出产品从一个尺寸更换为另一个尺寸时需要更换密封装置，本发明要解决的技术问题是：提供一种密封装置，使得在生产具有不同尺寸的挤出型材时能够省去密封装置耗费的更换，但是权利要求1并未给出密封装置如何与型材配合达到密封效果而无需更换密封装置的具体技术措施。

面对这样的审查意见，首先核实情况是否属实，理由是否成立。

经核实，关于权利要求1缺少必要技术特征的事实值得商榷，拟通过意见陈述进行详细分析说理，说服审查员改变审查意见。具体答复意见可撰写如下：

国家知识产权局专利局于×××年××月××日发出的第一次审查意见通知书中指出：权利要求1所记载的仅仅是本申请所要解决的技术问题或者其要实现的功能："该密封装置能够与待挤出的型材不同的几何形状相匹配，从而能够保持真空罐中的真空"，而没有记载解决该技术问题或者实现该功能的具体技术特征。因此权利要求1缺少解决技术问题的必要技术特征，不符合专利法实施细则第二十条第二款的规定。

首先，根据本申请说明书的记载（参见本申请说明书第1页倒数第4段），本申请要解决的技术问题是提供一种密封装置，该密封装置可以省去耗费地更换，而非"密封装置能够与待挤出的型材不同的几何形状相匹配，从而能够保持真空罐中的真空"。

其次，权利要求 1 的技术方案中记载有技术特征"密封装置能够与待挤出的型材不同的几何形状相匹配，从而能够保持真空罐中的真空"。本领域技术人员可知，在生产不同尺寸的挤出型材时，由于密封装置能够与不同尺寸的挤出型材的几何形状相匹配，所以无须更换密封装置，从而解决了耗费地更换密封装置的上述技术问题。因此记载了技术特征"密封装置能够与待挤出的型材不同的几何形状相匹配，从而能够保持真空罐中的真空"的技术方案足以能解决本申请所要解决的上述技术问题，因此，权利要求 1 所要保护的技术方案记载了解决技术问题的必要技术特征，符合专利法实施细则第二十条第二款的规定。

上面论述了权利要求符合专利法实施细则第二十条第二款的规定的理由，希望审查员在考虑上述陈述意见后，能早日批准本申请为发明专利。若审查员认为新修改的专利申请文件仍不符合专利法和专利法实施细则的有关规定，希望能给予一次会晤或电话讨论的机会，以便直接与审查员交换意见或者再给申请人一次修改专利申请文件的机会。

4.3.2.5 复审阶段的高质量争辩

A 复审程序简述

按照《专利法》第四十一条第一款的规定[20]，专利申请人对国家知识产权局驳回其专利申请的决定不服的，可以自收到驳回决定之日起 3 个月内向专利复审委员会请求复审，由此该专利申请进入了复审程序。

在专利申请的审查过程中，由于专利审查人员的水平、经验不同，对法律条款理解上的偏差以及其他各种可能造成失误的原因，导致一些本来应当批准的专利申请被驳回。因此，设置了复审程序给申请人提供了一个要求改变上述不合理审查结论的申诉机会，故复审程序属于一种法律救济手段。当专利申请人不服国家知识产权局对专利申请作出的驳回决定时，可提出复审请求，国家知识产权局的专利复审委员会受理复审请求后，会成立由合议组长、主审员和参审员组成的合议组对该案进行审查。

提交复审请求和答复复审通知书时，复审请求人可对申请文件进行符合《专利法》第三十三条和《专利法实施细则》第六十一条第一款规定的修改，并陈述意见。

因为复审是一种法律救济手段，申请人（在复审阶段称为复审请求人）的申请一旦被驳回，复审程序是一次可能改变案件结论的机会，因此，申请人要好好把握这次机会。在仔细研读驳回决定的基础上首先决定是否有提出复审请求的必要性。在做出提出复审请求的决定之后，申请人需明确复审阶段争取获得授权的理由也就是复审请求理由，并以此为依据考虑是否对申请文件进行修改。复审阶段，还需要对合议组发出的复审通知书进行高质量答复，以为申请争取到好的结论。

上述每个复审环节都十分关键，尤其是复审请求及复审通知书答复意见中的高质量争辩尤为重要，足以影响到整个案件的结论能够由驳回变成授权。所以，本小节结合案例对复审请求理由的确定、文件修改、复审通知书的答复意见撰写进行介绍。

【案例 15】

申请号 2013800629820，发明名称"一种电子电气设备用铜合金"。

原权利要求 1 为：

1. 一种电子电气设备用铜合金，其特征在于，

所述电子电气设备用铜合金含有超过 2.0%（质量分数）且小于 23.0%（质量分数）的 Zn、0.10%（质量分数）以上且 0.90%（质量分数）以下的 Sn、0.05%（质量分数）以上且小于 1.00%（质量分数）的 Ni、0.001%（质量分数）以上且小于 0.100%（质量分数）的 Fe、0.005%（质量分数）以上且 0.100%（质量分数）以下的 P，剩余部分由 Cu 及不可避免的杂质构成，Fe 的含量与 Ni 的含量之比 Fe/Ni 以原子比计，满足

$0.002 \leqslant Fe/Ni < 1.500$，且 Ni 及 Fe 的合计含量 $(Ni+Fe)$ 与 P 的含量之比 $(Ni+Fe)/P$ 以原子比计满足 $3.0 < (Ni+Fe)/P < 100.0$，而且，Sn 的含量与 Ni 及 Fe 的合计量 $(Ni+Fe)$ 之比 $Sn/(Ni+Fe)$ 以原子比计满足 $0.10 < Sn/(Ni+Fe) < 5.00$，并且，H 的含量为 10 质量×10^{-6} 以下，O 的含量为 100 质量×10^{-6} 以下，S 的含量为 50 质量×10^{-6} 以下，C 的含量为 10 质量×10^{-6} 以下。

专利局实审部门以本申请全部权利要求相对于对比文件 1 和公知常识的结合不具备创造性驳回了本申请。在收到驳回决定时，首先要认真研读驳回决定中的驳回理由，仔细阅读本申请技术方案和对比文件公开的技术方案，然后，结合本申请和对比文件公开的内容来理解分析驳回理由，分析驳回理由是否成立，本申请是否还有通过修改以获得授权的机会。

复审请求意见可以撰写如下：

请求人在经过仔细研读驳回决定后，对驳回决定不服，依据专利法第四十一条及专利法实施细则第六十条的规定，特此向专利局复审和无效审理部提出复审请求。复审请求人重新撰写了权利要求书，随此复审请求书附上新修改的权利要求书全文。

申请人在仔细研究了审查员所引用的对比文件后，同意审查意见通知书中原权利要求 1 相对于对比文件 1 和本领域常用技术手段的结合不具备专利法第二十二条第三款规定的创造性的审查意见。为此对权利要求书作了修改，因为改后的技术方案在原说明书（注明具体出处）中有记载，因此，修改未超出原说明书和权利要求书的记载范围，满足专利法实施细则第六十一条第一款和专利法第三十三条的规定。

新修改的权利要求 1 为：

1. 一种电子电气设备用铜合金，其特征在于，所述电子电气设备用铜合金含有超过 2.0%（质量分数）且小于 15.0%（质量分数）的 Zn、0.10%（质量分数）以上且 0.90%（质量分数）以下的 Sn、0.43%（质量分数）以上且小于 1.00%（质量分数）的 Ni、0.001%（质量分数）以上且小于 0.100%（质量分数）的 Fe、0.005%（质量分数）以上且 0.100%（质量分数）以下的 P，剩余部分由 Cu 及不可避免的杂质构成，Fe 的含量与 Ni 的含量之比 Fe/Ni 以原子比计，满足 $0.002 \leqslant Fe/Ni < 1.500$，且 Ni 及 Fe 的合计含量$(Ni+Fe)$与 P 的含量之比$(Ni+Fe)/P$ 以原子比计满足

$3.0 < (Ni+Fe)/P \leqslant 27.5$，而且，Sn 的含量与 Ni 及 Fe 的合计量$(Ni+Fe)$之比 $Sn/(Ni+Fe)$ 以原子比计满足 $0.30 < Sn/(Ni+Fe) < 5.00$，并且，H 的含量为 10 质量$\times 10^{-6}$以下，O 的含量为 100 质量$\times 10^{-6}$以下，S 的含量为 50 质量$\times 10^{-6}$以下，C 的含量为 10 质量$\times 10^{-6}$以下。

对比文件 1 公开了（参见说明书第 10 段）Zn：超 15%而在 35%以下，15%以下时强度、弹性会不足，同时杨氏模量会变大；对于 Ni，对比文件 1（说明书第 8 段）公开了 0.1% ~0.4%，超过 0.4%时，电导率、耐候性会有所降低。但本申请的 Zn 含量低于 15%，且 Ni 含量高于 0.4%，且本申请公开了"Zn 是本实施方式中作为对象的铜合金中的基本合金元素，是有效提高强度及弹性的元素"和"通过使 Ni 与 Fe、P 一起添加""能够使平均结晶粒径变小，且能够提高强度、弯曲加工性、耐应力腐蚀破裂性。而且，通过这些析出物的存在，能够大幅提高耐应力松弛特性""Ni 的添加量小于 0.05%（质量分数）时，无法充分提高耐应力松弛特性。另一方面，若 Ni 的添加量为 1.00%（质量分数）以上，则固溶 Ni 变多而使导电率下降，并且由于昂贵的 Ni 原材料的使用量增加而导致成本上升"。显然对比文件 1 没有给出获得本申请所述 Zn 和 Ni 的含量范围的技术启示，而是给出了相反的教导，本领域技术人员在对比文件 1 公开技术方案的基础上不会想到将 Ni、Zn 含量调整到本申请所述的范围，且本申请中的 Zn 和 Ni 的含量范围也不是本领域的常规选择。并且本申请在选择上述 Zn 和 Ni 含量的同时，保持了良好的导电率、良好的强度以及满足要求的耐应力松弛特性。因此，权利要求 1 相对于对比文件 1 和本领域公知常识的结合具备创造性。

上面论述了新修改的权利要求具备专利法第二十二条第三款规定的创造性的理由，通过上述修改，专利申请文件已克服了驳回决定中所指出的缺陷，希望慎重考虑复审请求人的上述意见。

【案例评析】 本案中，通过结合本申请和对比文件公开的内容来理解分析驳回理由，发现驳回理由是成立的，无论是技术领域、事实认定、结合启示等方面来看，都是准确的，原权利要求 1 确实相对于对比文件 1 和公知常识的结合是不

具备创造性的。此时，只能考虑通过修改申请文件以克服创造性缺陷。那么该如何修改申请文件，这就需要将重点放在寻找其中是否还有记载其他未被对比文件1公开的技术方案。经过阅读本申请的申请文件发现，本申请的原始说明书中记载了几个不同的实施例，其中一个实施例中记载了 Zn、Ni 的质量分数不同的技术方案，并且对比文件1并未公开 Zn、Ni 的这一质量分数；说明书中还对其技术效果做了描述，而对比文件1的说明书部分明确排除了 Zn、Ni 的这一质量百分比。可见，通过将该实施例的技术方案作为新的独立权利要求有希望在复审程序为本申请赢得转机，本申请有必要提交复审请求，在提交复审请求时对权利要求进行修改，以克服创造性缺陷，争取合议组能够撤销驳回。

需要强调的是，在合议组对本案进行审理时，如果支持请求人的观点，那么通常会撤销驳回决定；如果是发出了复审通知书，那就说明合议组不支持请求人的观点。此时可以认真阅读复审通知书，明确合议组的意见。答复复审通知书的策略和意见撰写技巧与实审阶段一样，但有所不同的是，复审程序作为救济程序，不会如同实审阶段一样给予很多次听证机会。绝大部分申请都会在一次复审通知书之后结案。这种情况下，如果收到复审通知书就相当于要把这次答复机会作为最后一次机会来珍惜，要尽可能把各项工作做到位。

无论是修改申请文件还是仅陈述意见，不要把机会浪费在那种之前合议组已经明确过的观点上，而是要通过分析推理，找到合议组未曾提及的点或是从合议组意见中无法推出明确结论的点，把这样的点作为答复复审通知书的重点。并且意见表达一定要是多方位的、深入的，以能够说服合议组。必要时，也可以与主审员进行会晤、电话讨论，加强沟通交流，将观点进行全面准确的表达，为本申请争取更多的机会。

参 考 文 献

[1] 冯晓青. 企业专利申请战略的运用探讨 [J]. 东南大学学报（哲学社会科学版），2007，9（4）：47-53.

[2] 李培林. 企业专利申请策略研究 [J]. 科技管理研究，2008（12）：453-454.

[3] 马荣康，等. 专利公开时滞和授权时滞条件下的技术许可时机选择——基于中国专利制度和许可数据的研究 [J]. 管理工程学报，2021（4）：61-71.

[4] 国家知识产权局.《专利优先审查管理办法》，2020.

[5] 国家知识产权局. 快速预审服务介绍，http://ggfw. cnipa. gov. cn：8010/PatentCMS_Center/.

[6] 国家知识产权局. 专利审查高速路（PPH）介绍，https://www. cnipa. gov. cn/col/col46/index. html.

[7] 钟华，安新颖. 专利组合理论及应用研究分析 [J]. 科技管理研究，2011（10）：141-145.

[8] 谢英，汪晓. 企业专利申请策略的探讨 [J]. 硬质合金，2004，21（2）：125-128.

[9] 徐兴祥. 论发明专利保护范围 [J]. 西南交通大学学报（社会科学版），2009，10（5）：126-130.

[10] 构建现代产业体系的重要路径 [EB/OL]. [2020-09-17]. http://theory.people.com.cn/n1/2019/0320/c40531-30984900.html.

[11] 柴立元，等. 绿色冶金创新发展战略研究 [J]. 中国工程科学，2022，24（2）：10-21.

[12] 徐明，姜南. 我国专利密集型产业及其影响因素的实证研究 [J]. 科学学研究，2013，31（2）：201-208.

[13] 康婧，谢怡，宋佳颖，等. 专利信息系统分析与研究 [J]. 情报工程，2017，3（5）：112-123.

[14] 刘凤朝，沈能. 基于专利结构视角的中国区域创新能力差异研究 [J]. 管理评论，2006（11）：43-47.

[15] 刘春江，李娜，许海云，等. 基于高质量专利的企业画像构建研究 [J]. Technology Intelligence Engineering，2021，7（3）：54-67.

[16] 宋河发，穆荣平，陈芳. 专利质量及其测度方法与测度指标体系研究 [J]. 科学学与科学技术管理，2010，31（4）：21-27.

[17] 徐明，陈亮. 基于文献综述视角的专利质量理论研究 [J]. 情报杂志，2018，37（12）：28-35.

[18] 彭华涛，田兰馨. 高质量专利评估研究进展及展望 [J]. 武汉理工大学学报（社会科学版），2022，35（3）：48-56.

[19] 石必胜. 专利权有效性司法判断 [M]. 北京：知识产权出版社，2016.

[20] 中华人民共和国专利法，2020.

[21] 中华人民共和国国家知识产权局. 专利审查指南 [M]. 北京：知识产权出版社，2021.

[22] 第41943号复审请求审查决定，国家知识产权局专利复审委员会，2012.

[23] 中华人民共和国最高人民法院，指导案例，2015. https://www.court.gov.cn/shenpan-xiangqing-16097.html.

[24] 第18200号无效宣告请求审查决定，国家知识产权局专利复审委员会，2014. https://www.cnipa.gov.cn/art/2014/5/21/art_2650_167201.html.

[25] 高莉. 专利权利要求解释规则研究 [M]. 北京：知识产权出版社，2015.

[26] 复审无效决定评析，国家知识产权局专利复审委员会，2021. https://www.cnipa.gov.cn/art/2021/2/8/art_2650_167149.html.

[27] 张永攀. "方法表征产品"的专利侵权判定研究 [D]. 兰州：兰州大学，2019.

[28] 田振，姚云. 对方法限定的产品权利要求的解释 [J]. 中国发明与专利，2011（1）：106-109.

[29] 徐菲，甄婉璐. 专利申请文件满足公开充分要求的相关思考 [J]. 河南科技，2020，39（33）：4.

[30] 复审无效宣告请求审查决定（第24367号），中华人民共和国国家知识产权局专利复审委员会，2014.

［31］复审通知书（案件编号 1F222748），中华人民共和国国家知识产权局专利复审委员会，2018．

［32］吴观乐，等．专利代理实务［M］．2 版．北京：知识产权出版社，2009．

5 冶金技术专利运营及纠纷应对

专利运营是对专利进行运用和经营的统称，专利的运用使得专利的制度价值得以体现，而专利的经营使得其经济价值得以体现。创新成果只有得到很好的转化和运用才能实现其价值。拥有专利技术并不能给企业带来经济效益，而只有将其进行有效的运营，将专利技术转化为生产力，才能将企业的技术优势转化为经济优势和竞争优势，形成企业的核心竞争力。

本章对冶金技术相关的专利运营，包括专利转让、专利许可、专利侵权保护、专利无效及纠纷应对进行分析，并结合大量的实际案例，以指导和帮助冶金行业的创新主体加快专利转化运用，将技术创新优势转化为价值和市场优势，并能积极正确应对各种纠纷。

5.1 专利运营

各类市场主体依法获得、拥有专利，并在生产经营活动中有效运用专利，以推动专利的商业化、市场化，来实现专利价值的过程都属于专利运营。

作为企业而言，专利运营是一项系统工程，其涵盖了专利信息技术检索分析、专利技术挖掘、专利申请、专利实施、专利转让、专利许可、专利侵权保护、专利无效等多个环节。

专利申请权以及专利权均属于无形财产，主体对该权利的占有仅能通过法律的形式得以宣示，我国《专利法实施细则》中规定，国务院专利行政部门设置专利登记簿，登记下列与专利申请和专利权有关的事项：（一）专利权的授予；（二）专利申请权、专利权的转移；（三）专利权的质押、保全及其解除；（四）专利实施许可合同的备案；（五）专利权的无效宣告；（六）专利权的终止；（七）专利权的恢复；（八）专利实施的强制许可；（九）专利权人的姓名或者名称、国籍和地址的变更。可见，从法律的角度而言，能够体现专利经济价值属性的专利运营方式主要是专利申请权和专利权的转让、专利许可和专利质押。本章主要介绍常见的专利运营方式和在专利运营过程中常见的专利纠纷及应对措施。

5.1.1 专利转让

5.1.1.1 专利转让的相关规定和理解

我国《专利法》规定，专利申请权和专利权可以转让。中国单位或者个人向外国人、外国企业或者外国其他组织转让专利申请权或者专利权的，应当依照有关法律、行政法规的规定办理手续。转让专利申请权或者专利权的，当事人应当订立书面合同，并向国务院专利行政部门登记，由国务院专利行政部门予以公告。专利申请权或者专利权的转让自登记之日起生效。

专利转让是专利权利人将其专利申请权或者专利权转让给其他机构或个人的行为，专利转让人通过此行为获得专利转让费用，从而实现专利的经济价值。在实践中专利转让是最常见的专利运用手段之一，但注意该转让行为需经过国务院专利行政部门的登记和公告后才能产生法律效力。

其中，"专利申请权"是指申请人在向国家知识产权局提出申请以后对其专利申请享有的权利，即对该专利申请的所有权。这种所有权主要体现在申请人有权决定是继续进行申请手续还是放弃其专利申请，是自己继续保留该专利申请还是将该专利申请转让给他人，是许可他人实施该专利申请中要求保护的发明还是自己予以实施等。专利申请权的转让是指转让人将其申请的但尚未获得授权的专利转让给受让人。专利权的转让则是指转让人将其已经获得授权的专利转让给受让人，既可以是专利权的全部转让，也可以是专利权的部分转让。

5.1.1.2 专利转让的策略和要点

在上述专利转让行为中，专利申请以及专利权的后续决定对权利受让人均会带来一定的影响。专利申请权的转让对于受让人而言是一种风险较高的转让行为，因为该专利申请还处于审查状态，当国家知识产权局审查结束后认为其不符合授权条件，驳回该专利申请时，此时受让人无法从中获得专利权，即无法获得一项有效的专利技术。专利申请权转让后，专利申请被驳回的，受让人一般不能要求返还转让费，这是因为专利申请权仅是对该专利申请的所有权，一件专利申请本来就有可能被驳回，是受让人在进行转让时有能力事先预见的，因此在与专利申请人订立转让合同之前应当对专利申请获得专利权的可能性进行评估和分析，以确定是否有必要订立专利申请权的转让合同。另外，我国专利法中规定，自国务院专利行政部门公告授予专利权之日起，任何单位或者个人认为该专利权的授予不符合本法有关规定的，可以请求宣告该专利权无效。也就是说对于专利权，其也面临着可能被宣告无效的风险，根据我国专利法的规定，宣告无效的专利权视为自始即不存在。专利权转让后，该专利权被宣告无效的，一般情况下受让人也不能要求返还转让费，因为我国专利法中规定，宣告专利权无效的决定，对在宣告专利权无效前已经履行的专利权转让合同，不具有追溯力，但是因专利权人的恶意给他人造成的损失，应当给予赔偿。

对于转让方，专利转出是实现其经济价值的主要方式，对于企业而言，可以选择对企业发展而言不太重要的专利，或企业已经退出的业务领域的专利，进行转让，以获得一定的经济效益，减少企业负担。出于企业未来发展的考虑，在专利转出前，除了结合企业发展战略分析可转出的专利，还应关注与受让方在所属领域中的市场竞争关系，以免将技术转让给潜在的竞争对手。另外，为了避免后续的专利纠纷，在专利转让合同中要明确约定"侵权免责"，即受让方在未来使用该转让的专利时，如出现侵犯第三人专利而导致需要承担相应的侵权法律责任，所有责任均由受让方自行承担，而一概与转让方无关。

对于受让方，转入专利是企业技术储备的一条捷径，尤其对于新兴国家企业，在面对日益激烈的国际竞争市场和技术壁垒时，基础/重要专利技术的储备是必不可少的。对于企业而言，转让来的专利应是符合企业发展需求的，以及在企业经营过程中无法规避的专利障碍。在转让方的选择上，科研机构或个人为更优选择，尤其具有较强科研能力的机构院所，因其不从事实际生产，不会构成市场竞争关系。如果转让方与企业自身的竞争关系比较激烈，其通常不会将其专利转让给自己的直接对手，除非其已调整企业发展路线，决定退出该业务领域的发展。企业在买入专利前，应分析该专利对企业发展的重要性，对专利的法律状态进行核实，且进行深入检索和分析，尤其对专利新颖性、创造性和实用性进行研究分析，确保买入的专利申请能够授权或者买入的专利权稳定可靠。在签署转让时，要注意规避相关合同风险。如，要确保受让人在实施该专利时，不应再遭到转让人任何的专利侵权追究，这是因为，作为受让人，其尚无法确信所有的相关专利都被打包。在签署完转让合同后，应及时办理专利转让登记，将专利登记在企业名下，以确保转让行为生效。企业在订立专利转让合同时，还要注意专利保护期，防止其技术相对陈旧或转让后出现大批同类生产跟进者。

另外，应注意，专利申请权和专利权作为民事权利，其转让原则上不受限制，只要当事人达成协议即可。但是，如果转让人是中国单位或者个人，受让人是外国人、外国企业或者外国其他组织，就应当依照有关法律、行政法规的规定办理有关手续，如《中华人民共和国对外贸易法》和《中华人民共和国技术进出口管理条例》。

5.1.1.3　签订转让合同的注意事项

由于专利申请权和专利权均为无形财产，我国专利法规定专利申请权和专利权转让合同应当采用书面形式。由于专利申请人、专利权人和受让人无法如同对有形财产那样，对发明创造进行实际占有和转移占有，因此专利申请权和专利权的归属只能以国家知识产权局的登记簿为准。转让专利申请权或者专利权的，应当按照《专利审查指南2010》的规定办理著录事项变更手续，手续合格的，国家知识产权局才能予以登记和公告。在签订专利转让合同时应注意合同细节。对所有的协议的可知性包括审计条款、争端处置等问题要约定明确，且对将来的争端处理有利。

【案例1】《专利权转让合同》应通过合法程序签订

案情简介：

原告某钢铁公司为一项发明专利的专利权人，依法缴纳了专利年费。2014年5月，被告边某通过电子客户端申请并经国家知识产权局同意，将该专利的专利权人进行了变更，专利权人由原告某钢铁公司变为被告边某。原告经查询得知，变更的理由是被告和原告签订了《专利权转让合同》。原告发现被告制作的《专利权转让合同》未经原告签字盖章，故请求法院确定原告、被告签订的《专利权转让合同》不成立、不生效，本案诉讼费由被告承担。被告称《专利权转让合同》是原告的真实意思表示，合同上盖的章不是被告的私人行为，原告与被告存在多年利益纠纷，对于专利权转让是知情的。被告向法庭提交的证据是国家知识产权局的证明，证明内容为该专利的《著录项目变更申报书》《著录项目变更理由证明》与国家知识产权局的存档文件一致。

经法院审理查明，原告是该发明专利的专利权人，并依法缴纳了专利年费。

庭审中，原告提交了其通过国家知识产权局电子档案图片扫描取得的《著录项目变更理由证明》，该证明为黑白复印件，内容为经甲乙双方协商，甲方某钢铁公司同意将该专利的专利权无偿转让给乙方边某。甲方签字盖章处可见一枚椭圆形公章，公章内容模糊不可辨认，乙方签字盖章处显示边某的签字。原告表明该印章的比例与公司的印章不一致。被告在庭审中陈述，公司前期拖欠被告费用，公司某副总答应转让以上专利，合同为专利事务所提供的格式，原件和相关资料均在专利事务所，目前该事务所已不存在。

法院认为，原告提交的原、被告之间签订的"专利权转让合同"内容、形式不符合合同的书写要件，结合被告在庭审中陈述的内容、该合同的印章形式以及转让的过程陈述事实不清，被告提交的国家知识产权局证明无法证明"专利权转让合同"的真实性，且被告也未能提供其他证据证明"专利权转让合同"中原告印章的真实性，据此，对被告举证不能的行为，被告应当承担不利后果。原告请求该合同不成立的理由，法院予以支持。最终判决该《专利权转让合同》不成立[10]。

【案例评析】在本案中，虽然专利权的转让已向国务院专利行政部门进行了登记和著录项目的变更，但由于《专利权转让合同》并不是合同双方通过合法的程序签订的，导致其不成立。

【案例2】不应当以专利申请未被授权为由请求解除转让合同

案情简介：

2004年，全某先后向国家知识产权局提出名称为"荆波驱蚊虫机"和"拆装式空气清新机"的发明专利申请，2005年，陈某向国家知识产权局提出名称为"多电极组静电式空气净化器"的发明专利申请。

2006 年 8 月 20 日，某电器公司与全某、陈某分别作为甲方、乙方签订《权利人变更及技术许可使用协议书》，约定：（1）乙方将拆装式空气清新机、多电极组静电式空气净化器、剂波驱蚊虫机三项发明以权利人从乙方变更成甲方的形式转让给甲方，甲方向乙方支付转让费 50 万元，具体方式及时限为：1）协议签订后一周内乙方办理拆装式空气清新机的权利人变更手续；2）协议签订后的半年内甲方向乙方支付 20 万元，同时乙方办理多电极组静电式空气净化器的权利人变更手续；3）剩余款 30 万元在出产空气净化器产品及剂波驱蚊虫机产品 3 个月内付清，如非乙方责任而不能出产品，则甲方应在协议签订后的 12 个月内付清，同时乙方办理剂波驱蚊虫机的专利权人变更手续。（2）在协议签订后至权利人变更未完成之前，乙方向甲方原始许可独家使用本协议技术，具体为：1）在甲方履行完毕本协议"一"的"1"时，乙方向甲方交付本协议三项技术的专利申请回执复印件以及说明书、权利要求书、附图和二台空气净化器手版样机，同时乙方可借给甲方若干驱蚊机样机，但甲方不得遗失、损坏、拆卸驱蚊机样机；2）在甲、乙双方履行完毕本协议"一"的"1""2""3"时，乙方向甲方交付二只剂波驱蚊虫机样机。（3）甲方应当在乙方履行完毕本协议"二"的"1"时开始实施本协议技术，费用由甲方自负。在实施本协议三项技术的过程中：1）甲方应当在本协议签订后聘请乙方担任为期半年的技术指导，以先付酬再指导的方式每月向乙方支付指导费 1 万元；2）在本协议技术产品生产期间，甲方应当聘请乙方为生产顾问并且每月向乙方支付人民币 1 万 6 千元工资，乙方代表每周到甲方工作不少于 2 天，特殊情况需事先报告甲方同意；3）甲方应当向乙方支付本协议技术的许可费，每年人民币 10 万元，每半年支付一次；4）产品实施销售后甲方应当向乙方支付本协议技术的产品提成，每个产品提成人民币 1 元，但最多不超过人民币 10 万元，每年支付一次，乙方应当在获得提成满人民币 10 万元时按原价购回甲方借给的汽车；5）若乙方的发明之"拆装式空气清新机""剂波驱蚊虫机"在本协议签订后二年内由于乙方原因未获得授权，"多电极组静电式空气净化器"在本协议签订后二年半内由于乙方原因未获得授权，则对于每一项未获得授权的，乙方应当向甲方返还转让费的 1/3，甲方可以停发顾问工资、许可费、提成的 1/3。

随后乙方全某按照协议约定时间，将名称为"拆装式空气清新机"和"多电极组静电式空气净化器"的发明专利申请的申请人变更为甲方公司。在上述两项专利进入实质性审查阶段后，国家知识产权局分别向甲方某电器公司发出了《第一次审查意见通知书》，要求该电器公司在指定期限内对申请文件进行修改，然而该电器公司并未对国家知识产权局发出的通知书进行答复，导致上述两项发明专利申请被视为撤回，未能授权。

2010 年 2 月 2 日，全某、陈某向原审法院提起诉讼，请求判令：（1）严某、某电器公司向全某、陈某支付 2007 年 8 月至 2010 年 2 月二年半的许可费；
（2）严某、某电器公司向全某、陈某赔偿 2007 年 2 月至 2010 年 2 月三年的顾问
费；（3）严某、某电器公司向全某、陈某赔偿 2007 年 2 月至 2008 年 2 月一年的
销售提成款；（4）严某、某电器公司承担本次诉讼的全部受理费。

严某、某电器公司向原审法院提出反诉，请求判令：（1）解除双方签订的
《权利人变更及技术许可协议书》及其附件；（2）全某、陈某返还已支付的工资
（指导费）、已支付的专利申请权转让费及第一年许可费；（3）全某、陈某在返
还上述费用后立即办理申请人变更回全某、陈某的手续；（4）本案的诉讼费由
全某、陈某承担。

经法院查明，认为：

（1）本案为专利申请权转让合同纠纷。严某、某电器公司认为本案为专利
权转让合同纠纷。法院认为，从双方签订的《权利人变更及技术许可使用协议
书》第一条及第六条中明确得知，涉案的三项专利为发明专利，且有待授权，因
此，严某、某电器公司应当知道双方转让协议所转让的是专利申请权，而不是专
利权。由于是双方是基于专利申请权转让合同发生的纠纷，故本案为专利申请权
转让合同纠纷。

（2）双方签订的《权利人变更及技术许可使用协议书》等不应当以专利申
请被视为撤回为由请求解除合同。

严某、某电器公司称全某、陈某没有履行交付两台符合国家或者行业标准
的空气净化器首版样机以及驱蚊机样机，没有指导某电器公司生产出所称的立
柱式空气净化器、车用空气净化器、驱蚊机合格样机，也没有履行针对立柱式
空气净化器、车用空气净化器进行技术交底等合同义务，且全某、陈某转化的
三项"发明技术"均不能获得国家专利局的授权，合同的履行没有意义，应解
除合同。

但经法院查明，根据《借用样机凭证》等相关证据表明严某、某电器公司
已经获得了两台合格的空气净化器首版样机。至于剂波驱蚊虫机样机的交付问
题，由于双方在协议中约定了在双方履行完该协议中第一条中所有义务后，全
某、陈某才有义务向严某、某电器公司交付两只剂波驱蚊虫机样机。而由于双方
至今尚未履行完毕，故全某、陈某无义务向严某、某电器公司交付剂波驱蚊虫机
样机。从双方签订的协议看，双方没有对技术交底的具体内容作明确约定。在本
案中，全某、陈某与严某、某电器公司已签订转让协议，同意将其三项专利的申
请权转让给严某、某电器公司，并同意在权利人变更未完成之前由某电器公司独
立使用协议技术，且履行了交付样机的义务，故应视为全某、陈某已将其专利的
技术交付某电器公司。本案中，根据国家知识产权局在实质审查阶段对"剂波驱
蚊虫机""拆装式空气清新机"提出的修改意见，国家知识产权局认为专利暂时

不能授权的原因主要是其权利要求在撰写方面存在缺陷，并没有认为该技术不具新颖性、创造性或实用性。因此，如果某电器公司积极对该两项专利进行相应的修改，该两专利完全有可能获得授权。而严某、某电器公司亦无证据证明"多电极组静电式空气净化器"专利不能实施。因此，严某、某电器公司不能以此主张合同无法履行而要求解除合同。另外，根据最高人民法院《关于审理技术合同纠纷案件适用法律若干问题的解释》第二十三条第一款的规定，当事人以专利申请被视为撤回为由请求解除合同的，如果该事实是发生在专利申请权转让登记以后的，该请求不应予以支持，双方另有约定的除外。本案由于专利申请被视为撤回的时间是在专利申请权已转让给某电器公司以后，由于严某、某电器公司亦没有证据证明双方另有约定，因而对严某、某电器公司解除上述协议的请求法院不予支持。

（3）全某、陈某无须返还专利申请权转让费、第一年的许可费及相应利息以及相关工资。法院查明，首先，严某、某电器公司向全某、陈某支付专利申请权转让费及第一年的许可费是在先一份民事判决书确定的严某、某电器公司应承担的法律责任，且该款项已执行完毕，因此严某、某电器公司要求返还此笔款项及其利息没有法律依据。其次，根据签订的《权利人变更及技术许可使用协议书》，该笔相关工资费用实际上是支付全某在某电器公司担任技术指导的指导费。该笔指导费支付的条件是全某履行了其技术指导的职责。由于某电器公司没有证据证明全某没有履行其指导的义务，故某电器公司请求全某返还工资没有法律依据。

（4）根据国家知识产权局的《第一次审查意见通知书》载明，说明书与权利要求书均存在不符合专利法及其实施细则之处，该申请按照目前的文本还不能被授予专利权，并要求某电器公司对该两项专利申请文件进行修改。可见，造成该两项专利申请未被授权的原因，一方面是由于全某的原始申请文件本身存在着一定的不足和缺陷，另一方面也是由于某电器公司未及时对上述两专利提出实质性审查，导致全某无法在协议签订后的两年内及时对说明书和权利要求书存在的缺陷进行修改，因此，双方当事人对上述两项专利未获得授权均有一定的过错，责任应当各半负担[11]。

【案例评析】该案为典型的专利申请权转让纠纷，被收录于《中国指导案例、参考案例判旨总提炼：知识产权纠纷》。本案中由于在专利申请权转让后，受让人未积极答复国家知识产权局的审查意见通知书，致使两份有可能授权的发明专利申请被视为撤回，造成了不可挽回的损失。同时，作为受让人，在签署转让协议时，应清楚双方转让的是专利申请权还是专利权，对于尚未授权的专利申请，尤其是发明专利申请，其要经过国家知识产权局的实质审查后才可能被授予专利权，因而受让人对专利申请最终的结果要有合理预期。

5.1.2　专利许可

5.1.2.1　专利许可的相关规定和理解

我国专利法规定，任何单位或者个人实施他人专利的，应当与专利权人订立实施许可合同，向专利权人支付专利使用费。被许可人无权允许合同规定以外的任何单位或者个人实施该专利。

通过上述规定可以看出，实施者与专利权人订立实施专利的书面许可合同，是获得专利权人许可的通常方式，也是认定是否获得专利权人许可的基本依据。专利权人通过订立实施许可合同的方式实现利益交换，其放弃专利法赋予其的实施该发明创造的独占权，从而获得被许可人支付的专利使用费，将权利转化为经济效益。而对于被许可人，通过付出了一定的金钱代价，换取实施专利的权利，而且其实施行为在专利法提供的法律保护下具有切实可靠的法律保障，同时可以排除第三人违法实施同样的发明创造带来的干扰，通过实施被授予专利权的发明创造不仅有望回收其支付的专利使用费，还有可能获得更多的经济收益。因此，订立专利实施许可合同一般会产生合同双方"双赢"的结果。应当指出，依据实施专利的许可合同，被许可人对合同涉及的发明创造仅享有实施权，而不享有所有权。因此，规定被许可人无权允许合同约定以外的任何单位或者个人实施该项专利。专利实施许可合同中，双方可以约定实施权的范围、时间等，专利实施许可合同是平等民事主体之间按照自愿原则经协商而订立的合同，规定的是合同双方的权利义务，因此如何订立专利实施许可合同一般是合同双方当事人的自由。然而应当注意的是，不得触犯《中华人民共和国反垄断法》（以下简称《反垄断法》）的规定，构成违法限制竞争的行为。

按照被许可人取得的实施权的范围，可以将专利实施许可分为以下几种类型：

独占许可，是指在一定期间以及专利权的有效地域范围内，被许可人在合同有效期内对被许可的专利技术独占实施，许可人不得在该地域实施，也不得再许可第三人实施。

排他许可，是指在一定期间以及专利权的有效地域范围内，被许可人在合同有效期内对被许可的专利技术的实施享有排他权，许可人不得再许可第三人实施，但许可人自己有权实施该专利。

普通许可，是指在一定期间以及在专利权的有效地域范围内，被许可人有权在合同有效期内实施被许可的专利技术，许可人还可以许可第三人实施，同时许可人自己也有权实施该专利。也就是说在同一地域内，可能同时存在若干被许可人。普通许可是专利实施许可中最常见的一种类型。

交叉许可，也称作互换实施许可，是指两个专利权人互相许可对方实施自己的专利。订立这种许可的，两个专利的价值大体是相等的，所以一般可以彼此免交许可使用费，但如果二者的技术效果或者经济效益差距较大，也可以约定由一方给予另一方以适当的补偿。

分许可，是被许可人依照与专利权人的约定，再许可第三人实施同一专利，被许可人与第三人订立的这种实施许可即为分许可。被许可人签订分许可合同必须得到专利权人的同意。

专利实施许可合同一般都是比较复杂的合同，并非简单地约定被许可人有权实施许可人的专利权，而是广泛涉及方方面面的事宜，不仅涵盖专利，也常常涵盖著作权、商业秘密等其他知识产权，通常建议专利实施许可的订立由律师或者专利代理人参与，避免遗留法律问题。

专利许可方式的运用，对提升企业的技术优势和竞争力具有深远影响：一方面，通过谋求和接受他人的专利许可，将他人新技术运用于生产和流通过程，可以大规模地降低生产技术研发时间和成本，更快向市场推出新产品，从而使企业获得较大的商业利益、提升市场竞争力；另一方面，通过许可他人使用专利，可使企业获得可靠的、较高的投资回报，有利于鼓励创新，刺激对研究和开发的更多投入。再者，在企业专利许可实践中有些技术是相互关联的，使用其中的一项可能还要求同时合用另外一项或几项相关技术。通过许可合同作出安排，可以更好地协调相关技术的利用关系，取得最佳技术经济效益。

5.1.2.2 专利许可的策略和要点

一般情况下，首先，企业出于自身发展战略的调整或遭遇到激烈的市场竞争等原因，在主动或被动地退出某些业务领域后，往往会将其在这些业务领域所积累的专利对外发送许可，尤其是对那些新兴企业，收取许可费收益，将其作为企业的利润来源。其次，为了遏制竞争对手的市场增长态势，保持其市场优势地位，企业会选择能够致使某些竞争对手的主营产品和方法构成侵权行为的专利，通过向对方发送警告函、提起专利侵权诉讼等方式要求对方接受自身的专利许可，从而凭借高昂的专利许可费用削弱对方的成本优势，甚至迫使对方放弃该领域的市场。另外，企业在向外输出技术或者开展业务合作时，往往会同时将与该技术相关的专利向对方发出许可。在签订专利许可合同前，许可方需要做好调查分析，对被许可方的主体资格和资信状况进行考察，确保被许可方的实施诚意和履约信誉。同时，在专利许可合同中必须明确约定许可权限，即确定好许可类型：专利权利人自己是否可以继续使用该专利、专利权利人能不能再许可给第三人使用、被许可人能否将该专利分许可给第三人等。并对侵权免责进行说明，即发放专利许可的一方应在合同中约定，被许可方在未来使用许可专利时，如出现侵犯第三人专利而导致需要承担相应的侵权法律责任，所有责任均由被许可方自行承担，而一概与许可方无关。还要注意规定好后续技术改进的相关事项，即被许可人能否对许可而来的专利进行技术改进，以及改进后的技术创新成果的专利权属由谁享有，许可人和被许可人能否无偿使用改进后的技术的专利等，均应在发放专利许可时予以明确。

作为被许可方，其通常是由于一些原因主动或被动地接受专利许可。例如一些新兴企业或企业在其新兴领域中，往往会面临技术储备不足的情况，通过获得专利许可，可以尽早消除其市场中的专利侵权风险。当企业遭受专利侵权诉讼时，为了避免高额赔偿，往往也会被迫支付一定的许可费接受对方的专利许可，以此换取双方的和解。另外，寻求他人的专利许可，可以大大节省研发时间和资源，短时间内打开市场，为企业的生产争取市场竞争力。在签订专利许可合同前，被许可方更需要做好调查研究，必须进行专利法律状态检索，掌握自该项专利授权之后所产生的权利人变更等情况，一般可以包括专利有效性检索、专利地域性检索和权利人检索。目的在于了解专利权的稳定性、专利权获得保护的国家和地区，以及转让方是否为合法的专利权人，是否有共有权人以及是否取得了共有权人的同意。专利法律状态检索能够有效保障合同效力，明确双方应当如何安排权利义务，如合同约定的专利的实施范围超过法律状态反映的地域或其他限制，则必然损害企业利益。同时，在明确许可范围的情况下，还要考虑协商约定转让方的一些特定义务，比如，在实施专利技术过程中提供必要的技术指导以及提供实施专利技术的有关资料，承担对专利权的完整性的担保义务以及承担如实向受让方说明订立合同前专利实施情况义务等。另外非常重要的是关注是否存在需打包获取许可的其他专利，这主要包括两类情形：一类是如果只获取其中一件专利的许可，虽然受到这件专利的保护，但却可能侵犯那些还没有许可出来的专利；另一类是国际申请的专利族，因此，获取专利许可时，首先应当将保护被许可人产品所需的全部专利、专利族打包获取许可，确保被许可人在实施专利时，不再遭到许可人任何的专利侵权追究。其次，要明确企业的许可使用权限，能否对该技术进行技术更新，以及更新后的知识产权权属如何分配。

5.1.2.3　签订专利实施许可合同的注意事项

专利实施许可合同并不意味着专利权主体的转移，而仅仅意味着被许可人获得了以约定方式实施专利的权利。这种合同主要涉及双方当事人的利益，在不触犯《反垄断法》相关规定的情况下，不直接涉及公众的利益。因此，专利实施许可合同自合同成立之日起生效，无须经国家知识产权局登记和公告。但是《专利法实施细则》中规定，专利权人与他人订立的专利实施许可合同，应当自合同生效之日起3个月内向国务院专利行政部门备案。国务院专利行政部门专利实施许可合同备案业务中的许可类型包括独占许可、排他许可和普通许可三类[1]。在实际的经济活动中，经备案的专利实施许可合同可以产生以下作用：（1）诉前禁令证据效力。专利独占许可的被许可人作为利害关系人，在发现有人侵犯专利权时，为了维护自身合法权益，可以依据《最高人民法院关于对诉前停止侵犯专利权行为适用法律问题的若干规定》（法释〔2001〕20号）的规定，以专利实施许可合同备案证明为证据，要求人民法院对侵权人采取诉前禁令。（2）对抗善意第三人。《中华人民共和国商标法》（以下简称《商标法》）第四十三条第3款规定："……商标使用许可未经备案不得对抗善意第三人。"专利实施许可合同备案所产生的效力，可以参照《商标法》进行理解和认识，即经备案的专利实施许可合同，可以对抗善意第三人[1]。

【案例1】 当事人应按专利实施许可合同中的约定履行义务

案情简介：1994年5月12日，邹某与A公司签订了一份专利实施许可合同，约定：邹某将其获国家专利权的"内燃机尾气冷却过滤加热蒸发水过滤循环系统"实用新型专利和"内燃机节能降污降温消声排气装置"发明专利许可A公司实施；邹某按该专利产品销售收入的5%收取专利使用费；专利年费由A公司负责按时缴纳，并由其保管专利证书，便于缴纳专利年费。并约定经双方签署技术资料验收合格确认书后，A公司在15日内一次性付给邹某研制费6万元；本合同为独占实施许可合同，在全国范围内由A公司独家实施；邹某负责培训A公司的技术人员，传授技术，解答技术性问题；合同经双方签字盖章后生效。合同签订后，A公司收到两项专利证书和技术资料后，未在合同规定的期限内提出异议。

邹某与A公司签订上述专利实施许可合同时，邹某为某市配套厂聘任厂长。1994年5月13日，某市人民政府与A公司签订一份由A公司兼并该市配套厂的协议，但因兼并过程中发生争议，兼并协议未履行。A公司与邹某签订的专利实施许可合同也未继续履行。

邹某将专利证书及有关资料交付A公司后，该两项专利年费应缴纳时间分别为1994年6月28日前和1995年1月18日前，邹某在交付两项专利证书前未缴纳当年专利年费，A公司接收两项专利证书后亦未缴纳专利年费。此后，中国专利局通知邹某及其专利申请代理人限期缴纳专利年费，邹某称未收到通知。由于两项专利年费未按专利法规定时间缴纳，两项专利均被中国专利局公告专利权终止。

为此，邹某向法院起诉A公司，请求判令双方签订的专利实施许可合同终止履行，由A公司向其支付研制费6万元，赔偿由于两项专利权被终止而造成的经济损失1000万元。

A公司答辩称：邹某未按合同约定向公司交付合格的技术资料，无权要求支付其研制费。公司只是专利技术实施方，而不是专利权人，根据专利法的规定，邹某理应履行其缴纳年费的义务。邹某明知不补交年费会导致专利权终止的后果，而故意不履行缴纳年费的义务，致使专利权被宣布终止。请求公司赔偿经济损失没有依据。

一审法院经审理认为：邹某与 A 公司签订专利实施许可合同，是经双方协商一致签订的，其内容不违反法律的规定，应为有效合同。A 公司接收邹某所交付的两项专利证书和有关技术资料后，未在合同规定的期限内提出异议，视为对两项专利及技术资料的全部认可，应当支付给邹某研制费 6 万元，并应承担延期付款的利息损失。合同中明确规定，两项专利证书由 A 公司保管，并按时缴纳年费。按此合同的约定，专利权人邹某缴纳年费的义务已转移给 A 公司。A 公司未按合同约定及时缴纳年费，导致两项专利权均被终止，对此应负主要责任。依照法律的规定，专利权宣布终止，专利实施许可合同随之终止履行，A 公司应返还邹某两项专利证书和已交付的有关技术资料，并赔偿邹某两项专利权被终止的经济损失 80 万元。

双方均不服法院一审判决向最高院提起上诉，邹某认为判处的经济损失太少，要求 A 公司赔偿 1000 万元，而 A 公司认为两项专利权被终止是邹某故意造成，不应给予经济赔偿。最高院经审理认可了一审法院的事实认定和判处结果，对于两项专利权被终止，认为本案双方当事人在合同中约定专利年费由被许可方负责按时交纳，这一约定实际上是由合同的被许可方代替专利权人履行交纳专利年费义务。这一约定应认定合法有效。但是，A 公司未履行交纳专利年费义务，也未向专利权人告知，故其对此引起的后果应承担责任。专利年费虽然当事人间可以约定委托代缴，但专利权人对是否缴费应当始终有注意的义务。在国家专利局向专利权人及其代理人发生缴费通知的情况下，邹某应当提醒 A 公司缴纳专利年费。因此，该两项专利权被终止，邹某也有责任。一审法院确定当事人双方均有责任，并无不当。邹某要求 A 公司赔偿 1000 万元，其依据是其个人对市场调查的预测，证据不足，不予采信。一审法院根据案件实际情况判决 A 公司赔偿邹某两项专利权被终止的经济损失 80 万元，并无不当。驳回双方上诉，维持原判[12]。

【案例评析】当事人在专利实施许可合同中约定由被许可方代替专利权人履行交纳专利年费义务，被许可人未履行交纳专利年费义务，也未向专利权人告知，构成违约。而专利权人对是否缴费应当始终负有注意的义务，故专利权人对被许可人未缴费的行为也应承担一定的责任。

5.2　冶金行业中常见专利纠纷应对措施

专利自申请、审查、转让其至到终止的各个时期，均可能涉及纠纷。例如，专利申请阶段，申请人对国家知识产权局作出的驳回决定不服，可以向国务院专利行政部门请求复审，对复审决定不服的，可以向法院提出行政诉讼；申请人转让申请权，也可能涉及申请权转让合同纠纷。专利被授予后，任何人都可依法请求宣告专利无效，对审查决定不服的，也可以向法院提出行政诉讼。专利权人行使专利权时，若他人未经允许擅自使用专利，可能涉及侵权纠纷；若专利权人许可他人实施或者转让专利权的，可能涉及实施许可合同或者专利转让合同纠纷；若专利权人滥用知识产权，可能构成《反垄断法》中规定的垄断行为。专利纠纷主要涉及民事纠纷和行政纠纷，除假冒专利罪外不涉及刑事犯罪。根据最高人民法院公布的知识产权案件年度报告及国家知识产权局公布的报告，近几年我国最常见的专利纠纷为专利侵权纠纷。另外，专利无效宣告也是在处理专利纠纷中常见的行为。本章着重介绍专利侵权纠纷的诉讼和应对，以及专利无效宣告程序的运用。

5.2.1 专利侵权诉讼及应对

5.2.1.1 专利侵权的相关规定和理解

我国《专利法》第六十条规定：未经专利权人许可，实施其专利，即侵犯其专利权，引起纠纷的，由当事人协商解决；不愿协商或者协商不成的，专利权人或者利害关系人可以向人民法院起诉，也可以请求管理专利工作的部门处理。管理专利工作的部门处理时，认定侵权行为成立的，可以责令侵权人立即停止侵权行为，当事人不服的，可以自收到处理通知之日起 15 日内依照《中华人民共和国行政诉讼法》向人民法院起诉；侵权人期满不起诉又不停止侵权行为的，管理专利工作的部门可以申请人民法院强制执行。进行处理的管理专利工作的部门应当事人的请求，可以就侵犯专利权的赔偿数额进行调解；调解不成的，当事人可以依照《中华人民共和国民事诉讼法》向人民法院起诉。

对上述条款中"实施其专利"，应与专利法第十条相一致，即对于发明和实用新型专利，是指为生产经营目的制造、使用、许诺销售、销售、进口其专利产品，使用其专利方法，以及使用、许诺销售、销售、进口依照该专利方法直接获得的产品；对于外观设计专利来说是为生产经营目的制造、销售、许诺销售、进口其外观设计专利产品。同时，上述条款还规定了关于侵犯专利权纠纷的解决途径，即专利侵权救济的三种方式：自力救济、行政救济及司法救济。其中自力救济即当事人自行协商的方式解决，其方便、节省资源，但需要自行收集证据，且进行谈判后很难协商一致，实施起来具有一定难度。行政救济最大的优点在于方便、快捷，且管理专利工作的部门能够根据案情需要，依行政职权收集、调取证据材料，并能够辅助进行双方的调解，从而缩短纠纷处理的周期。但是行政救济仅能够责令侵权人立即停止侵权行为。司法救济的保护手段更加丰富，包括责令停止侵权、赔偿损失、消除影响，但是司法程序通常会比较长，结案速度较慢。企业可以结合案件具体情况来选择适当的救济途径。若纠纷双方比较熟悉，尝试协商解决，无法达成一致时可申请管理专利工作的部门介入调解；若侵权行为较为严重，已造成较大的经济损失，以获得侵权赔偿为目的，可直接寻求司法救济；在某些情况下，若关键证据很难获取，可先提供相关信息，通过行政救济途径，请求专利管理部门主动收集证据材料，之后再考虑提出侵权诉讼。

上述条款中还规定了侵权人应当承担的民事责任，即：一是责令侵权人立即停止侵权行为；二是责令侵权人赔偿专利权人受到的损失。前者旨在杜绝今后可能发生的侵权行为，后者旨在清算过去已经发生的侵权行为的后果，起到惩前毖后的效果。而其中"停止侵权行为"，又存在不同的实现方式，一种是被诉侵权人应立即停止实施专利的行为；另一种是从法理上讲停止侵权行为，即被诉侵权人仍然希望继续实施专利的情况下，可以责令其与专利权人达成协议，以合法方式继续实施其专利，如向专利权人支付专利实施使用费用，只有在此基础上才能继续进行制造、进口、许诺销售、销售、使用专利产品或者使用专利方法的行为。

5.2.1.2　专利侵权诉讼的诉前准备

A　基本准备

（1）确定专利权是否有效。在专利侵权诉讼中，被告方向国务院专利行政部门请求宣告该专利无效是最常见的应诉手段，因此，在专利权人决定对他人侵权行为提起诉讼前，应认真检索及调查现有技术，确定该专利权是否有效，尤其对于实用新型和外观设计，因为这两类专利申请在审查过程中一般不经过现有技术检索，综合分析专利权被宣告无效的可能性大小；否则可能面对丧失专利权和侵权诉讼败诉的双重不利后果。如果通过检索和分析，认为专利权可能被宣告无效，要慎重采取诉讼的方式，可以考虑通过与对方谈判，适当降低赔偿要求或许可使用费数额，从而既保全专利权又获得适当的经济赔偿。

（2）对实际损失进行估算。侵犯专利权的赔偿数额按照权利人因被侵权所受到的实际损失确定；实际损失难以确定的，可以按照侵权人因侵权所获得的利益确定。权利人的损失或者侵权人获得的利益难以确定的，参照该专利许可使用费的倍数合理确定。赔偿数额还应当包括权利人为制止侵权行为所支付的合理开支。权利人的损失、侵权人获得的利益和专利许可使用费均难以确定的，人民法院可以根据专利权的类型、侵权行为的性质和情节等因素，确定给予1万元以上100万元以下的赔偿。在起诉状中需列出各项金额，并提供相关证据。

（3）收集证据。证据是影响诉讼结果的重要因素，专利权人在得知自己权利可能受到侵害时，就应及时收集证据，主要可以收集以下几方面的证据：1）有关涉嫌侵权者情况的证据，包括其名称、地址、企业性质、注册资金、人员数、经营范围等情况；2）有关侵权事实证据，包括侵权物品的实物、照片、产品目录、销售发票、购销合同等；3）有关侵权损害的证据，包括涉嫌侵权产品的销售情况。证据收集是一件复杂而技巧性很强的工作，专利权人应当在律师和代理人的帮助下，围绕专利侵权构成要件的证明要求，力求收集各种客观、合法的证据，从而有力地支持自己的诉讼主张。

（4）被告的选择。在专利权人得知专利权可能被侵犯时，应积极查明侵权行为人，一方面是确定实际侵权人，另一方面也是寻找适当的诉讼被告。如果提起诉讼的被告不正确或不适当，则有可能法院不予受理，或者赢得了诉讼却难以执行判决。确定诉讼被告的原则是：主体法律地位在司法诉讼中适格并且具备承担赔偿的能力，相关具体工作可由专利代理人或律师代为处理。可以选择侵权证据最充分、侵权获利数额较明晰并且实力不强的侵权人作为被告，这样一方面能够提高侵权诉讼胜诉的可能性，另一方面如果取得一个胜诉的在先生效判决，将对后续的针对其他侵权人提起的系列诉讼起到非常积极的作用。

B　确定是否发出侵权警告函

在正式提起侵权诉讼之前，企业可以评估自身情况和侵权行为的具体情形考虑是否发出侵权警告函。侵权警告函是指专利权人在发现市场上存在侵犯其专利权的现象时，自己或通过律师以律师函或发布广告的方式向侵权人或侵权人的交易方发出侵权警告，指出侵权对象、法律后果、主张请求的法律函件。警告函是专利权人在维权和市场交易中最常使用的一种自力救济措施，它的直接作用在于制止被告知方的侵权行为。发送警告函快捷方便，与诉讼相比，周期短且维权成本低。一方面可以通过对方回应警告函的方式判断对方意图，利于企业进一步制定诉讼策略；另一方面，发送警告函的行为还可以产生诉讼时效中断的效力。《中华人民共和国民法典》中规定了诉讼时效中断制度，从中断时起重新计算诉讼时效期间。同时，《中华人民共和国民法典》中规定可以使诉讼时效中断的法定事由包括提起诉讼、当事人一方提出要求或者同意履行义务。专利权人通过发送警告函给侵权人可以视为提出要求，能够产生诉讼时效中断的法律效力。再者，只要发出警告函并确认对方收到，若对方不停止侵权行为，则在日后的诉讼中对方就无法以"非故意行为"的理由来进行抗辩，即合法来源抗辩，且可以较容易地证明侵权人的恶意，从而要求法院判决较高赔偿。

【案例1】

案情简介：

在江某诉新疆某公司专利侵权纠纷案中，专利权人江某在得知该公司存在侵犯其外观设计专利权行为后，一直在积极向该公司主张其权利，多次向被告发送了警告函，并以该公司侵犯其外观设计专利权为由向当地专利局请求处理。但是多年来，被诉侵权行为仍然在继续，最终向法院提起了专利侵权诉讼。7年内江某向被告发送了3份警告函，从而多次重新计算诉讼时效。也就是说，若专利权人在诉讼时效期间内将警告信送达给被告，将使得诉讼时效期间重新开始计算[13]。

　　【案例评析】警告函也可能会引起一定的法律风险。专利权诉讼对证据的要求比较高，且多数的侵权行为都是较为隐蔽的，如果权利人草率地发送警告函，将使侵权者更为警觉，其可能采取一些应对败诉判决、逃避责任的手段，甚至发生销毁或篡改重要证据的行为，导致关键侵权证据无法收集。另外还可能引来被诉的风险，根据我国《反不正当竞争法》的相关规定，捏造、散布虚伪事实，损害竞争对手的商业或商品信誉，将构成不正当竞争，如果权利人发送警告函并无充分事实依据甚至捏造事实，并且是通过媒体广告方式发送或者向侵权人的商业合作伙伴等相关人发送，则被警告人可能以不正当竞争为由提起诉讼，以及提起侵害名誉权的诉讼，要求权利人承担相应的法律责任。另外，被警告人还可能提起"确认不侵权之诉"争取管辖，造成权利人的被动。因而在确定发出警告函之前对于发送警告函的主体要求、发送时机、发送的对象、具体内容和送达方式均应慎重考虑。其中发送警告函的主体必须是专利权人或者独占许可人。发送警告函的时机，取决于专利权人对自身维权措施的判断，法律上没有具体的限制。发送警告函的对象理论上可以是任何专利权侵权嫌疑人，但是要考虑避免构成侵害商业信誉的不正当竞争行为而遭到反诉，从必要性以及降低法律风险的角度考虑，警告函应尽量只发送给侵犯专利权的产品制造者等直接侵权者。尽管我国现行法律没有对警告函的内容作出任何要求，但是为避免后期被法院认定为不正当竞争行为，警告函的内容应该准确和尽量翔实，专利权人应该明确被控侵权人涉嫌侵权的具体产品型号，最好同时提供简单的侵权分析，降低警告函被认定为不正当竞争行为的风险。对于发送警告函的方式，警告函可能作为诉讼中的重要证据，为便于留存作为固定证据使用，应尽量证明警告函已经或应当成功送达被控侵权人，专人送达并由公证人员陪同现场公证是最保险的做法，也可以采用挂号信或者有签收的快递。

　　【案例2】发送警告应承担注意义务

　　案情简介：

　　2002年2月13日，公司 A 向国家知识产权局提交名称为"汽车"外观设计专利，获得国家知识产权局授权。2003年9月，公司 A 认为公司 B 于2003年9月开始制造、销售的某一型号汽车侵害了其上述"汽车"外观设计专利权，并在此后多次向公司 B 及各经销商发具警告函等，指控公司 B 产品侵犯其专利权，要求立即停止侵权。此外，公司 A 还通过其关联公司向中国相关政府部门发具函件，指控公司 B 的产品侵权，并通过诸多报刊、网站等公共媒体向社会公众发布信息，称公司 B 产品侵犯了其专利权，已对公司 B 提起侵权诉讼，向公司 B 提出巨额索赔。

　　2004年6月24日，公司 A 向北京市高级人民法院提起诉讼，要求确认涉案产品落入"汽车"外观设计专利保护范围，判令公司 B 停止其生产销售行为，并赔偿公司 A 经济损失、其他被告承担连带责任等。最高人民法院指定该案由河北省高级人民法院审理后，公司 A 将经济损失数额增加至 34857.04 万元。

与此同时，公司 B 对公司 A 提出反诉，认为公司 A 的相关行为是在其合资同类产品 CR-V 汽车上市前和上市初实施的，针对者是中国同行、同类产品，其目的显而易见是为了打压封杀对手、抬高自己，提升自己产品的知名度和影响力，进而增加销售量，获取不正当竞争利润，使公司 B 产品销售严重受阻，销量急剧下降，最终被迫提前停产，造成巨大损失。

就此，公司 B 起诉要求法院确认其不侵权的同时，判令公司 A 的恶意行为侵犯了公司 B 的合法经营权和名誉权，由公司 A 赔偿公司 B 损失 36574 万元并承担相应的诉讼费用。

经河北省高级人民法院一审、最高人民法院二审，公司 A 与公司 B 等单位外观设计专利权纠纷系列案，于 2015 年得以终审判决，法院最终认定公司 B 不侵犯公司 A 的外观设计专利权，公司 A 赔偿人民币 1600 万元[14]。

【案例评析】 该案为典型的因警告函引发的确认不侵权之诉的案件。公司 A 在立案后发送警告函的行为是合理维权还是以不正当方式滥用侵权警告？最高人民法院认为，"公司 A 在已经提起民事诉讼并经法院立案的情况下，扩大警告信的发送对象和范围，疏于履行权利人行使权利的合理审慎注意义务，对被警告者自行判断是否应当停止所警告行为的重大事宜在警告信中不进行披露，致使公司 B 利益遭受损失，存在过错。公司 A 的行为并非专利法所赋予的正当维权，而是有悖于鼓励和保护公平竞争的不正当竞争行为"。对于如何判断侵权警告是属于正当维权行为还是不正当竞争行为的问题，最高人民法院认为，"应当根据发送侵权警告的具体情况来认定，以警告内容的充分性、确定侵权的明确性为重点。权利人发送侵权警告必须以确定的具体侵权事实为依据，在发送侵权警告时应当对所警告的行为构成侵权善尽审慎注意义务，对所涉侵权的具体事实进行充分考量和论证后进行。侵权警告的内容不应空泛和笼统，对于权利人的身份、所主张权利的有效性、权利的保护范围以及其他据以判断被警告行为涉嫌构成侵权的必要信息应当予以披露。"

本案判决明确，权利人发送侵权警告维护自身合法权益是其行使民事权利的应有之义，但行使权利应当在合理的范围内。权利人维权的方式是否适当并非以被警告行为是否侵权的最终结论为判断依据，而是以权利人维权的方式是否正当，是否有违公平的竞争秩序，是否存在打击竞争对手作为衡量的标准。

C 侵犯专利权的诉前临时措施

诉前临时措施是指专利权人或者利害关系人发现有侵犯其专利权的行为发生或者即将发生时，为了及时制止侵权行为，防止侵权发生或者侵权后果进一步扩大，在提起诉讼前请求法院采取责令涉嫌侵权的行为人停止有关行为的措施。就专利权来说，从专利权人或者利害关系人发现侵权行为到提起诉讼，再到法院作出判决需要一段较长的时间。在此期间，如果不及时采取措施制止侵权行为，任凭侵权行为发生或者继续进行，将导致专利权人的损失不断扩大，致使专利权人遭受无法弥补的损失。根据我国法律规定及司法实践，以下几方面内容需要注意：(1) 诉前临时措施的申请人包括专利权人或利害关系人，其中利害关系人包括专利实施许可合同的被许可人、专利财产权利的合法继承人等；在专利实施许可合同的被许可人中，独占实施许可合同的被许可人可以单独向人民法院提出申请；排他实施许可合同的被许可人在专利权人不申请的情况下，可以提出申请。(2) 管辖法院应当是有专利侵权案件管辖权的法院。(3) 申请必须以书面提出，申请的内容包括当事人的基本情况；请求的具体内容、范围和理由等事项，包括"受到难以弥补的损害"的具体说明。(4) 专利权人应提交证明专利权真实、有效的文件：包括专利证书和专利年费缴纳凭证（或专利登记簿副本）、权利要求书、说明书、检索报告（限实用新型专利）；利害关系人应提交专利实施许可合同及备案的证明材料，没有备案的，提交专利权人的证明或者证明其享有权利的其他证据；排他实施许可合同的被许可人单独提出申请要提交专利权人放弃申请的证明材料；专利财产权利的继承人应提交已经继承或者正在继承的证据材料。(5) 申请人还应提交证明被申请人正在实施或者即将实施侵犯专利权的行为的证据，包括被控侵权产品、专利技术与被控侵权产品技术特征对比材料等。特别需要指出，申请法院采取临时措施的，必须提供担保，否则申请将被驳回。担保的形式可以是金钱，也可以是保证、抵押，但必须合理、有效。另外，申请诉前临时措施是一把双刃剑，若法院最终认定为不构成侵权，则申请人应当赔偿被申请人因停止有关行为所遭受的损失，包括停产停业的直接损失及其他损失，因而企业应在有侵权诉讼胜诉的把握时再提出申请。

　　D　侵犯专利权的诉前证据保全

　　我国《专利法》规定，为了制止专利侵权行为，在证据可能灭失或者以后难以取得的情况下，专利权人或者利害关系人可以在起诉前向人民法院申请保全证据。人民法院采取保全措施，可以责令申请人提供担保；申请人不提供担保的，驳回申请。人民法院应当自接受申请之时起 48 小时内作出裁定；裁定采取保全措施的，应当立即执行。申请人自人民法院采取保全措施之日起 15 日内不起诉的，人民法院应当解除该措施。对侵犯专利权的诉前证据保全与上述诉前临时措施均属于侵犯专利权的临时救济。但是二者在申请人是否需要提供担保方面存在不同，诉前证据保全程序中申请人是否提供担保由受理法院自由裁量，而诉前临时措施则要求申请人必须提供担保。这是因为诉前证据保全并不必然会对被申请人造成损失；而诉前临时措施是责令涉嫌侵权的行为人停止有关行为，则必然对被申请人造成损失，从而需要考虑在申请错误的情况下由申请人赔偿被申请人损失的问题。受理法院自由裁量过程中，可以根据被保全证据是否会影响正常的生产、生活活动而决定是否需要申请人提供担保，例如申请人仅仅在诉讼前申请保全有关广告、合同、发票、账册以及价值不大的样品等证据，法院就可以不要求申请人提供担保；而如果申请将被申请人的大型设备作为证据进行保全，则有可能导致被申请人因无法正常使用该大型设备而遭受损失的，则需要申请人提供与被申请人所遭受损失的数额相当的担保。

5.2.1.3　专利侵权诉讼的应诉对策

被控侵权人在收到警告函或者法院送达的应诉通知书后，应当及时应对，并寻求专业人士对侵权的事实进行评估，分析是否构成侵权，评估胜诉的可能性，并结合诉讼成本等确定应诉决策。若被控侵权人评估认为侵权成立，且侵权诉讼的法律活动对企业明显不利，应积极与专利权人进行协商谈判，力争在适当的成本范围内达成和解，以减少对企业的不利影响。被控侵权人如决定应诉，则应和专利代理人或律师配合一起商定抗辩理由，并积极准备相关证据。在专利侵权诉讼实践过程中，很多情况下，被指控的侵权行为并不能认定构成专利侵权，也就是说专利权人及其利害关系人对被控侵权人的侵权指控不一定成立。被控侵权人可以针对侵权指控从多个方面进行调查和判断，形成诉讼抗辩，从而得以免除或减轻侵权责任。双方当事人对一审判决不服，可以向上一级人民法院上诉，上一级人民法院作出二审判决即为终审判决。以下介绍被控侵权人可以采用的常见抗辩事由。

A　诉讼时效抗辩

我国现行专利法（2021年6月1日施行）规定，侵犯专利权的诉讼时效为3年，自专利权人或者利害关系人得知或者应当得知侵权行为之日起计算。发明专利申请公布后至专利权授予前使用该发明未支付适当使用费的，专利权人要求支付使用费的诉讼时效为3年，自专利权人得知或者应当得知他人使用其发明之日起计算，但是，专利权人于专利权授予之日前即已得知或者应当得知的，自专利权授予之日起计算。

为了促使权利人及时行使其权利，也为了避免时间过长，取证困难，因而在尊重现有经济秩序的基础上，法律规定了诉讼时效。超过诉讼时效期间，权利人针对他人侵犯其专利权的行为请求法律救济将不能获得法院的支持。其中"应当得知"是指按照案件的具体情况，权利人作为一般人应当知道侵权行为存在。应当知道是人民法院处理案件时的推定，要以一定事实为基础。一般地，如果侵权产品在专利权人或者利害关系人所在地市场公开销售，或者在全国性的报刊、电视等媒体上对侵权产品进行了宣传，即如果认为一般人都能够知道，则可以推定权利人也应该知道。审判实践中，诉讼时效的起算往往成为争议焦点，而对于

"应当得知"的判断实质属于一种法律推定，依赖于证据事实的具体分析。

此处应注意，我国现行专利法是指 2021 年 6 月 1 日开始实施的。在此前实施的专利法中规定的侵犯专利权的诉讼时效为 2 年。

【案例3】 专利权人如发现侵犯专利权行为，应及时维权

案情简介：

专利权人孙某拥有"可调水位高度的绿化砖"涉案发明专利权，其于 2015 年 8 月 5 日对案涉被诉侵权产品进行了公证保全。在 2015 年 10 月 29 日后，被告已经停止了被诉侵权行为，且此后未再实施被诉侵权行为。原告孙某也确认该事实。孙某于 2017 年 11 月 10 日向原审法院提起专利侵权诉讼请求。被告提出诉讼时效抗辩。一审法院以《民法总则》3 年的诉讼时效适用本案为由，认为本案未超过诉讼时效。

本案被上诉到最高法院后，争议焦点在于：本案起诉是否超过诉讼时效。

最高法院撤销了一审法院关于诉讼时效的认定，其认为，本案不应适用《民法总则》关于 3 年的诉讼时效的规定。其理由如下：

2009 年 8 月 27 日修正的《民法通则》第一百三十五条规定："向人民法院请求保护民事权利的诉讼时效期间为 2 年，法律另有规定的除外。"2017 年 10 月 1 日起施行的《民法总则》第一百八十八条第一款规定："向人民法院请求保护民事权利的诉讼时效期间为 3 年。法律另有规定的，依照其规定。"《最高人民法院关于适用〈中华人民共和国民法总则〉诉讼时效制度若干问题的解释》第三条规定："民法总则施行前，民法通则规定的二年或者一年诉讼时效期间已经届满，当事人主张适用民法总则关于三年诉讼时效期间规定的，人民法院不予支持。"专利法第六十八条第一款规定："侵犯专利权的诉讼时效为二年，自专利权人或者利害关系人得知或者应当得知侵权行为之日起计算。"《最高人民法院关于审理专利纠纷案件适用法律问题的若干规定》第二十三条规定："侵犯专利权的诉讼时效为二年，自专利权人或者利害关系人知道或者应当知道侵权行为之日起计算。权利人超过二年起诉的，如果侵权行为在起诉时仍在继续，在该项专利权有效期内，人民法院应当判决被告停止侵权行为，侵权损害赔偿数额应当自权利人向人民法院起诉之日起向前推算二年计算。"根据上述规定，在《民法总则》施行前，侵犯专利权诉讼的 2 年诉讼时效期间已经届满的，不适用《民法总则》关于 3 年诉讼时效期间的规定，且专利权人没有证据证明被诉侵权行为在起诉时仍在继续的，人民法院对于其要求被告停止侵权的诉讼主张不予支持[15]。

【案例评析】 本案中，孙某于 2015 年 8 月 5 日发现公司 A 使用了被诉侵权产品，表明孙某于 2015 年 8 月 5 日即已知道该公司 A 实施了被诉侵权行为，根据当时有效施行的民法通则第一百三十五条规定及专利法第六十八条第一款规定，孙某起诉追究公司 A 实施被诉侵权行为的诉讼时效应从 2015 年 8 月 5 日起开始

计算 2 年，且孙某亦未提交有效证据证明被诉侵权行为在 2015 年 10 月 29 日后仍在继续。虽然民法总则自 2017 年 10 月 1 日起施行并将普通诉讼时效调整为 3 年，但在民法总则施行前孙某起诉追究公司 A 实施被诉侵权行为的诉讼时效就已经满 2 年。因此，根据《最高人民法院关于适用〈中华人民共和国民法总则〉诉讼时效制度若干问题的解释》第三条规定，孙某于 2017 年 11 月 10 日向原审法院提起本案诉讼已经届满 2 年诉讼时效期间，不应适用民法总则关于 3 年诉讼时效的规定。鉴于孙某提起本案诉讼已经届满 2 年诉讼时效期间，且公司 A 在本案诉讼中亦始终坚持主张诉讼时效期间届满的抗辩，故孙某关于本案应适用 3 年诉讼时效期间规定的上诉理由缺乏事实和法律依据，其向原审法院提起的全部诉讼主张均应予以驳回。

B 专利权无效抗辩

专利侵权诉讼中，被控侵权人往往会以原告的专利权应当被宣告无效作为抗辩理由对抗专利权人的侵权指控。在我国专利法中规定，自国务院专利行政部门公告授予专利权之日起，任何单位或者个人认为该专利权的授予不符合本法有关规定的，可以请求国务院专利行政部门宣告该专利权无效。法院假定凡是经过国务院专利行政审批、授予的专利权，均已满足专利法关于授予专利权的要求，视其为有效专利。但是专利权的有效性并不是绝对的，例如国务院专利行政部门在对发明专利审查过程中，其对现有技术的检索难以做到十分全面；另外，按照我国专利法的规定，对实用新型和外观设计只进行形式审查，并不进行实质审查，因而专利法规定专利权的有效性要接受公众的监督，公众随时可以对其提出质疑，更允许被控侵权人在专利侵权诉讼过程中对专利权的有效性提出挑战。在专利侵权诉讼中，只要被控侵权人能证明原告的专利权无效，就不用承担专利侵权的法律责任。可见，专利法规定无效程序的目的是通过公众的监督，保证专利权的质量，维护公众的合法利益。请求宣告专利权无效或者部分无效的，不能直接向法院提出，而是应当向国务院专利行政部门提交专利权无效宣告请求书和必要的证据。应该注意，无效宣告请求针对的应当是已经公告授权的专利，包括已经终止或者放弃（自申请日起放弃的除外）的专利。无效宣告请求不是针对已经公告授权的专利的，不予受理。国务院专利行政部门作出宣告专利权全部或者部分无效的审查决定后，当事人未在收到该审查决定之日起 3 个月内向人民法院起诉或者人民法院生效判决维持该审查决定的，针对已被该决定宣告无效的专利权提出的无效宣告请求不予受理。对于无效宣告请求的具体操作可参见下一小节的详细说明。

C 现有技术抗辩

专利法中对于新颖性、创造性的相关规定表明，凡是属于现有技术或者现有设计的技术方案或者设计方案，以及虽然不属于现有技术或者现有设计，但是与之相比没有实质性特点的技术方案或者没有明显区别的设计方案，不能被授予专利权。既然这样的技术方案或者设计方案不能被授予专利权，公众就有自由予以实施的权利。在我国，实用新型和外观设计仅进行形式审查，不进行实质审查，即授权前一般不进行现有技术或现有设计的检索。即使是经过实质审查的发明，由于现有技术的范围十分广泛，国家知识产权局也无法确保其对现有技术的检索是全面的。从国家知识产权局无效宣告请求的审查结果来看，其中主要是由于技术方案不具备新颖性和创造性所致。因而法律规定了公众若发现某一专利权的授予不符合专利法有关规定的，可以请求国务院专利行政部门宣告该专利权无效。但是宣告专利权无效需要投入一定的人力、物力，周期也较长。绝大多数无效宣告请求都是由与专利权人有现实或者潜在利害关系的人提出，其中又以专利侵权诉讼的被控侵权人以及受到专利侵权指控威胁的人居多，尤其在诉讼过程中，提出宣告专利权无效的请求，专利侵权纠纷和专利权有效性纠纷由不同机关分别独立地进行审理，这很可能由于等待宣告专利权无效的决定而导致诉讼周期很长，从而影响正常的生产经营活动。因而我国专利法中增加有关现有技术和现有设计抗辩的规定，无须对专利权提出无效宣告的请求，只要被控侵权人有证据证明其实施的技术或者设计属于现有技术或者现有设计的，就能够被执法部门直接判定为不构成侵犯专利权，这可以大大缩短诉讼程序。此处应注意，在采用现有技术抗辩时，现有技术是用来与被控侵权人实施的技术方案进行对比，以判断被控侵权人提出的不侵权抗辩是否成立，不是与专利权的技术方案相对比。而此处现有技术的范围与进行新颖性或创造性判断时的现有技术范围是一样的，即在涉案专利的申请日之前在世界任何地方通过公开出版、公开使用或者任何其他方式为公众所知的技术。另外还应当注意，虽然我国专利法在审查专利申请是否具备新颖性时还需要考虑"抵触申请"（任何单位或者个人就同样的发明或者实用新型在申请日以前向国务院专利行政部门提出过申请，并在申请日以后公布的专利申请文件或者公告的专利文件），然而在侵权诉讼中判断现有技术抗辩是否成立时，不能考虑"抵触申请"，这是因为"抵触申请"的内容在专利侵权纠纷所涉及的那一专利权的申请日之前还没有为公众所知，因而还不属于现有技术或者现有设计的范畴。需要指出的是，实践中，一般仅能将一份引证技术与被控技术进行对比，不能用多份引证技术组合与被控技术进行对比。《最高人民法院关于审理侵犯专利权纠纷案件应用法律若干问题的解释》中也明确，被诉落入专利权保护范围的全部技术特征，与一项现有技术方案中的相应技术特征相同或者无实质性差异的，人民法院应当认定被诉侵权人实施的技术属于现行专利法第六十七条（原专利法第六十二条）规定的现有技术。被诉侵权设计与一个现有设计相同或者无实质性差异的，人民法院应当认定被诉侵权人实施的设计属于现行专利法第六十七条（原专利法第六十二条）规定的现有设计。

【案例4】现有技术抗辩中，比对方法是将被诉侵权技术方案与现有技术进行对比

案情简介：

公司C拥有两项实用新型专利权，名称分别为"控制装置"和"液压机"。公司C认为公司D生产销售的产品侵犯其专利权，向江苏省盐城市中级人民法院提起诉讼。因2004年3月案外人曾生产销售4台某一型号裁断机，公司D据此提出现有技术抗辩。

一审法院认为，公司D构成对公司C专利权的侵犯，且其关于现有技术抗辩的理由不能成立。一审判决公司D承担相应的法律责任。公司D不服一审判决，向江苏省高级人民法院提起上诉。江苏省高级人民法院二审认为现有技术抗辩成立，判决撤销一审判决，驳回公司C的请求诉讼。公司C不服二审判决，向最高人民法院申请再审。

公司D于2011年2月9日向专利复审委员会提出无效宣告请求，理由是涉案两项专利不具有新颖性、创造性，但是公司D仅向专利复审委员会提交本案二审判决作为证据。由于该证据证明的事实不清，无法反映现有技术的方案，据此无法评价本专利权利要求的新颖性和创造性，因而专利复审委员会作出维持"液压缸"专利权有效的决定。

关于涉案"控制装置"专利与裁断机的异同，公司C在二审中主张裁断机的电磁阀部件与专利技术的电磁阀部件不同。因专利技术中的特殊连接要求，故委托加工商特制的电磁阀。最高人民法院询问时，公司C再次明确专利技术中使用的电磁阀是特定的电磁阀，其对电磁阀的内部结构以及出口进行了改进，故可以将电磁阀的出口与有杆活塞的外端直接相连接，省略连接管。使用普通电磁阀无法实现上述目的。关于裁断机中使用的电磁阀，双方当事人确认其包括电磁铁、包含有阀芯及弹簧的圆柱体部分，以及包含有连接管路及阀芯的圆台部分。所述三个部分相互配合，共同实现改变油路的作用。圆台部分的出口直接与有杆活塞的外端相连接。

关于"液压缸"专利，双方当事人在一、二审中确认被诉侵权产品与专利技术方案一致，专利技术方案亦与裁断机中的液压缸一致。

通过一审法院收集的相关证据，足以证明裁断机已于涉案两项专利的申请日之前公开，构成现有技术。因而本案焦点在于：公司D有关现有技术抗辩的主张能否成立。

对此最高人民法院认为：

专利侵权诉讼中设立现有技术抗辩制度的根本原因，在于专利权的保护范围不应覆盖现有技术，以及相对于现有技术而言显而易见，构成等同的技术。除在无效程序中对专利权的法律效力进行审查外，通过在侵权诉讼中对被诉侵权人有

关现有技术抗辩的主张进行审查，有利于及时化解纠纷，减少当事人诉累，实现公平与效率的统一。在审查现有技术抗辩时，比较方法应是将被诉侵权技术方案与现有技术进行对比，而不是将现有技术与专利技术方案进行对比。审查方式则是以专利权利要求为参照，确定被诉侵权技术方案中被指控落入专利权保护范围的技术特征，并判断现有技术中是否公开了相同或者等同的技术特征。现有技术抗辩的成立，并不要求被诉侵权技术方案与现有技术完全相同，毫无区别，对于被诉侵权产品中与专利权保护范围无关的技术特征，在判断现有技术抗辩能否成立时应不予考虑。被诉侵权技术方案与专利技术方案是否相同或者等同，与现有技术抗辩能否成立亦无必然关联。因此，即使在被诉侵权技术方案与专利技术方案完全相同，但与现有技术有所差异的情况下，亦有可能认定现有技术抗辩成立[16]。

　　【案例评析】 本案中，关于公司 D 的现有技术抗辩主张能否成立，双方当事人的争议主要在于：（1）被诉侵权产品中电磁阀与有杆活塞的连接方式是否被现有技术公开；（2）被诉侵权产品中电磁阀的具体结构是否被现有技术公开。根据涉案专利权利要求 1，其中限定了电磁阀的连接方式，即"电磁阀的出口直接与有杆活塞的外端相连接"，但并未限定电磁阀的具体结构。因此，电磁阀的具体结构与涉案专利权的保护范围无关，亦与现有技术抗辩能否成立无关。由于被诉侵权产品中的电磁阀与有杆活塞亦采取同样的连接方式，因此，认定现有技术抗辩是否成立的关键，在于确定现有技术中是否公开了与上述连接方式相同或者等同的技术特征，而无须考虑被诉侵权产品中电磁阀的具体结构是否被现有技术公开。从最高人民法院查明的事实来看，尽管现有技术中公开的电磁阀包括 3 个部分，其具体结构与被诉侵权产品的电磁阀有着明显差异，但是现有技术中确已公开将电磁阀的出口与有杆活塞的外端直接相连接。因此，二审法院认定现有技术抗辩成立，并无不当。对于申请再审人有关被诉侵权产品的电磁阀具体结构与专利产品一致，与现有技术不一致，故现有技术抗辩不能成立的主张，不予支持。

　　并且在该案中，最高人民法院还进一步明确了：

　　无效程序与专利侵权诉讼中的现有技术抗辩制度各自独立，各自发挥其自身作用。二者相互协调、配合，有利于避免专利权的保护范围覆盖现有技术，侵入公共领域，从而更好地实现专利法保护和鼓励创新的立法目的。在无效程序中，系将专利技术方案与现有技术进行对比，审查现有技术是否公开了专利技术方案，即专利技术方案相对于现有技术是否具有新颖性、创造性。而在侵权诉讼中，现有技术抗辩的审查对象则在于被诉侵权技术方案与现有技术是否相同或等同，而不在于审查现有技术是否公开了专利技术方案。因此，二者的审查对象和法律适用均有差异。加之在本案中，公司 D 仅向专利复审委员会提交本案二审判决作为证据，并未将本案一、二审中的相关证据均提交给专利复审委员会。因此，专利复审委员会维持涉案两项专利权有效，与二审法院认定现有技术抗辩成立并不存在明显矛盾。对于公司 C 有关"第 16612 号、17212 号决定维持涉案两项专利权有效，足以证明二审判决认定事实错误"的主张，本院不予支持。

D　主张未落入保护范围抗辩

涉嫌侵权人在判断涉案专利是否有效的同时，还应当确定该专利权的保护范围，并根据全面覆盖原则、等同替代原则、禁止反悔规则等专利侵权判定规则，分析实施的技术是否落入该专利权的保护范围。运用专利侵权判定规则进行判定后，如果认为并没有落入该专利保护范围的，可采取主张未落入保护范围抗辩。经人民法院审理后认为抗辩成立的，被告的行为即不构成侵权。人民法院审理确定过程主要采取的理由包括被控侵权物没有使用与原告专利必要技术特征相同的特征，或者是被控侵权物没有使用与原告专利必要技术特征等同的特征。

【案例5】禁止反悔原则是限制专利保护范围不合理扩张的重要手段

案情简介：

北京某公司是名称为"一种高电压电力变换方法及其变换装置"的发明专利的专利权人，其指控广州某公司制造的某一型号智能高压变频调速系统使用了该发明专利的专利方法，并制造、销售及许诺销售了该侵权产品。在庭审中，广州某公司确认其制造、销售了被控侵权产品。

北京某公司委托某司法鉴定中心就涉案专利所保护的技术方案与广州某公司所述的技术方案是否相同或者等同进行鉴定。其鉴定结论为该型号智能高压变频调速系统表述的技术方案恰恰在专利的权利要求 1 所保护的技术方案范围之内。

广州某公司也委托另一司法鉴定中心就该系列高压变频调速系统产品是否与涉案专利权利要求的技术方案相同或者等同进行技术鉴定，鉴定结论为两个技术方案不相同也不等同。随后又委托该司法鉴定中心，与美国专利 US4674024 中公开的技术方案相同或等同进行技术鉴定，鉴定结论为：该系列高压变频调速系统产品与美国专利 US4674024 中公开的技术方案等同。其中美国专利 US4674024，是在一份涉案专利无效宣告请求审查决定中引用的对比文件。

北京某公司专利权利要求 1 的技术方案是将一种输入的交流或直流电变换成直流电、脉动直流电或交流电的高压电力变换方法。本案双方当事人的争议焦点之一，即在于对北京某公司在本案中所主张专利权的保护范围如何确定的问题，而问题关键就在于如何理解"输入的交流或直流电变换成直流电、脉动直流电或交流电"。

一审法院认为，根据专利法的规定，发明或实用新型专利权的保护范围以其权利要求的内容为准，说明书及附图可以用于解释权利要求。对于涉案专利权利要求 1 的技术方案中加载的将一种输入的交流或直流电变换成直流电、脉动直流电或交流电的高压电力变换方法，从功能上看，该技术方案具备了 6 种可能的功能，即从交流电变直流电、交流电变脉动直流电、交流电变交流电以及直流电变直流电、直流电变脉动直流电、直流电变交流电。然而，并不应就此理解权利要求 1 概括了 6 种技术方案，其所述的 6 种情况是指本专利的高电压电力变换方法所能处理的输入、输出而不是该方法本身的 6 种技术方案。作为一个整体的技术方案，该方法应该被理解为能够处理 2 种输入并有可能分别得到 3 种输出，即实现 6 种功能的多功能技术方案。换言之，该专利的权利要求 1 实际上描述了高电压电力变换的两种并列的技术方案，即输入交流电分别可能输出直流电、脉动直流电、交流电以及输入直流电分别可能输出直流电、脉动直流电、交流电。因此，虽然北京某公司发明专利说明书中分别提到了几种不同的切分单元可以接收不同的输入，但根据本专利权利要求书中所描述的独立权利要求 1 的内容来看，不应作出该权利要求保护实现 6 种功能中任何一种单一的技术方案的解释。根据北京某公司提交的鉴定报告中对被控侵权产品技术方案的认定，其实际上是将交流电变换成交流电的变频系统，庭审中北京某公司亦确认被控侵权产品仅输出并仅得到交流电，因此，应认定该产品的技术方案仅实现交流变交流的单一功能。

一审法院进一步从必要技术特征的角度详细说明了被控侵权的技术方案未落入涉案专利的保护范围。一审法院认为，在专利案件中进行相同性判定时，应根据全部技术特征原则进行比对，即将被控侵权的客体与本专利的权利要求的技术特征进行比较，如果被控侵权的技术特征包含了本专利权利要求中记载的全部必要技术特征，则应认定落入了专利权的保护范围。如果本专利权利要求的至少一项技术特征没有包括在被控侵权的客体中，则被控侵权客体与本专利权利要求所述的发明不同。即两个整体技术方案之间存在一项或一项以上不相同且不等同的技术特征，或一个技术方案缺少另一个技术方案的一项或一项以上技术特征的，应认定两技术方案不相同且不等同。本案中，北京某公司技术方案所保护的是一种实现两种输入得到三种输出的多功能的处理系统，而被控侵权 ZINVERT 型高压变频调速系统仅是处理一种输入并得到一种输出的单功能的技术方案，至少缺少了"将输入的交流电或直流电变换成 M×N 路"以及"对各路中间直流电进行逆变，并串联各逆变电桥，将中间直流电同级性叠加，输出高压直流电、脉动直流电或交流电"这一技术特征。从两个技术方案的效果上看，单一功能的技术方案与多功能的技术方案亦明显不同。因此，被控侵权的 ZINVERT 系列高压变频调速系统缺少了本专利权利要求 1 中的必要技术特征，故没有落入本专利的保护范围。

北京某公司对一审法院的判决不服，提出了上诉。二审法院对一审法院认定的事实予以确认。并结合进一步查明的事实，对如何确定本专利的保护范围以及被诉侵权产品所使用的技术方案是否落入本专利方法的保护范围作出了进一步说明。

二审法院认为：

本专利权利要求1的步骤1)中，明确使用了"将输入的交流电或直流电变换为 M×N 路……"的表述方式。在解释权利要求时，应当认为交流电或者直流电均可予以输入。步骤3)中，使用了与步骤1)相同的表述方式："……输出高压直流电、脉动直流电或交流电，包括……"同理，在解释权利要求时，亦应当理解为高压直流电、脉动直流电或交流电均可予以输出。上述解释可以得到本专利说明书的支持："本发明的特点是无论整机输入是交流电还是直流电，……输出所需的单相交流电、三相交流电或直流电。"因此，根据本专利的权利要求书、说明书，可以确定本专利方法所保护的是多功能的技术方案，即能够输入交流电或直流电，经过高电压电力变换后，可以输出高压直流电、脉动直流电或交流电。上述解释亦得到专利复审委关于本专利的第9402号无效宣告请求审查决定的支持。第9402号无效宣告请求审查决定中，专利复审委认为本专利方法应被理解为一个整体技术方案，即能够处理两种输入并有可能分别得到三种输出，而非概括了6种技术方案，从而与对比文件1（美国专利 US4674024）的单一功能技术方案存在本质区别。本专利权利要求1、2在第9402号无效决定中亦因此得到维持。故在民事侵权诉讼中，专利权人北京某公司不能对此作出反悔，将本专利权利要求解释为可以保护其中一种单输入、单输出的单一功能技术方案，从而扩大其保护范围。进而对于被诉侵权产品所使用的技术方案是否落入本专利方法保护范围的问题认为一审法院的认定是正确的[17]。

【案例评析】《专利法》所指的对方法专利权的延伸保护，是指第十一条第一款规定的"发明和实用新型专利权被授予后，除本法另有规定的以外，任何单位或者个人未经专利权人许可，都不得实施其专利，即不得为生产经营目的制造、使用、许诺销售、销售、进口其专利产品，或者使用其专利方法以及使用、许诺销售、销售、进口依照该专利方法直接获得的产品"。由此可见，方法专利权的延伸保护是指"依照该专利方法直接获得的产品"。本专利权利要求1是涉及一种高电压电力的变换方法，被诉侵权的该型号智能高压变频调速系统并非依据本专利方法直接获得的产品，故本案仅需比对该型号型智能高压变频调速系统所使用的高电压电力变换方法是否落入本专利方法的保护范围即可，无需再对该型号的智能高压变频调速系统即产品本身进行比对。

E　合法来源抗辩

专利法中规定，为生产经营目的使用、许诺销售或者销售不知道是未经专利权人许可而制造并售出的专利侵权产品，能证明该产品合法来源的，不承担赔偿责任。同时，未经专利权人许可而许诺销售、销售、使用侵权产品的行为仍然属于侵犯专利权的行为，即使在能够适用该规定的情况下，也仅仅只能免除行为人赔偿专利权人损失的民事责任，行为人应当承担除赔偿损失之外的其他民事责任，即应当立即停止许诺销售、销售或者使用侵权产品的行为。利用合法来源抗辩理由时应注意：（1）合法来源抗辩成立的前提条件是侵权行为确实成立；（2）应证明相关产品的合法来源，一般需要证明相关产品是在公开市场上合法取得且价格合理，相应证据包括涉及相关产品的购销合同、发票、提货单、送货单等；（3）要说明主观上"不知道"是未经专利权人许可而制造并售出的专利侵权产品。诉讼实践中，"不知道是侵权产品"作为消极事实难以证明，一般可由原告举证证明被诉侵权人"知道是侵权产品"，例如原告曾经向被告发出过警告函。通过上述规定也可以看出，仅有"为生产经营目的使用、许诺销售或者销售"行为可以适用该抗辩理由。

最高人民法院知识产权法庭年度报告（2021）显示，侵权抗辩类型以合法来源抗辩和现有技术抗辩居多。

【案例6】专利侵权纠纷中销售者合法来源抗辩的主观要件为"善意无过失"

案例简介：

2019年原告胡某以侵害实用新型专利权纠纷将A公司诉至浙江省杭州市中级人民法院，一审法院于2019年9月11日作出民事判决，A公司不服一审法院判决，向最高院提起上诉。A公司的主张：（1）被诉侵权产品未落入涉案专利权的保护范围，与涉案专利存在区别；（2）A公司并未制造被诉侵权产品，且销售的被诉侵权产品均系从B公司购买所得，具有合法来源，主张抗辩。最高院针对A公司上诉理由作出终审判决——驳回上诉，维持原判。

一审法院经核查后认为，胡某作为该实用新型专利的专利权人，涉案实用新型专利一直处于有效状态。经比对，被诉侵权产品与涉案实用新型专利权利要求1~3记载的技术方案相同，被诉侵权产品落入涉案实用新型专利权的保护范围。胡某指控A公司实施了制造、销售、许诺销售被诉侵权产品的行为。关于制造，A公司网上店铺销售被诉侵权产品页面显示有生产车间、配料库、模具库的照片和"专业高端插座制造商""厂家直销"等字样，公司简介为"从事产品开发、生产、销售及代加工服务为一体化生产型实体企业"，结合A公司的经营范围，可以认定A公司实施了制造被诉侵权产品的行为。关于销售、许诺销售，公证书中显示有订单号为×××的订单交易成功的信息，且A公司网上店铺显示有被诉侵权产品的销售页面，因此可以认定A公司实施了销售、许诺销售被诉侵权产品的行为。A公司未经专利权人许可，以生产经营为目的制造、销售、许诺销售侵权产品，侵犯了涉案实用新型专利权。

二审阶段双方的主要争议焦点问题包括：其一，被诉侵权产品是否落入涉案专利权保护范围；其二，A公司的合法来源抗辩是否成立；其三，原审法院确定的赔偿数额是否适当。

其中对于问题一和三，二审法院对A公司关于被诉侵权产品没有落入涉案专利权利要求保护范围的主张逐一作出了分析，最终认定该主张不能成立；对于赔偿数额，维持了一审法院判定结果。

对于问题二，二审法院给出了详细分析，其认为：

（1）A 公司是否适用合法来源抗辩。

《专利法》第七十条规定："为生产经营目的使用、许诺销售或者销售不知道是未经专利权人许可而制造并售出的专利侵权产品，能证明该产品合法来源的，不承担赔偿责任。"依据上述规定，合法来源抗辩仅适用于使用、许诺销售、销售行为，而对制造行为不能适用。A 公司上诉提出其没有实际制造被诉侵权产品；胡某则主张 A 公司在被诉侵权产品的销售页面上大幅宣传为"厂家直销"，宣传了生产车间照片、生产规模等，一般消费者足以认定其为生产厂家。法院认为，胡某主张 A 公司存在未经许可制造、销售、许诺销售被诉侵权产品的行为，其原审提交的公证书可以证明 A 公司在网上店铺宣传经营模式为"厂家直销"，可以认定胡某完成了对 A 公司存在制造被诉侵权产品行为的初步证明责任，此时应由 A 公司提交相反证据否定该事实。胡某公证取得的被诉侵权产品上标注了产品注册商标，A 公司提供的 B 公司工商信息、商标详情、产品塑封袋表明该产品注册商标由何某所有，由 B 公司实际使用，且 A 公司否认其获得了该产品注册商标的使用许可，结合上述证据及 A 公司的陈述，可以认定被诉侵权产品并非由 A 公司制造，A 公司仅实施了销售、许诺销售被诉侵权产品的行为，可以适用合法来源抗辩。

（2）A 公司的合法来源抗辩是否成立。

《最高人民法院关于审理侵犯专利权纠纷案件应用法律若干问题的解释（二）》第二十五条规定："为生产经营目的使用、许诺销售或者销售不知道是未经专利权人许可而制造并售出的专利侵权产品，且举证证明该产品合法来源的，对于权利人请求停止上述使用、许诺销售、销售行为的主张，人民法院应予支持，但被诉侵权产品的使用者举证证明其已支付该产品的合理对价的除外。本条第一款所称不知道，是指实际不知道且不应当知道。本条第一款所称合法来源，是指通过合法的销售渠道、通常的买卖合同等正常商业方式取得产品。对于合法来源，使用者、许诺销售者或者销售者应当提供符合交易习惯的相关证据。"依据上述规定，在侵害专利权纠纷中，销售者主张合法来源抗辩，需要同时满足被诉侵权产品具有合法来源这一客观要件和销售者无主观过错这一主观要件。就客观要件而言，A 公司提交的采购订单与领款收据内容相互印证，可以证明 A 公司从 B 公司处购买了相关型号的被诉侵权产品，结合 A 公司提交的有关该产品注册商标的相关证据，可以认定 A 公司已经提交了充分证据证明其销售的被诉侵权产品来自佳圣公司，因此其合法来源抗辩能否成立主要取决于对主观要件的考察[18]。

【案例评析】合法来源抗辩中销售者免于承担赔偿责任的主观要件，在于销售者实际不知道且不应当知道所售产品为未经专利权人许可制造而售出。"不知道"是指销售者实际没有认识到所售产品是未经专利权人许可而制造并售出，表明销售者为善意。"不应当知道"是指销售者已经尽到合理注意义务，对于实际不知道所售产品是未经专利权人许可而制造并售出的事实主观上没有过失。据此，可以将专利侵权纠纷中销售者合法来源抗辩的主观要件归纳为善意且无过失。

关于销售者是否具有过失的证明责任分配，应注意保护专利权和维护正常市场交易秩序之间的平衡，站在诚信经营者的角度，尊重合法、正常的市场交易规则。一般而言，如果销售者能够证明其遵从合法、正常的市场交易规则，取得所售产品的来源清晰、渠道合法、价格合理，其销售行为符合诚信原则、合乎交易惯例，则销售者已经恪尽作为诚信经营者应负的合理注意义务，可推定其主观上无过失。此时，应由专利权人提供相反证据。在此基础上，如果结合销售者的注意能力、接触专利产品信息的可能性、专利产品的市场销售情况、销售行为的情节等因素，专利权人提供的证据能够初步证明销售者知道或应当知道所售产品系未经专利权人许可而制造并售出这一事实具有较高可能性的，则销售者应当进一步举证，此时销售者除应证明其遵循合法、正常的市场交易规则之外，还应证明其已经对所售产品是否为经专利权人许可而制造并售出给予必要注意，否则应认定其主观上具有过失，未能满足合法来源抗辩之"善意无过失"的主观要件。

本案中，首先，涉案专利产品为电连接插接件，A 公司是经营电子配件的公司，相对更有可能注意到专利产品信息。其次，胡某提交的证据证明 A 公司在网上店铺中销售多种侵害胡某专利权的产品，其产品型号 1 侵害了涉案专利权，产品型号 2 侵害了胡某另一外观设计专利权，两种产品照片在同一网页中进行宣传，且产品型号 1 的照片来自经胡某授权的主体，产品的显著位置标注了公司的注册商标。虽然 A 公司称其网络店铺的宣传图片从网上搜索得到，由广告公司制作，但 A 公司对其经营店铺的宣传内容负有审核义务，其应当注意到产品照片上标注的注册商标。虽然标注他人注册商标并非合法来源抗辩是否成立的充分条件，亦非必要条件，但其可以作为认定销售者是否尽到合理注意义务的考虑因素之一。A 公司使用专利权人关联公司的注册商标以及经专利权人授权制造并售出的产品图片，表明 A 公司能够接触到涉案专利产品信息。最后，A 公司、专利权关联公司都在开设网上店铺，A 公司销售的被诉侵权产品使用的是专利权关联公司用于专利产品的型号。综合考虑本案中销售者的注意能力、销售者使用了专利产品的型号、在宣传中使用了标注专利权人关联企业注册商标的产品图片等因素，本院认定胡某提交的证据可以证明 A 公司知道或应当知道被诉侵权产品是未经专利权人许可而制造并售出的产品具有较高可能性，A 公司应当举证证明其对所售产品是否经专利权人许可而制造并售出尽到了合理注意义务，由于 A 公司没有对此进行举证，法院认定其主观上具有过失。

综上，虽然 A 公司提交的证据能够证明被诉侵权产品的来源，但主观上没有尽到作为诚信经营者应负的合理注意义务，具有主观过失，其合法来源抗辩不能成立。

F　不视为侵权抗辩

为平衡专利权人与社会公众的利益，维护正常的生产、生活秩序，防止专利权的滥用，专利法中规定了五种不视为侵犯专利权的行为，即"有下列情形之一的，不视为侵犯专利权：（一）专利产品或者依照专利方法直接获得的产品，由专利权人或者经其许可的单位、个人售出后，使用、许诺销售、销售、进口该产品的；（二）在专利申请日前已经制造相同产品、使用相同方法或者已经作好制造、使用的必要准备，并且仅在原有范围内继续制造、使用的；（三）临时通过中国领陆、领水、领空的外国运输工具，依照其所属国同中国签订的协议或者共同参加的国际条约，或者依照互惠原则，为运输工具自身需要而在其装置和设备中使用有关专利的；（四）专为科学研究和实验而使用有关专利的；（五）为提供行政审批所需要的信息，制造、使用、进口专利药品或者专利医疗器械的，以及专门为其制造、进口专利药品或者专利医疗器械的。"以上五种不视为侵犯专利权的行为可分别简称为专利权用尽、先用权、临时过境、科学研究与实验性使用。

被控侵权人在主张专利权用尽时需要注意以下两点：一是相关产品投入市场是经权利人同意的合法行为，未经权利人同意的无权处分行为导致的相关产品进入市场不产生专利权用尽的后果。被控侵权人在主张专利权用尽时，必须证明相关产品的合法来源；二是在后行为人的行为仅限于使用、许诺销售、销售、进口相关产品，不包括生产和制造。

先用权的设置，是因为我国专利制度采用先申请制，即"两个以上的申请人分别就同样的发明创造申请专利的，专利权授予最先申请专利的人"。而在实际中，针对一项发明创造，最先提出专利申请的人，并不一定是最先研发出来的人，也不一定是最先实施的人，即有可能在申请日之前，该专利申请涉及的技术就已经被创造或使用了。在此情况下，如果允许后来就此发明创造申请并获得专利权的人凭借其专利权制止先用者继续进行其实施行为，则显失公平。因而可以采用先用权来对抗专利权。被控侵权人在行使先用权抗辩时，需要注意以下几点：（1）时间条件：必须证明申请人提出专利申请以前，被控侵权人已经制造相同的产品、使用相同的方法或者已经做好制造、使用的必要准备；（2）独占性：制造或者使用的技术是先用权人自己独立完成的，而不是抄袭、窃取专利权人的，对此，《最高人民法院关于审理侵犯专利权纠纷案件应用法律若干问题的解释》中也规定了被诉侵权人以非法获得的技术或者设计主张先用权抗辩的，人民法院不予支持；（3）实施限度：继续制造或使用的行为，只限于原有的范围和规模之内，即制造目的、使用范围、产品数量都不得超出原有的范围；（4）如果在先的制造、使用已构成专利法意义上的公开，则优选宣告专利权无效而不是主张先用权抗辩。还应注意，我国授予的专利权只能在我国境内具有法律效力，因此能够产生先用权的在先实施行为或者准备行为也应当是在我国境内发生的行为。在专利侵权诉讼中，如果被控侵权人以其在申请日之前在我国境外已经制造相同产品、使用相同方法或者已经在我国境外作好制造、使用的必要准备为理由提出先用权抗辩的主张，法院不予以支持。

临时过境，即在过境的外国交通工具上使用专利的行为，不视为侵犯专利权。这一例外规定的原因是为了保证国际交通运输的自由和畅通。由于运输工具进入其他国家或者地域的时间通常十分短暂，对其使用专利的行为提出专利侵权指控，在实际中也很难实现。在实际中，也很少会发生该类情况的侵权纠纷。

为鼓励科学研究与实验，促进科技进步，法律规定专为科学研究和实验而使用有关专利的不视为侵犯专利权。此处应当是指针对获得专利的技术本身进行科学研究和实验。

【案例7】证据充分，维权及时有效，专利权用尽抗辩不成立

案情简介：

原告深圳市某公司是涉案实用新型专利的专利权人，起诉佛山市某公司侵害其实用新型专利权。上诉请求被告佛山市某公司停止制造、销售、许诺销售侵权产品，销毁库存产品并赔偿经济损失。佛山市某公司称其销售的产品均来源于深圳市某公司，并未生产制造该产品，其销售行为不构成侵权。

为证明佛山市某公司实施了被诉侵权行为，深圳市某公司委托代理人在公证人员的全程监督下，2018年1月4日进入网店（以下简称涉案网店）购买了被诉侵权产品，该网店自称是"厂家直销"，经营模式为"生产厂家"，称可定制产品，"联系方式"为被告的厂名、地址、网站等。被诉侵权产品实物经查验，双方确认产品包装物和产品上都没有标示生产厂家。

佛山市某公司为证明被诉侵权产品来源于深圳市某公司，举证了多份2014—2017年佛山市某公司与深圳市某公司间的交易往来，共同证明佛山市某公司向深圳市某公司购买总值超过38万元的发卡机及配件，其中包含发卡机31台。

一审法院认为，深圳市某公司、佛山市某公司对对方提供的证据真实性、合法性及关联性均无异议。深圳市某公司的证据足可证明佛山市某公司许诺销售和销售了被诉侵权产品，佛山市某公司对该事实无争议，且双方均确认被诉侵权技术方案落入深圳市某公司本案专利权保护范围，一审法院对上述事实均予确认。本案的争议焦点是被诉侵权产品是否来源于深圳市某公司。

一审法院经审查后,认为佛山市某公司的证据不足以证明被诉侵权产品来源于深圳市某公司。第一,深圳市某公司、佛山市某公司均确认双方在 2014—2017 年 9 月之间就涉案发卡机产品存在产销关系,双方最后一笔交易发生在 2017 年 9 月 12 日。根据双方此前的来往合同,双方每一次交易对发卡机的型号尺寸(如发卡的宽度、长度)都有约定。可认定佛山市某公司是因客户需要而向深圳市某公司定制产品。从 2017 年 9 月 12 日深圳市某公司向佛山市某公司最后一次供货,至佛山市某公司于 2018 年 2 月向网络上的购买人(实为深圳市某公司)供应被诉侵权产品,间隔了约 5 个月的时间,佛山市某公司辩称被诉侵权产品是其此前向深圳市某公司购买的库存产品有违常理。第二,深圳市某公司、佛山市某公司在双方合同中约定深圳市某公司生产的发卡机品牌为 A,而被诉侵权产品商品并非该品牌,不能证明被诉侵权产品就是佛山市某公司因与深圳市某公司此前基于合同关系而取得的由深圳市某公司生产的产品。佛山市某公司辩称深圳市某公司生产的发卡机中途曾实际更换过品牌但无证据证实,不予采信。第三,佛山市某公司在涉案网店上自称是生产厂家,表示可定制涉案的发卡机类产品,而其经营范围也表明佛山市某公司有生产被诉侵权产品的能力。综上,佛山市某公司的证据不能支持其举证目的。鉴于佛山市某公司自称是产品的生产者且有实际生产能力,在佛山市某公司的证据不足以证明其许诺销售和销售的被诉侵权产品来源于深圳市某公司而该产品使用了涉案专利的情况下,一审法院认定佛山市某公司是该产品的生产者,该产品为侵权产品。

对于一审法院的认定,二审法院也给予了支持[19]。

【案例评析】本案的核心在于被告的产品是否由原告处合法取得,即原告的专利权是否用尽,如果被告是合法取得的,那么势必不侵犯原告的专利权。本案中,被告与原告的最后一笔交易为 2017 年 9 月,而 5 个月之后,原告从被告处买到了和自己产品一样的产品,且内部配件发生了改变。而原告销售产品时将该配件的品牌列在销售单上,且被告对外宣称产品为自己生产,有自认行为,即证明被告的生产和销售行为是故意侵权行为。本案两审法院均认为原告的证据足以认定被告生产和销售行为侵权,表明原告收集的被告销售、许诺销售、自认等证据非常全面地证实被告的侵权行为。对于原告而言,在被告开始生产销售该专利产品后不久即进行了维权动作,避免了侵权产品大量占领海内外市场,维权方法和时机都很准确。

【案例 8】先用权的成立要件是被诉侵权人在专利申请日前是否已经实施专利或者为实施专利作好了技术或者物质上的必要准备

甲公司与乙公司侵犯专利权纠纷一案中,涉案专利是"一种具有降压、降脂、定眩、定风作用的中药组合物及其制备方法和其用途"的发明专利,申请日为 2005 年 9 月 27 日,授权日为 2007 年 3 月 14 日,专利权人为乙公司。本案中,双方当事人对被诉侵权的某胶囊药品处方、制备方法和用途落入涉案专利权保护范围没有争议，但是甲公司提出先用权抗辩。本案二审法院未支持甲公司提出的先用权抗辩。甲公司对此判决不服，向最高人民法院申请再审。最高人民法院经核查后认为二审判决错误认定甲公司没有作好制造、使用的必要准备，对二审法院的认定给予了纠正，认为甲公司的先用权抗辩成立。

最高人民法院认为：《最高人民法院关于审理侵犯专利权纠纷案件应用法律若干问题的解释》第十五条第二款规定："有下列情形之一的，人民法院应当认定属于专利法第六十九条第（二）项规定的已经作好制造、使用的必要准备：（一）已经完成实施发明创造所必需的主要技术图纸或者工艺文件；（二）已经制造或者购买实施发明创造所必需的主要设备或者原材料。"因此，先用权是否成立关键在于被诉侵权人在专利申请日前是否已经实施专利或者为实施专利作好了技术或者物质上的必要准备。甲公司主张先用权抗辩的证据之一是2005年6月16日江西省食品药品监督管理局向其出具的某胶囊药品注册申请受理通知书以及甲公司申请药品注册时所报送的《某胶囊申报资料项目》资料，该资料的药学研究资料部分记载了该胶囊的处方、制备方法、用途。甲公司主张先用权抗辩的证据之二是江西省药检所《药品注册检验报告表》及附件，该报告表及附件显示甲公司于2005年3月13日、15日、17日分别生产了三批胶囊样品供申请注册检验使用。甲公司主张先用权抗辩的证据之三是《药品生产许可证》和《药品GMP证书》，表明其在申请注册该胶囊时即具有"胶囊剂"生产线[20]。

【案例评析】在涉案专利的申请日2005年9月27日前，甲公司已经完成了生产该胶囊的工艺文件和设备，符合上述司法解释规定的"已经作好制造、使用的必要准备"的条件，应当认定甲公司在涉案专利申请日前为实施涉案专利作好了制造、使用的必要准备。至于甲公司何时取得该胶囊药品生产批件，是药品监管的行政审批事项，不能以是否取得药品生产批件来判断其是否作好了制造、使用的必要准备。

【案例9】专为科学研究和实验而使用有关专利，仅仅是指将专利产品或方法作为科学研究和实验对象加以使用

案情简介：

原告陆某于1989年3月28日取得"熟化垃圾组合筛碎机"实用新型专利权。无锡市某厂承担了国家城乡建设环境保护部《一九八五年全国城乡建设科学技术发展计划》中有关"无锡市城市生活垃圾无害化处理技术的开发研究"的研究任务后，于1989年4月委托被告上海A公司（以下简称A公司）对筛分破碎机进行研制。上海市科技咨询服务中心受原审法院委托，组织专家对A公司研制的"筛分破碎机"进行技术鉴定后认为，该设备与陆某的专利权利要求中请求保护的技术方案等同。

一审法院认为某厂为完成国家城乡建设环境保护部下达的科研项目，委托 A 公司对筛分破碎机械进行研制，属于专为科学研究和实验而使用有关专利，不视为对陆某专利权的侵害，法院判决驳回了原告陆某的诉讼请求。

陆某对此判决不服，向上海市高级人民法院提起上诉，称原判认定侵权事实后，适用法律错误，A 公司在陆某取得专利权后制造筛分破碎机，未经专利权人许可，构成侵权；某厂将筛分破碎机使用于垃圾处理的生产，亦构成侵权[21]。

上海市高级人民法院经审理查明，某厂承担了国家城乡建设环境保护部（下称建设部）《1985 年全国城乡建设科学技术发展计划》中"无锡市城市生活垃圾无害化处理技术的开发研究"项目后，于 1989 年 4 月 8 日与 A 公司签订协议书，约定由 A 公司对某厂后处理车间关键设备——筛分破碎机进行设计、制造、安装、调试的成套技术服务，费用 13 万元。同日，A 公司又与 B 厂签订协议书，约定由 B 厂按照 A 公司提供的设计图纸、要求，承担筛分破碎机的加工、制造、运输、现场安装、调试和售后服务，费用 107800 元。某厂于 1989 年 8 月开始使用由 A 公司提供的筛分破碎机，已支付费用 11 万元。1990 年 6 月 6 日，国家建设部、全国爱国卫生运动委员会办公室、江苏省建设委员会组织对某厂、T 大学环境工程系承担的"无锡市城市生活垃圾无害化处理技术的开发研究"项目进行鉴定，鉴定意见为研究成果符合课题要求，建议在计量、焚烧等工艺设施和设备方面进一步完善配套。

上海市高级法院在审理中对筛分破碎机进行勘查，某厂仍在使用筛分破碎机，但该设备中原有的粉碎装置、清孔装置在一审诉讼期间拆除。根据某厂提供的统计材料，该厂 1992 年垃圾处理量为 7000 余吨，每吨垃圾平均售价为 4.59元，用于销售垃圾的运输费用 20 万余元。

原审法院认定：A 公司研制的筛分破碎机与陆某取得的"熟化垃圾组合筛选机"实用新型专利保护的技术方案等同的事实清楚。《专利法》第六十二条第（5）项关于"专为科学研究和实验而使用有关专利……不视为侵犯专利权"的规定，是指在实验室条件下，为了在已有专利技术的基础上探索研究新的发明创造，演示性地利用有关专利，或者考察验证有关专利的技术经济效果。根据某厂与 A 公司签订的协议书约定，A 公司为完成某厂后处理车间筛分破碎机的设计、制造、安装、调试任务，直接利用陆某已取得专利权的专利技术设计制造机械设备，然后销售给某厂使用的行为，不能视为专为科学研究和实验而使用专利的合法行为，构成对陆某专利权的侵害，应承担民事责任。某厂在科研项目通过鉴定后，已无垃圾筛分破碎机的科研任务，使用 A 公司制造、销售的侵权产品处理垃圾，且又有一定销售的行为，属于以生产经营为目的的使用行为，亦不符合"专为科学研究和实验使用有关专利"的条件，应认定侵权。据此，原审法院认定的事实基本清楚，适用法律错误，应予改判。

【案例评析】所谓"专为科学研究和实验而使用有关专利"，仅仅是指将专利产品或方法作为科学研究和实验对象加以使用，如测试专利产品的性能、评价专利方法的实施效果，以及研究如何改进现有专利产品或方法等。但是，将专利产品或方法作为科学研究和实验的工具或手段使用并不属于能够享受例外的范围。

5.2.2　专利无效宣告程序的运用

专利无效宣告程序是企业专利运营中的常用手段，尤其是企业在应对侵权诉讼时，请求对方专利权无效是一把利剑。

我国《专利法》规定，自国务院专利行政部门公告授予专利权之日起，任何单位或者个人认为该专利权的授予不符合本法有关规定的，可以请求国务院专利行政部门宣告该专利权无效。并且，宣告无效的专利权视为自始即不存在，意味着无论在宣告专利权无效之前还是在宣告专利权无效之后，公众中的任何人都有权自由实施该专利要求保护的发明创造，无须获得专利权人的许可，也无须支付任何专利使用费。可见，专利无效宣告程序的运用是企业专利管理人员必须重视和掌握的技能，且对提出和应对两个方面的操作方法和技巧都应当有所了解。

5.2.2.1　宣告专利权无效决定的效力

在宣告专利权无效的程序中，可以请求宣告专利权全部无效或者部分无效，其中"请求宣告专利权部分无效"，对于发明或者实用新型专利权而言，是指请求仅仅涉及发明或者实用新型专利权的一项或者数项权利要求；对外观设计专利权而言，是指外观设计专利权涉及若干具有独立使用价值的产品的外观设计的，请求仅涉及其中一部分产品的外观设计。同时，宣告无效的专利权视为自始即不存在，也就是说该专利不符合专利法规定的授予专利权的实质性条件，因而该权利自始至终就不存在。但是，宣告专利权无效的决定，对在宣告专利权无效前人民法院作出并已执行的专利侵权的判决、调解书，已经履行或者强制执行的专利侵权纠纷处理决定，以及已经履行的专利实施许可合同和专利权转让合同，不具有追溯力。对于因专利权人的恶意给他人造成的损失，应当给予赔偿。依照前款规定不返还专利侵权赔偿金、专利使用费、专利权转让费，明显违反公平原则的，应当全部或者部分返还。对于上述三类法律文书及两类合同，宣告专利权无效的决定不具有追溯力，这是因为专利制度的特点，在任何一个国家，专利权都不能保证绝对的稳定，因为对于现有技术或者现有设计的检索的全面性是相对的，而专利权是否有效最为重要的因素就是现有技术和现有设计，如果对已经执行的判决和决定也均有追溯力，会导致专利权人行使专利权变得十分被动，因为其总是担心着行使专利权所获得的收益是否有朝一日还要返还给别人，这无疑会影响专利制度发挥其应有的作用，也不利于社会的安定与和谐。同时应注意，此处"宣告专利权无效的决定"应当是已经生效的决定。

【案例1】

案情简介:

尚某为涉案专利的专利权人,2018年10月31日,尚某以H厂侵害涉案专利权为由向原审法院提起诉讼。在审理过程中,经原审法院主持调解,当事人自愿达成如下协议:(1)H厂支付尚某涉案专利许可使用费22万元(于2018年11月16日支付12万元,于2019年8月10日前支付10万元);(2)尚某许可H厂在2018年11月16日至2020年12月31日期间,使用涉案专利生产同类型的产品;(3)案件受理费13800元,减半收取计6900元,由尚某负担6900元。原审法院据此于2018年11月16日制作了涉案调解书予以确认。同日,H厂依据前述调解协议的约定,通过银行转账方式支付给尚某涉案专利许可使用费12万元,尚某的委托诉讼代理人确认后便出具了前述款项的收条,并交由H厂的经营者收执。H厂于2019年8月10日前未按上述调解协议的约定支付10万元给尚某。

2018年10月30日,案外人针对涉案专利向国家知识产权局提出了无效宣告申请。国家知识产权局于2019年4月3日作出了第39740号无效宣告审查决定书(以下简称涉案专利权无效决定),宣告涉案专利权全部无效。尚某不服该决定,在法定期限内向北京知识产权法院提起了行政诉讼,北京知识产权法院作出了(2019)京73行知初6292号行政判决:驳回尚某的诉讼请求。尚某不服该行政判决,在法定期限内提起上诉。2020年9月14日,最高人民法院作出(2020)最高法知终191号行政判决:驳回上诉,维持原判[22]。

原审法院认为:宣告涉案专利权无效决定的决定日为2019年4月3日,该决定在行政诉讼程序中得到维持,并已发生法律效力。其次,涉案调解书记载H厂履行完毕日为2019年8月10日,且在该日前其亦未按上述调解协议的约定支付余下的涉案专利许可使用费10万元给尚某,可以确定H厂属于在宣告涉案专利权无效前人民法院作出的专利侵权调解书并未履行完毕的情形。基于此,涉案专利权无效宣告的决定应对涉案调解书具有追溯力,尚某因涉案调解书的履行而获得的专利许可使用费12万元,应予如数返还给H厂。

尚某对此判决不服,上诉至最高人民法院。

最高人民法院经审理核查认为,本案为专利权宣告无效后返还费用纠纷,争议焦点问题是:尚某是否应当返还H厂专利许可使用费。依据专利法第四十七条的规定,前述焦点问题可以分为两个具体问题:一是涉案专利权无效决定对涉案调解书已经履行的部分是否具有追溯力;二是如果没有追溯力,H厂是否可以根据专利权人恶意给其造成损失或者违反公平原则为由主张返还。

(1)关于涉案专利权无效决定对涉案调解书已经履行的部分是否具有追

溯力。

法院认为，专利法第四十七条第二款规定，宣告专利权无效的决定，对在宣告专利权无效前人民法院作出并已执行的专利侵权的判决、调解书，已经履行或者强制执行的专利侵权纠纷处理决定，以及已经履行的专利实施许可合同和专利权转让合同，不具有追溯力。基于专利的特殊性和维护社会经济秩序的需要，该款中"已执行""已经履行或者强制执行"的法律文书或者合同，在该法律文书或者合同的执行或者履行内容具有可分性或者阶段性时，不仅包括已经全部执行或者履行的法律文书或者合同，还包括已经执行或者履行的法律文书或者合同部分。因此，宣告专利权无效的决定对已经履行或执行的判决、调解书以及合同部分，同样不具有追溯力。具体到本案，涉案调解书是对尚某与H厂在侵害发明专利权纠纷案中双方自愿达成的以专利许可使用为形式的和解协议的确认，该协议约定了分期履行义务，其中第一期款项于2018年10月31日已经履行完毕，该部分的履行时间在涉案专利被宣告无效决定日（2019年4月3日）前，该无效决定对已经履行的部分没有追溯力。

（2）关于H厂是否可以根据专利权人恶意给其造成损失或者违反公平原则为由主张返还。

本案中，H厂主张，尚某未告知案外人请求宣告涉案专利无效的事实存在恶意；其之所以答应支付专利许可费是为了企业能够正常经营、免于诉累，且许可费金额偏高，若不返还已支付费用则明显违反公平原则。

对此，法院认为，专利法第四十七条第二款规定，因专利权人的恶意给他人造成的损失，应当给予赔偿。专利权人明知其专利技术不具备专利性而取得专利权或者明知其专利权已经被宣告无效等情况，依然向他人主张权利，则属于该款中"专利权人的恶意"。具体到本案，首先，涉案专利系经过实质审查的发明专利，不存在明显不具备专利性的情形，也无证据证明尚某存在故意规避法律或者以不正当手段获得专利权的行为；其次，虽然案外人是在涉案调解书生效日之前请求宣告涉案专利无效，但是，在双方达成和解协议之时无效宣告程序尚未进行实质审理，在H厂未提出质疑或问询的情况下，尚某对无效宣告请求的情况未进行主动说明，尚难认定构成恶意。因此，基于现有证据不能认定尚某存在恶意。专利法第四十七条第三款规定，依照前款规定不返还专利侵权赔偿金、专利使用费、专利权转让费，明显违反公平原则的，应当全部或者部分返还。当专利被宣告无效之日前已支付的专利侵权赔偿金、专利使用费、专利转让费与许可使用费总金额之比，明显高于专利被宣告无效之日前实际使用专利技术的期间与整个许可使用期限之比的，则属于该款中"明显违反公平原则"。当然，对于是否存在返还的情形，应由被许可实施专利的人或被诉侵权人举证证明。具体到本案，首先，根据在案材料可知，涉案调解书是对双方当事人在侵害发明专利权纠纷案中自愿协商达成的和解协议的确认，许可费用金额亦略低于涉案专利的其他侵权纠纷案判决的金额（涉案调解书所确定的总金额为22万元的许可费用低于涉案专利的其他侵权纠纷案判决所确定的经济损失为30万元左右的赔偿金额），且H厂也未能举证证明该金额明显超出正常范围。其次，涉案调解书是在专利侵权纠纷案中达成的以专利许可使用为形式的和解协议，H厂在涉案专利被宣告无效之日前已支付的12万元与许可使用费总金额22万元之比，相对于H厂在涉案专利被宣告无效之日前已实际使用涉案专利技术的期间与涉案调解书约定的许可使用期限之比，尚属合理，不存在显失公平之情形。因此，尚某不返还H厂已经支付的12万元许可费不属于显失公平的情形。

本案经过最高院的审理，支持了尚某的上诉请求，无需返还H厂已经支付的12万元许可费。

【案例评析】宣告专利权无效前已经支付的专利许可使用费与许可使用费总额之比，明显高于专利权被宣告无效前的许可期间与整个许可期限之比，当事人以不予返还明显违反公平原则为由请求返还的，人民法院可予支持。

5.2.2.2　专利无效宣告程序的启动及作用

专利无效宣告程序是行政程序，是当事人依法自行启动的，专利行政部门不会自行启动。该程序最大的作用是作为侵权抗辩的手段，使专利权无效，或者有可能使专利权人对权利要求进行缩小范围的解释，从而通过禁止反悔原则达到不侵权抗辩的目的。除此之外，还可以帮助企业清除专利障碍，当企业预备进入某一市场或领域时，经调查发现存在专利障碍，可以通过专利无效宣告程序尝试将其无效掉。

专利无效宣告程序及相关流程事务如下：

专利无效宣告请求人请求宣告专利权部分无效或全部无效的，应当向国务院专利行政部门提交专利无效宣告请求书，说明理由，必要时应当附具有关证据。经形式审查合格，无效请求案件进入合议组审查阶段。合议组会将双方的书面意见、证据转交对方当事人，听取对方意见。合议组将视情况进行书面审理或口头审理并最终作出审查决定。

请求人应当在无效宣告请求书中明确无效宣告请求范围，以《专利法》及其实施细则中有关的条、款、项作为独立的理由提出。根据我国《专利法实施细则》的规定，可以请求宣告专利权无效的理由包括：

（1）被授予专利权的主题不符合《专利法》第二条关于发明、实用新型或外观设计的定义；

（2）被授予专利权的发明创造属于《专利法》第五条规定的情形，即违反国家法律、违反社会公德或者妨害公共利益，或者发明创造的完成依赖于违反法律、行政法规的规定而获取或者利用的遗传资源；

（3）被授予的专利权依照《专利法》第九条的规定不能取得专利权，即该专利权的授予将导致对同样的发明创造重复授予专利权，或者该专利权的申请人不是对同样的发明创造最先提出申请的人；

（4）被授予专利权的发明或者实用新型不符合《专利法》第十九条第一款的规定，即该发明或者实用新型系在中国完成，专利权人未事先报经国家知识产权局进行保密审查即向外国提出申请；

（5）被授予专利权的发明、实用新型不符合《专利法》第二十二条的规定，即该发明或者实用新型不具备新颖性、创造性和实用性；

（6）被授予专利权的外观设计不符合《专利法》第二十三条的规定，即该外观设计不具备新颖性、创造性，或者与他人在申请日以前已经取得的合法权利相冲突；

（7）被授予专利权的主题属于《专利法》第二十五条规定的不能授予专利权的内容；

（8）发明或者实用新型专利文件不符合《专利法》第二十六条第三款或者第四款的规定，即说明书没有充分公开发明或者实用新型，权利要求书未以说明书为依据，清楚、简要地限定要求专利保护的范围；

（9）外观设计专利文件不符合《专利法》第二十七条第二款的规定，即其图片或者照片未清楚地显示要求专利保护的产品的外观设计；

（10）对专利申请文件的修改不符合《专利法》第三十三条的规定，即对发明或者实用新型专利申请文件的修改超出原说明书和权利要求书记载的范围，或者对外观设计专利申请文件的修改超出原图片或者照片表示的范围；

（11）发明或者实用新型专利的权利要求书不符合《专利法实施细则》第二十条第二款的规定，即独立权利要求未从整体上反映发明或者实用新型的技术方案，记载解决技术问题的必要技术特征；

（12）被授予的专利权不符合《专利法实施细则》第四十三条第一款的规定，即该专利权是基于分案申请授予的，而该分案审查超出了原申请记载的范围。

请求人可以在提出无效宣告请求之日起一个月内增加无效宣告理由，但应当在该期限内对所增加的无效宣告理由具体说明，超过该期限之后一般不可以再增加无效宣告的理由，除非需要对明显与提交的证据不相对应的无效宣告理由进行变更，或者针对专利权人以合并方式修改的权利要求，在指定期限内增加无效宣告理由，并在该期限内对所增加的无效宣告理由具体说明。

5.2.2.3 专利无效理由的合理运用

大部分无效理由都需要证据的支持，请求人要注意结合证据对无效理由进行详细说明，增加说服力，以易于被国务院专利行政部门接受。而对于专利权人，可以从对方采用的证据出发，详细分析其是否能够支持无效理由。专利法实施细则中虽然规定了上述 12 种无效理由，但是其中大部分在实际无效程序中并不经常使用，以下对常用的几种无效理由的运用做简要说明。

A　新颖性

我国专利法规定，新颖性，是指该发明或者实用新型不属于现有技术；也没有任何单位或者个人就同样的发明或者实用新型在申请日以前向国务院专利行政部门提出过申请，并记载在申请日以后公布的专利申请文件或者公告的专利文件中。可见，采用新颖性法条时，最关键的是现有技术和抵触申请文件的检索，其中专利法指出，本法所称现有技术，是指申请日以前在国内外为公众所知的技术。

其中对于抵触申请，应注意其构成的四大要件：一是对主体的要求。按照现行《专利法》的规定，任何单位或个人提出的在先申请均可能构成抵触申请；但是，根据 2000 年 8 月 25 日第二次修正的《专利法》，对于申请日在 2009 年 10 月 1 日之前提出的发明或实用新型专利申请，同一申请人的在先申请不构成抵触申请。二是时间性条件。只有在涉案专利或专利申请的申请日前提出申请，并在涉案专利或专利申请的申请日后（含申请日）公布或公告的在先申请才可能构成抵触申请。三是在先申请国别和/或地区的要求。只有在先申请为中国专利或专利申请才有可能构成抵触申请。四是对内容的要求。在先申请应当包含与涉案专利或专利申请同样的发明或实用新型。

无效宣告请求人需要掌握的重点：（1）收集现有技术证据的渠道有多种，在申请日以前，以任何形式公开的能够为公众所知的技术都可以作为现有技术，可以重点检索国内外专利、期刊或书籍；（2）抵触申请文件仅能是中国专利或专利申请；（3）注意新颖性判断采用"单独对比原则"，即将具体技术方案对现有技术或抵触申请进行对比时，不得将其与几项现有技术或者抵触申请内容的组合或者一份对比文件中的多项技术方案之间的组合进行对比。

专利权人应对时需要掌握的重点：（1）应当考察证据与本案待证事实是否具备关联性，证据是否符合法定形式，证据的取得是否合法，从提供证据的人员、证据内容、发现证据的环境等多方面考察其真实性；（2）关注证据公开的时间是否满足现有技术或抵触申请的要求；（3）将证据与涉案专利的技术方案进行详细对比，注意单独对比原则，寻找二者差异。

【案例 2】

在第 12570 号无效宣告请求审查决定所涉案件中，权利要求 1 保护一种重型越野汽车，其包括驾驶室总成、发动机、底盘、车架、车轮、燃油箱、电瓶箱及制动装置……请求人认为，权利要求 1 相对于证据 6 不具备新颖性，理由是，证据 6 第 40 页公开了权利要求 1 前序部分的特征，第 435 页图 18－19、第 436 页公开了油气悬挂装置，第 346 页、第 347 页图 B 公开了传动装置的类型与布置，第 456 页、第 457 页图 19 - 13 公开了转向传动机构。决定认为，证据 6 为教科书《汽车构造》，请求人引用的"文字或图示分布于该证据的全书各章节中，是对各种不同类型、型号的汽车的各种不同部件的说明，并非一个完整的技术方案"，根据新颖性判断的单独对比原则，不能将一项权利要求的技术方案与一份证据中的多个技术方案的组合进行对比，因此，证据 6 不足以破坏权利要求 1 的新颖性[23]。

【案例评析】使用同一本书中分布于不同章节的内容组合与涉案专利进行新颖性对比时，应当判断这些内容是否紧密关联为同一个技术方案。如果不能认定这些内容属于同一个技术方案，则这种对比方式不符合单独对比原则的要求。

【案例 3】

在第 16781 号无效宣告请求审查决定所涉案件中，无效宣告请求人主张使用证据 1 作为抵触申请来评价涉案专利的新颖性。决定认为，证据 1 是我国台湾地区实用新型专利，申请日为 2004 年 4 月 19 日，公开日为 2005 年 2 月 1 日，虽然证据 1 在涉案专利申请日 2004 年 5 月 8 日之前申请，在该日期之后公开，但是由于证据 1 是向我国台湾地区管理专利工作的部门提出的专利申请，并非是向国务院专利行政部门提出的申请，因此不能作为涉案专利的抵触申请评述涉案专利的新颖性[23]。

【案例评析】构成抵触申请的在先申请必须是向国家知识产权局提出的专利申请，向我国港澳台地区管理专利工作的部门提出的专利申请不能作为破坏涉案专利/专利申请的抵触申请。

B   创造性

我国专利法规定，创造性，是指与现有技术相比，该发明具有突出的实质性特点和显著的进步，该实用新型具有实质性特点和进步。

与新颖性相比，用于评述创造性的证据类型仅为现有技术证据。且与新颖性不同的是，可以采用多篇现有技术集合或者现有技术与公知常识结合评述创造性。但要注意，主张某一特征属于公知常识时，通常需要举证，且"谁主张，谁举证"，当事人未能举证证明或者未能充分说明该技术手段是本领域公知常识，并且对方当事人不予认可的，合议组对该技术手段是本领域公知常识的主张不予支持。

无效宣告请求人需要掌握的重点：（1）实际案例中，提出无效宣告请求通常会涉及多篇现有技术证据，要详细说明现有技术的组合方式，以及对应评述哪项权利要求；（2）对主张的公知常识要尽量举证，以使得无效宣告的请求能够更好地得到合议组的支持，通常可以通过教科书或者技术词典、技术手册等工具书记载的技术内容来证明某项技术手段是本领域的公知常识。

专利权人应对时需要掌握的重点：（1）对于实用新型而言，其创造性高度要低于发明，因而关注现有技术的数量，一般不应超过两篇现有技术结合评述实用新型技术方案的创造性；（2）关注最接近现有技术与涉案专利之间技术领域是否相同或相近；（3）结合整体方案，分析与最接近现有技术之间的所有区别特征实际起到的作用、解决的问题分别是什么，判断其他对比文件是否公开了相应的技术特征，相应特征在其他对比文件中所起作用是否与在本专利中的一致；如果不一致，则很可能不存在将这些现有技术相结合的技术启示。如果对方声称区别技术特征属于公知常识，则判断对方的证据是否属于公知常识证据，或者判断对方的说理是否充分，如果能够说明或证明对方的举证或说理不充分，则可以否定对方关于公知常识的主张。

【案例4】

在第27924号无效宣告请求审查决定涉及的案件中，权利要求2的技术方案与证据2均涉及童车刹车装置，二者都是以踏脚组件可直接带动车轮上的刹车销插入或退出刹车槽来实现刹车与解刹；但权利要求2与证据2带动刹车销动作的工作原理和技术手段均不相同。涉案专利中带动刹车销动作的是往复转动的斜面结构，进行刹车和解刹时需要向相反的方向踩动刹车踏脚和解刹踏脚中的一个，所以该童车刹车装置具有相互固定的刹车踏脚和解刹踏脚，以便于向两个相反方向的操作。证据2的童车刹车装置带动刹车销动作的是单向转动的棘轮装置和凸轮装置，不论是刹车还是解刹，踏脚的转动方向相同，只需向同一方向踩动踏脚，因此设置的是一个踏脚，仅使用一个踏脚即可实现刹车和解刹，无须设置与该踏脚固定连接的另一个踏脚。决定认为，权利要求2与证据2采用了不同的发明构思。证据2中仅使用一个转动杆52（踏脚）即可实现刹车和解刹，并无必要设置与该转动杆固定连接的另一个踏脚，且转动杆与棘轮机构配合，在刹车和解刹时转动杆的转动方向相同，本领域技术人员没有动机和理由想到在证据2的技术方案中增加与转动杆52固定连接的另一个踏脚，以实现在刹车和解刹时使转动杆向相反方向转动。因此，所属领域技术人员在证据2的基础上不能显而易见地获得权利要求2的技术方案[23]。

【案例评析】 发明构思决定了发明进行技术改进的途径和最终形成的技术方案的构成。与发明采取的构思迥异，甚至工作原理相反的现有技术通常难以否定发明的创造性，其原因在于，在判断能够将区别特征应用于这样的现有技术时，应当首先考虑二者在发明构思方面的差异是否带来技术结合的障碍。

　C　说明书充分公开

我国专利法规定，说明书应当对发明或者实用新型作出清楚、完整的说明，以所属技术领域的技术人员能够实现为准。也就是说，说明书对于要求保护的技术方案要达到充分公开的要求，即对于本领域技术人员而言，通过对说明书及其附图的阅读，无须付出创造性劳动，就能够理解和实施其技术方案，解决其技术问题，并达到预期的技术效果。本条是对说明书最重要的要求，提交专利申请获得申请日之后，若发现说明书不满足上述规定，特别是不完整，使得本领域技术人无法实施，则一般不能通过修改的方式进行克服，因为对于专利申请文件的修改不能超出原说明书和权利要求书记载的范围。

无效宣告请求人使用该无效理由时，需要掌握的重点：（1）如果说明书对于某些实施方式没有充分公开，而相应的技术方案又未记载在权利要求书中，则不能以此作为无效理由，因为发明或实用新型的保护范围以权利要求记载的内容为准；（2）重点分析说明书中缺少哪些内容，缺少这些内容为什么会导致本领域技术人员无法实施，必要时可以提供相关文献给予说明。

专利权人应对时需要掌握的重点：（1）客观分析说明书是否缺少请求人指出的内容；如确实缺少，分析请求人提出的无法实施的技术方案是否属于权利要求保护范围内。（2）《专利审查指南 2010》规定，凡是所属技术领域的技术人员不能从现有技术中直接、唯一地得出的有关内容，均应当在说明书中描述。因而重点说明缺少的内容是说明书无须记载的，比如是本领域技术人员熟知方法或步骤，必要时可采用领域手册、教科书等公知常识性证据给予证明。

【案例5】

在第 24253 号无效宣告请求审查决定的涉案专利中，权利要求 1 涉及一种移动式隧道窑烧砖系统，请求人认为，说明书中没有说明沿环形轨道移动的码坯机组是如何与环形输坯机配合工作的，导致说明书对于要求保护的技术方案的说明不符合《专利法》第二十六条第三款的规定。对此，决定认为，根据背景技术的介绍可知，移动式隧道窑烧砖工艺是现有技术中已知的一种烧砖工艺，现有技术中存在多种移动式隧道窑方案，其中功率最大的制坯机组都要求供电线路具有旋转连接的功能，这导致方案存在诸多弊端[23]。

【案例评析】该涉案专利将制坯机组固定，通过在环形轨道一侧设置与环形轨道同心的环形输坯机，将制坯机组制出的砖坯经普通输坯机输送至环形输坯机，再通过环形输坯机与沿环形轨道旋转的码坯机组连接，使得砖坯被移至码坯机组进行进一步处理。鉴于实施涉案专利的所属领域技术人员熟知移动式隧道窑烧砖工艺，因此，结合涉案专利的发明目的和这些设备的作用及功能，所属领域技术人员应当知晓如何将砖坯从环形输坯机移至码坯机组上，例如既可以采取人工搬运，也可以借助机械手等方式。由于说明书并不必须要把所属领域技术人员熟知的这些技术内容一一作文字记载，因此，在所属领域技术人员基于说明书记载的内容，结合其常识能够实现权利要求技术方案的情况下，涉案专利说明书缺失的内容并不足以导致涉案专利不符合《专利法》第二十六条第三款的规定。

需要注意的是，在说明书中完整描述要求保护的技术方案，并不意味着说明书对于所述技术方案的文字描述要面面俱到。对于所属领域技术人员基于其常识能够知晓的内容，如果未在说明书中作详细说明，也不影响所属领域技术人员对技术方案的理解和实施，则其缺失不足以导致所述技术方案不满足《专利法》第二十六条第三款的规定。

D 权利要求清楚、简要并得到说明书的支持

我国《专利法》规定，权利要求书应当以说明书为依据，清楚、简要地限定要求专利保护的范围。发明或者实用新型专利权的保护范围以其权利要求的内容为准，因此只有权利要求能够准确而且合理地界定请求获得保护的技术方案，公众才能规范其实施行为，避免侵犯他人权利。

首先，权利要求书应当以说明书为依据，也就是说应当得到说明书的支持，即权利要求保护的技术方案应当在说明书中有清楚详细的记载，是本领域技术人员通过说明书的记载可以得到或者概括得出的，二者不能相互脱离。从说明书中概括出来的技术方案，应当是合理适当的，范围不能过宽，从而与发明人的技术贡献相匹配。如果权利要求的概括包括了发明人推测的内容，其效果又难以确定，或者其中涵盖了不能解决发明或者实用新型所要解决的技术问题，不能达到申请人预期的有益效果，就应当认为这样的概括是不合适的，没有以说明书为依据。

其次，权利要求的内容和表述应当清楚、简要，能够准确地确定专利权的保护范围。权利要求中对技术特征的描述以及不同技术特征之间的关系应当清楚，措辞不能含糊不清或有歧义。

无效宣告请求人使用该无效理由时，需要掌握的重点：（1）由于功能性限定的技术特征，其涵盖了所有能够实现所述功能的实施方式，范围很大。要分析功能性限定的技术特征概括是否恰当，若功能性限定的技术特征涵盖了不能解决发明或实用新型所要解决的技术问题，以及达到相应技术效果的方式，则是不允许的。（2）如果权利要求是纯功能性的权利要求，是不允许的，得不到说明书的支持。（3）只有在某一技术特征无法用结构特征来限定，或者技术特征用结构特征限定不如用功能或效果特征来限定更为恰当，而且该功能或者效果能通过说明书中规定的实验或者操作或者所属技术领域的惯用手段直接和肯定地验证的情况下，使用功能或者效果特征来限定发明才可能是允许的。

专利权人应对时需要掌握的重点：（1）清楚说明其中的功能性描述是满足撰写要求的，属于允许的情形；（2）对相关的功能做解释说明，证明实现该功能的方式并非仅能采用具体实施方式具体记载的，即证明功能性限定概括的范围是合理的，必要时可以举证申请日之前的相关现有技术，存在本领域技术人员熟知的多种实现方式。

【案例6】

在第29234号无效宣告请求决定涉及的案件中，权利要求1保护一种含有核壳纳米粒子的光学涂层组合物，其中限定所述纳米粒子具有10～200nm的平均尺寸。针对请求人所指出的上述较宽的尺寸范围导致权利要求得不到说明书支持的无效理由，决定认为，涉案专利说明书的实施例1～3记载了在测定胶束尺寸的数据中，测定的平均胶束因测量条件不同直径最小为26nm，最大为45nm。实施例6中记载了采用NeoCryl XK-30乳胶粒子制备核壳纳米粒子的方式，但其中没有给出其尺寸数据[23]。

【案例评析】在涉案专利说明书真正实施的技术方案中，所制备的核壳纳米粒子的尺寸范围仅为26～45nm，该范围与权利要求1所限定的10～200nm的范围差别很大。而在高分子领域中，粒径小于20nm的高分子球形颗粒属于超小粒径聚合物纳米粒子，通过两亲性嵌段共聚物形成胶束或通过微乳液聚合获得的乳胶粒子通常难以制出直径小至10nm的粒子。根据涉案专利说明书公开的信息，难以获知如何制备出直径为10nm和200nm的核壳纳米粒子，在没有任何数据支持的情况下，所属领域技术人员也难以确定根据涉案专利说明书所披露的两种技术路线能制备出平均尺寸为10nm的核壳纳米粒子。权利要求1中关于纳米粒子具有10～200nm的平均尺寸的概括得不到说明书的支持。

当权利要求涉及数值范围时，说明书通常应给出两端值附近（最好是两端值）的实施例，当数值范围较宽时，还应当给出至少一个中间值的实施例。但是，缺少相应的实施例并不意味着采用所述数值范围限定的权利要求必然得不到说明书的支持，能否得到支持应当结合申请文件的教导和所属领域的技术水平进行综合判断。

E　缺少必要技术特征

我国《专利法实施细则》规定，独立权利要求应当从整体上反映发明或者实用新型的技术方案，记载解决技术问题的必要技术特征。必要技术特征是指发明或者实用新型为解决其技术问题所不可缺少的技术特征，其总和足以构成发明或者实用断型的技术方案，使之区别于背景技术中所述的其他技术方案。判断某一技术特征是否为必要技术特征，应当从所要解决的技术问题出发并考虑说明书描述的整体内容，不应简单地将实施例中的技术特征直接认定为必要技术特征。

无效宣告请求人使用该无效理由时，需要掌握的重点：（1）明确本专利要解决的技术问题，从技术问题出发，判断哪些特征是为了解决技术问题必不可少的；（2）对照独立权利要求，看是否记载了上述必要技术特征；（3）可以通过举证实验数据等，说明按照权利要求目前记载的方案是无法解决其技术问题、达到预期技术效果的。

专利权人应对时需要掌握的重点：（1）判断请求人指出的技术问题是否准

确；（2）如果本专利所要解决的技术问题为多个，那么独立权利要求记载的技术方案只要能够解决其中之一即可。

【案例7】

本案涉案专利的专利权人为 A 株式会社，涉案专利名称为"天线装置"。2018 年 5 月 18 日，B 公司请求专利复审委员会宣告本专利权利要求全部无效。主要理由包括：（1）权利要求 1 缺少必要技术特征，不符合专利法实施细则第二十条第二款规定；（2）全部权利要求不具备专利法（2008 年修正）第二十二条第三款规定的创造性。原国家知识产权局专利复审委员会（以下简称专利复审委员会）作出无效宣告请求审查决定（以下简称被诉决定），认为权利要求 1 符合专利法实施细则第二十条第二款的规定，宣告本专利权利要求部分无效，并基于修改后的权利要求 1~8 继续维持该专利权有效。B 公司不服，向北京知识产权法院（以下简称一审法院）提起诉讼。一审法院于 2021 年 4 月 29 日作出（2019）京 73 行初 2132 号行政判决，判决撤销被诉决定，判令国家知识产权局重新作出无效宣告请求审查决定；国家知识产权局及 A 株式会社均不服，向我国最高人民法院提起上诉。

关于权利要求 1 中是否缺少必要技术特征的问题，一审法院分析后认为，本专利权利要求 1 缺少"伞形振子的一部分位于绝缘底座上方"的必要技术特征。

对于本专利独立权利要求是否缺少"伞形振子的一部分位于绝缘底座上方"的必要技术特征，最高院认为：

本案中，B 公司主张独立权利要求缺少"伞形振子以将其后部位于所述绝缘底座的上方的方式固定于所述振子支架的上部"的必要技术特征，一审法院经审查认为本专利独立权利要求缺少"伞形振子的一部分位于绝缘底座上方"的必要技术特征，系将 B 公司主张的技术特征的一部分认定为必要技术特征，未超出 B 公司请求的范围[24]。

【案例评析】在判断独立权利要求是否缺少必要技术特征时，仍应考虑说明书中记载的发明目的等内容，基于对权利要求的合理解释得出结论。理由如下：第一，不论适用哪一法律条款判断专利权利要求是否应当授权或者维持有效，权利要求的解释应当保持一致。换言之，在专利授权确权程序中应当基于对权利要求的同一解释，判断专利权利要求是否符合专利法和专利法实施细则有关条款的规定。第二，结合说明书对权利要求作出合理解释，其关键在于"合理"。这意味着在解释时既要以权利要求的内容为准，又不能脱离说明书和附图，包括发明目的等内容在内的说明书及附图均可以用于解释权利要求。在此标准下，不会因权利要求的解释问题架空《专利法实施细则》第二十条第二款的规定。第三，要求独立权利要求具备必要技术特征，本意在于规范权利要求的撰写。如果社会公众不能实现权利要求所确定的技术方案以解决技术问题，或者权利要求的保护范围与技术贡献不相符，可以通过专利法的其他条款解决。如果本领域技术人员根据对权利要求的合理解释可以得出其具备解决技术问题的全部必要技术特征的结论，社会公众的利益不会受到损害。相反，在本领域技术人员根据对权利要求的合理解释可以得出其具备解决技术问题的全部必要技术特征的情况下，仅因申请人在独立权利要求中没有进一步详细记载技术特征而不予授权，会导致对申请人撰写专利文件的要求与其创新程度不相适应，背离专利法鼓励发明创造的立法目的。因此，只有当本领域技术人员通过阅读权利要求书、说明书和附图对独立权利要求进行合理解释后仍不能认为其可以解决发明所要解决的技术问题时，才能认定独立权利要求缺少必要技术特征。

　　本案中，首先，本专利权利要求1既限定了天线底座由绝缘底座和导电底座构成且导电底座比绝缘底座小，又限定了伞形振子配置在天线底座的上方。按照本领域技术人员的通常理解，上述限定已经表达了伞形振子的一部分位于绝缘底座上方的含义。其次，根据本专利说明书的记载，本专利之所以要设置天线底座由绝缘底座和导电底座构成，就是为了使绝缘底座上的伞形振子的接地面为车体，从而通过其高度的实质变高提高接收信号的灵敏度。本领域技术人员通过阅读说明书和权利要求书能够合理地确定伞形振子的一部分必然位于绝缘底座上方。再次，本专利说明书中的实施例在记载"导电底座形成比绝缘底座小一圈"的同时，还记载了"且长度较短""且配置于在绝缘底座上的自前侧至中央的稍后侧之间的位置"，该内容与发明目的相符。

　　综上，根据本领域技术人员对本专利权利要求1限定内容的合理解释，本专利独立权利要求不缺少"伞形振子的一部分位于绝缘底座上方"的必要技术特征。因权利要求1已具备能解决至少一个本专利所要解决技术问题的技术特征，故其不缺少必要技术特征。

　　本案的启示在于，判断独立权利要求是否缺少必要技术特征，需要结合说明书中记载的发明目的等内容，基于对权利要求的合理解释得出结论。只有当本领域技术人员通过阅读权利要求书、说明书和附图对独立权利要求进行合理解释后，仍认为其不能解决发明所要解决的技术问题时，才能认定独立权利要求缺少必要技术特征。

参 考 文 献

[1] 中华人民共和国专利局. 专利申请须知 [M]. 北京：专利文献出版社，1993.

[2] 杨铁军. 企业专利工作实务手册 [M]. 北京：知识产权出版社，2013.

[3] 尹新天. 中国专利法详解 [M]. 北京：知识产权出版社，2011.

[4] 陶友青. 创新思维技法 TRIZ 专利实务 [M]. 武汉：华中科技大学出版社，2018.

[5] 万方. 公司法律顾问实务操作与案例解析 [M]. 武汉：武汉大学出版社，2021.

[6] 黎长志，赵旭东. 中国知识产权法律制度 [M]. 北京：中国民主制出版社，2019.

［7］国家知识产权局．专利审查指南 2010 2019 年修订［M］．北京：知识产权出版社，2020．

［8］中华人民共和国专利法（2020 修正）．

［9］中华人民共和国专利法实施细则（2010 修订）．

［10］河北省石家庄市中级人民法院民事判决书（2015）石民五初字第 00156 号．

［11］广东省高级人民法院（2008）粤高法民三终字第 329 号．

［12］中华人民共和国最高人民法院民事判决书（1997）知终字第 5 号．

［13］新疆维吾尔自治区高级人民法院生产建设兵团分院民事判决书（2015）新兵民三初字第
00001 号．

［14］中华人民共和国最高人民法院民事判决书（2014）民三终字第 8 号．

［15］最高人民法院审理的（2019）最高法知民终 401 号案．

［16］中华人民共和国最高人民法院民事裁定书（2012）民申字第 18 号．

［17］广东省高级人民法院民事判决书（2010）粤高法民三终字第 271 号．

［18］中华人民共和国最高人民法院民事判决书（2019）最高法知民终 896 号．

［19］广东省高级人民法院民事判决书（2018）粤民终 1894 号．

［20］中华人民共和国最高人民法院民事裁定书（2011）民申字第 1490 号．

［21］费安玲．知识产权法学案例教程［M］．北京：知识产权出版社，2004．

［22］中华人民共和国最高人民法院民事判决书（2021）最高法知民终 1986 号．

［23］国家知识产权局专利复审委员会．以案说法专利复审/无效典型案例指引［M］．北京：
知识产权出版社，2018．

［24］中华人民共和国最高人民法院民事判决书（2021）最高法知行终 987 号．